NAMO TASSA BHAGAVOTO ARAHATO SAMMāSAMBUDDHASSA

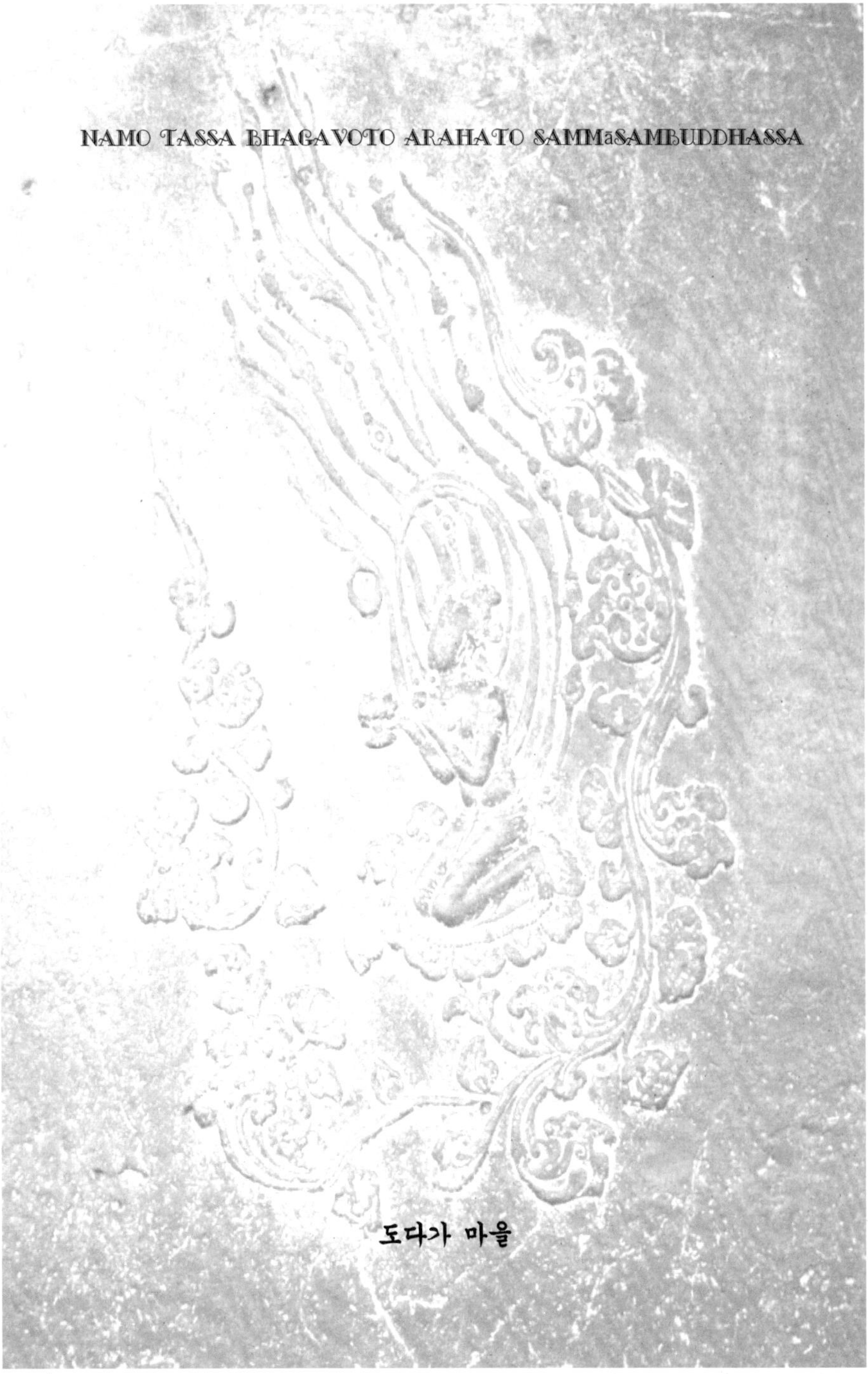

도다가 마을

편역자 | 강종미
96년 미얀마로 건너가 마하시 선원, 쉐우밍 센타, 때인구 센타 등
명상센타에서 수행한 뒤 Mahashi Mahagandayon과
만달레이 Pariyatti Sāsana University에서 빨리와 삼장에 관해 배웠다.
한글로 옮긴 경전으로 앙굿따라니까야 1, 11가 있다.

ABHIDHAMMATTHADĪPANĪ I
편역자. 강종미
펴낸곳. 도서출판 도다가 마을
초판발행. 2009년 11월 10일
초판인쇄. 2009년 11월 10일
출판등록. 제126-25-98454호
등록일. 2009년 9월 29일
주소. 경기도 광주시 퇴촌면 광동리 100-4번지 402호 회화마을
메일. dadagamaeul@naver.com
Tel. 050-2200-7000
계좌번호. 농협 356-0169-5651-03[예금주-도다가마을]

아비담마해설서 1

ABHIDHAMMATTHADĪPAṆĪ

아비담맛타상가하, 상가하바사띠까 역해

강종미 편역

■ 일러두기

- 서문은 마하붓다고사께서 쓰신 앗타살리니의 서문[nidānakathā]을 번역하였다. 그중 일부는 제외하거나 의역하기도 했고, 다른 주석서의 내용으로 일부 보충한 경우도 있다.
- 자나까비왐사 큰스님의 『상가하바사띠까』를 주 원본으로 삼아 그중 일부는 제외하거나 의역하기도 했고, 다른 아비담맛타상가하 해설서들을 참조하여 내용을 보충한 경우도 있다.
- 최대한 직역에 가까운 문체를 사용하려 했지만 경우에 따라 말의 매끄러움을 위해 추가적 인용을 삽입하거나 직역에서 벗어난 경우 역시 있다.
- 빨리에서 지식대명사로 암시한 문장에서 그 지시대명사를 삭제하고 의미만을 취하여 번역한 경우도 있다.
- 빨리 한글 발음표기에서 기존의 문제였던 V(바)가 현재 V(와)로 널리 쓰이는 점을 감안하여 V(와)로 표기하였다.
- 빨리 속어 풀이는 최대한 주석서에 근거하였으나 일부 한문 표기와 한글로 정형화된 표기를 인용한 구절도 있다. 또한 『아비담마 길라잡이』가 아비담마 용어로 한국에 자리잡고 있는 점을 감안하여 그분들의 한글 용어를 수용하였다.
- 수동태 문장은 가능한 능동태로 번역하였다.
- 2004년 초판 발행된 내용 중 해설서에 해당되는 『아비담맛타상가하』는 『아비담마해설서』란 제목으로 현재 출판되며, 원전에 해당되는 『담마상가니』경과 『앗타살리니』는 『아비담마』란 제목으로 출판될 예정이다.

머릿말

부처님께서 설하신 법은 삐따까로 위나야, 숫딴따, 아비담마로 삼장이며, 니까야로써 5부, 법의 모임[dhammahkhadhā]으로 팔만사천 법수입니다.

테라와다 교단에서 현재 보게 되는 경전은 육차 결집에 올려졌던 빨리경전입니다. 이 빨리경전 속에 아비담마 경이 포함되어 있습니다. 그 법을 담마[dhamma] - 중생도 생명도 아닌 법의 원리, 부처님의 말씀[buddhavacana], 담마위나야[dhammavinaya] - 법으로 훈계하신 가르침, 법의 설법[dhammadesanā], 법의 말씀[dhammakathā]이라 부릅니다.

모든 종교가 추구하는 공통의 이념은 행복일 것입니다. 이러한 보다나은 삶의 추구는 갖가지 형태로 표현되고 제시되었습니다. 부처님의 가르침 또한 이러한 범주 속에서 팔만 사천의 법문인 삼장을 남겼을 것입니다. 이러한 방대한 경전군 속에서 제시하는 행복은 간략히 두 종류입니다. 세간의 행복과 출세간의 행복입니다. 우리들이 이러한 행복을 얻기 위해서는 이것이 무엇인가를 알고, 어떻게 얻어야만 하는가를 이해하는 것이 선결조건일 것입니다. 불교의 방대한 경전군은 이러한 앎으로 인도하는 가르침인 것입니다. 이것을 부처님께서는 방편설과 비방편설로 설하셨고, 이것이 또한 숫딴따와 아비담마입니다. 남방에서는 이 비방편설인 아비담마를 부처님 지혜 그 자체라고 표현합니다. 부처님의 지혜, 깨달음이란 단지 앎에서 끝난 것이 아니라 지고한 정신의 해탈, 고통의 종식인 절대의 상태에 도달하게 합니다. 이러한 깨달음을 언어로 표현하신 것이 아비담마 경전입니다.

부처님의 깨달음이란 삼십 일천에서 윤회하는 중생들과 부처님 자신의 근원을 아신 것입니다. 존재의 실체, 진리를 깨달은 것입니다. 이것을 빨리로 sacca 즉, 진리입니다. 진리란 그 이름 그대로 자연적 성품, 영속성, 일치성, 진실성을 말합니다.

부처님의 깨달음에서 실재하는 본질이란 마음, 마음부수, 물질, 열반의 네 가지뿐입니다. 육체란 물질을 말합니다. 육체를 통해 대상을 알아차리고(識), 접촉하고(觸), 느끼는(受) 의식의 작용이 일어납니다. 물질, 느낌, 지각, 의지작용, 의식 등의 다섯모임을 사람이라고 합니다. 세상 사람들의 언어소통을 쉽게 하기 위해서 사람이라고도 하고 생명체, 중생이라고도 합니다.

우리들이 영혼이나 중생이라 부르는 것은 사견과 갈애, 업에 기인하여 생겨난 육체와 정신의 모임일 뿐입니다. 이러한 육체와 정신은 조건지어진 것입니다. 조건 지어졌다는 것은 무엇에 영향을 받는다는 것입니다. 주어진 상황이 변하면 그에 따라 변화한다는 뜻입니다. 그러한 변화하는 것에서 우리들이 불변하는 '영혼'이나, 윤회를 거듭하며 탄생하는 '나'라고 이름붙일 수 있는 것은 없다는 것이 부처님의 가르침입니다. 이처럼 사람, 중생이라 이름 붙여진 명칭에서 몸과 마음이라는 실재하는 법을 추출해내어야만 합니다. 이것이 부처님의 팔만사천 설법이며, 방편인 것입니다. 이렇게 조건지어져 끊임없이 매 순간 생멸하는 우리들의 육체와 정신을 아비담마에서 풀이하고 있습니다.

아비담마 경은 칠 부로 구성된 방대한 양과 저 원문을 다시금 해설하고 있는 아비담마 주석서가 있습니다. 권수로 빨리경 13권, 주석서 3권입니다. 아비담마는 그 내용이 광대하고 심오하여 일반의 사람들이 뜻을 이해하기가 쉽지 않습니다. 이러한 어려움 때문에 간추려 요약한 많은 해설서가 출현하게 됩니다. 그 중에서 가장 대표적인 것이 『아비담맛타상가하』로써 아누룻다 존자께서 작성한 167페이지의 짤막한 시문 형식으로 극도로 요약한 책입니다. 방대한 아비담마에 포함되어 있는 대부분의 전문 술어와 내용을 간결하면서도 체계적으로, 유려한 필체로 담고 있어 이 책이 가장 대중적이고 보편적으로 일반 사람들이 아비담마에 접근할 수 있는 대표적 해설서로 오랫동안 이용되었습니다.

이 『아비담맛타상가하』를 해설한 많은 띠까가 출현하게 되는데 그중 가장 널리 알려진 것이 세 경입니다.

1. 아비담맛타위바와니띠까[abhidhammatthavibhāvanīṭīkā] - 이 띠까 경은 스리랑카 수망갈라사미 존자께서 집필하셨습니다.

2. 빠라맛타디빠니띠까[paramatthadīpanīṭīkā] - 이 띠까 경은 근세기 미얀마의 가장 유명한 학승이자 수행승으로 알려진 레디사야도 냐나다자 존자께서 집필하신 것입니다. 이 띠까에서는 위바와니띠까의 오류를 많이 지적하고 있고, 이에 대한 상세한 이유를 해설하고 있습니다.

3. 아비담맛타상가하 바사띠까[abhidhammatthasaṅgaha bhāsāṭīkā] - 이 띠까 경은 미얀마 대 학승으로 빨리경을 미얀마어로 풀이한 80여권의 바사띠까라는 대 업적을 남기신 아마라뿌라 마하간다용 자나까비왐사 큰 스님께서 집필하신 것입니다. 큰 스님께서는 이 띠까 경을 집필하실 때 기존의 각종 아비담맛타상가하 해설서, 아비담마 주석서, 물라띠까, 아누띠까, 위순디막가앗타까타 띠까들을 바탕으로 비교 분석하여 해설하고 있습니다. 또한

아비담맛타위바와니띠까와 빠라맛타디빠니띠까에서 주장하는 문제점들을 명쾌히 해설하셨습니다.

특히 마하간다용 자나까비왐사 큰 스님은 저를 지도해 주신 우 빤디따비왐사(U. Paṇditabhivamsa) 스님의 스승이십니다. 우 빤디따 스님께서는 자나까비왐사 큰스님 살아생전 그 분을 도와 대부분의 위나야와 일부 아비담마 『바사띠까』를 대필하셨고, 자나까 큰스님의 가장 가까이에서 그 분을 모신 상수제자십니다. 이러한 빤디따비왐사 스님의 지극한 가르침으로 만달레이 승가 대학에서 아비담마 빨리경과 그에 관한 주석서를 남김없이 배웠고 또한 그 외 참조 서적 등을 미얀마에서 배울 수 있는 모든 방법으로 폭넓게 배웠기에, 저에게 스승의 스승께서 집필하신 『상가하바사띠까』는 남다른 의미가 있습니다.

제가 배웠던 아비담마의 법을, 아비담마 법을 구하는 분들에게 쉽게 이해시키고자 하는 바람에서 2004년 보리수선원에서 아비담마해설서란 제목으로 두 권을 출판하였습니다. 이는 자나까비왐사 큰 스님께서 집필하신 『상가하바사띠까』를 주된 해설서로 의지하고, 그 외 미얀마에 산재한 『아비담맛타상가하』 해설서들을 편역한 1권과 부처님께서 설하신 근본 원전인 『담마상가니』 경과 그 주석서 『앗타살리니』, 『위방가』 경과 그 주석서 『삼모하위노다니』 등을 풀이하여 가능한 원전의 아비담마 내용을 그대로 직역한 2권으로 구성되어 출판되었습니다. 하나 이 첫 번역에서 많은 오류와 부족함이 지적되었고, 이에 교정판을 출판하게 되었습니다. 기존의 아비담마해설서가 폭넓고 상세한 내용을 갖추고 있었음에도 불구하고 번역의 미흡함으로 그 내용이 손상되었음을 머리 숙여 사과드립니다.

이번에 출판될 교정판은 기존 아비담마해설서가 담고 있는 내용 중 『아비담맛타상가하』의 해설에 해당되는 내용은 아비담마해설서란 이름으로 출판하고, 원전인 『담마상가니』 경과 그 주석서 『앗타살리니』 등은 아비담마란 이름으로 교정판이 출판될 것입니다.

이 해설서를 읽게 되는 분들은 심오한 아비담마의 진리를 이해할 수 있을 것이며, 마음의 본성을 이해하고 이를 객관적으로 분석하는 힘을 얻게 될 것입니다.

긴 여정에 노자마저 빈약한 나그네였기에 더욱 감사하고 정겨운 사람들이 많은 듯합니다. 세상에서 가장 아름다운 사람의 영상을 남겨주시고 그 어렵던 시간에 기댈 언덕이 되어주셨던 Shew U Min Sayadow, U. Tejaniya Sayadow, 빳타나를 배우고자 온 양곤을 들쑤시고 다닐 때 아름다운 마술처럼 법의 언어를 풀어준 U. Tiloka Sayadaw, 만달레이로 떠나기 전 삼 개월 우기 결재를 보낸 때인구 센타의 모든 분들, 생에서 가장 은혜를 받은 분이라고 표현하면 가까울지, 이 책이 나올 수 있게 한 모든 아비담마 경과 주석서, 그 외 위나야 등을 가르쳐 주신 U. Paṇḍita Sayadaw, 그 외 많은 미얀마 스승님들, 유별난 열정으로 많이도 쫓아다니고 가르침을 찾아 이곳저곳을 기웃거렸습니다. 이 같은 행위가 큰 무례함으로 업이 되지나 않을까 하는 두려움과 함께 이국에서 법을 찾아왔다는 이유로 너그럽게 이해해 주셨던 큰 스님들께 깊이 감사드립니다.

그리고 처음 위빳사나 수행법으로 인도해 주셨고 또한 아비담마의 중요성과 가치를 가장 잘 인식하면서 초판 출판을 흔쾌히 받아주셨던 붓다락키타 스님께 감사를 드립니다. 긴 시간 머물

렀던 보리수 선원에 애정을 느끼며 이 선원에 계신 법을 찾아 모이신 한 분 한 분께 깊은 애정과 감사를 느낍니다.

삶의 가장 큰 아픔이었고 스승이었던 아버지 강상권, 어머니 박정옥, 이번 교정판의 윤문을 맡아준 김혜숙님, 색인의 중요성과 조언을 주신 진경스님, 박인순님, 이번 교정판의 출판을 맡아주신 여명보살님과 뚜에띠, 좋은 인연으로 도움을 주시는 최준국 사장님께 깊은 감사를 드립니다.

불법을 찾고, 갈망하는 분들이 완전한 고통의 소멸인 열반에 이르는 순간까지 모든 장애에서 벗어나고 순조롭게 최상의 법 완전한 행복에 이르시길 이 수승한 아비담마 경의 위력으로 기원드립니다.

2009. 10. 27

잠부디빠 사원에서 慈忍

목차

서시序詩 33

아비담마의 탄생 36

주석서의 출현 72

싱할리 앗타까타 78

새로운 앗타까타의 탄생 81

두 가지 진리 85

최상의 지혜가 머무는 대상 91
변치 않는 빠라맛타 91
저열한 법과 빠라맛타 92
오온五蘊 95
12연기에서의 상카라 99
느낌受, 지각想을 온蘊으로 따로 묶은 까닭 103
온蘊과 취온取蘊 104
성인들의 진리 105
열반이란 무엇인가? 106

AbhidhammatthaSangaha

『아비담맛타상가하』

제1장 ◎ 마음

네 가지 궁극적 본질 115

영역으로 분류한 마음 117

욕계欲界 117

어떤 법을 욕계라 하는가? 117

색계, 무색계 119

출세간 119

영역으로써의 마음 4종류 120

욕계마음 54가지 122

불선마음 12가지 122

탐욕에 뿌리한 마음 8가지 122

8가지 탐욕과 결합한 마음 125

즐거움(소마낫사) 125

수반하는(사하가따) 126

사견(딧티가따) 126

결합한(삼빠윳따) 127

사견(딧티가따)과 결합하지 않는 127

자극(상카라) 127

자발적 마음(아상카리까) 128

자극받은 마음(사상카리까) 128

좋지도 싫지도 않은 느낌을 수반하고(우뻭카사하가따) 128

왜 느낌, 사견, 상카라로 구별하여 설했는가 129

즐거움이 생겨나는 원인 130
좋지도 싫지도 않은 느낌이 생겨나는 원인 131
사견이 생겨나는 원인 132
자발적 마음이 일어나는 원인 132
즐거움, 좋지도 싫지도 않은 느낌의 구분 132
결합한, 자발적 마음 134
알고 범하는 것과 모르고 범하는 것 134
금지된 것을 알고서 죄를 범함 135

진심에 뿌리한 마음 2가지 136

괴로운 느낌과 함께하는 137
성냄과 결합한 137
진심 뿌리에는 느낌의 구분이 없다. 138
괴로운 느낌과 진심 마음부수의 구분 138
『빠라맛타디빠니』 139
‘사견과 결합된’을 제거하다. 139
의심과 지혜를 제거하다. 140
괴로운 느낌과 진심의 차이. 140
일으키는 원인들 141
진심에 뿌리한 마음이 일어나는 모습 141

어리석음에 뿌리한 마음 2가지 142

두 가지 어리석음에 뿌리한 마음 142
좋지도 싫지도 않은 느낌을 수반하고 142
들뜸과 결합한 143
격려의 결정 144

뿌리 없는 마음 18가지 146

뿌리 없는 불선不善 과보마음 7가지 146

과보마음 149

불선 과보마음 7가지 149
눈의 의식 등 150
고통을 수반한 151
받아들이는 마음 151
조사하는 마음 152
업으로 인한 물질은 과보마음이 아니다. 153
『빠라맛타디빠니』 154

뿌리 없는 선善 과보마음 8가지 155

행복을 수반한 몸의 의식 155
뿌리 없는 마음에서 느낌의 구별 155
조사하는 마음 3가지 157
선의 과보인 뿌리 없는 마음 158

뿌리 없는 작용만 하는 마음 3가지 158

뿌리 없는, 작용만 하는 마음 158
오문五門전향마음 159
의문意門전향마음 160
미소짓는 마음 160
아란까에서 암시한 웃음 6가지 161
결합하는 마음, 결합하지 않는 마음 161

아름다운 마음 59가지 혹은 91가지 163

욕계 아름다운 마음 24가지 163

욕계 선善 마음 8가지 163

욕계선의 과보마음 8가지 164

욕계 작용만 하는 마음 8가지 164

욕계 선善 마음 168

아름다운(소바나) 168
지혜와 결합한(냐나삼빠윳땅) 169

욕계작용만 하는 마음 170

색계마음 15가지 173

선善 마음 5가지 173

과보마음 5가지 173

작용만 하는 마음 5가지 174

일으킨 생각 등만을 선정이라 부르는 이유 176
지속적 고찰과 의심 177
기쁨과 악의 178
행복과 들뜸, 후회 178
사마디와 감각적 욕망 179
자극의 결정 179

무색계 마음 12가지 181

선 마음 4가지 181

공무변처空無邊處 -무색계 첫 번째 마음 185
식무변처識無邊處 — 무색계 두 번째 마음 185
무소유처無所有處 — 무색계 세 번째 마음 186
비상비비상처非想非非想處 — 무색계 네 번째 마음 187
무색계 선정에는 대상이 많지 않다. 189
선정 두 종류 190

출세간마음 8가지 191

도道 마음 4가지 191

과果 마음 4가지 192

수다원 도道 마음 193
사다함 도道 마음 194
아나함 도道 마음 195
아라한 도道 마음 195
출세간에 작용만 하는 마음이 없는 이유 196

간략하게 분류한 89가지 마음 198

계통으로 헤아림 198

영역으로 헤아림 198

출세간마음을 확장한 40가지 201

마음識 89가지를 확장한 121가지 201

수다원 도道 마음 5가지 201

상위 도마음 15가지와 과마음 20가지 201

세속, 출세간 선정 마음 202

넓게 보인 선마음과 과보마음 203

선정 2종류 204
아라한 도道 마음 204
토대가 되는 선정 설 206
사유된 선정 설 208
개개인의 바람 설 208
특별한 점 209

제2장 ◎ 마음부수

마음부수의 특징 4가지 213

마음부수 213
함께 일어남 215
함께 소멸함 215
동일한 대상 216
동일한 의지처 217
특징 등 4가지 법 217
특성(lakkhaṇā) 218
작용(rasa) 218
지혜에 나타나는 모습(paccupaṭṭhāna) 218
가까운 원인(padaṭṭhāna) 219
동의하는 마음부수 13가지 220
모든 마음에 공통되는 마음부수 7가지 220
혼합되는 마음부수 6가지 220

동의하는 마음부수(안냐사마나 쩨따시까) 221

모든 마음에서 공통되는 마음부수 222
접촉의 어의 222
접촉의 특징 223
접촉의 작용 223
지혜에 나타나는 모습 224
가까운 원인 224
느낌의 특징, 작용 224
나머지 법들은 느낌만큼 체험하지 못한다. 225
지혜에 나타나는 모습 225
가까운 원인 225

지각의 어의, 특징 226
지각의 작용 226
지혜에 나타나는 모습 227
그릇된 지각에의 비유 227
가까운 원인 227
의도의 어의, 특징 228
작용 228
지혜에 나타나는 모습 228
의도의 가까운 원인 229
집중(사마디)의 어의 230
집중의 특징 230
집중의 작용 231
집중의 지혜에 나타나는 모습 231
집중의 가까운 원인 231
생명기능命根의 어의 232
생명기능命根의 특징 232
그 스스로를 지킨다. 233
생명기능命根의 작용 233
지혜에 나타나는 모습 234
가까운 원인 234
주의[마나시까라] 235
주의의 특징 등 235
마부와 같은 모습 236
주의 세 종류 236

혼합되는 마음부수 237

일으킨 생각의 어의와 특징 237
일으킨 생각의 작용 237
일으킨 생각의 지혜에 나타나는 모습 238
일으킨 생각와 결합하지 않는 마음들이 대상을 취하는 모습 238
의도(쩨따나), 주의(마나시까라), 일으킨 생각(위딱까)의 구별 239
지속적 고찰의 어의와 특징 240

지속적 고찰의 작용, 지혜에 나타나는 모습 240
일으킨 생각과 지속적 고찰의 차이 241
비유 241
결심(아디목카)의 어의와 특징 241
결심의 작용과 지혜에 나타나는 모습 242
결심의 가까운 원인 242
노력(위리야)의 어의와 특징 242
노력의 작용 243
노력의 지혜에 나타나는 모습 243
노력의 가까운 원인 243
희열(삐띠)의 어의, 특징 244
희열이 지혜에 나타나는 모습 244
희열 다섯 종류 245
원함(찬다)의 어의와 특징 245
원함의 작용 246
원함의 지혜에 나타나는 모습과 가까운 원인 246

불선 마음부수 14가지 247

어리석음(모하)의 어의와 특징 247
어리석음의 작용과 지혜에 나타나는 모습 248
어리석음의 가까운 원인 248
주의 248
부끄러워하지 않음(아히리까) 249
두려워하지 않음(아놋땁빠) 249
들뜸(웃닷짜)의 어의 250
들뜸의 특징 250
들뜸의 작용과 지혜에 나타나는 모습 250
탐욕(로바)의 어의와 특징 251
탐욕의 작용과 지혜에 나타나는 모습 252
탐욕의 가까운 원인 252
탐욕과 원함의 비교 252

사견(딧티)의 어의 253
사견의 특징, 작용 그리고 지혜에 나타나는 모습 253
사견의 가까운 원인 254
자만(마나)의 어의, 특징 254
자만의 작용과 지혜에 나타나는 모습 255
자만의 가까운 원인 255
진심(도사)의 특징 256
진심의 작용 256
진심의 지혜에 나타나는 모습과 가까운 원인 257
질투(잇사)의 어의, 특징 258
질투의 작용, 지혜에 나타나는 모습, 가까운 원인 258
인색(맛차리야)의 어의, 특징 258
인색의 작용과 지혜에 나타나는 모습 259
인색의 가까운 원인 259
후회(꾹꿋짜)의 어의 260
후회의 특징, 작용, 지혜에 나타나는 모습 261
후회의 가까운 원인 261
다른 견해 262
후회의 다양함 262
해태, 식識 혼침(티나) 263
해태의 어의와 특징 263
혼침, 마음부수 혼침(밋다)의 작용 264
혼침의 지혜에 드러나는 모습 264
아라한의 수면 265
주의 265
의심(위찌낏차)의 어의 265
의심의 특징, 작용 266
의심의 지혜에 나타나는 모습 266

아름다운 마음부수 25가지 268

아름다운마음에 공통되는 마음부수 19가지 268

무량심(無量心) 2가지와 지혜의 기능(慧根) 269

믿음(삿다)의 특징 269
믿음의 작용 270
믿음의 지혜에 나타나는 모습, 가까운 원인 270
사띠의 특징, 작용, 지혜에 나타나는 모습 271
사띠의 가까운 원인 272
모조 사띠 272
부끄러움(히리), 두려움(옷땁빠) 272
특징, 작용, 지혜에 나타나는 모습 272
가까운 원인 273
부끄러움, 두려움 모조 274
세상을 지키는 법 274
탐욕 없음(아로바)의 어의와 특징 274
탐욕 없음의 작용 275
탐욕 없음의 지혜에 나타나는 모습 275
진심 없음(아도사)의 어의, 특징 276
진심 없음의 작용, 지혜에 나타나는 모습 276
사랑(멧따) 276
평정심(따뜨라맛잣따따)의 어의 277
평정심의 특징, 작용 278
평정심의 지혜에 나타나는 모습 278
조화롭게 수행하는 일과 평정심 278
사무량심[捨無量心] 279
마음부수의 고요함, 식識의 고요함의 어의 279
마음부수의 고요함, 식識의 고요함의 특징, 작용 279
지혜에 나타나는 모습, 가까운 원인 280
고요함 등을 두 가지로 설하신 이유 280
『마하띠까』의 견해 281
『바사띠까』의 견해 281
마음부수의 가벼움, 식識의 가벼움의 어의 282
마음부수의 가벼움, 식識의 가벼움의 특징, 작용 282

가벼움의 민첩한 모습 283
가벼움의 지혜에 나타나는 모습과 가까운 원인 283
마음부수 모임의 부드러움, 마음의 부드러움의 어의 284
마음부수 모임의 부드러움, 마음의 부드러움의 특징과 작용 284
부드러움의 지혜에 나타나는 모습, 가까운 원인 284
마음부수의 순응성, 식의 순응성 285
순응성의 특징, 작용 285
순응성의 지혜에 드러난 모습, 가까운 원인 286
마음부수의 능숙, 마음의 능숙 286
능숙함의 특징, 작용 286
능숙함의 지혜에 나타나는 모습, 가까운 원인 287
마음부수의 올바름, 마음의 올바름 287
올곧음의 지혜에 나타나는 모습, 가까운 원인 288
절제 마음부수 288
정어正語 288
정업正業 289
정명正命 290
절제의 다양함 290
잣가나 이야기 291
준수하는 절제 291
분석함 292
무량심無量心 295
동정悲無量心 295
동정의 특징, 작용 296
동정의 지혜에 드러나는 모습, 가까운 원인 296
유사 동정 296
함께 기뻐함喜無量心 297
함께 기뻐함의 특징, 작용 297
함께 기뻐함의 지혜에 나타나는 모습, 가까운 원인 297
모조 함께 기뻐함 298
네 가지 사무량심四無量心으로 보이지 않은 이유 298
지혜의 기능慧根 299

모조 지혜 299
지각, 마음, 지혜의 구분 300

마음부수들의 결합방법 16가지 302

동의하는 마음부수들의 결합방법 7가지 302

전오식 303
모든 마음에서 공통되는 마음부수 7가지 304
혼합되는 마음부수 6가지 304
마음부수들의 결합방법 7가지 308

불선 마음부수들의 결합 방법 5가지 308

아름다운 선善 마음부수들의 결합방법 4가지 313

모든 아름다운 마음에 공통되는 마음부수 19가지 313
한꺼번에 315
무량심無量心 마음부수 316
지혜 마음부수 318
항상 결합하는 마음부수, 때때로 결합하는 마음부수 320
항상 결합하는 마음부수 320

마음의 결합방법 33가지 322

출세간마음에 결합할 수 있는 마음부수 5가지 323

고귀한 마음의 결합방법 5가지 327

욕계 아름다운 마음의 결합방법 12가지 329

마음에 결합할 수 없는 마음부수 334

마음을 구분시키는 마음부수 334

불선 마음의 결합 방법 7가지 335

모든 불선에 결합하는 마음부수 14가지 342

뿌리 없는 마음의 결합방법 4가지 343

제3장 ◎ 일반적 항목의 장

빠낀나까상가하 ‖ PakiṇṇakaSaṅgaha

서약 351

느낌으로 결집함 353

느낌 3가지 또는 5가지 353

느낌으로 마음을 분석함 353

느낌의 구분 355
대상을 느끼는 방법 357
기능根의 구분 방법 357

뿌리의 모임 358

뿌리[hetu] 6가지 358

뿌리로 마음을 분석함 359

마음부수로 구분한 뿌리 362

작용으로 결집한 14가지 363

존속하는 곳 10가지 363

재생연결식의 작용 364

바왕가의 작용 365
전향마음의 작용 366
오식五識 366
받아들이는 마음의 작용 366
조사하는 마음 작용 367
결정하는 마음 작용 367
속행 작용 368
등록하는 마음 작용 368
죽음의 작용 369
존속하는 곳 369
작용과 존속하는 곳의 차이 370

작용, 존속하는 곳으로 마음을 분석함 371

연관된 마음에 적용되는 작용들 372

오식五識의 타나 375

요약 376

문으로 결집 378

6가지 문 378

문으로 마음을 분석함 378

의문意門(마노드와라) 379

마음이 일어날 수 있는 문 384

대상으로 결집 388

대상 6가지 388

대상으로 마음을 분석함 389

'현재' 등의 세분화 390
시간에서 벗어난 법[kālavimutta] 391
'생을 받기 직전' 394
'6문에서 취한' 394
'현재, 과거 혹은 개념으로 일어나는' 394
'인지된 업, 업의 표상, 태어날 곳의 표상이다' 394
적절하게 395
'일반적으로[yebhuyyena]' 396

반드시 혹은 간혹 대상을 행하는 마음들 398

반드시 대상으로 취하는 마음 406

반드시 대상을 취하는 것이 아닌 마음 406

'25가지 마음은 욕계 대상에서만 일어난다.' 407
6가지 마음은 무색계 대상에서만 일어난다. 407
21가지 마음은 개념[빤냐띠] 대상에서만 일어난다. 407
'8가지 마음은 열반만을 대상으로 한다.' 408

반드시 대상을 취하는 것이 아닌 마음 408

20가지는 출세간 9가지를 제외한 모든 대상에서 일어난다. 408
'5가지는 아라한 도道, 과果를 제외한 일체의 대상에서 일어난다.' 408
'6가지 마음은 일체 모든 대상에서 일어난다.' 409

토대로 결집 410

토대 6가지 410

토대로 영역을 분석함 410

토대로 마음을 분석함 414

3가지 계界의 구분 420

의계意界 420
오식계五識界 420
의식계意識界 421

제4장 ◎ 인식과정

위티상가하 ‖ VīthiSaṅgaha

영역으로의 분류란? 425
재생연결식(빠띠산디)과 삶의 과정(빠왓띠) 426

6개조 여섯 모임 426

주의 427

마음 6가지 428

인식과정 6가지 428

대상의 나타남 6가지 429

마음의 수명과 물질의 수명 431

물질의 수명 432
물질의 법(rūpadhammānaṁ) 432
마음과 물질의 수명에 대한 비유 433
왜 물질의 수명은 17번인가? 434

오문五門 인식과정 435

바왕가(생의 연속체) 435

매우 큰 대상(아띠마한따람마나) 436

'바왕가의 진동에 대한 논쟁' 437
두 차례의 진동 439
'일반적으로 7번 강한 여세로 일어난다. 443
'5번 강한 여세로 일어날 때 444
존재에 따라 적합하게 일어난다.' 445
이 2차례의 등록하는 마음이 일어난 뒤에 바왕가에 빠진다 446
마음이 일어나는 모습 446
큰 대상(마한따람마나)의 인식과정 448
2차례 혹은 3차례의 차이 449
'1차례 등록하는 마음은 없다' 449
큰 대상(마한따람마나)의 인식과정 450
작은 대상(빠릿따람마나)의 인식과정 450
첫 번째 작은 대상(빠릿따람마나) 인식과정이 일어나는 모습 452
매우 작은 대상(아띠빠릿따람마나)의 인식과정 453

귀의 문 등 456

의문意門을 통해 일어나는 욕계 속행 차례 458

선명한 대상(vibhūtārammaṇa)의 인식과정 458

희미한 대상(avibhūtārammaṇa)의 인식과정 458

의문[意門]에 나타날 수 있는 대상들' 461
지나간 바왕가에 떨어지는 것이 적합한가? 464
현재의 물질 464
현재 마음을 대상으로 하는 모습 465
의문에서 일어나는 욕계 속행의 차례 468
선명한 대상(위부따람마나) 468
희미한 대상(아위부따람마나) 468
의문意門에서 일어나는 인식과정 469

서문

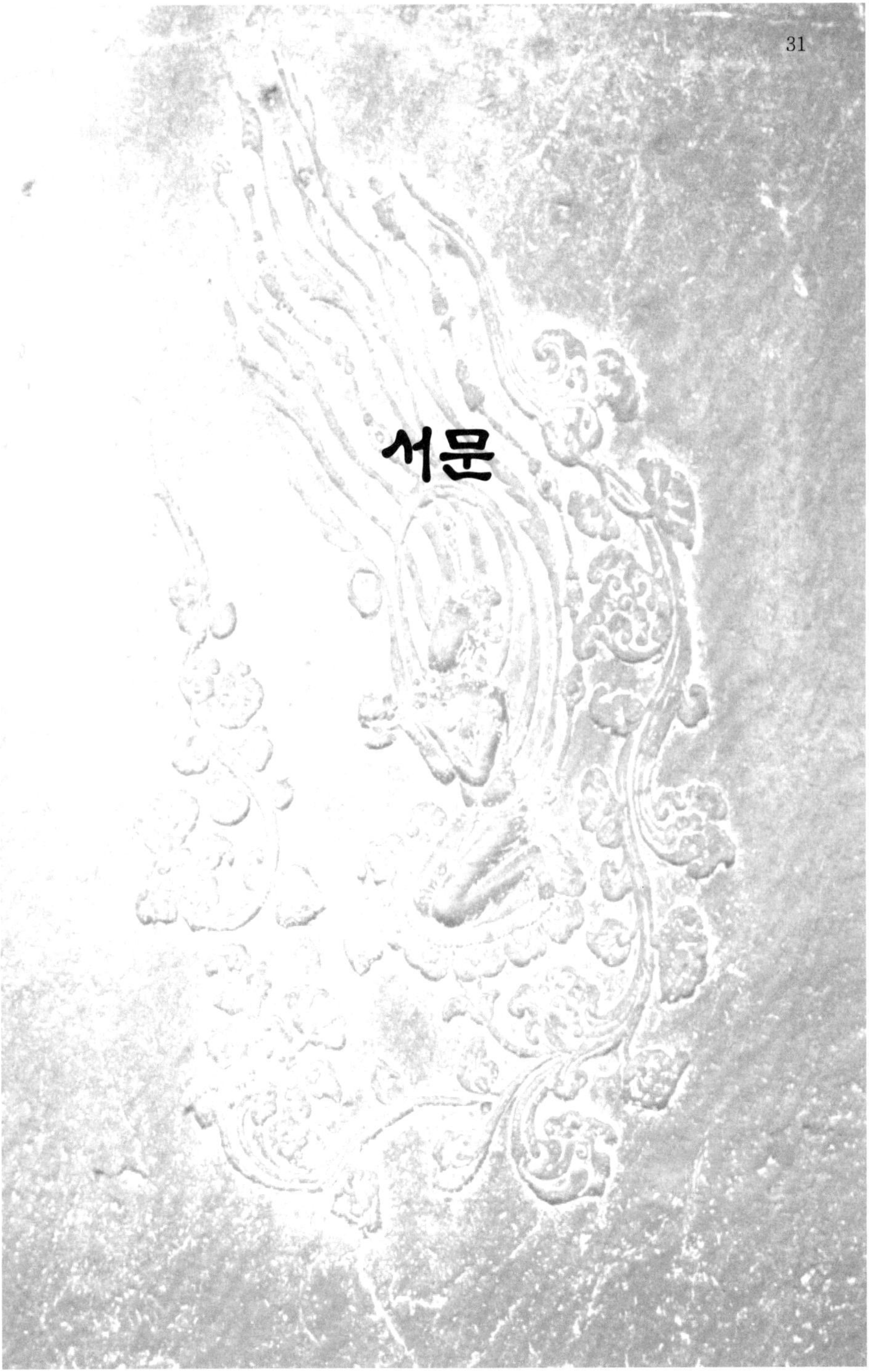

서시序詩

마하붓다고사

일체 중생을 위한
부처님의 위없는
지혜는 모든 법에서
뜻하시는 대로 일어났다.

중생을 향한 대자비심이 충만하시어
쌍신변雙神變의 신통을 보이셨고
삼십삼천 천상에 머무심이
마치 유간다라 산 위로 태양이 찬연하게 빛나는 듯하였다.

산호수 아래 황모석 위에 정좌하시니
일만 우주에서 모여든
천인과 범천의 무리에 에워싸이셨네.

대자비심의 일체지 위력으로
아비담마를 어머님과
천인, 범천들에게 훌륭히 설하셨다.

빛나는 공적 지니신
고귀한 부처님께 예배드립니다.
위없이 훌륭한 가르침에 예배드립니다.
아리야 성자인 승단에 두 손 모아 예배드립니다.

삼보에 올린 예禮의 공덕으로
일체 위험은 제거될지니

청정한 계행과
깊고 섬세한 지혜를 지닌
쭐라붓다고사가
공손히 아비담마 주석서를 요청하였네.

중생을 제도하시는
천인의 스승이신 부처님께서
천인과 범천들에게 아비담마를 설하신 뒤
지상에 내려오시어 사리뿟따 존자에게
다시금 간략하게 설하셨다.

아노땃따 호수에서
부처님의 시중을 드셨던 사리뿟따 존자는
부처님께 아비담마를 경청하여 배운 뒤
산에서 내려와 빅쿠들에게 설하였다.

빅쿠들이 암송한 이 아비담마를
큰 지혜를 지닌 아난다 존자가
일차 결집에 올렸다.

깊은 지혜를 지닌 이들이
끊임없이 갖가지 방편으로 암송한
심오한 아비담마를
일차 결집에 올릴 때
마하깟사빠 등 과거 아라한 존자들이
마하앗타까타(대주석서)와 함께 결집에 올렸다.

마하야사, 목갈리뿟따띳사 아라한 존자들도
이 마하앗타까타를 두 번째와 세 번째 결집에 거듭하여 올렸다.

마힌다 존자가 마하앗타까타를
성스러운 땅 스리랑카로 가져와
싱할리어로 바꾸어 정리하였다.

그리고 다시 마하앗타까타에서
싱할리어를 제거하고
순수 마가다 빨리로 패엽에 새겨놓았다.

이리하여 다른 교파의 주장과 뒤섞여 혼돈되지 않았으며
마하위하라 사원에 거주하는 존자들의
올바른 견해를 분명히 드러내보였다.

나는 경장 앗타까타들에도 적합한 해설이 되며
분석적 지혜를 지닌 이들에게도
그 의미를 명백히 드러낼
아비담마 주석을 정리할 것이다.

40가지 깜맛타나, 아빈냐, 위빳사나,
이 모두를 『청정도론』에서
선명히 드러내 보였다.

때문에 이 내용을 취하지 않고
아비담마 경에 따라 그 의미를 밝히겠다.

이렇게 해설해 보일 아비담마 앗타까타를
분산되지 않은 마음으로 새겨들어라.
아비담마를 얻기는 어렵기 때문이다.

- ganthārambhakathāabhi. ṭṭha. 1. 1.

아비담마의 탄생

마하붓다고사 씀

왜 아비담마라 부르는가? 경장보다 월등히 탁월한 내용을 지녔기에 아비담마라 부른다. 경장에서는 아비(abhi; 월등한)의 뜻을 다음과 같은 비유로 설명하고 있다.

무수히 세워진 깃발 중 어떤 깃발은 다른 것들을 넘어서는 월등한 크기와 형상으로 눈길을 사로잡는다. 그런 깃발을 월등한 깃발이라 부른다. 여러 명의 왕자들 중 어떤 왕자는 혈통, 재물, 권속, 지위 등 모든 방면에서 탁월하다. 그런 왕자를 최상의 왕자라 부른다. 또 어떤 천인은 수명, 형상, 통치자로서의 지위, 권속, 재물 등 모든 면에서 최상이다. 그런 천인을 월등한 천인 혹은 탁월한 범천이라 부른다.

이 경은 난해한 법을 다각적인 방법으로 낱낱이 분석하여 심오한 의미를 명백히 드러냈다는 점에서 경장을 넘어서는 월등한 법이라 하여 '아비담마'라 한다.

경장에서는 오온五蘊, 12입처入處, 18계界, 4성제聖諦, 22기능根, 12연기緣起 등이 부분적으로 분석되었을 뿐이다. 그러나 아비담마에서는 경장적 분석법suttanatabhājanīya, 논장적 분석법abhidhammabhājanīya, 질문법pañhapucchaka 등으로 더욱 완벽하게 분석되었다.

또한 사념처 역시 경장에서는 일부분만 분석되었으나 아비담마에서는 세 가지 방법으로 완벽하게 분석되었다.

4정근正勤, 4여의족如意足, 7각지覺支, 모든 번뇌에서 벗어나는 팔정도八正道, 4선정禪定, 사무량심四無量心, 4가지 무애해도無碍解道 등 『식카빠다위방가』에는 경장적 분석법suttanatabhājanīya이 없다. 경장에서는 지혜도 일부분만 분석되었고, 번뇌 또한 마찬가지다. 아비담마에서는 '하나의 몫으로 지혜가 일어난다'[1]는 등의 서문(마띠까)을 두고 완벽하게 분석하였다. 번뇌는 하나의 방법을 시작으로 점점 다양하게 분석되었다. 경장에서는 영역을 구별할 때도 일부만 분석되었으나, 아비담마에서는 세 가지 방법으로 영역의 차이를 남김없이 분석하였다. 이와 같은 월등함 때문에 아비담마라 한다.

아비담마는 『담마상가니』, 『위방가』, 『다뚜까타』, 『뿍갈라빤냣띠』, 『까타왓투』, 『야마까』, 『빳타나』의 칠론七論으로 구성되어 있다.

『담마상가니』

『담마상가니』는 '마음을 분석한 장cittavibhatti', '물질을 분석한 장rūpavibhatti'[2], '법을 요약한 장nikkheparāsi', '뜻을 보인 장atthuddhāra'의 4장으로 구성되어 있다.

'마음을 분석한 장'의 경우 욕계에서 선업 8가지, 불선업 12가지, 선의 과보 16가지, 불선의 과보 7가지, 작용만 하는 마음 11가지로 분석되었다. 색계에서는 선 5가지, 과보 5가지, 작용만 하는 마음 5가지로, 무색계에서는 선 4가지, 과보 4가지, 작용만 하는 마음 4가지로, 출세간에서는 선 4가지, 과보 4가지 등 모두 89가지의 마음으로 분석하였다. 장의 길이는 여섯 바나와라(암송을 위한 경전의 단락) 정도이며 중략 부분을 넓게 확장하면 무한한 범위가 된다.[3]

---

1. abhi. 2. 323
2. rūpavibhatti는 rūpakaṇḍa라고도 한다.
3. 중략이라고 표시된 부분을 모두 기록한다면 그 한계를 측정할 수 없다는 뜻이다.

'물질을 분석한 장'에서는 하나의 모임ekavidhena, 두 가지 모임dhuvidhena 등으로 분류해 마띠까를 둔 다음 폭넓게 분석해 놓았다. 길이는 두 바나와라이고 중략 부분을 확장하면 무한한 범위가 된다.

근원mūla, 온蘊khandha, 문dvāra, 영역bhūmi, 의미attha, 원인dhamma, 이름nāma, 문법의 성性liṅga 등으로 간추려 설하신 장을, '법을 요약한 장nikkheparāsi'이라 한다.[4] 법을 요약한 장은 세 바나와라 정도이고 중략부분을 확장한다면 무한한 단락이 된다.

부처님께서 설하신 두까(두 개조의 모임)[5]의 끝구절인 사라나담마(눈물을 흘리게 하는 번뇌와 함께하는 법)까지를 '뜻을 보인 장atthuddhāra'이라 한다. 이 장章은 빅쿠들이 빳타나[24연기법 혹은 mahāpakaraṇa라 부른다]를 요약하여 구분하지 못하자 사리뿟다 존자께서 숫자로 풀어 설하신 것이다. '뜻을 보인 장'은 두 바나와라 정도이고 중략부분을 확장하면 무한한 범위가 된다. 『담마상가니』는 전체 13바나와라 정도이며 중략 부분을 확장하면 한계가 없다.

---

4. nikkheparāsi(닉케빠라시; 법을 요약한 장)는 nikkhepakaṇṭa(닉케빠깐따)라고도 한다.
5. 부처님께서 『담마상가니』경을 시작으로 아비담마를 설하실 때 서문으로 100개의 dukā(두까; 두 개조 모임)와 22개의 tika(띠까; 세 개조 모임)를 보여 善, 不善 등으로 법의 정의를 구분하시고 마음, 물질 등으로 『담마상가니』, 『위방가』, 『다뚜까타』 등을 설하신 뒤 마지막 『빳타나』경에 이르러 아비담마 첫 서문인 22가지 dukā(두까), 100가지 tika(띠까)의 법을 각각의 24연기법에 대응시켜 무한한 범위의 빳타나 경을 설하셨다. 첫 서문과 마지막 아비담마의 핵심인 『빳타나』가 이처럼 서로 연결되며 물질과 정신의 법이 두까와 띠까에 의해 풀어나가는 『빳타나』경의 자리에 이르러서는 부처님의 무한한 일체지一切智에 두 손 모아 예경드리지 않을 수 없다.

『위방가』

『위방가』는 '오온(khandha), 12입처(āyatana), 18계dhātu, 기능根(indriya), 12연기(paccayākāra), 사념처satipaṭṭhāna, 정근正勤(sammāppadhāna), 여의족(iddhipāda), 7각지覺支(bojjhaṅga), 도道의 요소(maggaṅga), 선정(jhāna), 사무량심四無量心(appamaññā), 계법戒法(sikkhāpada), 무애해도(paṭisambhidā), 지혜(ñāṇa), 작은 주제(khuddakavatthu), 법의 토대(dhammahadaya)' 등을 분석한 vibhaṅga 18장으로 구성되어 있다.

'오온'을 분석한 장은 경장적 분석법, 논장적 분석법, 질문법 등의 세 가지로 구성되었다. 길이는 다섯 바나와라이다. '12입처'를 분석한 장 역시 세 가지 방법으로 분석되었다. 이 장章은 한 바나와라이다. '18계界'를 분석한 장과 '사념처'를 분석한 장은 두 바나와라이다. '기능根'을 분석한 장에는 경장적 분석법이 없으며 한 바나와라 정도의 단락이다. '12연기'를 분석한 장은 여섯 바나와라이며 질문법이 없다. '사념처'를 분석한 장은 한 바나와라 단락이고 '정근', '여의족', '7각지', '팔정도'를 분석한 장 역시 그만한 양이다. '선정'을 분석한 장은 두 바나와라의 단락이다. '사무량심'을 분석한 장은 한 바나와라를 조금 넘는다. '계법戒法'을 분석한 장 역시 경장적 분석법은 없고 한 바나와라 정도이다. '무애해도'를 분석한 장도 마찬가지다. '지혜'를 분석한 장은 열 가지 방법으로 분석되었으며 세 바나와라의 단락이다. '작은 주제'로 분석한 장은 10가지 방법으로 분석되었으며 세 바나와라 정도이다. '법의 토대'를 분석한 장은 세 가지 방법으로 분석되었고 두 바나와라가 넘는 단락이다. 이처럼 35개 바나와라로 암송될 단락인 『위방가』경 역시 중략 부분을 확장하면 끝없는 무한한 길이가 된다.

『다뚜까타』

1. saṅgaho(상가호) asaṅgaho(아상가호)

saṅgaho(상가호) - 어느 정도의 온蘊, 입처入處, 계界로 모아 헤아릴 수 있는가? 이만큼의 온, 입처, 계들로 모아 헤아릴 수 있다.

asaṅgaho(아상가호) - 어느 정도의 온, 입처, 계로 모아 헤아릴 수 없는가? 이만큼의 온, 입처, 계로도 모아 헤아릴 수 없다.

2. saṅgahitena(상가히떼나) asaṅgahitaṁ(아상가히땅)

saṅgahitena(상가히떼나) - 이 정도의 온, 입처, 계들로 모아 헤아릴 수 있다. asaṅgahitaṁ(아상가히땅) - 이 만큼의 온, 입처, 계로는 모아 헤아릴 수 없다.

이와 같이,

3. asaṅgahitena(아상가히떼나) saṅgahitaṁ(상가히땅)
4. saṅgahitena(상가히떼나) saṅgahitaṁ(상가히땅)
5. asaṅgahitena(아상가히떼나) asaṅgahitaṁ(아상가히땅)
6. sampayogo(삼빠요고) vippayogo(윕빠요고)
7. sampayuttena(삼빠윳떼나) vippayuttaṁ(윕빠윳땅)
8. vippayuttena(윕빠윳떼나) sampayuttaṁ(삼빠윳땅)
9. sampayuttena(삼빠윳떼나) sampayuttaṁ(삼빠윳땅)
10. vipayuttena(윕빠윳떼나) vippayuttaṁ(윕빠윳땅)
11. saṅgahitena(상가히떼나) sampayuttaṁ(삼빠윳땅) vippayuttaṁ(윕빠윳땅)
12. sampayuttena(삼빠윳떼나) saṅgahitaṁ(상가히땅) asaṅgahitaṁ(아상가히땅)
13. asaṅgahitena(아상가히떼나) sampayuttaṁ(삼빠윳땅) vippayuttaṁ(윕빠윳땅)
14. vippayuttena(윕빠윳떼나) saṅgahitaṁ(상가히땅) asaṅgahitaṁ(아상가히땅)

14가지로 분석되었다. 『다뚜까타』는 여섯 바나와라의 길이이며 중략 부분을 확장하면 한계가 없다.

『다뚜까타』 뒤의 경은 『뿍갈라빤냣띠』이다.

『뿍갈라빤냣띠』는 온蘊(khandha), 입처入處(āyatana), 계界(dātu), 진리(sacca), 기능根(indriya), 중생(puggala) 등 6종류의 개념(paññatti)으로 분류되었다. 『뿍갈라빤냣띠』는 다섯 바나와라이며 중략부분을 확장한다면 끝이 없다.

물질과 마음의 법을 '중생', '사람' 등으로 개념화하여 이름 붙인 것을 '빤냣띠(개념, 관습적 명칭)'라 한다. 온蘊 등 앞의 다섯 가지는 『담마상가니』등의 경에도 상세하게 기술되었다. 그러나 중생의 개념은 이 경에 와서야 상세히 분석하여 설하셨기에 경의 이름을 『뿍갈라빤냣띠』라 하였다.

색色, 수受, 상想, 행行, 식識이란 빠라맛타(궁극적 실재)는 부처님 이전부터 세상에 존재하였지만, 대다수의 중생들은 제대로 이해할 수 없었다. 이 법에 빤냣띠(개념, 명칭)를 붙일 수 있는 이는 오직 부처님 한 분이시다. 어둠 속에서는 아무것도 볼 수가 없듯이 태양왕이신 부처님께서 출현하시어 '이것이 물질色이다. 이것이 느낌受이다'라고 명칭을 붙이셨기에 중생들이 진리를 알게 되었다. 지혜로운 이는 이 진리를 단순히 앎에 그치지 않고 자신 안에서 육체와 정신이 생멸하는 모습을 지혜의 눈으로 분명히 볼 수 있을 것이다.

『까타왓투』

까타왓투는 '사까와디(테라와다의 견해) 오백 경'과 '빠라와디(이교도의 견해) 오백 경'을 합한 일천 경으로 구성되었다. 『까타왓투』는 패엽경貝葉經에 기록된 것이 아니라 결집에 올려진 것으로서 『장아함경』 정도의 단락이며 중략부분을 확장하면 한계가 없다.

바른 것을 말하는 이들을 '사까와디'라 하고, 바르지 못한 것을 말하는 이들을 '빠라와디'라 부른다. 부처님의 가르침과 합일하지 못하는 견해를 논박하여 물리치기 위해 『까타왓투』를 설하셨다.

kathāvatthu(까타왓투) - 사까와디와 빠라와디의 쟁론을 문답식으로 결론을 도출한 경이다.

아비담마 7론은 부처님께서 설하신 경들이다. 예외적으로 『담마상가니』의 앗타까타깐다 장章과 『까타왓투』는 성문 제자들이 설한 것이다. 앗타까타깐다 장章은 부처님 생존시 사리뿟따 존자가 경, 율, 논 삼장三藏의 이해를 돕기 위해 간략하게 모아 제자들에게 설한 장章이다. 『까타왓투』는 부처님께서 입멸하신 뒤 3차 결집의 주도자인 마하목갈리뿟따띳사 존자가 설한 아비담마의 한 장이다.

『야마까』

『야마까』는 '물라야마까, 칸다야마까, 아야따나야마까, 다뚜야마까, 삿짜야마까, 상카라야마까, 아누사야야마까, 찟따야마까, 담마야마까, 인드리야야마까' 등 열 가지로 구성되었다. 이 경은 120바나와라 단락이며 중략부분을 확장하면 한계가 없다.

오온, 입처, 중생 등에 관한 정견을 앞의 경전에서 설명하신 뒤, '한 쌍'이라는 뜻을 지닌 『야마까』에서는 제자들이 이 내용에 대해 의문하고 질문하여 지혜롭게 익혀 이해하고 결정할 수 있는 역량을 키울 수 있도록 갖가지 방법으로 설하셨다.[6]

『빳타나』

빳타나(24연기론)는 마하빠까라나[mahāpakaraṇa, 大經]라고도 부른다. 빳타나는 '헤뚜, 아람마나, 아디빠띠, 아난따라, 사마난따라, 사하자따, 안냐만냐, 닛사야, 우빠닛사야, 뿌레자따, 빳차자따, 아세와나, 깜마, 위빠까, 아하라, 인드리야, 자나, 막가, 삼빠윳따, 윕빠윳따, 앗티, 낫티, 위빠까, 아위가따' 등 모두 24가지의 빳짜야(연기법)로 분석되어져 있다.

빳타나란 '다양한 조건'이란 뜻이다. 24가지 빳짜야(연기)를 완전히 갖추어야만 '빳타나'라 부를 수 있는 것은 아니다. 하나의 빳짜야만으로도 '다양한 조건'을 설할 수 있다. 그래서 하나의 빳짜야를 빳타나라 부를 수 있다. 빳타나라는 단어는 '분석한다'라는 뜻도 지닌다. 24가지 빳짜야 중 각 빳짜야마다 법을 분석할 수 있기 때문에 '빳타나'라 한다. 또한 빳타나란 단어에는 '간다'라는 의미도 있다. 『담마상가니』부터 『야마까』경까지는 부처님의 지혜가 자유자재로 펼쳐질 수 없었다. 그러나 『빳타나』에서는 부처님의 지혜가 자유자재로 무한히 펼쳐나갈 수 있었다.

---

6. 이 야마까 경을 잘 익혀 수지한 빅쿠는 법에 대해 능숙할 뿐 아니라, 외도의 그 어떤 질문이나 논쟁에서도 타파할 수 있는 언어의 기술을 체득한다고 한다.

빳타나(24연기론)는 동일한 의미의 법을 모은 자리이다. 담마상가니 첫 장에서 설하신 22가지 모임의 법을 22개 띠까(3개조 모임)라 부른다. 근원의 법, 근원이 아닌 법 ‖중략‖ 번뇌와 함께하는 법(사라나담마) 번뇌 없는 법(아라나담마) 등을 100개의 두까(2개조 모임)라 부른다. 22개의 띠까와 100개의 두까는 아비담마 7론의 마띠까(서문)이다.

또 다른 두까(2개조 모임)는 '지혜의 몫vijjābhāgino, 지혜가 아닌 몫avijjābhāgino ‖중략‖ 번뇌의 소멸인 도道 지혜khayeñāṇa, 도道 끝에 일어나는 과果 지혜anuppādeñāṇa' 등 42개의 '경장적 설법 두까' 라 부른다. 경장적 설법 두까는 법의 대장군이신 사리뿟따 존자가 아비담마를 배우는 빅쿠들이 어려움 없이 경장을 익히도록 정리한 것이다. 이 설법은 존자의 독창적 설법이 아니라 『앙굿따라니까야』 중에서 '하나의 요소 장ekanipāta' 과 '두 개의 요소 장dukanipāta', 『상기띠saṅgīti』, 『다숫따라dasuttara』 경을 요약한 것이다. 이 '경장의 방법으로 설한 두까' 는 『담마상가니』의 '법을 요약한 장nikkhepakaṇṭa' 에서 완전하게 분석하셨다.

빳타나(24연기론)란 각 6개씩의 아누로마빳타나[순관연기법], 빳짜니까빳타나[역관연기법], 아누로마빳짜니야(순관역관), 빳짜니야아누로마(역관순관) 등으로 구성되어 있다.

부처님께서는 '아누로마빳타나[순관연기법]' 에서 마띠까(서문)로 두셨던 22개의 띠까(3개조 모임)를 바탕으로 '띠까빳타나' 를 설하셨다. 100개의 두까(2개조 모임)를 바탕으로 '두까빳타나' 를 보이셨다. 이어 22개의 띠까를 100개의 두까에 포함시켜 두까띠까빳타나를 설하셨다. 다시 100개의 두까를 22개의 띠까에 포함시켜 띠까두까빳타나를 설하셨다. 띠까를 띠까에 포함시켜 띠까띠까빳타나를 설하셨다. 두까 또한 두까에 포함시켜 두까두까빳타나로 설하셨다.

고귀한 빳타나인 띠까,
고귀한 두까
두까띠까, 띠까두까
띠까띠까, 두까두까
아누로마(순관)의
여섯 방법은 깊고 심오하다네.

'빳짜니까빳타나[paccanīkapatthana, 역관연기법]' 에서는 22개의 띠까를 바탕으로 띠까빳타나를 설하셨다. 이를 100개의 두까에 포함시켜 두까띠까빳타나를 설하셨다. 100개의 두까를 22개의 띠까에 포함시켜 띠까두까빳타나를 설하셨다. 띠까를 띠까에 포함시켜 띠까띠까빳타나를 설하셨다. 두까를 두까에 포함시켜 두까두까빳타나를 설하시어 빳짜니까[역관]에서도 여섯 빳타나를 보이셨다.

고귀한 빳타나인 띠까,
고귀한 두까
두까띠까, 띠까두까
띠까띠까, 두까두까
'빳차니까' 이 여섯 방법은 깊고 심오하다고
과거 일차결집을 올리신 스승들께서 말씀하셨다.

빳짜니야(역관) 뒤의 아누로마빳짜니야(순관역관)에서도 여섯 방법을 설하셨다.

고귀한 빳타나인 띠까,
고귀한 두까
두까띠까, 띠까두까

띠까띠까, 두까두까
아누로마빳짜니야의
이 여섯 방법은 깊고 심오하다고
과거 일차결집을 올리신 스승들께서 말씀하셨다.

아누로마빳짜니야(순관역관) 뒤의 빳짜니야누로마(역관순관)에서도여섯 방법으로 설하셨다.

고귀한 빳타나인 띠까,
고귀한 두까
두까띠까, 띠까두까
띠까띠까, 두까두까
빳짜니야누로마의
이 여섯 방법은 깊고 심오하다고
과거 일차결집을 올리신 스승들께서 말씀하셨다.

이와 같이 아누로마(순관)의 여섯 빳타나, 빠띠로마(역관)의 여섯 빳타나, 아누로마빳짜니야(순관역관)의 여섯 빳타나 그리고 빳짜니야누로마(역관순관)의 여섯 빳타나를 합쳐 『마하빠까라나』라 부른다.

♠ 네 개의 바다

아비담마의 깊고 심오함을 윤회계의 바다, 물의 바다, 방편의 바다, 지혜의 바다에 비유하셨다.

윤회계의 바다란,
오온(칸다), 18계(다뚜), 12입처(아야따나)들이
끊임없이 일어남을 윤회계라 한다.

윤회계의 바다

중생들이 생겨난 시작은 그 경계를 알 수도 볼 수도 없으며 백 겁, 천 겁, 십만 겁 등 그 어떤 시간의 개념으로도 알 수 없다. 무명이 어떤 왕의 시대 혹은 어느 부처님 때 처음 생겼다거나, 혹은 그 이전에는 없었다는 식의 경계를 찾을 수 없다. 경계를 정할 수 없는 윤회계의 시작은 결코 알 수가 없는 것이다.

물의 바다

큰 바다는 팔만사천 유자나의 깊이를 가진다. 이 바닷물의 양을 1알라까(āḷhaka, 1가랑 정도의 무게) 혹은 일천 알라까 혹은 십만 알라까 정도라고 부를 수도 없다. 실로 측량하기도 측정할 수도 비교할 수도 없는 양의 물이라고만 할 뿐이다. 이 큰 바다를 '물의 바다'라 부른다.

방편의 바다

부처님의 고귀한 말씀이 담긴 경經, 율律, 론論 삼장을 방편의 바다라 부른다. 믿음과 신심, 예리한 지혜를 지닌 선남자가 위나야와 아비담마를 숙고할 때 무한한 희열이 솟아난다. 위나야律에서 '허물에 따라 계율은 지정되었다. 이런 허물과 이런 범죄로 계율이 제정되었다. 계율의 제정은 오직 부처님만이 할 수 있는 영역이다' 범부가 선처로 가는 길을 막는 장애물을 숙고하고, 정액방사에 관련된 장을 숙고하고, 중매와 관련된 장을 숙고하면서 빅쿠들에게 무한한 기쁨이 일어난다.

[율장 첫 번째 권인 4번째 빠라지까 장의 중략 부분인 상위법으로 가는 길에 장애가 되는 '성취하지 않은 법을 성취했다고 말하는 범계'를 숙고할 때에[uttarimanussadhammapeyyālaṁ], 율장 2권에서 정액 방사에 관련된 장에서 중략된 부분을 숙고할 때에[nīlapeyyālaṁ], 중매와 관련된 장의 중략부분을 숙고할 때에[sañcarittapeyyālaṁ], 존자들께서는 경전의 '중략' 부분을 통해 측량할 수 없는 광활한 부처님의 지혜를 깊이 숙고하고 크나큰 환희심을 일으킨다]

나의 스승이신 부처님께서 '오온의 다각적 분류, 입처의 분류, 계界의 분류, 기능根의 분류, 력力, 7각지覺支, 깜마(업), 위빠까(결과) 등 다각적으로 분류해 보인 것이 마치 하늘과 별의 무리를 헤아리듯 육체와 정신의 법을 다각적으로 각각 헤아려 보이셨구나!' 하고 아비담마를 숙고하는 빅쿠들에게 무한한 희열이 일어난다.

마하가띠가미야띳사닷따 존자께서 바다 건너 인도 대륙으로 마하보디(대보리수)를 참배하러 가는 길에 뱃머리에 앉아 큰 바다를 바라보고 있었다. 치솟는 파도가 물보라와 물거품을 일으키고 저 멀리 펼쳐진 수평선으로 망망대해는 아득하기만 할 뿐 어느 쪽 기슭도 보이지 않았다. 큰 바다는 펼쳐진 수평선으로 수마나 꽃이 핀 들판과 같았다. 존자께서 깊은 생각 속으로 빠져들었다. '어떤가? 이 큰 바다의 거센 파도가 힘이 있는가, 아니면 24가지 빳타나가 더 힘이 있는가?' 존자는 위로는 하늘, 좌우는 수평선과 산과 기슭으로, 밑바닥은 땅으로 한정된 바다의 경계를 분명히 인식할 수 있었다. 그러나 빳타나의 경계는 찾아지지 않았다....... 존자에게 희열이 일어났다. 바다가 아무리 클지라도 24빳타나의 약간의 방법을 취한 것보다 못하다. 이때 존자께서 희열을 가라앉히고 위빳사나 명상으로 앉은자리에서 모든 번뇌를 소진시켜 마침내 고귀한 아라한 과果를 이르렀다. 존자는 벅찬 법열로 게송을 읊으셨다.

깊고도 심오한 법
헤뚜빳짜야 등 조건에서 비롯된 결과의 법은
깊고도 심오하여 헤아리기 어렵구나.

하나 부처님께서는 전능한 일체지로
스스로 깨달으셨으니
아누로마(순관) 등 순서에 따라 남김없이 펼쳐진 빳타나는
마치 손바닥에 놓인 루비 같구나.

지혜의 눈을 지닌 성문 제자가
이 윤회계에 아직도 있구나!

지혜의 바다

부처님의 일체지를 지혜의 바다라 부른다. 네 개의 바다 중 오온, 입처, 계들이 끊임없이 일어남을 윤회계의 바다라 부른다. 대양의 바다는 물의 바다라 한다. 부처님의 말씀인 삼장은 방편의 바다이다. 앞의 셋은 오직 일체지로써만 이해할 수 있으므로 '지혜의 바다'라 부른다. '방편의 바다'로 아비담마를 설하셨으니 이는 일체지를 지니신 부처님만이 통찰하신 지혜이다.

부처님께서 보리수 아래서 처음 일체지[삽반뉴따냐나]를 증득하신 후, '진리를 찾아 헤맨 지 어언 4아승지겁과 십만 우주 겁을 지

나, 드디어 나는 이 자리에 앉아 일천 오백의 번뇌를 소멸시켜 일체지를 실현하였다' 고 생각하셨다. 그렇게 도를 성취하신 부처님께서 일체지를 숙고하시며 7일 동안 움직이지 않고 앉아계셨다. 그리고 '나는 이 자리에서 과연 일체지를 성취하였는가!' 라고 생각하시며 눈을 감지 않은 채 법을 얻은 그 자리를 보면서 7일 동안 서계셨다. 이를 본 천인들이 '싯닷타 왕자는 아직도 할 일이 남았구나! 그는 자리에 대한 애착을 버리지 못하는구나!' 라고 생각하였다.

천인들의 생각을 아신 부처님께서 하늘로 날아올라 물불 한 쌍을 뿜어내는 쌍신변의 신통을 보이셨다. 그리고 내려오셔서 법을 깨달은 자리와 서계셨던 자리의 중간쯤의 자리를 7일 동안 경행하셨다. 그 21일 동안 부처님의 몸에서 어떤 빛도 방사되지 않았다.

쌍신변의 신통은 열반하실 때까지 오직 네 차례만 보이셨는데, 법을 깨달은 자리와 처음 까빌라왓투를 방문하여 친족들 앞에서, 빠티뿟따란 사람을 위한 모임에서[di. 3. 12.] 그리고 깐따 정원사의 망고나무에서였다.

네 번째 7일에 부처님께서는 서북쪽에 자리한 보물의 집에 앉으셨다. 보물의 집이란 일곱 가지 보물로 장식된 집이 아니라 아비담마 7론을 숙고하신 자리를 의미한다. 이 보물의 집에서 처음 『담마상가니』, 『위방가』, 『다뚜까타』, 『뿍갈라빤냣띠』, 『까타왓투』, 『야마까』 경을 관하실 때도 빛은 방사되지 않았다. 그러나 『빳타나』에 이르러 '헤뚜빳짜야, 아람마나빳짜야 ‖중략‖ 아위가따빳짜야' 라는 24연기법인 빳타나를 내관內觀하시자 비길 데 없이 수승한 일체지가 빛을 발하기 시작했다. 띠미라 띠밍갈라란 큰 물고기는 팔만사천 유자나 넓이의 큰 바다에서만 머물 듯 전능한 일체지가 빳타나에서만 그 기회를 얻은 것이다.

부처님께서 깊고 심오한 법을 깊이 관하시자 몸에서 갈색, 금색, 붉은색, 흰색, 진홍색 빛이 방사되기 시작하였다. 머리카락과 수염, 눈동자의 갈색 자위에서는 갈색빛이, 피부와 눈동자에서는 금빛이, 살과 피, 눈에서는 붉은빛이, 뼈와 치아, 눈의 흰자위에서는 흰빛이 방사되었다. 진홍빛은 육신의 부분 부분에서 방사되어 땅 위로 찬란히 펼쳐졌다. 그 빛이 땅을 꿰뚫고 물에까지 비치었다. 그러자 땅을 지탱하던 사십팔만 유자나의 물이 금항아리에 담긴 금물같이 변하였다. 빛은 다시 물을 뚫고 바람에 퍼졌고, 구십육만 유자나를 넘는 두께의 바람은 장엄하게 세워진 금덩어리로 변하여 바람을 꿰뚫어 아래 허공으로 퍼져나갔다.

빛은 동시에 위로 치솟아 사천왕천으로 다시 사천왕천을 뚫고 삼십삼천으로, 야마천夜摩天, 도솔천兜率天, 화락천化樂天, 타화자재천他化自在天, 색계 범천, 광과천廣果天, 다섯 천상인 정거천淨居天을 꿰뚫어 무색계의 네 천상까지 퍼져나갔다. 그런 후 무색계 사천四天을 뚫고 허공으로 뻗어나갔다.

그것에 비하면 10^{12}(1조)의 세상까지 빛을 뿜을 수 있는 대범천조차도 마치 동틀녘의 개똥벌레와 같았다. 달, 태양, 별무리, 천상의 정원, 궁전이나 보물나무조차 희미한 경계로 남았을 뿐 온 세상이 부처님의 몸에서 나온 빛에 휩싸였다. 이 빛은 부처님의 신통력 때문도 명상의 힘 때문도 아니었다. 보물의 집에서 칠일 동안 아비담마를 숙고하시는 동안 부처님의 피와 심장과 피부는 맑았다. 이로 인해 빛은 80완척의 주변으로 흔들림 없이 발하였고 뿜어져 나오는 빛은 10^{12}(1조)의 세상을 비추었다.

칠일 밤낮을 부처님께서 끊임없이 내관하신 법은 무한대의 범위로 끝없이 일어났다. 부처님께서 칠일 동안 마음으로 숙고하신 법을 언어로 설한다면 일백 년, 일천 년, 십만 년의 세월로도 충분치 않다. 부처님께서 삼십삼천의 주도수 나무 아래 황모석에 정좌하시어 범천들에 둘러싸여 천상의 어머니를 비롯한 일만 우주의 천인들을 대상으로 '선의 법, 불선의 법, 작용만 하는 마음 법' 등의 아비담마를 설하실 때 일백, 일천, 십만의 무수한 방편으로 한 법에서 다른 법으로 막힘없이 설하셨다. 석 달 동안 이어진 설법은 거대한 갠지스의 흐름처럼 끝없이 펼쳐졌다.

부처님께서 공양뒤에 하신 축언들은 조금 긴 설법이 장부長部 및 중부中部 정도의 단락이다. 공양 뒤 대중에게 하신 설법은 상응부相應部나 증지부增支部 등 두 니까야 정도의 단락이다. 공양 뒤 축언이나 대중을 위한 짧은 범문의 단락이 어떻게 이토록 광범위할 수 있는가? 그 까닭은 부처님의 바왕가[바왕가]의 일어남이 빠르기 때문이다. 치아를 가리는 입술을 우아하게 부딪치며 부드러운 혀와 달콤한 음성으로 단어들을 빠르게 바꾸셨다. 그러므로 공양 뒤 짧은 시간 축언법문으로 설하신 것이 이 만큼의 단락이 될 수 있다. 그러니 삼 개월 동안 설하신 법의 단락은 그 한계를 가늠키 어렵다.

부처님께서는 성도하신 칠년 후 삼십삼천에서 삼 개월 동안 아비담마를 쉼 없이 설하셨다. 육신[자양분을 의지한 업으로 생긴 육신]을 지니신 부처님은 천상에서도 인간계의 시간에 맞추어 때를 분명하게 분리하시며 인간의 육신을 지속시키셨다. 법을 설하실 때도 인간계에서의 시간을 살피셨고 탁발 시간을 기억하시어 신통으로 형상을 나투셨다. '창조된 이 몸이 가사를 여미고 발우를 들어 이러한 음성과 이런 모습으로 나타나 이 정도의 법을 설할 것이다' 라고 결정하신 후 아노땃따 호수로 내려오셨다. 북쪽 섬에서 공양을 탁발하여 아노땃따 호수 기슭에 앉아 음식을 드신 후 휴식을 위해 전단향 숲으로 가셨다.

그러면 법의 대장군 사리뿟따 존자가 전단향 숲으로 가 부처님을 시봉한 뒤 적당한 자리에 앉으면 부처님께서 사리뿟따에게 간략한 설법을 하셨다. 호숫가에 서서 손을 들어 큰 바다를 가리키시듯 부처님은 무애해도의 지혜를 성취한 최고의 성문 제자에게 법의 바다를 펼쳐주셨다. 존자 또한 일백, 일천, 십만의 방편으로 설해진 아비담마를 모두 배웠다.

부처님께서 언제 천상으로 가셨는가? 사왓띠에서 신도들에게 설법하시던 그 시간 올라가셨다. 천상에서 설법하신 뒤 인간계로 내려가신 부처님과 삼십삼천으로 다시 돌아가시는 부처님을 어떤 천인과 범천들은 구별하였으나 어떤 천인들은 구분할 수 없었다. 신통으로 나투신 모습이 빛이나 음성에서 전혀 다르지 않았기 때문이다.

사리뿟따 존자는 부처님으로부터 받아 지닌 법을 오백 명의 제자들에게 설하였다. 오백 빅쿠의 전생은 깟사빠 부처님 때 동굴에 매달려 살던 박쥐무리였다. 동굴에서 두 빅쿠가 아비담마를 암송하고 있었다. '어두운 불선의 몫, 밝은 선의 몫' 등이 비록 무슨 뜻인지 알 수는 없었으나 오백 박쥐들은 단지 주의 깊게 귀기울인 공덕만으로 죽음을 맞아 천상에 태어났다. 깟사빠 부처님과 고따마 부처님 사이의 중간 겁동안 천상에 머물다 고따마 부처님 때 인간으로 탄생하여 한 쌍의 물과 불을 뿜어내는 쌍신변의 신통을 보고 사리뿟따 존자에게 출가하여 빅쿠가 되었다. 사리뿟따 존자는 부처님께 받아 지닌 법을 다시 오백의 빅쿠들에게 설하셨다. 부처님께서 설법을 마치신 시각과 박쥐였던 오백 빅쿠들이 아비담마 7론을 모두 배워 마친 시각은 큰 북을 한 번

두드리는 정도의 시간이었다[큰 북은 하루에 3번 침].

아비담마는 사리뿟따 존자에게 전승되었으며, 빳타나의 숫자는 사리뿟따 존자가 매긴 것이다. 존자는 '이렇게 숫자를 매기면 뒤섞이지 않게 법을 가르치고 암송하거나 배우기에 쉬울 것이다'라고 생각하여 숫자를 두었다. 그렇다면 가장 먼저 아비담마를 안 사람은 누구인가? 사리뿟따 존자인가? 아니다. 가장 먼저 아비담마를 아신 분은 부처님이시다. 부처님께서 대보리수 아래에서 한번의 결가부좌로 아비담마의 법을 통찰하여 칠일 동안 숙고하신 후 힘차게 오도송을 읊으셨다.

번뇌를 불태운 노력으로
불선업을 제거한 아라한에게
37조도품은 선명히 드러나네.

네 가지 성스런 진리가 명백히 드러나
아라한은 모든 의혹에서 벗어난다.

이에 아라한은
무명無明 등의 근원을 알고
행行 등의 결과의 법칙을 다각적으로 알았다.

번뇌를 불태우는 노력으로
불선업을 제거한 아라한에게
37조도품은 선명히 드러난다.

네 가지 성스런 진리가 모습을 드러냈네.
모든 의혹에서 벗어난 아라한은
무명無明의 근원을 소멸하고

완전한 열반을 성취했다.

번뇌를 불태운 노력으로
불선업을 제거한 아라한에게
37조도품은 선명히 드러난다.

태양이 하늘을 찬연히 비추듯
마군을 항복시키고 적멸에 머문다.[7]

'부처님께서 성도 하신 후 깨달음의 첫 번째 말씀이다' 라고 『담마빠다』를 암송하는 존자들이 전하는 게송은 이것이다.

계속되는 입태는 고통스러운 것,
몸과 마음의 무더기를 만드는 자를 찾았으나
찾을 수 없어,
무수한 생을 윤회 속에 돌아야만 했다.

오!
이제야 몸과 마음의 집을 짓는 갈애를 보았어라.
다시는 이 집을 짓지 못하리.

모든 서까래는 부서지고 소멸되었다.
몸과 마음의 더미의 집,
무지의 첨탑을 부수었어라.

마음은
조건지어짐에서 벗어나
갈애의 끝인 열반에 도달했고

---

7. vi. 3. 2 / khu. 1. 79.

아라한 과果를 성취하였다.[8]

한 쌍의 사라수 사이에 누우시어 대 열반에 드시며 '빅쿠들이여! 조건지어진 몸과 마음은 반드시 소멸되는 성질이 있다. 끊어지지 않는 사띠로 열반을 완성토록 하라'[9]고 하심이 부처님의 마지막 말씀이다.

처음과 마지막 말씀 사이의 45년 동안 설하신 법이 중간 말씀이시다. 불사의 자리인 열반을 분명히 드러내신 부처님의 중간말씀은 마치 화환을 꿰어 잇듯, 또는 보석 고리의 연결처럼 처음과 마지막 말씀을 잘 이어놓았다.

부처님의 말씀을 모으면 삐따까로는 삼장三藏, 니까야로는 5부니까야, 요소로는 9요소, 담마칸다로는 84,000담마칸다가 된다. 삐따까는 위나야삐따까, 숫딴따삐따까, 아비담마삐따까의 세 종류로 되어있다. 삼장 중 빅쿠빅쿠니 빠띠목카, 빅쿠빅쿠니 위방가[빠띠목카를 상세히 해설한 빠다바자니], 22가지 칸다까, 16장으로 구성된 빠리와라 등을 '위나야삐따까'라 부른다.

브라흐마잘라 경을 시작으로 32경을 모은 디가니까야, 물라빠리야야 경을 시작으로 152경을 모은 맛지마니까야, 오가따라나 경을 시작으로 7,762경을 모은 상윳따니까야, 찟따빠리야다나 경을 시작으로 9,557경을 모은 앙굿따라니까야, 쿳다까빠타, 담마빠다, 우다나, 이띠웃따, 숫따니빠따, 위마나왓투, 뻬따왓투, 테라가타, 테리가타, 자따까, 닛데사, 빠띠삼비다막가, 아빠다나, 붓다왕사, 짜리야삐따까 경 등 15경을 담은 쿳다까니까야, 이것

---

8. khu. 1. 36. 『담마빠다』
9. di. 1. 128.

을 일러 부처님의 말씀인 숫딴따삐따까라 부른다.

담마상가니 등 아비담마 7론을 아비담마삐따까라 부른다. 아비담마삐따까는 니까야로는 쿳다까니까야(小部)에 속한다. 요소는 '문답식授記' 10이다. 법의 무더기[담마칸다]로는 적은 단락인 담마칸다 일천의 모임이다.

아비담마를 수지한 한 빅쿠가 니까야를 배우는 대중에게 어느 날 아비담마를 설하였다.

"색온色蘊은 무기법無記法(선, 불선으로 설하지 않은 법)이다. 4가지 온蘊을 선, 불선, 무기법로 나눌 수 있다. 10가지 입처入處는 무기법이다. 2가지 입처入處 중[마나야따나, 담마야따나] 일부는 선, 일부는 불선, 일부는 무기법이다. 16가지 계界는 무기법이다. 2가지 계界는[마노윈냐나다뚜, 담마다뚜] 일부는 선, 일부는 불선, 일부는 무기법이다. 집성제[갈애]는 불선이다. 도성제[팔정도]는 선이다. 멸성제[열반]는 무기법이다. 고성제[갈애를 제외한 일체의 법]의 일부는 선, 일부는 불선, 일부는 무기법이다. 10가지 기능根은11 무기법이다. 진심의 기능[domanassindriya, 嗔根]은 불선이다. 일찍이 몰랐던 사성제를 깨닫기 위한 기능[未知當知根]12는 선이다. 4가지 근根은13 일부는 선, 일부는 무기법이다. 나머지 6가지 근根은14 일부는 선, 일부는 불

10. veyyākaraṇa(웨야까라나) - 분류적 설명으로 되어 있는 부처의 설법.

11. 눈의 기능[眼根], 귀의 기능[耳根], 코의 기능[鼻根], 혀의 기능[舌根], 몸의 감각의 기능[身根], 여성의 기능[女根], 남성의 기능[男根], 행복감의 기능[樂根], 고통의 기능[苦根], 완전지의 기능[aññātāvindriya, 究知根].

12. 일찍이 몰랐던 사성제를 깨닫기 위한 기능[anaññātaññāsāmītindriya] - 일찍이 몰랐던 사성제의 법을 깨닫기 위하여 다각적으로 분석하는 지혜인 다스림[根]. 미지당지근未知當知根.

13. 믿음의 기능[信根], 기억의 기능[念根], 지혜의 기능[慧根], 이미 깨달은 사성제를 깨닫는 기능[aññindriya, 이지근已知根].

14. 의식의 기능[manindriya, 意根], 즐거움의 기능[somanassindriya, 喜根], 중립적 느낌의 기능[upekkhindriya, 捨根], 노력의 기능[精進根], 생명 기능[命

선, 일부는 무기법이다."

그러자 그 자리에 있던 다른 빅쿠가 물었다.

"오 법사여! 당신은 시네루산을 에워쌀 만큼 긴 경을 설하는구나. 이 경을 무엇이라 부르는가?"

"벗이여! 이 경은 아비담마라 불린다."

"그렇다면 당신은 왜 아비담마를 설하는가? 부처님께서 직접 설하신 경이 훨씬 적합하지 않은가? 이 법은 부처님께서 직접 설하신 것이 아니잖은가!"

"벗이여! 자네는 위나야를 배웠는가"

"벗이여, 배우지 못했다"

"위나야를 수지하지 못했기에 아비담마를 부처님께서 직접 설하신 말씀이 아니라 하는 것이다"

"하지만 빅쿠빅쿠니 계본戒本 정도는 배웠다."

"그대는 조금 배운 위나야마저도 잘못 배웠다. 아마 대중의 뒷전에 앉아 졸면서 배웠을 것이다. 그대같이 그릇된 견해를 가지면 사미든 빅쿠든 허물이 된다. 조금 배운 위나야마저 그릇되이 지녔기 때문이다."

이제부터 부처님과 성문제자들의 경전 속 대화를 인용하여 아비담마의 정통성을 보이고자 한다.

"벗이여! 분투하시게! 숫딴따나 시문 혹은 아비담마를 먼저 배운 뒤 위나야를 배워야 할 것일세" 이렇게 말하면 허물이 아니다[범계가 아니다].

"경장의 구절을 남용한 뒤 아비담마 혹은 위나야를 묻는다면 바일제죄波逸提罪에 이른다. 아비담마를 남용한 뒤 숫딴따를 혹은

根], 사마디의 기능[定根].

위나야를 묻는다면 바일제죄에 이른다. 위나야를 남용한 뒤 숫딴따 혹은 아비담마를 묻는다면 바일제죄에 이른다." 라고 계율을 정하셨다. 이 말씀으로 외도의 견해를 누르셨다.[15]

'아비담마는 부처님께서 직접 설하신 것이 아니다.' 라는 외도의 주장을 아래의 경을 인용하여 논파하셨다.

아비담마가 부처님께서 직접 설하신 말씀임은 위나야에서 언급한 외에도 마하고싱가 경에서도 보이셨는데, 이 경이 위나야보다 훨씬 권위가 있다. 부처님을 친견하는 자리에서 사리뿟따 존자가 마하목갈라나 존자와의 대화를[16] 부처님께 말씀드리고 있는 장면 중의 일부이다.

사리뿟따 존자 ‖ 벗, 목갈라나여! 어떤 빅쿠가 우리들의 이 사리수 숲을 아름답게 합니까?

목갈라나 존자 ‖ 교단의 두 빅쿠가 아비담마를 논의할 때 둘 중 누구도 움츠러 들거나 뒷걸음질침이 없다면 그런 도반들의 법담

---

15. 또한 'anāpatti ‖중략‖ pariyāpuṇissasi'라는 이 구절은 sahadhammikavagga vilekhanasikkhāpada padabhājanī vibhaṅga에 포함되어 있는 구절이다. chattu pāhanavaggadvāsamasikkhāpada padabhājanī에 들어있는 구절이다. 이 빨리 구절들에서 아비담마를 숫딴따, 위나야와 함께 설하셨기에 숫딴따, 위나야처럼 아비담마 또한 부처님께서 설하신 말씀이 분명하다. 이와 같이 명백한 사실임에도 이교도[빠라와디]들이 나쁘게 잘못 취하였기에, 아비담마가 부처님의 말씀임을 이해하지 못하는 것이다.
16. 고싱가사라와나[소의 뿔과 닮은 사라수 숲]라 불리는 사라수 숲에 부처님께서 사리뿟따를 위시한 대성문 제자 외에도 3000명 정도의 빅쿠들과 함께 머물고 계셨다. 그때 사리뿟따 존자 곁에 마하깟사빠, 마하목갈라나, 아난다, 아누룻다 존자, 레와따 존자들이 한자리에 모이자 사리뿟따 존자께서 "이 숲에 어떤 사람이 머문다면 아름답겠는가?" 라고 묻자 아라한 존자들께서 각자의 생각을 답하셨다. 사리뿟따 존자에게 질문하자 존자께서도 자신의 생각대로 답을 하셨다. 그 뒤 사리뿟따 존자께서는 대화를 나눈 네 분의 존자들과 함께 부처님을 친견한 자리에서 각자의 대답을 부처님께 다시 말씀드리자 부처님께서는 존자들께서 답하신 말에 '사두!' 라고 응답하셨다. 이 중에서 목갈라나 존자께서 답하신 말씀에 '사두!' 라고 응하신 것을 주석서에 보인 것이다.

은 이 숲을 아름답게 합니다. 그들의 법다운 말은 강물처럼 이어져 보름달로 빛나는 이 사라수 숲을 더욱 밝힙니다.

목갈라나 존자의 대답을 전해들은 부처님께서 말씀하셨다. "사리뿟따여! 빅쿠로서 적합한 대화를 나누었구나" 아비담마를 수지하는 빅쿠는 나의 교단 밖에 있는 자들이다고 말씀하지 않으시고, 금북 같은 목을 드시고 달같이 기품 있는 입술을 여시자 범천과 같은 음성이 흘러나왔다. "사두! 사두! 사리뿟따여, 목갈라나가 훌륭히 답하였구나. 너의 질문에 목갈라나는 훌륭히 답하였구나. 사리뿟따여! 이 문제는 목갈라나만이 훌륭하게 답할 수 있을 것이다" 라고 하시며 목갈라나 존자를 칭찬하셨다.

"사랑하는 아들 사리뿟따여! 목갈라나는 확실한 법사(담마까티까)이다. 아비담마를 성취하여 이해한 빅쿠만을 진정한 법사라 한다. 아비담마를 능숙하게 이해하지 못하면 법을 설하더라도 올바른 법사가 아니다"

이와 같은 마하고싱가 경의 구절은 "아비담마는 부처님께서 설하신 것이 아니다" 라는 외도의 견해를 타파할 수 있는 경전상의 말씀이다.

아비담마를 수지한 빅쿠만이 법사이다. 나머지 사람들은 법을 설할 지라도 법사가 아니다. 무엇 때문인가? 그런 빅쿠들은 법을 설하더라도 업의 상이함[다름],[17] 결과의 상이함,[18] 육체와 정신의

---

17. kammantaraṁ(업의 상이함) - antara 단어의 뜻은 añña란 의미이다. 욕계 업을 색계 업이라 말하고, 욕계 서로 간에도 어두운 결과를 주는 불선업을 깨끗한 결과를 주는 선업이라고 말하여 업의 상이함[다름]을 혼란스럽게 하는 것을 말한다.
현대에도 아비담마의 의미를 이해하지 못하는 이들이 수행 과정에서 욕계 위빠사나 지혜가 일정하게 올라갔을 때 출세간의 도 지혜라고 착각하고서 다른 이들에게 이야기하거나, '위빠사누빡낄레사[vipassanupakkilesa]'라 불리는 nikantitaṇhā(집착하는 갈애)를 도道의 결과라고 생각하고서 타인에게 말하고, 사

분류,[19] 법의 상이함[특별함]을[20] 뒤섞어 설한다. 아비담마를 수지한 빅쿠는 법의 상이함을 뒤섞지 않으려니와 어떤 질문에도 올바르게 답할 수 있기 때문이다.

궤변론자들이 이렇게 주장했다. - 『까타왓투』 경을 어떻게 결집에 넣을 수 있는가? 부처님께서 대열반에 드신 지 218년이 지난 후 목갈리뿟따띳사 존자가 설한 것이 아닌가? 부처님이 아닌 제자가 설한 『까타왓투』 경은 버려라.

장로 - 어떠한가? 아비담마 경은 6론六論인가? 아니면 7론인가?

궤변론자 - 6론이라 할 수 없다.

장로 - 그렇다면 몇 론이란 말인가?"

랑하는 사람이 임종하기 전 고통을 동정하여 빨리 목숨을 끊도록 하는 일[불선]을 선업이라고 잘못 말하는 것은 kammantaraālolana[하나의 업을 다른 하나의 업으로 뒤섞어 혼란시킴]이다.

18. vipākantara(결과의 상이함) - 위빳사나 지혜가 강해져 마음부수의 고요함[kāyapassaddhi], 마음의 고요함[cittapassaddhi]과 행복과 희열이 일어남으로써 세상을 잊는 것 같은 행복을 과果 선정이라고 잘못 말하는 것, 축생과 아귀들이 굶주림에 허덕여 똥이거나 부패한 개 시체 등을 먹이로 얻는 것은 불선업으로 생겨난 것인데도 선업으로 생겨난 것이라고 잘못 말하는 것, 불선으로 생계를 영위하는 사람이 좋은 결실을 얻는 것은 과거 선의 과보인데도 불선의 과보라고 착각하고 말하는 것, 착한 행위로 생계를 영위하면서도 고통을 겪는 사람을 보고 선업이 나쁜 결과를 준다고 말하는 것, 범천의 아름다운 모습을 보거나 듣고 욕계의 업의 결과인데도 색계 업의 결과라고 잘못 말하는 것은 vipākantaraālolana[하나의 결과를 다른 하나의 결과로 뒤섞어 혼란시킴]이다.

19. rūpārūpa paricchedaṁ(육체와 정신의 분류) - 물질의 법, 정신의 법은 아비담마에 능숙한 사람들만이 구별할 수가 있다. 아비담마에 능숙하지 못하면서 수면 중에 바왕가 마음의 연속이 일어나고 있는 것을 [정신의 법이 아니다] 물질의 법이라고 잘못 말하고, 잠자고 싶어 하는 혼침[middha]이 물질의 법이라고 잘못 말하는 것이 rūpārūpa pariccheda ālolana이다.[물질의 법을 정신의 법으로 정신의 법을 물질의 법으로 뒤섞는 것을 말한다]

20. dhammantara(법의 상이함) - 정신의 법에서 불선이 일으킨 생각를 지혜, 무지를 신심, 처자식을 사랑하는 갈애를 멧따[자애], 사랑하는 사람이 고통스러운 것을 보고 슬퍼하는 비탄[soka]을 연민[karuṇā], 사랑하는 이가 기뻐하는 것을 보고 즐거움을 수반한 탐심인데도 연민[karuṇā]이라고 잘못 말하는 것은 dhammantara ālolana이다.

궤변론자 - 7론이다.

장로 - 어떤 경을 넣어 7론인가?

궤변론자 - 『마하담마하다야』[21]라는 경이 있다. 이 경을 넣어 7론이다.

장로 - 『마하담마하다야』 경에는 일찍이[다른 경에] 없던 말이 있는 것이 아니라, 아주 적은 문답만을 제외하고 『위방가』의 담마하다야 장章과 똑같다. 그러므로 『까타왓투』 경을 포함시켜야 7론이다.

궤변론자 - 그런 말 하지 마라. 『마하다뚜까타』도 있다.[22] 그 『마하다뚜까타』를 포함시켜 7론이라고 해야 한다.

장로 - 『마하다뚜까타』에도 다른 경전에 없던 '새로운 말'이 없지 않은가. 약간의 빨리어만 새로울 뿐이다. 그러므로 『까타왓투』를 넣어 7론이라고 해야 한다.

부처님께서는 아비담마 7론 중 이 까타왓투의 경우 전체를 완전히 설하지 않으셨다. 첫 번째 장인 뿍갈라까타의 '앗타까닉가하[aṭṭhakaniggaha]'라 불리는 '앗타무카[aṭṭhamukha]' 논법으로 그 방법만을 취할 수 있도록 설하셨고, 나머지 논쟁들은 마띠까[논모]정

21. mahadhammahadaya(마하담마하다야) — 과거에 있었던 경이다. 요즘은 찾아볼 수가 없다.

22. 『담마하다야위방가』 경이란, — 『위방가』에서 맨 마지막에 분석한 장이다. 『위방가』는 다뚜(계)에 관한 내용을 많이 포함한다. 문답식으로도 설하셨다. 그러므로 『마하담마하다야위방가』에 있는 내용 중 새로운 것은 없다. 『담마하다야위방가』에 들어있지 않은 내용은 'panhavisajjana(빤하위삿자나)'에 관한 약간의 내용뿐이다. 『마하다뚜까타』 경 역시 아비담마 세 번째 경인『다뚜까타』와 그 내용이 많은 부분 일치한다. 그러므로 새롭게 『마하다뚜까타』 경을 만들 필요가 없다.

도로 설하셨다. 후에 부처님께서 제시하신 논법에 의지하여 마띠까에 따른 논점들을 마하목갈리뿟따띳사 존자가 3차결집에서 상세히 설하신 것이 현존하는 까타왓투 경이다. 요컨대 까타왓투 경은 부처님께서 간략하게 설하신 것을 성문제자가 확장하여 설한 것이다.

앗타무카[aṭṭhamukha] 논법[23]

1. 숫다[suddha, 순수] 방법 ㄱ) 아누로마 방법
ㄴ) 빳짜니까 방법
2. 오까사[okāsa, 장소] 방법 ㄱ) 아누로마 방법
ㄴ) 빳짜니까 방법
3. 깔라[kāla, 시간] 방법 ㄱ) 아누로마 방법
ㄴ) 빳짜니까 방법
4. 아와야나[ayayava, 요소] 방법 ㄱ) 아누로마 방법
ㄴ) 빳짜니까 방법

각 부파의 사상을 상호 문답식 여덟 가지 방법으로 간략하게 분석하고 있다. 이런 논법형식을 '앗타무카' 논법이라 한다. 이 논법형식으로 당시 각 부파의 사상에서 그들의 모순점을 이끌어내었다.

부처님께서 두신 마띠까를 조금 보이면[뿍갈라까타 경],

사까와디 - 사람[뿍갈라]을 '실재實在하는 진리'라[24] 말할 수 있는가?

---

23. abhi. ṭṭha. 3. 105.

24. 여기에서 '실재의 진리[saccikaṭṭhaparamattha]'는 빠라맛타[실재의 궁극적 진리, 진제眞諦]를 겨냥한 질문이다. saccikaṭṭha란 허상, 환영 등과 같은 비실재로써 취하지 않는 진리이다. paramattha란 타인에게 전해들은 것 등으로 취해서는 안되는 진리를 뜻한다. saccikaṭṭha와 paramattha 이 두 가지는 까타왓

빠라와디[25] - 그렇다.[26]

사까와디 - 실재하는 궁극의 진리가 있다. 그런 실재의 진리와 함께 사람[뿍갈라]도 '궁극적 실재'라 할 수 있는가?[27]

빠라와디 - 아니다. 그렇게 말할 수 없다.[28]

사까와디 - 비난받아 마땅한 그대 잘못을 시인하라.[29] ‖중략‖

사까와디 - 사람[뿍갈라]을 '실재하는 진리'라 할 수 있는가?

빠라와디 - 그렇다.

사까와디 - 육체로서의[30] 사람을 '궁극적 실재'라 할 수 있는가?

빠라와디 - 아니다. 그렇게 말할 수 없다.[31]

사까와디 - 비난받아 마땅한 그대 잘못을 시인하라. ‖중략‖

부처님께서 "나의 입멸 후 218년이 지나 목갈리뿟따띳사라 불리는 빅쿠가 일천 빅쿠들의 중앙에 앉아 사까와다(테라와다의 견해)에서 오백 경, 빠라와다(이교도의 견해)에서 오백 경 모두 합쳐 일천 경의 『장아함경』 정도 단락의 『까타왓투』를 설할 것이다"라

투 경의 뒤에서 5온蘊, 12입처入處, 18계界, 22기능根으로써 57가지 법의 다양함으로 보이고 있다. 이 57가지 법을 진리 혹은 실상[자성, sabhāva]이라 하여 지혜로 취할 수 있는 것처럼 당신들이 말하는 뿍갈라[사람]도 지혜로써 접근하여 취할 수 있는가 하고 사까와디가 질문한다. - ahi. ṭṭha. 3. 112.

25. 이 뿍갈라가타에서 빠라와디란 교단 내부로는 왓지뿟따까, 사미띠야 부파인들을 말하고, 교단 외부로는 일체의 외도들을 의미한다.

26. 빠라와디들은 삼뭇띠삿짜[세상에서 지정된 개념적인 의미, 명칭, 속제俗諦]의 의미로 사람을 '실재의 진리'라고 대답한 것이다.

27. 수상행식 등 빠라맛타로써 사람을 '실재의 진리'라고 할 수 있는가를 질문한 것이다.

28. 사까와디가 질문한 뜻인, 수상행식 등의 빠라맛타의 의미로 사람을 '실재의 진리'라고 할 수 없기에 이처럼 '아니다'고 부정한다.

29. 사까와디가 첫 질문에서 말한 '실재의 진리'와 두 번째 질문에서의 '실재의 진리' 둘 다가 진제의 뜻으로 동일한 의미인데 반해, 빠라와디는 처음 질문에는 속제의 의미로 승인한 뒤, 두 번째 질문에서는 진제의 의미로 받아들여 부정하고 있기 때문에 이는 잘못이라고 사까와디가 질책한다.

30. sabbatthā - 사까와디가 육체를 겨냥하여 한 질문이다.

31. 육체를 자아라고 집착하는 허물, 영혼[jīva]은 다른 하나이고, 육체는 또 다른 하나라고 생각하는 허물에 이르는 것을 보고서 빠라와디가 부정한다.

고 예언하시며 마띠까를 두셨다.

목갈리뿟따띳사 존자는 『까타왓투』를 자신의 지혜로 설한 것이 아니라, 부처님께서 두신 마띠까의 방법을 취하여 설하셨다. 그러므로 이 경은 부처님께서 설하신 것으로 보아야 한다. 비유하면 『마두삔디까madhupiṇḍika』 경에서 부처님께서

"빅쿠여! 중생들은 입처를 원인으로 '윤회를 확장시키는 지각'[32]에 압도당한다. 이 입처에 즐거워할 것도 나의 소유라 할 것도 집착할 것도 없다. 이런 집착 없음이 갈애의 종결이다"라는[33] 서두(마띠까)를 두신 뒤 자리에서 일어나셔서 사원으로 들어가셨다.

설법을 경청한 빅쿠들은 마하깟짜나 존자를 친견하여 부처님께서 두신 마띠까의 의미를 물었다. 존자는 먼저 부처님께 경의를 표하고자 '벗들이여! 정수精髓를 원하고 정수를 찾는 중생은' 등의[34] 정수에 비유하여 "세존께서는 정수를 지닌 나무, 가지와 잎과 같으시다 . 세존께서는 알고자 하시는 법을 아시고, 보려 하시는 법을 보신다. 혜안慧眼으로 법과 고귀한 도道는 일어난다. 사성제의 법을 설하시고 사성제의 법을 일으키신다. 죽음 없는 열반으로 인도하신다. 법의 주인이시며 바르게 보시고 바르게 설하신다"라며 빅쿠들의 질문에는 답하지 않고 부처님을 찬양하기만 하였다. 빅쿠들이 다시 답을 청하자 마하깟짜나 존자는 "벗들이여! 그대들은 직접 세존을 친견하여 의미를 여쭙고 세존의 일체지[삽반뉴따냐나]와 일치한다면 취하고 일치하지 않는다면 취하지 말

32. papañcasaññā(빠빤짜산냐) - 윤회를 확장하고 증폭시키는 갈애, 자만, 사견과 결합된 지각想의 모임.
33. ma. 1. 15
34. ma. 1. 157

게나!” 라고 답하며 “부처님께서 그대들에게 설하신 대로 뜻을 지니도록 하게나!” 라는 말로써 빅쿠들을 물러가게 하였다.

빅쿠들은 부처님을 친견하여 여쭈었다. 부처님께서는 “마하깟짜나가 잘못 설하였다” 고 말씀하지 않으셨다. 금북 같은 목을 드시고 일백의 꽃잎으로 단장한 빠두마 연꽃 같은 기품 있는 입술을 여시어 범천의 음성으로 “사두! 사두!” 라고 존자를 찬탄하시고 “빅쿠들이여! 마하깟짜나는 지혜가 있다. 마하깟짜나는 크나큰 지혜가 있다. 빅쿠들이여! 너희들이 나에게 이 의미를 묻는다면 나 또한 마하깟짜나와 똑같이 답할 것이다” 라고 말씀하셨다.[35]

부처님께서 기쁘게 동의하신 때부터 모든 『마두삔디까』는 부처님의 말씀이 되었다. 아난다 존자 같은 분들이 확장하여 설한 경도 그와 같다. 이런 까닭으로 『까타왓투』를 포함한 칠론을 아비담마라 한다.

따라서 아비담마를 부정하는 자는 부처님의 법의 바퀴가 나아가는 것을 막는 것과 같다. 일체지를 부정하는 것이며 부처님의 사무소외四無所畏[36]를 알지 못하게 막는다. 법을 듣기 원하는 청중

---

35. ma. 1. 161

36. vesārajjañāṇa(웨사랏잔냐나) - 네 가지의 설법에서 두려움이 없는 지혜. 사무소외四無所畏, 정등각무외正等覺無畏.

1. buddhatta - '나는 바르게 깨달은 사람이다'라고 생각하는 자신감, 一切智無所畏

2. āsavakkhaya - '나는 번뇌를 다 끊었다'고 말하는 자신감. 漏盡無所畏

3. antarāyika - '나는 제자들에게 도道를 방해하는 것(번뇌)에 대해 설했다'는 자신감. 곧 끊어야 할 번뇌에 대해 남에게 설해 주는 일에 두려움이 없으신 것. 說障道無所畏

4. niyyānika. - '나는 제자들에게 고苦에서 벗어나는 도道에 대하여 설했다'고 여기는 자신감. 번뇌가 끊어진 경지로 이끄는 도道에 대한 설하는 일에 두

을 교란시키고, 성인에 이르는 길에 장애물을 만드는 것이다. 또한 승단을 분열하는 18가지 원인[37] 중에 해당된다. 욱케빠니야깜마, 땃자니야깜마에[38] 해당되므로 율법의 일[깜마]로 처벌함이 마땅하다.

"아비담마가 부처님께서 설하신 것이라면, '한 때에 부처님께서 라자가하에 머무셨다' 는 식의 수많은 경의 서두에서 볼 수 있듯 아비담마의 서문에도 응당 그런 서두가 있어야 하지 않는가?" 라는 질문이 나올 수 있을 것이다. 그같은 질문에는 이렇게 반문해야 한다. "본생경이나 숫따니빠따[經集], 법구경[39]에도 그런 서두가 없지만 그 경들을 부처님께서 설하시지 않은 것이라 할 수 있는가!" 덧붙여 "지혜로운 이여![이교도를 우회하여 부른 것] 아비담마는 일체지자인 부처님의 가르침이다. 다른 이의 가르침

려움이 없으신 것. 說出道無畏.

37. bhedakaravatthu(베다까라왓투) - 승단을 분열시키는 원인.

38. ukkhepanīyakamma(욱케빠니야깜마) - 교단에서 축출당하는(내 쫓김을 당하는) 율법의 일,

♣ ukkhepanīyakammaṁ(욱케빠니야깜마)

1.범한 허물을 인정하지 않음('허물을 아는가?' 라는 물음에 모른다고 대답하고 자신이 범함 허물을 인정하지 않음).

2. 범계犯戒를 인정하고 desanā(고백) 하였지만, parivāsa(빠리와사) 등 범계를 치유하는 율법의 규칙을 이행하지 않음[범계가 사라지도록 연관된 율법의 깜마로써 치유해야 함],

3. 사견을 버리지 않음,

욱케빠니야깜마는 이 세 가지 중 하나에 해당되면 빅쿠를 쫓아낼 수 있는 깜마[승단의 일]가 된다. '쫓아낸다' 는 것은 saṁghakammaṁ(승단의 일)에 참여하지 못하도록 ñatti(냣띠; 승단에 알림), kammavācā(깜마와짜; 계단戒壇에서 승단의 일을 말함)로써 깜마를 행함을 말한다. 이러한 욱케빠니야깜마에 해당된 빅쿠는 연관된 사원, 마을, 도시 등에서 쫓겨난다.

tajjanīyakammaṁ(땃자니야깜마) - bhaṇḍanakāraka(다툼) 등을 행하는 빅쿠를, 뒤에 다시 이와 같이 못하도록 비난하고 꾸짖는 깜마(승단의 일)를 말한다. [그 깜마를 행한 뒤에 연관된 의무(체벌)를 이행하도록 해야 한다]. [vi. 4. 47/58/68.]

39. jātaka(자따까; 본생경本生經), dhammapada(담마빠다; 법구경法句經)

이 아니다. 부처님께서 모태에서 탄생하심은 분명한 사실이다. 사성제를 깨달으심과 초전법륜경을 설하심도 명백한 사실이다. 깐땀바 정원에서 쌍신변의 신통을 보이신 후 삼십삼천 천상으로 올라가셨고, 천상에서 아비담마를 설하신 뒤 다시 내려오신 일도 명백한 사실이다. 비유하면 전륜성왕의 보물 코끼리와 말을 훔쳐 작은 마차에 매어 다닌다면 그것은 올바른 일도 자리도 아닐 것이다. 전륜성왕의 보물을 훔쳐 짚더미를 실은 마차에 싣고 돌아다니는 것 또한 올바른 일도 자리도 아니다. 1유자나를 비추는 루비를 솜 바구니에 담아둔다면 그것은 옳은 일이 아니다. 왜 그런가? 그것들은 전륜성왕에게만 적합한 물건이기 때문이다. 이처럼 아비담마는 일체지자인 부처님의 지혜의 자리이며 부처님만이 설할 수 있는 지혜이다. 다른 이들의 자리가 아니다."

만따라라마 사원의 띳사부띠 존자가 『빠세사위하라숫따』40 를 인용하여 '아비담마는 성도하신 대보리수를 기원으로 한다'는 것을 증명하셨다. 경문에는 '나 여래는 보리수 아래에서 법을 숙고하여 사성제의 진리를 통찰한 뒤 49일 동안 머물렀다. 그때 나는 법의 일부pasesa로 지냈다.'

법의 일부pasesa란41 온蘊, 입처入處, 계界, 성제聖諦, 기능根, 연기, 사념처, 선정, 정신의 법(受·想·行·識) 등 부처님께서 숙고하신 열 가지 법이다. 부처님께서 성도하신 대보리수 아래에서 오온五蘊을 남김없이 꿰뚫어 아신 후 수온受蘊으로 숙고하셨다. 12입처入處, 18

40. 『pasesavihārasutta(빠세사위하라 숫따)』 saṁ. 3. 11.
이 경은 마하왁가상윳따. 2. 위하라왁가에 들어있다. 부분으로 보인 법을 'pasesa[빠데사]'라 한다. 부처님께서 성도하신 뒤 처음 대보리수나무에서 칸다[蘊] 등의 법을 완전히 아신 후에 그 법들을 숙고하셨다. 이 경과 연관되어 홀로 지내신 삼계월동안 온, 입처, 계 등의 부분적인 느낌만을 숙고하면서 머무셨다.
41. dhammapadeso[법의 일부분] - kusala[善]에서 시작하여 araṇā[눈물을 흘리게 하는 번뇌가 없는]를 끝으로 하는 띠까, 두까의 일부분.

계界를 남김없이 통찰하신 후 법처[法處] 중에서 느낌의 법처를 숙고하셨다. 18계界를 남김없이 통찰하시고 법계[法界, 담마다뚜] 중 느낌의 법계를 숙고하셨다. 사성제四聖諦를 남김없이 통찰하시고 고성제苦聖諦 중 느낌의 고성제를 숙고하셨다. 22기능根을 남김없이 통찰하시고 기능根 중 5가지 느낌만을 숙고하시며 머무셨다. 12연기緣起를 남김없이 통찰하시고 '접촉(팟사)에 기인한 느낌[phassapaccayāvedanā]'을 숙고하시며 머무셨다. 사념처를 남김없이 통찰하시고 느낌의 염처念處를 숙고하시며 머무셨다. 사선정을 남김없이 통찰하시고 선정요소 중 느낌 요소만을 숙고하시며 머무셨다. 정신의 법을 남김없이 통찰하시고 그 법들 중 느낌을 숙고하시며 머무셨다. 법을 남김없이 통찰하시고 그 법들 중 느낌만을 숙고하면서 머무셨다. 이와 같이 존자는『빠세사위하라숫따』에서 대보리수 아래에서 이미 아비담마가 시작되고 있었음을 증명하셨다.

시골 사원의 청동철탑 아래에서 수마나데와 존자는 아비담마와 주석서를 암송하며 다음과 같이 주장하셨다. "사견을 지닌 자란 마치 낯선 숲에서 길을 잃고 통곡하는 자들처럼 증명할 근거도 없는 법을 취하는 자들이다. 아비담마가 성도하신 대보리수에 기원하고 있음을 그들은 모른다" "부처님께서 삼십삼천 천상의 산호수 아래 황모석 위에 앉으셔서 천인과 범천들에게 아비담마와 연관된 법을 설하셨다. '선善의 법들은 있다. 불선不善의 법들이 있다. 무기법無記法 법들이 있다.......' "

경장의 기원은 하나지만 아비담마는 두 가지에서 기원한다. 즉 '아비담마를 통찰하는 일체지의 기원' 42과 '아비담마를 설하신

42. adhigamanidāna(아디가마니다나) - 아비담마 법을 꿰뚫어 깨닫게 하는 삽반뉴따냐나[일체지]를 'adhigama[아디가마]'라 한다. 이 지혜의 기원인 바라밀[pāramī], 희생[cāga], 행도[cariya]를 'adhigamanidāna[아디가마니다나]'라 한다.

기원[43]' 이다. 그 가운데 '아비담마를 통찰하는 일체지의 기원' 은 디방까라 부처님부터 대보리수에서 성도하시기까지이다. '아비담마를 설하신 기원' 은 디방까라 부처님에서 아비담마를 설하신 때까지이다. 이같은 아래의 물음과 답이 아비담마의 기원을 알려준다.

무엇이 아비담마를 처음 일으켰는가? 아라한 도道 지혜, 일체지로 향하는 신심[믿음]이 일으켰다. 무엇이 성숙시켰는가? 오백오십 자다까本生經에서 성숙시켰다. 어디에서 성취되었는가? 대보리수 아래이다. 언제였나? 위사카 별자리[황도의 천정자리]에 있는 보름날이었다. 누가 깨달았는가? 일체지자이신 고따마 부처님께서 깨달으셨다. 어디에서 분석되었는가? 대보리수 아래에서 분석되었다. 언제 분석되었는가? 보물의 집에서의 7일 동안이다. 누가 분석하였는가? 일체지자인 부처님께서 분석하셨다. 어디에서 설하셨는가? 삼십삼천 천상에서 설하셨다. 누구를 위하여 설하셨는가? 천인과 범천들을 위하여 설하셨다. 어떤 이익을 위하여 설하셨는가? 중생을 윤회의 소용돌이(ogha)에서 구제하고자 설하셨다. 누가 경청하였는가? 천인과 범천들이 경청하였다. 누가 배웠는가? 유학과 범부들이 배웠다. 누가 배움을 완성시켰는가? 공양받기에 합당한 아라한들이 배움을 완성시켰다. 어떤 이들이 수지하는가? 심장에 새겨 익힌 사람들이 수지한다. 어느 분의 말씀인가? 일체의 법을 스스로 깨우치신 부처님의 말씀이시다. 누가 지켜왔는가? 아래와 같이 스승에서 제자로 전승되어왔다.

---

43. desanānidāna(데사나니다나) - 아비담마 법을 설하신 기원을 'desanānidāna [데사나니다나]' 라 한다. 이 아비담마의 시작은 바라밀, 희생, 행도와 장소, 시간, 청중들이다. 바라밀, 희생, 행도 등을 근본으로 하여 아비담마 법이 생겨날 수 있었다. 삼십삼천 등의 장소, 시간, 청중이 있어야만 아비담마 설법이 일어날 수 있다.

사리뿟따 존자, 밧다지 존자, 소비따 존자, 삐야자리존자, 삐야빨라 존자, 삐야닷시 존자, 꼬시야의 아들인 식가와 존자, 산데하 존자, 목갈리의 아들인 수삿따존자, 다미야 존자, 다사까 존자, 소나까 존자, 예와따 존자 등이 3차 경전결집 전까지 아비담마 법을 지켜왔다. 그 뒤로 그분들의 제자, 제자의 제자들에 의해 인도 대륙에서 전승된 것을 마힌다 존자, 잇띠야 존자, 삼바라 존자, 지혜로운 밧다나마라 존자와 같은 큰 지혜를 지닌 아라한 존자들이 스리랑카로 전했다. 그 후 대아라한 존자들의 제자, 제자의 제자인 스승들에 의해 지금까지 지켜져 왔다고 『빠라와다』에 언급되어 있다.

주석서의 출현

미얀마 빨리 대사전 서문에서

보통 사람들이 부처님의 심오한 가르침을 접하기란 쉬운 일이 아니다. 더욱이 삼장의 내용과 뜻을 제대로 이해하기란 보다 어렵다. 삼장의 방대함과 심오함에 지쳐 포기하기 십상이다. 그래서 빼따까 삼장을 명확하게 해설한 앗타까타(주석서)들이 나타나게 되었다.

앗타까타란 'attha(경의 내용을) + kathā(해설한 말)' 이다. 문법서에 의거하여 단어를 분석하면 attha(앗타)와 kathā(까타)라는 두 단어로 나눌 수 있다.

'attha(앗타)란 이익 혹은 단어의 뜻' 이라는 사전적 해석이 있다. 이익과 번영을 뜻하는 'payojana', 재물과 물품이라는 'dhana', 단어의 뜻인 'saddābhidheyya' 등이다. 여기서는 '단어의 뜻' 이 적합하다.

단어의 뜻이란 '알게 된다' 그러므로 앗타(의미)라 부른다. - 라고 풀 수 있다. 앗타란 문법에 따른 의미[saddattha], 세상의 명칭인 개념의 의미[voharattha], 말하려는 내용으로서의 의미[adhippāyattha], 법의 성질로서의 의미[sabhāvattha]를 뜻한다.

kathā(까타)란 '말' 이란 뜻이다. '앗타까타' 란 '의미를 해설하는 말' 로서 '빨리경의 내용과 의미들을 해설하여 보인 말들' 이란 뜻이다. 세간의 명칭으로 앗타까타라 부른다.

문법서를 펴신 앗사웅사 존자는 앗타까타의 특징에 대해 "문법, 내용, 단어를 연결하여 서문과 본문의 의미를 해설한다. 이 같은 말을 앗타까타라고 한다" 라고 『dhātumālā』에서 언급하셨다.

그러므로 주석서란 경전의 내용에 대해 빨리의 문법, 의미, 단어, 유래 등을 해설한 경의 한 종류라 할 수 있다.

이런 특성에 근거하여 앗타까타의 요소를 다섯 가지로 정리할 수 있다.

빨리 경전에서 앗타까타란,

1. 문법을 해설하고[뜻을 풀어 의미를 나타냄]
2. 의미를 해설하고[단어의 의미를 하나씩 해석함]
3. 단어를 해설하고[주격, 불변화사 등을 문법적으로 구분함]
4. 서문을 해설하고[설법이 생겨난 배경 등을 보여줌]
5. 내용을 해설하여 보여준다[설법과 연관된 사건들을 보임]

앗타까타는 부처님께서 직접 설하신 주석서인 붓다상완니따앗타까타(buddhasaṁvaṇṇitaaṭṭhākathā)와 성문 제자들의 주석서인 사와까상완니따앗타까타(savakasaṁvaṇṇitaaṭṭhakathā)로 나뉘어진다.

부처님께서 직접 설하신 주석서란 빨리경전 속의 어려운 단어와 심오한 의미를 대중에게 쉽게 이해시키기 위해 부처님께서 거듭 해설하신 것을 가리킨다.

부처님께서 직접 해설하신 주석서에 관하여, 붓다고사 존자는 "부처님께서 설명하시지 않은 빨리란 없다. 모든 빨리 경전의 내용과 의미를 설명하셨다" 라고 『맛지마빤나사』의 주석서 우

빨리에서 보여주었다.

그 외에 ṭīkā(띠까)의 큰 스승인 담마빨라 존자가 "부처님께서 삼장三藏의 의미를 연속하여 설하셨다. 이를 빠낀나까데사나pakiṇṇakadesanā라 한다" [dī. ṭī. 1. 15.]라고 리낫타빠까사니[līnatthapakāsanī]라 불리는 『실락칸다』 띠까의 서문 해설에서 언급한 글이 있다. 여기서 '부처님께서 직접 해설하신 주석서' 가 있었을 뿐만 아니라 '붓다상완니따앗타까타' 가 '빠낀나까데사나(잡다하게 모은 설법)' 임을 알 수 있다.

부처님의 가르침에 따라 수행하는 제자들을 '성문聲聞' 이라 부른다. 성문 제자들은 삐따까 삼장의 난해한 의미를 부처님의 의도와 부합하도록 해설하였으며, 이를 가리켜 '성문 제자들이 해설한 주석서' 라 한다.

경전에서는 성문 제자들이 해설한 주석서를 아누붓다상완니따앗타까타(anubuddhasaṁvaṇṇitaaṭṭhakathā)라고도 부른다. 아누붓다(anulbuddha)란 anu(부처님의 가르침을 따라) budda(사성제를 깨달은 성문제자)의 의미를 담고 있다.

'성문 제자들이 해설한 주석서' 로서 '아누붓다상완니따앗타까타' 가 있었음을 말해주는 기록이 있다. 즉 마하앗타까타를 재편집한 마하붓다고사 존자는 장부長部, 중부中部, 상응부相應部 주석서의 서문(ganthārambha)에서 '부처님과 성문 제자들에 의해 설명된' 44이라고 기록하였다. 그리고 앗타까타, 디까 경을 집필한 큰 존자들도 이렇게 말씀하였다. "붓다누붓다[buddhānubuddha]란 부처님께서 깨달으신 사성제를 그대로 깨달은 최상의 성문제자인 아라한 존자들이다. 이러한 존자들의 능력으로 해설된,,,,,,' 45 마하

44. dī. ṭṭha. 1.

붓다고사 존자는 아라한 존자들이 편집한 물라앗타까타(mūlaaṭṭhakathā)라 불리는 마하앗타까타(mahāaṭṭhakathā)를 원문으로 삼아 자신의 앗타까타를 편집하였다.

부처님께서 당신의 가르침을 제자들이 명확하게 이해하도록 다시 설명하신 것이 붓다상완니따앗타까타이다.

예를 들면 위나야삐따까의 해설 가운데 위나야 1부 빠라지까pārājika와 2부 빠찟띠야pācittiya에서, 부처님께서 계율에 포함되는 모든 단어의 의미를 거듭 해설하셨다. 이런 해설들을 '단어를 분석함(padabhājanī)의 장章'으로 따로 두셨다. 『담마상가니』에서도 찟뚭빠다깐다, 루빠깐다, 닉케빠깐다. 앗타까타깐다[46]의 네 장章 중에서 닉케빠깐다와 앗타까타깐다는 부처님께서 보이신 앗타까타의 형태로 구성되어 있다.

제자들이 해설한 앗타까타의 예로는 다음과 같은 것들이 있다.

1. 부처님께서 설하신 『숫따니빠따』를 최고의 성문인 사리뿟따 존자가 『마하닛데사』에서 다시 해설하였다.

2. 『숫따니빠따』에 있는 빠라야나왁가 경 또한 사리뿟따 존자가 『쭐라닛데사』처럼 하나의 독립적 경으로서 해설하였다.

3. 간략한 경을 확장하여 설함으로 논의제일論議第一이란 칭호를 받은 마하깟짜나 존자가 해설하여 설한 경들과 아난다 존자 등 성문들이 설한 경들도 앗타까타 성격에 포함된다.

---

45. dī. ṭī. 1. 15./dī. sī. tī. 1. 27. 등이다.

46. cittuppādakaṇḍa(찟뚭빠다깐다(마음이 일어나는 모습을 보인 장章), rūpakaṇḍa(루빠깐다; 물질이 일어나는 모습을 보인 장), nikkhepakaṇḍa(닉케빠깐다; 요약하여 설한 법의 모임의 장). aṭṭhakathākaṇḍa(앗타까타깐다; 의미를 간략하게 해설한 장)

앗타까타가 어느 정도 중시되고 존중되었는가는 마하위숫다람마나 사원의 큰 스님이 『paramatthasarūpabhedanī』를 통해 심도 있게 보여주었다.

앗타까타를 결집에 올리다.

'부처님께서 해설하신 주석서'와 '성문제자들이 해설한 주석서'는 제자들이 배우고 암송하면서 전승되었다. 부처님께서 대열반에 드시자 아자따삿뚜 왕의 후원으로 라자가하에서 마하깟사빠 존자를 수장으로 한 오백 아라한존자들이 1차 경전결집이 이루어졌고 빨리경전과 앗타까타를 함께 올렸다.

부처님께서 대열반에 드신 지 백 년쯤 지나 웨살리의 깔라소까왕의 후원으로 마하야사존자를 수장으로 한 칠백 아라한존자들이 2차 결집에서 주석서와 빨리경을 다시 올렸다. 부처님께서 대열반에 드신 지 235년 후 빠타리뿟따에서 시리담마소까 대왕(아소까왕)의 후원으로 마하목갈리뿟따띳사 존자와 일천 아라한 존자들이 3차 결집을 올렸다. 세 차례의 경전 결집에서 모두 주석서들을 결집에 올린 사실에 대해 마하붓다고사는 자신이 새롭게 편집한 앗타까타 서문에서 아래와 같이 말하였다.

"이 앗타까타들은 마하깟사빠 등의 존자들께서 과거에 상가야나(결집)에 올리셨고 훗날 아라한 존자들도 다시 결집에 올리셨다" - abhi. ṭṭha. 1. 2. /dī. ṭṭha. 1. 2.

'과거'란 1차 경전결집을 가리키고 '훗날'이란 2차, 3차 결집을 말한다. 아라한 존자들이란 마하야사 등 2차, 3차 결집을 행한 존자들을 말한다고 띠까의 큰 스승들이 정리하였다. - mulatīka. 1. 10./ dī. tī. 1. 15.

이처럼 앗타까타와 띠까에 관한 확실한 해설을 근거로 앗타까타가 세 차례 있었던 결집에 모두 올려졌음은 의심할 여지가 없다.

싱할리 앗타까타

마하목갈리뿟따띳사 존자를 중심으로 한 일천 아라한존자들께서 3차 결집을 통해 교단의 불순물인 사견을 정화하였다. 또 부처님의 가르침을 전파하기 위해 아라한 아홉 분을 수장으로 한 빅쿠 승단을 9곳으로 파견하였다. - vi. ṭṭha. 1. 48.

그때 마하마힌다 존자를 수장으로 한 승단은 스리랑카로 갔는데, 삐따까 삼장과 함께 앗타까타도 가져가 주민들과 사미승, 빅쿠들에게 가르침을 폈쳤다. 이를 마하붓다고사는 앗타까타 서문에서 다음과 같이 밝히고 있다.

"후에 앗타까타 경전을 마하마힌다 존자가 싱할리로 가져갔다. 주민들의 이익을 위하여 싱할리어로 가르쳤다.(외워서 전승하였다)" - dī. ṭṭha. 1. 2.

이에 대해 담마빨라 존자는 『실락칸다』 띠까에서,

A) '가져갔다' 고 앗타까타의 스승들이 말씀한 것은 '잠부디빠(인도)에서 싱할리로 운반되었다' 는 뜻이다.

B) 후대에 뒤섞이지 않도록 싱할리로 옮겨 간직했다.[sārattha. vi. tī. 1. 19.] 라고 보충 해설하였다.

앗타까타와 띠까를 마하마힌다 존자가 싱할리로 가르쳤다고(암송하여 전승되었다고) 보는 것이 맞을 듯하다.

그러나 스리랑카 사람 사리뿟따나 존자는 『사라타디빠니』라 불리는 위나야 띠까에서[sāratthą. vi. tī. 1. 19.], 그리고 미얀마 사람 냐나비왕사 존자는 사두자나윌라시[sādhujanavilāsī]라 불리는 『실락칸다왁가띠까』에서 아래와 같이 언급하였다.

A) 마하마힌다 존자는 앗타까타들을 싱할리로 가져갔다.

B) 후대에 싱할리의 큰스님들이 '니까야와 뒤섞일 것을 우려하여 싱할리로 번역해 간직했다' 라 언급하였다.

스리랑카에 앗타까타를 가져간 분은 마하마힌다 존자임이 확실하기에 논쟁의 여지가 없다. 그러나 빨리로 된 경전을 싱할리로 다시 번역하여 전승한 사람은 마하마힌다 존자가 아닌 싱할리(스리랑카) 큰스님들이란 주장에는 앗따까타와 띠까들의 견해가 다르다.

두 견해를 살펴보면, 첫 번째 주장의 배경에는 현재 미얀마에서 앗타까타 빨리에 익숙치 못한 사람을 위해 미얀마어를 한 단어씩 연결한 nissaya(닛사야)형식으로 가르치는 것을 예로 들 수 있다. 마힌다 존자도 빨리어에 익숙하지 못한 싱할리 사람들에게 빨리에 스리랑카말을 연결시켜 가르쳤을 것이란 견해이다. 이를 두고 '마힌다 존자가 앗타까타 경들을 싱할리 언어로 풀이하셨다' 라고 앗타까타와 띠까들에서 언급했을 것이다.

두 번째 주장은, 마하마힌다 존자가 앗타까타를 빨리와 싱할리의 두 언어로 가르쳤지만 싱할리의 큰스님들이 니까야와 뒤섞이지 않도록 오직 싱할라어로만 가르쳤기 때문에 빨리 앗타까타들은 서서히 소멸되고 싱할리 앗타까타만 남게 되었다고 추정한다.

이처럼 빨리어가 아닌 싱할리어로만 가르치고 배우며 또한 패엽경에도 싱할리어로 올린 것을 본 띠까 스승들이 ‘싱할리 큰 스님들이 니까야와 뒤섞임으로써 파생되는 혼란을 막기 위해 싱할리어로 옮겨 두었다’ 라고 언급하였을 것이다.

앗타까타에 대한 과거의 띠까 스승과 후대의 띠까 스승들의 주장이 모두 올바름을 알 수 있다. 또한 빨리어로 된 앗타까타들이 소멸되고 싱할리어 앗타까타들만 남게 된 점은 서로 동의하는 부분인 것도 확실하다.

새로운 앗타까타의 탄생

빨리어 앗타까타들이 소멸되고 싱할리어 앗타까타 시대로 변천하였으나, 불기 236년부터 불기 700년 무렵까지 불법은 확고하게 그 빛을 발하고 있었다.

10세기 초 마하붓다고사 존자의 출현은 앗타까타 역사에서 큰 획을 긋는 사건이었다. 그는 불교역사에서 두드러지게 빛나는 분이었다. 신심, 지혜, 노력 및 공덕을 두루 갖추었고, 빨리경전 및 앗타까타에서도 막힘이 없었을 뿐 아니라 사까와디[테라와다의 말씀]와 빠라와디[이교도의 주장]를 두루 이해하는 지혜로운 인물이었다.

마하붓다고사 존자의 덕과 지혜를 존경하던 상가빨라 존자 등 장로들이 싱할리 앗타까타의 오류를 수정한 새로운 앗타까타의 편집을 존자에게 요청하였다. 왜냐하면 싱할리어 앗타까타들의 약점과 잘못을 잘 알고 있었기 때문이다.

싱할리 마하앗타까타에는 세 가지 취약점이 있었다.

1) 싱할리어의 제한성
2) 너무 광범위한 내용
3) 패엽에 잘못 적힌 오자誤字들이다.

1. 싱할리어는 제한적인 지역 언어였다. 마하붓다고사 존자께서는 빨리어로 새로운 앗타까타를 편집하셨는데, 존자는 새 앗타까타 편집의 필요성을 아래와 같이 밝히고 있다.

'마하앗타까타는 싱할리로 정리되어 있기 때문에 잠부디빠(인도) 빅쿠들을 위해 빨리로 된 해설서를 엮겠다.' - vi. ṭṭha. 1. 2.

'마하앗타까타에서 싱할리를 제거하고 빨리 문법에 따라 오류와 결점 없는 빨리로,,,,,,' 라고 언급하셨다. - abhi. ṭṭha. 1. 2./ dī. ṭṭha. 1. 2. 등

2. 두 번째 취약점은 싱할리 앗타까타들의 지나치게 광범위한 내용이었다. 적합성과 적절함을 가리지 않고 해설할 만한 모든 부분에서 거듭 해설하였기에 모든 영역에서 지나치게 들뜸이 있었다.

예를 들면, 위나야 경전은 『빠라지까』, 『빠찟띠야』, 『마하왁가』, 『쭐라왁가』, 『빠리와라』로 5부 구성되어 있다. 이 중 빠라지까 경을 해설할 때 싱할리로 된 앗타까타에서는 『마하왁가』, 『빠리와라』에 들어 있는 승단의 일(saṅghakamma) 네 가지를 함께 해설하고 있다. 이토록 반복하다 보니 경이 지나치게 광범위해질 수밖에 없었다. 새로운 앗타까타에서 붓다고사 존자는 '네 가지 승단의 일(saṅghakamma)은 『빠리와라』의 깜마위방가 장章에서 해설하고 있다.' [vi. ṭṭha. 1. 208]라고 간략하게 지시하고 있다.

새로운 앗타까타의 서문에서도 '반복되는 내용을 제거하고 ......[dī. ṭṭha. 1. 2. 등] '광범위한 해설을 축약하여 새로운 앗타까타가 생겨날 것이다'[vi. ṭṭha. 1. 2.]라고 적고 있다.

3. '뽓타카룰하potthakārulha' 라 불리는 패엽에 기록된 글자에 빨리어 오자들이 있음을 『사랏타디빠니띠까』[47]에서 지적하고 있다.

---

47. 『sāratthadīpanītīkā(사랏타디빠니띠까)』 sārattha. vi. 1. 22.

부주의에서 생겨난 글자의 오류는 싱할리 앗타까타에도 있었다. 빨리경과 앗타까타들은 부처님 재세在世시 대장로들에 의해 전승되어 불기 450년에 이르기까지 거의 오백년에 걸친 세월 동안 암송으로 전승되었다. 불기 450년경 교단을 이끌던 큰 스님들이 시간이 갈수록 사띠와 지혜가 약해져 삐따까 삼장과 앗타까타를 외워 전승할 수 없을 것을 보시고 삐따까 삼장과 앗타까타들을 패엽에 새겨 기록하셨다.

이때 일부 기록하는 이들의 부주로 인해 생겨난 빨리 오자들을 새 앗타까타에서 수정하였다. 마하붓다고사 존자가 편집한 새 앗타까타의 출현으로 깊고 광대한 의미가 긴 세월의 풍랑 속에도 손상되거나 왜곡됨 없이 부처님의 가르침을 후대로 전할 수 있었다.

빨리어를 풀이할 때 그 난해함을 하나의 예로 보이면,

rūpa루빠 [na] [rūpa + a. saṁ. 2. 72. ‖ visubbhi. ṭī. 1. 496. ‖ vi. ṭṭha. 3. 145.] 란 단어는 아래와 같이 많은 뜻을 지닌다.

1. rūpakkhandhā(색온) 2. rūpabhava(물질을 지닌 생) 3. kasiṇanimitta(까시나 영상) 4. 원인 5. rūpakāya(물질 무더기) 6. rūpārammaṇa(형상色) 7.모양, 형상 8.성질 9. rūpajhāna(색계 선정) 10. 금화, 은화 등 세공사의 기술을 보여주는 서적 11. 금화, 은화 등 세공사의 기술 12. 조각상 13. 인형 14. 전도되는 대상 15. 모양, 색에 집착하는 갈애 16. 모방, 모조 17. 변질 전도하는 성질 18. 단락, 넓이의 구분, 설정 19. 뜻없음

위의 의미로써 각각 뜻을 해석해야 하는 경의 자리를 보면,

① ma 1. 282. 297. / ma 3. 67. 69. / abhi. vi. 1. ② abhi. dha. 62. / abhi. vi. 274. ③ abhi. dha. 62. ④ aṁ. 1. 81. ⑤ ma 1. 248. ⑥ sa ṁ. 2. 261. ⑦ aṁ. 1. 382.

⑧ yamaka 1. 21. / paṭisaṁ. ṭṭha. 1. 146-7. ⑨ dī. 2. 60. / dī. ṭṭha. 2. 103. ⑩ vi. 2. 169.

⑪ vi. ṭṭha. 3. 135. ⑫ vinayālaṅkāra. 1. 120-1./ abhi. ṭṭha. 1. 106. / mūlaṭi. 1. 65. ⑬ ma. 1. 179.

⑭ saṁ. 1. 121. / saṁ. ṭī. 1. 216. ⑮ maṇimañjū. 1. 148. ⑯ ma. ṭī. 2. 159. / saṁ. ṭī. 2. 549. / sārattha. 2. 161. ⑰ sī. ṭi. 1. 441. ⑱ aṁ. ṭī. 3. 364. ⑲ saṁ. ṭī. 1. 315.

rūpa(루빠) [ti] [rūpa + ṇa]

1. 물질을 지닌 생 — rūpabhava(루빠바와)
2. 색계 생 — rūpabhava(루빠바와)
3. 물질을 가진 범천 — rūpabrahmā(루빠브라흐마)
4. 성품(정의)의 뜻
5. 비유를 들어 보인 글

위의 의미로써 각각 뜻을 해석해야 하는 경의 자리를 보면,

① maṇamañcū. 1. 285. ② maṇimañcū. 1. 285. ③ maṇimañcū. 2. 171.-2. ④ alaṅkā. 66. / alaṅkā. ṭī. 96. ⑤ alaṅkā. 152. / laṅkā. ṭī. 171.

rūpa(루빠)란 하나의 단어가 가진 의미가 이처럼 많기 때문에 수많은 해석이 나올 수 있다. 따라서 빨리 단어 하나하나의 정확한 해석과 문법적 의미를 풀이한 앗타까타와 띠까의 소중함을 새삼 알 수 있을 것이다. 뿐만 아니라 숭고한 도道와 과果를 성취하신 신심과 지혜를 갖춘 승단의 성스러운 스승들에 의해 앗타까타와 띠까가 보존, 계승되고 보완되어[일부의 띠까] 왔음을 마음에 깊이 새겨야 할 것이다.

두 가지 진리

'삿짜[진리]' 란 어떤 것의 자연적 성품, 보편성, 진실함을 뜻한다. 삿짜를 두 종류로 나눌 수 있다.

삼무띠삿짜[sammutisacca] - 세상의 일반적 합의로 정해진, 대상에 대한 관습적인 암시나 개념적 명칭으로서의 진리.
빠라맛타삿짜[paramatthasacca] - 변하지 않는 궁극적 실재로서의 진리

삼무띠삿짜는 사람들의 일반적 합의에 따른 관습적 언어로 암시한 것을 말한다. '세상에 영혼이 존재한다. 생명이 존재한다. 사람이 존재한다. 코끼리, 말, 버팔로, 소가 존재한다. 머리, 팔, 발 등 몸의 크고 작은 기관들이 존재한다' 등으로 존재를 규명한다. 이러한 세상의 관습적 진리가 거짓은 아니다. 불변하는 영혼이 실재한다거나 생명체가 실재한다는 표현은 관습적으로 쓰이는 말이어서 세간의 입장에서는 거짓이 아니다. 그러나 빠라맛타삿짜(궁극적 실재)의 시각으로 보면, 이 관습적인 언어는 무상을 영속성으로, 무아를 자아로 왜곡하는 전도된 위빨라사(vipallāsa)이다. 위빨라사를 제거하지 못하는 한 윤회의 고통에서 벗어날 수 없다.

실재하는 진리로서의 본질과 성품에 따라 올바르게 '존재한다, 존재하지 않는다' 를 규명한 법을 빠라맛타삿짜(궁극적 실재)라 한다.

'존재한다' 란 '단단하고 부드러운 성질의 지地, 응집하고 결합하는 성질의 수水, 따뜻하고 차가운 성질의 화火, 지탱하고 유동하는 성질의 풍風이 있다. 마음에는 식識이 있다. 접촉, 느낌, 지각, 의도가 있다. 그런 의미로 몸이 있다. 마음이 있다' 이다.

'존재하지 않는다' 란 '영혼이 없다, 생명이 없다, 사람이 없다, 코끼리, 말, 소가 없다, 머리, 팔, 발 등 몸의 크고 작은 기관들이 없다' 등이다. 영혼이 없다, 생명이 없다는 것은 한생에서의 [순간순간 생멸하는 법의 성질로서가 아닌] 불변하는 영혼이나 생명이 존재하지 않음을 말한다.

'사람이 없다' 란 개념으로서가 아닌 실재하는 몸과 마음의 성질만 존재할 뿐임을 암시한 것이다. 몸과 마음의 성질에 사람, 중생, 영혼이라 불릴 수 있는 것은 어디에도 없다. 빠라맛타삿짜는 위빨라사와 상반된다. 빠라맛타삿짜 법으로만 위빨라사(왜곡전도성)를 제거할 수 있다. 위빨라사를 제거해야만 윤회의 고통에서 벗어날 수 있다.

삼무띠삿짜의 시각으로는 '사람이 존재한다. 중생이 존재한다. 윤회계에서 중생은 한 생에서 다음 생으로 윤회한다' 이다. 빠라맛타삿짜의 시각으로는 '사람이 없다. 생명체가 없다. 윤회계에서 중생이 한 생에서 다음 생으로 윤회하는 것이 아니다' 이다. 하지만 두 가지 삿짜(진리)가 반드시 상반되는 것은 아니다. 다만 삼무띠삿짜와 빠라맛타삿짜라는 두 가지 의미로 분리되어 있을 뿐이다. 삼무띠삿짜로서 사람이나 중생이 있다는 것은 개념화된 관습적 의미이기에 빠라맛타삿짜의 편에서도 완전히 부정할 수만은 없다. 중생이라는 관습적인 암시를 통해서 진리를 알게 되기 때문이다.

궁극적 실재의 의미로서 사람이나 중생이 없다는 것을 삼무띠삿짜 편에서도 부정할 수 없다. 실재의 법으로는 몸의 법과 마음의 법만이 진실이기 때문이다. 빠라맛타삿짜의 시각으로는 사람, 중생, 영혼이란 존재하지 않는다. 흙으로 만든 그릇을 예로 들어 보자. 흙그릇이 실재로 있는 것인가? 삼무띠삿짜의 관점으로는 실제로 있다고 대답해야 할 것이다. 그러나 빠라맛타삿짜의 관점으로는 흙만 있을 뿐 흙그릇은 없다.

삼무띠삿짜는 관습적 암시기에 굳이 해석하고 풀어야 할 필요가 없다. 빠라맛타삿짜는 의미를 해석하고 풀어야 이해할 수 있다. 흙으로 만든 그릇에 대한 빠라맛타삿짜의 시각은 '흙만 있고 그릇이라 할 수 있는 것은 없다' 이다. 왜냐하면 그릇은 본질이 아니기 때문이다. 그릇이라는 이름 또한 흙을 뜻하는 것이 아니다. 그저 그릇의 둥근 모양에서 비롯된 명칭일 뿐이다. 흙덩이의 결합으로 형상화된 모양을 근거로 마음이 취한 이미지나 영상에 불과하다. 그러므로 빠라맛타로는 '흙' 만 존재할 뿐 그릇이라 불릴만한 것은 어디에도 없다.

위빨라사(왜곡전도성)란 전도됨, 왜곡됨이다. 실재하는 진리를 실재하지 않는 거짓으로 여기며, 실재하지 않는 거짓을 실재하는 진리로 간주하는 것이다.

위빨라사(전도)는 세 종류로 분류할 수 있다.

1. 산냐위빨라사[saññāvipallāsa] - 지각想의 전도
2. 찟따위빨라사[cittavipallāsa] - 마음識의 전도
3. 딧티위빨라사[diṭṭhivipallāsa] - 견해의 전도

1. 산냐위빨라사는 전도되고 왜곡된 지각이다. 4가지 전도된 지각이 있다.

ⓐ 무상을 영원으로 그릇되게 인식하는 것
ⓑ 혐오스럽고 부정한 것을 아름다운 것으로 인식하는 것
ⓒ 고통을 행복이나 즐거움이라 인식하는 것

ⓓ 무아를 자아나 영혼이라고 그릇되게 인식하는 것

2. 찟따위빨라사는 마음의 전도되고 왜곡됨이다. 4가지 전도된 마음이 있다.

ⓐ 무상을 영속 혹은 영원한 것으로 인식하는 마음
ⓑ 혐오스럽고 부정한 것을 아름다운 것으로 인식하는 마음
ⓒ 고통을 행복하고 즐거운 것으로 인식하는 마음
ⓓ 무아를 자아나 영혼으로 인식하는 마음

3. 딧티위빨라사는 견해의 전도되고 왜곡됨이다. 4가지 전도된 견해가 있다.

ⓐ 무상을 영속하거나 영원한 것으로 생각하는 것
ⓑ 혐오스럽고 부정한 것을 아름다운 것으로 생각하는 것
ⓒ 고통을 행복하고 즐거운 것으로 생각하는 것
ⓓ 무아를 자아나 영혼이라 생각하는 것

위와 같이 '무상한 것을 영원한 것으로, 부정하고 혐오스러운 것을 아름다운 것으로, 끊임없는 고통을 즐거움으로, 무아를 자아로' 지각하는 4가지 전도로 인하여 사람들은 ① 나 ② 나의 소유 ③ 나의 자아 혹은 나의 영혼이란 세 가지에 집착한다. — 『Ledidīpanī saccakathā』

아비담마 가르침은 크게 둘로 나뉠 수 있다.

빠라맛타삿짜(실재하는 궁극의 진리) — 마음識, 마음부수, 물질色, 열반

삼무띠삿짜(관습적 표현, 개념적인 진리) — 빤냣띠(개념, 명칭)

빤냣띠(개념)

사람, 욕계천인, 색계천인 등 생명 있는 것들과 물, 흙, 숲, 산, 집, 학교 등 생명 없는 사물들을 명칭으로 지정한 것을 빤냣띠라 한다. 옛날부터 정해놓은 관습적 이름이기에 '삼무띠(sammuti attha, 관습적 명칭, 호칭으로 지정된 사물)'라고 한다. 빤냣띠는 사물이기도 하고, 실제 존재하지 않는 사물에 명칭을 붙여 불렀기 때문에 삼무띠(관습적 암시, 개념적 명칭)라 한다.

빠라맛타(궁극적 실재)

빠라맛타란 최상의 진리이고 전도되지 않은 진리이다. 참깨에서 기름을 짜내는 것처럼 궁극적 실재에서 지혜를 통해 개념을 추출하여야 한다. 사람이란 개념을 지혜로 분해하여 머리카락, 솜털, 손톱, 발톱, 치아, 피부 등으로 나누면, 결국 사람이란 없고 머리카락, 솜털, 손톱 등만 존재한다. 머리카락을 자세히 관찰하면 8가지 원소로 결합되어 있음을 알게 된다. 원소란 물질을 구성하는 최소단위로서 아비담마에서는 아위닙보가루빠[avinibbhogarūpa]라 한다. 머리카락을 더 이상 나눌 수 없는 최소단위로 분해하면 '모양, 냄새, 맛, 자양분, 지地, 수水, 화火, 풍風'의 8요소로 구성됨을 알게 된다.

물질인 대상이 있어야 알아차리고識, 접촉하고觸, 느끼는受 마음 작용이 일어난다. 즉, 사람이라는 개념을 통해 몸과 마음의 궁극적 실재을 추출해낼 수 있다. 숲이라는 것은 나무들의 모임일 뿐이다. 손가락으로 가리켜 '숲'이라고 할 수 있는 것은 없다. 나무 또한 개념이다. 나무를 이루는 분리할 수 없는 최소 물질(아위닙보가루빠)에서 궁극적 실재 발견할 수 있다.

사람이 정말로 존재하는가? 실제로 있다고 여기지만 주의 깊게 조사하면 여러 가지의 무더기일 뿐 사람이란 실체를 어디에서도 찾을 수 없다. 머리카락이나 솜털 등을 조사해도 물질의 무더기만을 보게 될 뿐이다. 보통 사람들이 실재하는 빠라맛타를 알기는 어렵다. 겉모양인 형상이라는 개념이 궁극적 실재를 덮고 있으며 마음은 개념이란 관념적 명칭에 머물기 쉽기 때문이다. 그러나 부처님, 아라한, 아리야 성인들의 지혜는 사람, 천인, 범천 등 외관이나 형상을 벗어나 빠라맛타에 머문다. '사람이 간다'를 세밀히 조사하면 실제로는 사람이 가는 것도 아니며 가게끔 하는 사람도 없다. 단지 가려는 의도와 바람의 성질風로 인해 물질들이 일어나는 것일 뿐이다. 배의 선장이 가야할 장소를 향해 배를 조종하듯, 움직이려는 의도와 더불어 바람의 성질이 밀기 때문에 물질의 다발이 움직이는 것이 바로 '사람이 간다'의 실체이다.

> 갖가지로 일어나는 마음의 작용에 의지하여
> 가고, 오고, 앉고, 서는데
> 이 모두는 풍대라는 바람의 작용이다.
> 풍대의 다양한 움직임으로
> 물질 무더기의 움직임은
> 가고, 오고, 앉고 서는 모양으로 나타난다.
>
> — 『숫따니빠따. 1vagga. 11경』 주석서

지혜로운 이는 개념을 꿰뚫어 궁극적 실재에 주의를 집중하기에 'paramassa attho + paramattho'라 부른다. 'parama'란 최상의 지혜, 'attho'는 지혜가 머무는 곳, 혹은 지혜가 머무는 '대상'이므로 '최상의 지혜가 머무는 곳이 곧 빠라맛타'임을 띠까에서 설명한다. 최상의 지혜로 모든 법을 꿰뚫어 아시는 부처님의 일체지가 곧 빠라맛타이다. 예리한 지혜를 지닌 세간의 범부 또한 빠라맛타에 마음을 기울일 수 있다.

궁극의 지혜가 머무는 대상

사람, 천인 등 개념은 항상하지 않아 늘 변하지만 궁극적 실재는 근본에서 다른 모습으로 변질되지 않는다. 마음識, 마음부수心所, 물질色, 열반을 '최상의 지혜가 머무는 대상(빠라맛타)' 이라 부른다. '사람' 이라 불리는 물질무더기인 개념을 분해하면 머리카락, 솜털, 손톱과 발톱, 치아 , 피부 등 32가지의 무더기로 나눌 수 있다. 개념은 항상 변화한다. 모든 개념은 근본에서 변하여 여러 모습으로 바뀌기 때문에 '궁극적 지혜가 머무는 대상' 이라 부를 수가 없다.

변치 않는 빠라맛타

땅의 요소에는 '단단하다' 는 특성이 있다. 흙 속에는 땅의 요소가 많이 포함되어 있다. '단단한' 땅의 성질地을 '응집하는' 물의 성질水로 변화시키거나 '대상을 안다[vijānana]' 는 특성을 지닌 마음을 '접촉하는[phusana]' 성질로 변화시키거나, '접촉하는[phassa]' 특성을 '느낌受' 이라는 성질로 변화시키는 것은 불가능하다. 열반이 불변하다는 진리에 무슨 말이 더 필요하겠는가. 탐심은 '원함' 이란 특성에서 바뀌지 않는다. 무탐無貪 또한 '원하지 않음' 의 특성을 잃지 않는다. 불선不善은 불선함에 있어서, 선善은 선함에 있어 '매우 정직하다' 는 뜻이다. 그러므로 최상의 의미를 지닌 parama(빠라마)와 연결하여 'paramo(빠라모; 최상의) + attho(앗토; 의미) = paramattho(빠라맛토; 최상의 의미)' 라 부를 수 있다.

띠까에서는 'paramo uttamo aviparīto attho paramattho' 라고 설명한다. parama(빠라마)란 말에는 '근본원칙', '최상' 이란 두 가지 뜻이 있는데, 그 중 '최상' 의 뜻을 강조하기 위해 'uttamo' 를 덧붙이고 있다. 'uttamo' 란 'paṇīta[고귀한]' 의 뜻은 아니다. 본질의 성품에 있어서 정직하고 올바르며 법의 작용에서도 변함이 없기에 'aviparīto(변하지 않는)' 라 해설한 것이다. 즉 aviparīto[변치않기 때문에] 'paramo uttamo' 이다. 그러므로 paramattho[변치 않기 때문에 최상의 의미]란 뜻이다.

저열한 법과 빠라맛타

'hīnā dhammā(저열한 법)' 라 설하신『담마상가니』 마띠까(서문)에 따라 불선한 마음識과 마음부수心所들도 빠라맛타에 포함된다. 'hīnā저열한' 과 '빠라맛타' 라는 말이 서로 상치되는 것이 아니냐는 의문이 생길 수 있다. 불선의 법들은 참으로 저열하기에 마띠까에서 'hīnā' 라 설하셨다. 그러나 저열하더라도 탐심인 경우 개의 마음에서 일어났건 색계인의 마음에서 일어났건 특성이 변치 않는다는 사실에서 정직하고 올바르기에 'parama(빠라마)' 라 한다. 빠라마란 단어에 'hīnā[저열한]' 와 상반된 의미로서의 'paṇīta[고귀한]' 란 뜻은 없다. 변하지 않는 정직성 때문에 'aviparīto(변하지 않는)' 에 마띠까의 'hīnā' 란 단어가 parama(빠라마)와 대립 하지 않게 된다.

『아누띠까』 에서는 '빠라마' 를 'padhāna[본질]' 의 뜻으로 풀이하고 있다. 물, 땅, 숲, 산, 짐승들, 색계인, 사람, 욕계인 등 무수한 개념에서 최종적으로 볼 수 있는 것은 '마음識, 마음부수受·想·行, 물질色, 열반' 의 법이다. 이 네 가지를 '핵심적인 본질의 법' 이라 한다.

과거의 모든 부처님들께서는 두 가지 틀을 빌어 법을 펴셨다.

삼무띠까타sammutikathā - 세상 사람들이 정한 관습적 뜻을 빌어 설법하신 것.

빠라맛타까타paramatthakathā - 최상의 의미로 설법하신 것.

여기서 중생, 사람, 천인, 색계인 등을 '삼무띠까타[관습의 용어]' 라 한다. 무상, 고, 무아, 계界, 입처入處, 사념처, 사정근四正勤 등을 빠라맛타까타[진리의 용어]라 한다.

이 두 가지 방법 중 중생, 사람, 천인, 범천이란 관습적인 언어(sammuti)를 설법하셔도 뜻을 이해하고 사성제를 통찰하며 윤회에서 벗어나 아라한 과果를 성취했다. 부처님께서는 그런 사람에게는 처음부터 중생, 천인, 범천 등으로 설하셨다. 다른 사람들은 빠라맛타로 설하신 무상·고·무아를 통해 사성제를 통찰하고 윤회에서 벗어나 아라한 과果를 성취했다. 그런 사람에게는 부처님께서 무상·고·무아를 설하신다. 그와 달리 삼무띠까타(관습적 언어)로 이해하는 사람에게는 처음부터 빠라맛타까타(궁극의 법)로 설하지 않으셨다. 삼무띠까타로 이해시켜 나중에 빠라맛타까타로 설하셨다. 궁극적 법을 이해하는 이들에게는 관습적 언어로 설하지 않으셨다. 궁극적 설법으로 이해시킨 후 관습적 언어로 설하시는 방식을 취하셨다. 오직 궁극의 법으로만 설하셨다면 메마른 가르침이 되었을 것이다. 하지만 관습적 언어로 암시하셨어도 바르고 명백한 뜻만을, 거짓이 아닌 궁극적 진리만을 설하셨다. 궁극의 법을 설하실 때도 바르고 명백한 의미만, 거짓이 아닌 실제 진리만을 설하셨다.

설법하는 이들 중 최상이신 부처님께서
관습적 언어와 궁극적 법어로서
두 가지 진리를 설하셨다.
이 두 가지 외의 세 번째 진리란 없다.

그러므로
세상의 관습적 언어에 근거하여
세상에서 승인한 의미를 말씀하신 것을
그르다 할 수 없으며
진리인 '궁극적 법의 언어'로
말씀하신 것 또한 진실한 것이네.

부처님의 가르침은 이 두 가지이다. '무더기蘊' 등은 진리로서 설하심이고 '버터', '그릇' 등은 관습적 언어로 설하심이다.

오온五蘊

다섯 무더기인 오온五蘊이란, 물질의 무더기를 색온色蘊, 느낌의 무더기를 수온受蘊, 지각의 무더기를 상온想蘊, 의지작용의 무더기를 행온行蘊, 마음의 무더기를 식온識蘊이다.

색온色蘊

어떤 성질 때문에 물질色이라 하는가? 변하는 성질 때문에 물질이라 한다고 부처님께서 설하셨다.

빅쿠들이여! 무엇 때문에 물질이라 부르는가?
변하고 전도되는 것이므로 물질이라 부른다.

무엇 때문에 변하고 전도되는가?
차가움으로 인해 변하고 전도된다.
뜨거움으로 인해 변하고 전도된다.
배고픔으로 인해 변하고 전도된다.
목마름으로 인해 변하고 전도된다.

모기, 벌레, 바람, 땡볕, 뱀 등의
접촉과 물림에 의하여 변하고 전도된다.
빅쿠들이여! 변화하고 전도된다.
그러므로 물질이라 한다.

변화(rūppati)란 '파괴된다, 손상당한다, 괴롭힘을 당한다, 부서진다' 는 뜻을 지닌다. 이 몸은 '일생의 시간, 물질의 연속성, 시간, 순간’의 구분으로 과거, 현재, 미래로 나눌 수 있다.

일생의 시간으로 보면 모태에 들기 전을 과거라 하고, 죽음 다음을 미래라 하며, 이 사이를 현재라 한다. 물질의 연속성으로 보면 동일한 온도, 자양분으로 인해 잇달아 일어나는 중의 물질을 현재의 물질이라 한다. 과거의 기온, 자양분으로 일어난 물질을 과거라 한다. 현재에 일어나는 물질을 현재라 하고, 나중에 일어날 것을 미래라 한다. ‘업으로 인한 물질[깜마자루빠]’은 과거 · 현재 · 미래로 구분할 수 없다. 그러나 기온, 자양분, 마음에 근거하여 업으로 인한 물질을 과거 · 현재 · 미래로 알 수 있다. 시간으로는 찰나, 아침, 초저녁, 밤, 낮 등 시간으로 물질의 연속성이 일어나는데 그 시각을 현재라 한다. 이 시각에서의 앞을 과거라 한다. 나중을 미래라 한다. 순간으로는 물질 원자의 생성 · 지속 · 소멸의 세 찰나를 가리켜 현재라 한다. 이 세 찰나의 앞을 과거라 하며 뒤를 미래라 한다.

수온受蘊

어떤 법을 감각의 무더기인 수온受蘊이라 하는가? 대상을 느끼고 감지하기 때문에 느낌受이라 한다. 느낌은 대상을 느끼는 특성이 있으므로 좋아하는 것, 좋아하지 않는 것, 좋지도 나쁘지도 않는 중간의 세 종류 중 하나를 항상 취한다. 그렇다면 접촉(팟사)도 대상을 만날 때 알고 느낀다고 할 수 있지 않는가? 물론 접촉 역시 느낀다고 할 수 있다. 그렇지만 느낌受처럼 대상을 온전하게 밀착되어 느끼지 못하고, 다만 대상에 부딪치는 특성으로 일부만 느낄 뿐이다. 예를 들면 궁중의 주방장은 왕이 만찬을 즐기기 전 독이 들어 있지나 않는지 확인하려고 차려진 진수성찬을 조금씩

맛보지만 왕이 즐기는 만큼 음식을 즐길 수는 없다. 여기서 접촉은 궁전의 주방장에 비유될 수 있다. 느낌이 대상을 느끼는 것은 왕이 만찬을 즐기는 것에 비유할 수 있다. 〔접촉은 부딪침, 지각하는 특성(sañjānana)의 일부분만을 느낄 뿐이다.〕

상온想蘊

대상을 분별하여 인식하는 특성을 지각想이라 한다. 갈색, 금색의 색깔을 갈색이다, 금색이다로, 길고 짧은 모양을 길다, 짧다로, 달고 신 맛을 달다, 시다로 어린아이가 구분하는 정도로 아는 것을 '지각한다' 고 한다. '어떻게 해서 갈색인가. 무엇 때문에 갈색인가?' 등으로 조사 탐구하여 아는 것은 아니다. 이미 구분한 것을 기억하여 다시 아는 성질이 있다. 마치 목수가 문고리를 만들며 '이 문고리는 위에, 저것은 밑에, 혹은 왼쪽, 오른쪽에 달겠다' 라고 연필로 기록한 뒤 문에 붙이려 할 때 기록해 둔 것을 보고 '이것은 위, 이것은 밑' 이라고 아는 것과 같다. 이와 같이 이미 기억한 정보를 바탕으로 나중에 다시 아는 것을 지각想이라 한다.

행온行蘊

상카라[48]란 의도(쩨따나)와 그 동료마음부수들을 말한다. 의도는

---

48. saṅkhāra(상카라)는 여러 종류로써 경전에서 언급하고 있다.
♠ sattaloka(삿따로까) — 중생계
okāsaloka(오까사로까) — 생명, 무생물이 머무는 장소(건물, 궁전, 땅, 강, 호수 등의 31천)
saṅkhāraloka(상카라로까) — 생명체와 무생물의 일체 대상은 업, 마음, 기온, 자양분이라는 원인의 법에 조건지어져 형성되기에 '상카라' 라 한다.

함께하는 다른 법들을 충동하고 격려하여 일을 완성시키는 특성이 있다. 느낌, 지각, 마음들은 의도가 충동해야 힘을 얻는다. 불선을 행하는 곳에서나, 보시와 지계 등 선을 행하는 자리에서도 의도가 있어야 힘을 얻는다. 그래서 의도를 모든 마음(受·想·行·識)의 힘이라 부른다. 마치 바람의 성질인 풍대가 물질의 법에서 힘이라 일컫는 것과 같다.

♠ 오온五蘊에 들어있는 상카라 — 중생들은 몸의 법, 마음의 법만 있다. 이 물질 무더기는 몸이다. 알아차리는 법은 마음이다. 이를 오온으로 분류하면 — 색온色蘊, 수온受蘊, 상온想蘊, 행온行蘊, 식온識薀이다. 여기에 상카라칸다는 느낌과 지각을 제외한 마음부수 50가지를 말한다. 이 행온은 cetanā(의도)를 중심으로 하여 충동·자극하여 형성시키는 법이라 한다. 여기서 위의 saṅkhāraloka(상카라로까)는 형성되는 수동적 의미로써의 상카라이고 오온五蘊에 들어있는 상카라는 형성시키는 능동적 의미로 수동적인 것과 능동적인 차이가 있음을 주의해야 한다.

♠ saṅkhāra(상카라)란, 업, 마음, 기온, 자양분들로 인하여 일어나는 물질과 정신을 말한다. 이 법을 saṅkhatasaṅkhārā(상카따상카라)라 한다.

업과 번뇌로 인하여 일어나는 욕계, 색계, 무색계에서 업의 과보로 일어나는 물질과 정신을 abhisaṅkhatasaṅkhārā(아비상카따상카라; 업이라는 원인의 법들에 의해 조건지어진 상카라)라고 과거 주석서에서 언급하고 있다. '물질과 정신의 조건지어진 법들은 영원하지 못하여라.' 등의 빨리 구절(saṅ. 1. 160. 398.)에서의 상카라들은 앞의 '상카따상카라'에 포함된다.

♠ 'avijja(아윗자; 무지, 무명)와 함께하는 이 남자는 선하고 훌륭한 saṅkhāra(상카라)를 행한다.' 등의 빨리경에서(saṅ. 1. 310.) 무명을 원인으로 하여 일어나는 상카라라 불리는 욕계, 색계, 무색계의 cetana(의도)를 abhisaṅkhāraṇakasaṅkhārā(아비상카라나까상카라; 결과의 법을 의도로 형성시키는 형성력의 상카라 혹은 선·불선의 의도)라 한다.

♠ 몸에서 일어나는, 마음에서 일어나는 위리야(노력, 노력)를 payogābhisaṅkhāra(빠요가비상카라)라 한다. 이 단어를 숫딴따(saṅ. 1. 110.) 등에서 보여준다. 아비담마에서 언급한 '위사카여! 지각, 느낌의 적멸인 멸진정에 훌륭히 도달한 빅쿠에게 먼저 와찌상카라가 제2선에서 사라진다.[vacīsaṅkhāra(와찌상카라)는 vitakka(일으킨 생각), vicāra(지속적 고찰)로써 음성을 만들어내기에 '와찌상카라'라 부른다.] 다음으로 까야상카라가 제4선에서 사라진다.[부모의 정액으로 인하여 생겨난 몸을 karajakāya(까라자까야)라 한다. 까라자까야가 들숨날숨을 만들어낸다. 그러므로 kāyasaṅkhāra(까야상카라)라 한다.] 찟따상카라는 멸진정에 몰입할 때 일어나지 않는다.[일으킨 생각, 지속적 고찰을 제외한 마음부수 50가지를 cittasaṅkhāra(찟따상카라)라 한다]

12연기에서의 상카라

조건지어진 결과의 법을 형성시킨다. 그러므로 상카라라 부른다. 과보로 생겨난 몸과 마음의 조건지어진 법의 모임을 형성시키는 세속의 선善, 불선不善 의도를 말한다.

의도는 선의 상카라, 불선의 상카라, 무색계 선의 상카라의 세 가지[49]로 나뉜다.

그 중에서 욕계의 선한마음 8가지, 색계의 선한마음 5가지를 합쳐 13가지 의도가 선善의 상카라이다. 불선한 마음에 포함되는 12가지 의도는 불선不善의 상카라이다. 무색계의 선한마음 4가지는 무색계 선의 상카라이다.

도道에 포함되는 의도가 과果라는 결과의 상카따(saṅkhata, 원인에 의하여 조건지어진 법)를 형성하지만, 윤회하여 세속의 굴레를 설한 12연기에서 벗어난 영역이므로 상카라에서는 다뤄지지 않는다. 12연기의 상카라와 오온五蘊에 속하는 행온行蘊은 동일한 성질이다.

상카라[행온行蘊]

왜 마음부수 50가지를 상카라칸다行蘊라 부르는 것인가? 상카라라 불리는 '의도(cetanā)' 는 마음부수(受·想·行)에 속한다. 의도를 중심으로 나머지 마음부수 49가지를 상카라라 하므로 마음부수 50가지를 행온行蘊이라 부를 수 있다.

'무명으로 인하여 상카라가[50] 일어난다' 는 12연기에서, 일을

---

49. 쩨따나(의도)의 세 종류 — puññabisaṅkhāra(뿐냐비상카라; 선善 상카라), apuññabisaṅkhāra(아뿐냐비상카라; 불선不善 상카라), āneñjadhisaṅkhāra(아넨자비상카라; 무색계 선善 상카라)

완성시키고 격려하는 성질 때문에 의도를 행行의 법[상카라]이라고 한다. '왕이 온다' 고 할 때 중심 되는 왕을 선두로 뒤따르는 수행원들이 함께 오는 것처럼, 의도를 선두로 상카라칸다行蘊인 마음부수 49가지 또한 함께하므로, 이들 마음부수를 상카라칸다라는 이름 속에 포함한다.

식온識蘊

마음識이란 무엇인가? 대상을 아는 것을 마음이라 한다. 마음이 대상을 아는 것은 지각이나 지혜가 아는 것과는 다르다. 그러므로 대상을 아는 앎을 지각想의 앎, 지혜의 앎, 마음識의 앎으로 나눌 수 있다. 틀리건 옳건 지각하는 정도의 알아차림은 지각의 앎이다. 바르게 통찰하여 아는 것은 지혜의 앎이다. 각각의 대상을 하나씩 취하는 것이 마음識의 앎이다. 마음의 앎은 대상을 취하는 특징이 있다.

그렇다고 지각想의 앎, 지혜의 앎, 마음識의 앎 등 세 가지 앎에서 '마음識의 앎이 지각이나 지혜 보다 뛰어나다' 라고 할 수는 없다. 다만 '같지 않게, 서로 다른 식으로 안다' 라고 말할 수 있다. 마음과 결합한 마음부수들 또한 대상을 안다. 그러나 접촉 등의 마음부수受·想·行는 마음識을 의지하여야[마음이 있어야만] 대상을 알고 취할 수 있다.

마음(citta)을 풀이하는 문법적 풀이로는 일반적으로 능동태[kattus

---

50. saṅkhāra(상카라; 행行)란, 신업, 구업, 의업으로 현생과 내생의 결과를 형성하는 업의 법을 '상카라' 라고 부른다. 정의를 추출하면, 세간의 선善, 불선不善 의식에 결합하는 쩨따나(의도) 29가지이다.

ādhana], 수동태[karaṇasādhana], 동명사[bhāvasādhana]로 풀 수 있다.

능동태로 풀이함

āramaṇaṁ cintetīti cittaṁ, vijānātīti attho - 대상을 안다. 그러므로 마음이라 한다. vijānātīti(지각이나 지혜가 아는 것과는 다르게 안다.) 이것이 마음의 어의풀이이다.

수동태로 뜻을 풀이함

cintenti etenāti cittaṁ - 이 법으로 결합하는 법들은 대상을 안다. 그러므로 이법을 마음이라 한다.

접촉 등의 마음부수들은 마음을 의지하여 대상을 알고 취할 수 있다. 그러므로 접촉 등의 대상을 알게 하고 취하게 하는 법이다.

동명사로서 어의를 풀이함

cintanaṁ cittaṁ - 대상을 알고 취하는 것을 마음識이라 한다.

그러나 빠라맛타의 본질을 표현할 때 능동태나 수동태로 어의를 해석하는 것은 좋은 풀이가 아니다. 자아에 집착하는 사람들의 사견을 제거하려고 사용하는 방편적 풀이일 뿐이다. 빠라맛타에 능숙하지 못한 사람들은 '이런저런 일을 행하는 행위자(kāraka), 결과를 느끼는 체험자(vedaka)'란 암시에 자아가 내포되었다고 착각케 된다. '대상을 알 때의 아는 작용이 마음이다' 이 아는 작용을 일으키는 행위자가 자아[아트만]다'라고 집착한다. 그러한 사견을 제거하고자 마음에는 아는 '행위자로서의 능력[kattusatti]'은 없지만 마치 있는 것처럼 은유하여 'āramaṇaṁ cintetīti cittaṁ - 대상을 알기에 마음이라 한다'라는 능동태로 설하신 것이다.

실재 마음(citta)은 '행위자로서의 능력[kattusatti]'은 없다. 아는 원인이 되는 '수단으로써의 능력[karaṇasatti]' 또한 없다. 단지 안다는 '작용[kiriyā]'의 능력만이 있을 뿐이다.

'접촉 등 법은 자아[아트만]로 인하여 대상을 안다. 자아는 아는 작용을 완성시킨다' 라고 집착한다. 이러한 집착을 제거하기 위해 마음識에 수단적 능력이 없지만 있는 것처럼 은유하여 '마음識으로 알아차린다. 그러므로 마음識이라 한다.' 라고 마음을 능동태로 풀이하기도 한다. '접촉 등 대상을 아는 원인[수단]은 자아[아트만]가 아니다. 자아란 존재하지 않는다. 마음만이 접촉(팟사) 등 대상을 안다' 라고 말할 수 있다.

마음識은 지각想이나 지혜가 아는 것과는 다른 식으로 대상을 아는 특성이 있다[vijānanalakkhaṇa]. 앞장서 가는 작용이 있다[pubbaṅgamarasaṁ]. 끊기지 않고 뒤의 마음을 연결시키는 법이라고 수행자의 지혜에 드러난다[sadhānapaccupaṭṭhānaṁ]. 결합한 마음부수(受·想·行)의 토대가 되는 물질이라는 가까운 원인이 있다[nāmarūpapadaṭṭhānaṁ].

'앞장서 가는 작용'

앞장서 간다에는 실제로 앞서서 가는 것[purecārikapubbaṅgama]과 핵심 우두머리[padhānapubbaṅgama]로서의 두 가지가 있다. 마음識이 실제로 앞장서 가는 것은 아니다. 다만 결합한 마음부수들과 대상을 취할 때 우두머리로 일어나기 때문에 앞장서 가는 작용이 있다고 한다.

오온五蘊

『위바위니띠까』에서는 오온을 아래와 같이 비유하고 있다. 색온色蘊은 음식을 담은 그릇과 같다. 수온受蘊은 밥과 같다. 상온想蘊은 반찬과 같다. 행온行蘊은 행하고 형성시키기 때문에 조리하고 시중드는 사람과 같다. 식온識蘊은 먹고 마시는 사람과 같다고 비유하고 있다.

느낌受, 지각想을 온蘊으로 따로 묶은 까닭

의도를 선두로 49가지 마음부수를 행온行蘊이라 할 때 왜 느낌受과 지각想을 행온에 포함시키지 않고 따로 수온과 상온으로 구분하였나? 윤회계의 즐거움을 느끼는 것과 그 맛을 더욱 드러내 만족시키는 법을 보이기 위하여 느낌과 지각을 각각의 온蘊으로 보여주었다.

부처님께서 '오온五蘊, 12입처入處, 18계界, 사성제四聖諦, 12연기緣起' 등의 법을 설하신 까닭은 중생들에게 윤회에서 염증을 느끼게 하고, 무상 · 고 · 무아의 진리를 체득케 하려는 가르침이다. 수온受蘊은 고통의 존재계에서 대상을 다양하게 체험하기에 윤회의 법에서 갈망의 첫 원인이다. 그러므로 '느낌으로 인하여 갈망이 일어난다' 라고 12연기에서 설하고 있다. 즐기려는 갈망이 없다면 윤회의 법에서 누구도 행복을 느끼지 못할 것이다. 느낌이 없다면 갈망 또한 즐기지 못할 것이다. 그러므로 느낌은 즐기는 것이고 느낌을 즐길 때 지각이 중요하다. 마치 밥을 먹을 때 좋은 반찬을 원하는 것처럼.

비유하면 한 무리의 상인이 어스름한 저녁 무렵 숲 속의 한 동네에 도착하여 밥을 구하여 어둠 속에서 우거짓국을 배불리 먹고 편히 잠든 뒤, 이튿날 깨어나 남겨둔 음식을 보고서야 맛있게 먹었던 것이 역겨운 지렁이 국임을 보자 모두 토해버렸다는 이야기다. 이처럼 밤에는 우거짓국이란 지각想으로 맛있게 먹었듯 중생은 틀리건 옳건 상想이 지각한 대로 느낌을 체험하면서 윤회의 법에서 즐긴다. 때문에 부처님께서 윤회의 법에서 즐기는 느낌과 이 느낌의 맛을 채워주는 지각을 각각의 온蘊으로 구분하시고, 이들로써 무상 · 고 · 무아, 부정관을 숙고하도록 체계적으로 설법하셨다.

온蘊과 취온取蘊

오온은 두 종류로 분류된다. 세간의 오온과 출세간의 오온五蘊이다. 세간의 오온은 집착(upadāna)의 대상이 되는 오온 즉, 취온取蘊을[51] 말한다. 이 집착에서 벗어난 오온이 바로 출세간의 오온이다. 위빳사나 수행은 출세간의 오온을 대상으로 하는 것이 아니라, 윤회계의 고통스런 법을 대상으로 노력해야만 무상, 고, 무아의 성품이 드러난다. 출세간의 도道와 과果마음은 무상, 고, 무아에 속하는 상카라(조건지어진 법)의 법에 해당된다. 그러나 윤회의 고통에서 탈출하는 중인 도道와 번뇌의 적멸인 열반을 만끽하는 과果의 법이기에, 이 출세간법들을 위빳사나로 관할지라도 세속에 대한 염증은 일어나지 못한다. 그러므로 위빳사나 명상의 대상은 세속의 오온 즉, 취온이다.

---

51. upadānakkhanda(취온) - 강하게 집착함이라는 4가지 '우빠다나[집착]' 의 대상이 되는 오온五蘊 즉, 취온取蘊을 말한다.

*우빠다나[집착] 4가지 — ① 욕계 탐심, ② 잘못된 수행법으로 윤회계의 고통에서 벗어난다는 사견, ③ 자아(영혼)가 있다고 말하는 사견, ④ 위의 '② ③' 을 제외한 모든 사견

성인들의 진리(ariyasaccā)

부처님을 시작으로 '성자(아리야)들의 바른 진리'를 아리야삿짜라 한다. 고집멸도苦集滅道의 사성제는 성인들만 완전히 아시기에 '성자들의 진리'라고도 한다. '고성제苦聖諦'는 진실로 고통스러운 것을 가리킨다. '집성제集聖諦'는 고통이 일어나는 원인을 가리킨다. '멸성제滅聖諦'는 고통이 소멸한 곳을 가리킨다. '도성제道聖諦'는 열반에 이르는 길을 가리킨다. 이같이 확실하고 바르기 때문에 '아리야 성인들의 바른 진리'라 한다.

세상에는 관습으로 정한 삼무띠삿짜(관습적 언어의 진리)가 있다. 정해진 명칭에 따라 남자를 남자라고 부르는 것을 삼무띠삿짜(관습적 암시의 진리)라 한다. 세상의 뜻과 맞는다고 할 수 있다. 그러나 깊게 생각하면 남자라는 실체를 어디에서도 찾을 수 없다. 그저 물질과 정신의 모임만 실재할 뿐이다. 그러므로 삼무띠삿짜가 진리일 수 없기 때문에 '성자들의 진리'라 부를 수 없다. 그러나 고통 등은 '성자들의 진리'라 부를 수 있다.

4가지 진리 중 고성제苦聖諦와 고통이 일어나는 근원인 집성제集聖諦는 세속의 진리이다. 열반인 멸성제滅聖諦와 열반에 도달하게 하는 팔정도인 도성제道聖諦는 출세간의 진리이다. 윤회계에서 생멸하는 몸과 마음은 고성제일 뿐이다. 그러므로 고성제는 윤회계의 진리이며, 좋지 않은 결과의 진리이다. 집성제는 고통이 일어나는 근원인 갈애를 밝힌 진리이다. 고통의 소멸인 멸성제는 윤회계의 고통이 소멸한 진리이므로 좋은 결과의 진리이다. 고통의 소멸인 열반에 이르는 길을 밝힌 도성제는 고통이 물러난 좋은 원인으로서 진리이다. 이 4가지 진리는 좋지 않은 결과와 원인, 좋은 결과와 원인들이 원만하기 때문에 과거의 무수한 부처님들께서 4가지만을 설하셨다.

열반이란 무엇인가?

열반이란 갈애에서 해탈한 법이다. 세속의 법처럼 자신을 갈애의 대상으로 허용하지 않고 갈애의 과녁에서 벗어난 법을 말한다. 그러면 성자의 영역인 출세간의 마음과 마음부수를 갈애의 대상이 아니란 점에서 열반이라 부를 수 있는가? 열반은 '원인에 조건 지워지지 않은 법(asaṅkhatadhātu)'이다. 도와 과를 성취하였을 때 도와 과의 마음은 원인의 법에 의해 조건 지워지지 않는 아상카라(조건지워지지 않은 법)인 열반을 대상으로 한다. 하지만 이를 대상으로 삼는 도와 과의 마음은 생멸하는 원인의 법들에 의하여 조건지어진 마음이다. 즉 도와 과는 조건지어진 영역에 속하면서도 조건지워지지 않은 법인 열반을 대상으로 삼는다는 점에서, 다른 조건지어진 법만을 대상으로 하는 세간의 마음과는 구별된다. 열반은 조건지어진 생멸하는 법에서 벗어난 적정(寂靜, santi)의 특징을 갖지만 열반을 대상으로 하는 도와 과의 마음은 생멸하는 상카라(조건지어진 법)의 영역에 속한다.

열반이란 생멸이 없는 불멸의 자리이다. 몸과 마음 모두 적정함이 그 특징이다. 근본 성질에서 변하지 않는 작용이 있다. 모양이나 그 어떤 형상조차 없음이라고 수행자의 지혜에 드러난다.

아비담맛타상가하

ABHIDHAMMATTHASAṄGAHA

『아비담맛타상가하』

아비담마 7론을 간략하게 엮은 주석서 중에서 아누룻다 존자의 『아비담맛타상가하』는 불교 역사상 가장 널리 이용된 경이다. 이 간략한 경을 다시 해설한 무수한 해설서, 닛사야[nissaya] 들이 꾸준히 간행되고 있는 사실을 통해 얼마나 일반의 인기를 얻었는지 알 수 있다.

『아비담맛타상가하』라는 이름에 걸맞은 이 아비담마 입문서는 아비담마삐따까에서 설한 내용들을 간략하게 모은 경이라 할지라도 『담마상가니』 등의 7론을 순서대로 [『담마상가니』, 『위방가』 등의] 요약하여 보인 경이 아니다. 아비담마 7론의 내용을 주제에 따라 간략히 요약한 글이다.

이 경을 집필한 아누룻다존자는 아비담마삐따까 7론과 그에 관계된 주석서의 내용을 완전히 체득한 뒤에 아비담마삐따까에서 반드시 알아야 할 내용만을 정확하고 체계적으로 저술한 듯하다. 그러므로 이 경은 아비담마 요약서 중에서도 문체가 간결하고 필요한 내용 또한 완전히 갖춘 탁월한 요람서要覽書가 되었다.

그러므로 이 경은 작은 소책자이면서도 아비담마 7론 전체와 연관된 내용을 담은 아비담마 7론이라는 거대한 바다를 건너기 위해서는 없어서는 안 될 훌륭한 배와 같은 역할을 수행하게 되었다. 이 경 없이 아비담마를 쉽게 배우기는 매우 힘들다.

또한 『아비담맛타상가하』의 내용 중 빨리경과 앗타까타에 포함되지 않은 존자 자신의 견해로 집필된 내용은 없다. 빨리 경과 앗타까타 스승들이 승인하고 확증된 사실만으로 엮었다.

실례를 들어보면.

『아비담맛타상가하』에 나오는 마음의 장과 마음부수의 장은 『담마상가니』의 찟뚭빠다깐다(cittuppādakaṇḍa) 장의 전체 내용을 요약한 것으로서 144페이지 단락의 『담마상가니』를 『아비담맛타상가하』에서 38페이지로 요약하고 있다.

그와 같이 제5장 위티뭇따 장에 나오는 31천과 이들 존재들의 수명, 이 영역에 탄생시키는 업들은 주로 『위방가』 담마하다야위방가 장을 의지하여 구성한 것이다.

『아비담맛타상가하』는 제1장 마음의 장(cittaSaṅgaha), 제2장 마음부수의 장(cetasikaSaṅgaha), 제3장 일반적 항목의 장(PakiṇṇakaSaṅgaha), 제4장 인식과정의 장(VīthiSaṅgaha), 제5장 인식과정에서 벗어난 마음의 장(VīthimuttaSaṅgaha), 제6장 물질의 장(RūpaSaṅgaha), 제7장 범주의 장(samuccayaSaṅgaha), 제8장 연기의 장(paccayaSaṅgaha), 제9장 수행주제의 장(kammaṭṭhānaSaṅgaha)으로 모두 9장으로 구성되어있다.

9장으로 이루어진 이 구성은 앞뒤 의도 없이 구성된 것이 아니다. 제1장 서두부터 제2장 '요약'의 dvipaññāsa pavuccare(이와 같이 52가지를 설하였다) 구절까지 4가지 궁극의 법(빠라맛타) 중 마음과 마음부수의 종류를 간략하게 분석하였다. tesaṁ cittāviyuttānaṁ(마음과 결합하여야만 하는 마음부수들이)부터 끝까지는 마음부수들의 결합방법과 마음의 결합방법으로 상세히 분석하였다.

제3장은 마음의 장과 마음부수의 장에서 간략한 방법[uddesa]과 상세한 방법[niddesa]으로 보였던 마음과 마음부수들을 느낌, 근원 등으로 다시 상세히 분석하였다.

언급한 대로 느낌 등의 다양한 방법으로 마음과 마음부수를 분석한 일반적 항목을 결집한 장을 보인 뒤에 마음과 마음부수들의 연속인 인식과정을 알리고자 제4장 인식과정의 장을 분석하고 있다.

마음과 마음부수들의 인식과정은 삶의 과정(pavatti, 재생연결식과 죽음순간을 제외한 일생의 삶을 통해 생멸하는 물질과 정신)의 인식과정, 재생연결 순간의 인식과정, 죽음 순간의 인식과정, 세 가지로 구분된다. 그 중 인식과정의 장에서는 삶의 과정에서의 인식과정만을 다양하게 보였을 뿐, 재생연결식과 죽음순간의 많은 부분들은 아직 충분히 설명하지 못하였다. 그러므로 이를 해설하고자 제5장 인식과정에서 벗어난 마음의 장(VīthimuttaSaṅgaha)을 설하셨다.

4가지 궁극의 법(빠라맛타) 중에서 마음, 마음부수 두 가지를 마음의 장, 마음부수의 장, 일반적 항목을 결집한 장, 인식과정의 장, 인식과정에서 벗어난 마음의 장으로 단계별로 분석하였다. 이에 나머지 물질과 열반 두 가지를 보이고자 제6장에서 물질의 장을 설하였다.

마음의 장에서 물질의 장까지 6장으로 네 가지 궁극의 법[빠라맛타]을 보인 뒤에 제7장에서는 이 법들을 동일한 성품끼리 모아 분석하고 있다.

8장은 12연기법과 24연기법의 법칙을 보인다. 그 중 12연기는 원인[paccaya]과 결과[paccayuppanna] 법들의 연관성 정도만을 보이고 있다. 어떤 역량을 지닌 원인[paccaya]의 영향을 받았는지는 밝히고 있지 않다. 그러나 24연기인 빳타나에서는 원인과 결과뿐만 아니라, 각각의 특별한 역량을 지닌 원인[paccaya]에 대해서 설명하고 있고 이에 대한 다각적 조건에서의 인과를 다루고 있다.

9장에서는 명상주제 및 그와 관련된 방법들을 다양하게 보여주고 있다.

이것이 『아비담맛타상가하』 9장에 대한 각 장의 대략적인 개요와 앞뒤구성 순서이다.

제1장

마음

서시

sammāsambuddhamatulaṁ, sa saddhamma gaṇuttamaṁ.
abhivādiya bhāsissaṁ, abhidhammatthasaṅgahaṁ.

비할 데 없는 정등각자와
바른 법과 아리야 승단에 예경하옵고
아비담마의 의미를 간추린
아비담맛타상가하 경을 설하고자 하노라.

네 가지 궁극적 본질

tattha vuttābhidhammatthā
catudhā paramatthato
cittaṁ, cetasikaṁ, rūpaṁ, nibbāna miti sabbathā

『아비담맛타상가하』에서 설하는 아비담마의 주제는 궁극적 본질[빠라맛타]로서의 마음, 마음부수, 물질色, 열반 모두 네 가지이다.

해설

궁극적 본질의 법

빠라맛타(paramattha; 궁극인 실재하는 진리의 법) = [parama(최상, 궁극 혹은 핵심의) + attha(본질)]

마음, 마음부수, 물질色, 열반은 자신의 본질에서 변치 않는다. 예를 들면, 탐심은 원하는 성질이다. 탐심은 인간계, 천인, 범천 등 다양한 존재계에서 일어나지만, 원함이란 본래의 특성에서 변하지 않는다. 개의 탐심과 인간의 탐심은 근본성질에서 서로 동일하다. 근본 성질이 변하지 않으며 바르기 때문에 최상이란 뜻이다. 이런 최상의 의미에 부합되는 '마음, 마음부수, 물질, 열반'의 네 가지 법을 '궁극적 본질의 법[paramattha]'이라 한다.

인간, 천인, 범천 등 다양한 존재와 땅, 물, 숲, 산이라는 무수한 사물들이 존재할지라도, 그 근본 핵심을 조사하면 '마음識, 마음부수(受·想·行), 물질色, 열반' 등 궁극적 본질적 요소로 구성됨을 알 수 있다.

마음(찟따) — 대상을 아는 성질. 대상을 취하는 것을 마음이라 하며 식識을 뜻한다.

마음부수(쩨따시까) — 마음에 의지하는 성질 혹은 마음과 결합한 법. '수受·상想·행行'을 뜻하며 마음부수라 한다.

물질(루빠) — 차가움, 더움 등 상반된 원인으로 인하여 변하고 전도하는 성질이다. 물질이라 부르고 색色을 뜻한다.

열반(닙바나) — 모든 고통이 소멸된 적정寂靜의 법이다.

무엇 때문에 아비담마를 정신과 물질의 두 가지로 구분하지 않고 마음, 마음부수, 물질, 열반의 네 가지로 언급하고 있는가? 법의 성질로 분류하여야 설명하기에 적합했기에 네 가지로 언급하셨다.

왜 물질을 앞에 두어 '물질, 마음, 마음부수, 열반'이란 순서로 하지 않았는가? 『위방가』에서는 물질을 먼저 설하지 않았던가? 아누룻다 존자는 『위방가』에 의지하지 않고 아비담마의 몸통과 같은 『담마상가니』에 의지하여 『아비담맛타상가하』를 서술하려고 '마음, 마음부수'를 먼저 언급한 것이다.

마음

영역으로 분류한 마음

tattha cittaṁ tāva catubbidhaṁ hoti kāmāvacaraṁ, rūpāvacaraṁ, arūpāvacaraṁ, lokuttarañceti.

여기서 우선 마음은 욕계마음, 색계마음, 무색계마음, 출세간마음의 네 종류로 구분된다.

해설

욕계欲界

kāmāvacara - [kāma(욕계에) + ava(속하는) + cara(영역)]

kāme avacaratīti kāmāvacaraṁ - 욕계에서 일반적으로 일어나기에 욕계라 한다.

'일반적으로' 란 욕계마음은 성품으로 하나지만, 탐심을 근원으로 한 첫 번째 자발적 마음(아상카리까), 안식眼識 등의 다양한 명칭으로 욕계에서 주로 일어난다. 색계에서는 비식鼻識, 설식舌識, 신식身識의 이름으로 일어날 수 없으며, 무색계에는 오근五根의 이름은 없고 오직 마음만이 존재한다. 욕계란 이름을 얻은 마음은 색계, 무색계에서 일어날지라도 명칭을 붙일 때 '욕계 갈애의 대상' 혹은 '감각적 욕망' 의 영역이 되기 때문에 욕계에만 귀속시켜야 한다.

어떤 법을 욕계라 하는가?

아래로는 무간지옥無間地獄 위로는 욕계 6천天의 최상층인 타화자재천他化自在天까지를 아우르는 곳이며, 욕계에 속하는 마음을 말한다. 욕계(kāmāvacara)는 kāma와 avacara의 합성어이다. 'kāma(까마)' 에는 오욕의 대상(왓투까마)과 탐욕(낄레사까마)이 있다. 오욕의 대상(왓투까마)는 욕계 · 색계 · 무색계 삼계에서 일어나는 윤회의 법이며 탐욕의 대상이다. 탐욕(낄레사까마)은 좋아하고 갈망하는 탐욕 즉, 갈애이다. 이것을 '오욕kāma' 라 한다.

kāma(까마) - 오욕이 머무는 대상이 되는 물질과 마음에서 오경五境의 갈애를 좇아 일어나는 욕계의 탐심.
vatthukāma(왓투까마) - 오욕의 대상이 되는 마음識, 마음부수受·想·行, 물질色의 법이다.
kilesakāma(낄레사까마) - 오욕의 대상을 원하는 탐욕이다.

욕계 영역은 이 두 가지 오욕kāma 속에서 일어난다. 4악처, 인간계, 욕계 6천상, 합쳐서 11곳인 욕계는 오욕의 대상과 탐욕에 포함되므로 오욕의 대상과 탐욕을 욕계라 한다. 비유하면 전쟁터에 무기를 가진 병사가 돌아다닌다면 병사들 외에도, 그 곳에 사는 두 발이나 네 발 가진 생명체들이 분명히 있겠으나 무기를 가진 병사에 주목하여 '무기를 지닌 병사가 돌아다니는 곳' 즉 전쟁터라 부름과 같다. 욕계 11천에는 다른 색계천의 법도 존재하지만 [욕계에 살면서 색계선정, 무색계선정에 든 사람들이] 욕계 법에 주목하여 욕계 11천을 욕계(까마와짜라)라고 부른다. 욕계마음은 색계와 무색계에서도 일어난다. 색계와 무색계의 천인들이 선정에 입정하지 않은 시간 즉 눈, 귀로써 사물을 보고 들을 때는 욕계 마음에 속한다. 바다에 서식하는 생명체들이 바다를 벗어나서도 '바다생물' 이라 하고, 육지 동물이 육지를 벗어나서도 '육지동물' 이라 불리는 것처럼, 욕계마음이 색계, 무색계에서 일어나더라도 욕계마음이라 부른다. 색계와 무색계의 마음도 '오욕의 대상인 이상 삼계를 윤회한다는 사실이다' '색계에 대한 탐욕[r ūparāga]’ 과 ‘무색계에 대한 탐욕[arūparāga]’ 은 번뇌에 속하는 탐심이기 때문에 탐욕(낄레사까마)이란 이름을 얻는다.

색계나 무색계에 2가지 오욕kāma이 모두 있다면 욕계라 불러야 하지 않은가? ‘탐욕(낄레사까마)’ 이란 색계, 무색계의 생을 집착하는 섬세한 탐심이 아니다. 형상, 소리, 냄새 등 오욕의 대상에 집착하는 거친 번뇌를 말한 것이기 때문에 색계, 무색계 선정에서는 ‘탐욕(낄레사까마)’ 이 없고 ‘오욕의 대상(왓투까마)’ 만 존재한다고 보아야한다. 그러므로 색계, 무색계를 욕계라 부를 수 없다.

색계, 무색계

rūpassa bhavo rūpaṁ - 물질이 일어나는 영역이다.

‘마음만이 아닌 물질rūpa도 일어나는 영역’ 이다. 색계에서 보편적으로 일어나기에 색계마음이라 한다. 색계 선善마음과 작용만 하는 마음들은 색계뿐 아니라 욕계에서도 일어난다. 그렇지만 색계 과보의 마음은 색계에서만 일어난다. 물질 없이 마음만 존재하는 영역을 ‘무색계’ 라 한다. 무색계에서 보편적으로 일어나므로 무색계 마음이라 부른다. 무색계 과보의 마음은 무색계에서만 일어난다.

출세간(성인의 영역)

lujjati palujjatīti loko - 소멸한다. 그러므로 로까(세상)라 부른다.

세상에는 중생계(sattaloka), 형성계(saṅkhāraloka), 공간계(okāsaloka)의 세 가지가 있다. 여기에서는 형성계를 말한다.[52] 이를 조건지어진 세상이라 부르지만 취온取蘊인 물질과 마음에서 해탈 중인 도道나 이미 해탈해버린 과果를 말한다. 취온取蘊인 조건지어진 세상에서 탈출 중이거나 탈출해버린 마음이 출세간 마음이다.

수다원은 범부의 중생계와 사악처의 공간계에서 탈출했다. 사다함은 수다원의 중생계와 욕계 일부 공간계에서 탈출했다.[인간계, 욕계 6천에 계속하여 탄생하지 않는다. 한 차례 정도만 탄생하기 때문에 '욕계 일부에서 탈출했다' 라고 한다.] 아나함은 사다함의 중생계, 욕계의 공간계에서 탈출했다.['이 욕계로 다시는 돌아오지 않는 이' 라는 뜻으로 다시는 욕계에 탄생하지 않기 때문에 욕계에서 탈출했다고 말한다.] 아라한은 아나함의 중생계와 색계·무색계인 공간계에서 탈출했다. 중생계, 공간계에서 탈출하였다면 형성계에서도 탈출한 셈이다. 도道의 법에서 탈출했다면 과果의 법에서도 탈출한 것이 된다.

영역으로서의 마음 4종류

1. 욕계 — 욕계 갈애의 마음. 욕계 11천에서 일반적으로 일어나는 마음
2. 색계 — 색계 갈애의 마음. 무상유정無想有情을 제외한 색계 15영역에서 일반적으로 일어나는 마음
3. 무색계 — 무색계 갈애의 마음. 무색계에서 일반적으로 일어나는 마음
4. 출세간 — 도道마음, 과果마음 그리고 대상으로서 열반.

---

52. 소멸하는 세상이란,
sattaloka(삿따로까) - 생명체, 무생명체의 모임이라는 세상, 중생계
저 중생계의 대상이 되는,
saṅkhāraloka(상카라로까) - 상카라(업, 마음, 기온, 자양분이라는 원인의 법들에 의하여 조건지어진 법)로써 형성되는 세상, 형성계.
okāsaloka(오까사로까) - 존재들이 머무는 세상(건물, 궁전, 땅, 강, 호수 등 31천). 공간계
세 종류의 세상 중에서 saṅkhāraloka(형성계)만을 여기에서 '소멸하는 세상' 이라 부른다.

네 가지 마음 중 욕계마음이 가장 저열하다. 색계마음은 고귀하다. 무색계마음은 매우 고귀하다. 출세간마음은 최상의 고귀한 마음이다. 이와 같이 '저열한, 고귀한, 매우 고귀한, 최상의 마음'의 연속으로 '욕계마음, 색계마음, 무색계마음, 출세간마음'의 4가지로 마음을 구분하였다.

이 네 영역에서 일어나는 마음識을 89가지로 더 확장하면 121가지로 나눌 수 있다.

먼저 욕계 마음 54가지를 보이고자 한다.

욕계마음 54가지

불선마음 12가지

탐욕에 뿌리한 마음 8가지

어떤 마음을 욕계마음이라 부르는가?

1. somanassasahagataṁ diṭṭhigatasampayuttaṁ asaṅkhārikamekaṁ
소마낫사사하가땅 딧티가따삼빠윳땅 아상카리까메깡
즐거움을 수반하고 사견과 결합된 자발적 마음

2. somanassasahagataṁ diṭṭhigatasampayuttaṁ sasaṅkhārikamekaṁ
소마낫사사하가땅 딧티가따삼빠윳땅 사상카리까메깡
즐거움을 수반하고 사견과 결합된 자극받은 마음

3. somanassasahagataṁ diṭṭhigatavippayuttaṁ asaṅkhārikamekaṁ
소마낫사사하가땅 딧티가따윕빠윳땅 아상카리까메깡
즐거움을 수반하고 사견과 결합되지 않은 자발적 마음

4. somanassasahagataṁ diṭṭhigatavippayuttaṁ sasaṅkhārikamekaṁ
소마낫사사하가땅 딧티가따윕빠윳땅 사상카리까메깡
즐거움을 수반하고 사견과 결합되지 않은 자극받은 마음

5. upekkhāsahagataṁ diṭṭhigatasampayuttaṁ asaṅkhārikamekaṁ
우뻭카사하가땅 딧티가따삼빠윳땅 아상카리까메깡
좋지도 싫지도 않은 느낌을 수반하고 사견과 결합된 자발적 마음

6. upekkhāsahagataṁ diṭṭhigatasampayuttaṁ sasaṅkhārikamekaṁ
우뻭카사하가땅 딧티가따삼빠윳땅 사상카리까메깡
좋지도 싫지도 않은 느낌을 수반하고 사견과 결합된 자극받은 마음

7. upekkhāsahagataṁ diṭṭhigatavippayuttaṁ asaṅkhārikamekaṁ

우뻭카사하가땅 딧티가따윕빠윳땅 아상카리까메깡

좋지도 싫지도 않은 느낌을 수반하고 사견과 결합되지 않은 자발적 마음

8. upekkhāsahagataṁ diṭṭhigatavippayuttaṁ sasaṅkhārikamekaṁ

우뻭카사하가땅 딧티가따윕빠윳땅 사상카리까메깡

좋지도 싫지도 않은 느낌을 수반하고 사견과 결합되지 않은 자극받은 마음

이 8가지 마음을 탐심을 뿌리로 한 마음이라 부른다.

진심에 뿌리한 마음 2가지

1. domanassasahagataṁ paṭighasampayuttaṁ asaṅkhārikamekaṁ

도마낫사사하가땅 빠띠가삼빠윳땅 아상카리까메깡

괴로운 느낌을 수반하고 성냄과 결합된 자발적 마음.

2. domanassasahagataṁ paṭighasampayuttaṁ sasaṅkhārikamekaṁ

도마낫사사하가땅 빠띠가삼빠윳땅 사상카리까메깡

괴로운 느낌을 수반하고 성냄과 결합된 자극받은 마음.

2가지 마음을 성냄과 결합된 마음(빠띠가삼빠윳따)라 한다.

어리석음에 뿌리한 마음 2가지

1. upekkhāsahagataṁ vicikicchāsampayuttamekaṁ

우뻭카사하가땅 위찌낏차삼빠윳따메깡

좋지도 싫지도 않은 느낌을 수반하고 의심과 결합된 마음

2. upekkhāsahagataṁ uddhaccasampayuttamekaṁ

우뻭카사하가땅 웃닷짜삼빠윳따메깡

좋지도 싫지도 않은 느낌을 수반하고 들뜸과 결합된 마음

이 마음을 어리석음에 뿌리한 마음이라 한다.

이와 같이 모두 12가지의 불선한 마음이 있다.

요약

탐욕에 뿌리한 마음은 8가지이다. 진심에 뿌리한 마음은 2가지이다. 어리석음에 뿌리한 마음은 2가지이다. 이같이 12가지 불선한 마음이 있다.

해설

마음은 크게 '뿌리 있는 마음sahetuka' 과 '뿌리 없는 마음ahetuka' 두 가지로 나눌 수 있다. 이 마음들을 다시 선한 마음, 불선한 마음, 무기無記 마음으로 나눌 수 있다.53 여기서는 『담마상가니』처럼 욕계의 선善마음을 처음에 설명하지 않고 '아름다운 마음 59가지(욕계, 색계, 무색계, 출세간의 선 마음)' 와 대비되도록 불선한마음과 뿌리 없는 마음(아헤뚜까)을 먼저 보여주고 있다.

뿌리 없는 마음은 무기법無記法으로 선, 불선 뒤에 오기에 불선한 마음을 먼저 보였다. 재생연결식에 든 중생은 생에 탐착하는 탐심속행이[bhavanikantika] 윤회의 근원[vaṭṭhamūla]으로 가장 먼저 [무지와 갈애인 치심과 탐심이 결합하여] 일어나므로, 탐욕에 뿌리한 마음을 처음에 보여주고 진심에 뿌리한 마음과 어리석음에 뿌리한 마음의 순서

53. kusala(꾸살라; 선善) akusala(아꾸살라; 불선不善) abyākatā(아브야까따; 선으로도 불선으로도 설하지 않은 법, 무기법無記法)
 * 무기법無記法(abyākatā) 4가지 — ① vipāka(위빠까; 과보마음), ② kiriyā(작용만 하는 마음; 결과를 낳지 않는 단지 행함만이 있는 마음), ③ 물질, ④ nibbāna(열반) 이 법들을 무기법이라 한다.

로 설명하고 있다.

불선한 마음은 탐욕에 뿌리한 마음 8가지, 진심에 뿌리한 마음 2가지, 어리석음에 뿌리한 마음 2가지로서 모두 12가지이다. 그 중에서 '즐거움을 수반하고' 등은 탐욕에 뿌리한 마음이다. 여기에 느낌의 다양함과 결합한 법의 다양함에 따라 12가지로 나누어진다.

8가지 탐욕과 결합한 마음

lobhasahagata(탐욕을 수반한) 마음이란?

[lobha(탐욕) + saha(함께) + gata(일어나는)] 마음이란 뜻이다. 탐욕에 뿌리를 두었기에 'lobhamūlacitta(탐욕에 근원한 마음)라 부른다.

탐욕에 뿌리한 마음은 '즐거움을 수반하는 마음 4가지'와 '좋지도 싫지도 않은 느낌을 수반하는 마음 4가지'를 합쳐 8가지가 있다. 이것은 느낌으로 구분한 것이다. 그 뒤에 '자발적 마음 4가지'와 '자극받은 마음 4가지'를 합쳐 모두 8가지가 있다. 이는 자극(상카라)으로 구분한 것이다.

즐거움

somamassa(즐거움) + sahagataṁ(함께하는) = somanassasahagataṁ(즐거움을 수반하는)

'즐거움'이란 좋은 마음을 일으키는 느낌이다. 불선한 마음에서의 '좋은 마음'이란 허물없고 선한 것이 아닌, 단지 즐겁기에 좋은 것이다. 세상에서는 허물이 있건 없건 즐거운 것은 모두 '좋은 것' 으로 생각한다. 그래서 사람들은 자신의 몸과 마음에서 즐거움이 일어나도록 끊임없이 대상을 찾아 헤맨다.

수반하는(sahagataṁ)

'sahagata' 란 '섞음, 혼합' 이란 뜻이다. 강가와 야무나의 두 강물이 뒤섞인 바닷물에서 '이 물은 강가 물이고 이 물은 야무나 물이다' 라고 나눌 수 없듯 즐거움을 수반한 마음에서도 '이만큼은 마음識, 이만큼은 즐거움이다' 라고 나눌 수 없이 뒤섞여 일어나기에 '수반하는(sahagataṁ)' 라 설하신 것이다.

사견

'diṭṭhi + gata = diṭṭhigata(사견)' 에서 'gata' 는 특별한 뜻없이 diṭṭhi에 연결된 문법적 어미이다. '사견邪見을 diṭṭhigata라 한다.' 사견에는 네 가지 원인이 있다.

1. 올바르지 못한 법을 들음
2. 나쁜 벗을 사귐
3. 번뇌없는 성자들을 친견하려 않음
4. 이치에 맞지 않는 마음가짐

이들을 원인으로 사견이 생긴다. 사견은 중도를 벗어난 치우친 생각이다. 분석, 숙고하는 힘이 부족하여 집착하고 흠모한다. 나쁜 벗을 가까이 하고 성인과 훌륭한 이를 가까이 하지 않으며, '사념처四念處' 등 법에 능숙하지 못한 사람에게 사견이 일어남이기 쉽다. 계율이 청정하지 못하거나 합당치 못한 마음가짐일 때, 미신 등을 믿고 따를 때 쉽게 사견에 빠질 수 있다.

결합한(sampayutta)

sampayutta에서 sam(삼)이란 '같은, 동등한' 이며, pa란 '다양한' 이란 뜻이다. '다양함' 은 마음識과 결합하는 네 가지 마음부수(受·想·行)의 특징을 말한다. 즉 함께 일어남(ekuppāda), 함께 소멸함(ekanirodha), 동일한 대상을 가짐(ekālambana), 동일한 토대를 가짐(eka vatthuka)의 네 가지이다. 'samaṁ ekuppādatādippakārehi yuttaṁ - 함께 일어남(ekuppāda) 등의 마음부수와 결합한 마음이다' 라고 『위바위니띠까』에서 해석하고 있다.

사견과 결합하지 않는

vippayutta에서 vi는 금지로써 부정(na)의 뜻이다. pa란 '다양함' 이란 의미이다. 그러므로 vippayutta란 '다양함과 결합되지 않은 마음' 이 된다.

na + payuttaṁ = vi + payuttaṁ

payuttaṁ(pa + yuttaṁ) — 함께 일어남(ekuppadata) 등 네 가지 마음부수의 특징과 결합한 마음이다. 이 단어에 부정 접두어 vi가 결합한 vipayuttaṁ란 마음부수의 네 가지 특징과 결합하지 않는 마음이 된다. 그래서 '사견과 + 결합하지 않는' 즉, 사견과 결합되지 않은 마음이 된다.

자극(saṅkhāra)

자발적 마음, 자극받은 마음에서 구분하려면 먼저 자극(saṅkhāra)을 이해해야할 것이다. 스스로의 자극이나 주변의 자극을 받는 것을 여기에서 'saṅkhāra'라 부른다. 주석서에 따르면 saṅkhāra란 '수단(payoga), 방편(upāya)'이라 풀이하고 있다. 수단(payoga)은 마음을 자극하고 고취시키는 노력이다. 방편(upāya)은 어떤 일을 하지 않아 생겨날 나쁜 결과를 생각하고 스스로를 자극하든지, 주변의 자극을 받는 것이다.

자발적 마음

마음이 일어나려면 반드시 대상이 있어야 한다. 그리고 빛, 주의를 둠(manasikāra) 등 원인이 필요하다. 자극(saṅkhāra) 없이 이러한 원인만으로 일어난 마음을 '자발적 마음(아상카리까)'이라 한다. 예를 들면 포살날 스스로 계율을 받아 지니려는 마음이다.

자극받은 마음

『담마상가니』와 주석서에 따르면 자극(saṅkhāra)의 도움을 받아야 일어나는 마음을 자극받은 마음이라 한다. 몸이 아프거나 게으름, 나태에 빠진 마음은 스스로 격려하거나 타인의 도움을 얻어야만(명령받고 격려해야만) 마음이 일어난다. 여기서 '자발적 마음, 자극받은 마음'이 일어나기 전에 반드시 대상, 빛, 마나시까라[주의를 둠] 등 원인이 먼저 갖추어져야 함을 유의해야 한다.

좋지도 싫지도 않은 느낌[중립적 느낌]을 수반하고

[upekkhā = upa + √ikkhā] upa(우빠)라는 접두사는 upapatti, yutti[적절한]의 뜻이다. √ikkha는 느낌, 체험을 뜻한다. 적절하게 대상을 느끼고 체험하므로 좋지도 싫지도 않는 느낌이라 하

고, 중립적 느낌이라고도 한다. 행복이나 고통의 느낌은 대상을 과도하게 느끼고 체험하게 한다. 그러나 이 느낌은 중립적으로 적당히 머무는 특성 때문에 격렬하거나 뚜렷하지 않다. 행복과 고통은 양극단에 자리한 강렬한 느낌들이다. 인식과정에서 행복한 느낌 바로 뒤에 고통스런 느낌이 일어날 수 없고 고통 뒤에 행복이 일어날 수 없다. 이 두 감정 사이에는 항상 중립적 느낌이 들어간다. 어떤 사람이 웃다가 운다면, 두 마음 사이에 반드시 중립적 느낌이 들어있다. - 뒤의 인식과정참조.

왜 느낌, 사견, 상카라로 구분하는가?

즐거움을 수반하고(소마낫사사하가땅) 사견과 결합된(딧티가따삼빠웃땅) 자발적(아상카리까)' 은 '마음' 을 구분한 수식어이다. 이 마음은 접촉 등 22개나 되는 마음부수와 결합하는데 마음부수에 포함되지도 않는 '자발적[asaṅkharika]' 로 마음을 구분하는가? 접촉 등의 마음부수는 모든 마음에 포함되기에 개별적인 차별을 줄 수 없기에 느낌, 사견, 자극(saṅkhāra)으로 수식하여 '탐욕에 뿌리한 마음 하나' 등으로 마음을 구분하였다.

수식어란 다수와 의미를 차별하여 뜻을 더욱 명확히 한다. 때문에 '접촉을 수반하고' 라고 하면 접촉이란 마음부수가 모든 마음과 결합하기에 다른 마음과 구별할 수가 없다. '지각을 수반하는, 일으킨 생각[위딱까]을 수반하는, 치심을 수반하는' 등으로 설하면 부처님께서 의도하신 특정한 마음을 알 수 없을 것이다. 느낌은 몸의 행복, 몸의 고통, 마음의 즐거움, 마음의 괴로움, 좋지도 싫지도 않은 느낌[중립적 느낌]의 다섯 가지로 구별되기에 '즐거움을 수반하고' 라고 하여 '싫은 느낌을 수반하고' 등의 다른 마음과 구분하게 된다. '사견과 결합된' 이라고 하여 '사견과 결합되지 않은' 마음들과 차별을 둘 수 있다. 어떤 사람은 자극(saṅkhāra) 없이도 '즐거움을 수반하고 사견과 결합된 자발적 마음'이 일어난다. 그러므로 둘을 차별하기 위해서 자발적 마음(아상카리까), 자극받은 마음(사상카리까)으로 다시 나누셨다.

여기서 즐거움[somanassa], 좋지도 싫지도 않은 느낌[upekkha], 사견[diṭṭhi], 자발적 마음[asaṅkharika], 자극받은 마음[sasaṅkharika]이 일어남은 원인들을 자세히 설명하면 아래와 같다.

즐거움이 일어나는 원인

1. 일반적으로 원하는 대상[sabhāvaiṭṭhārammaṇa]이나 개인적 선호에 따른 원하는 대상[parikappaiṭṭhārammaṇa] 중 하나를 취함 2. 즐거움을 수반한 마음으로 재생연결(paṭisandhi)에 듦 3. 진중한 마음가짐을 지니지 않는 것. 이 세 가지가 즐거움을 수반한 마음이 생겨나는 원인이다.

1. 대다수의 중류층 사람들이 좋아하고 즐기는 대상을 '일반적으로 원하는 대상[sabhāvaiṭṭhārammaṇa]'이라 한다. '자신이 그렇게 생각하면 초가집도 대궐이다'라는 속담처럼 불쾌한 대상도 어떤 사람의 마음에는 좋게 다가온다면 이는 개인적 취향에 따라 원하는 대상이다. 예를 들면 똥이나 썩은 시체도 들개나 독수리에게는 선호하는 대상이 될 수 있다. 이처럼 일반적인 대상이든, 개인적 선호에 따른 대상이든 원하는 대상을 마주했을 때 즐거움이 일어난다.

2. 즐거움(소마낫사)으로 재생연결에 든 사람은 입태한 종자가 즐거움이기에 좋지도 싫지도 않은 느낌이 일어날 정도의 대상과 마주해도 즐거운 마음이 쉽게 일어난다. 그런 사람은 바왕가(생의 연속

체) 순간에서도 즐거운 바왕가만 일어나기에, 평소의 마음 또한 즐거움의 속성을 띠게 된다.

3. 진중한 마음이 없는 사람들은 장소를 가리지 않고 쉽게 기뻐하기 때문에 적당한 정도의 대상에게서도 즐거움(소마낫사)이 일어난다.

위 세 가지 원인으로 즐거움이 일어난다.

위 세 가지 중 한 가지만으로도 즐거움이 일어나지만, 원인이 모두 갖추어졌다하여 반드시 즐거움이 일어나는 것은 아니다.

좋지도 싫지도 않은 느낌이 생겨나는 원인

압도적으로 좋아하는 대상을 매우 원하는 대상(attiiṭṭhārammaṇa)이라 부른다.

적당히 좋아하는 대상을 적당한 정도로 원하는 대상(iṭṭhamajjhattārammana)라고 부른다.

1. 적당한 정도로 원하는 대상과 마주하는 것
2. 좋지도 싫지도 않은 느낌으로 재생연결에 듦
3. 진중한 마음가짐

이 세 가지가 좋지도 싫지도 않은 느낌을 수반한 마음이 생겨나는 원인이다. 앞의 두 가지는 즐거움이 생겨나는 원인을 참고하고, 세 번째의 진중한 마음가짐의 사람은 매사에 깊이 숙고하기에 원하는 대상에게서 조차 그다지 동요되지 않고 단지 중립적 느낌으로 일관한다. 이상이 띠까에서 설명하는 중립적 느낌이 생겨나는 원인이다.

사견이 일어나는 원인

1. 상견[常見, sassataditthi]이나 혹은 단견[斷見, uccedaditthi]에 의지하는 것 2. 사견을 지닌 이교도들을 존경, 흠모하여 그들과 교제하고 연합하는 것, 두 가지가 사견이 생겨나는 원인이다.

1. 상견과 단견에 관해서는 7장에서 갈애의 다양한 모습으로 상세히 다룰 것이다. 숲 속이나 계곡에 사는 표범이나 호랑이가 다른 장소로 먹이를 찾아갔다가도 때가 되면 자신의 자리로 돌아오듯, 다시 돌아와 머무는 곳이 의지처이다.

윤회계에서 해탈하기를 원하지 않는 범부들은 상견이나 단견을 의지처로 삼는다. 지금 사견을 지니지 않더라도 과거 생에 사견에 집착했던 사람이라면, 이번 생에서도 사견을 올바른 것으로 생각하고 빠지는 경향이 크다. 이처럼 상견과 단견 등을 의지처로 삼는 것이 사견과 결합된 마음이 생겨나는 원인이다.

2. 업과 업의 결과를 믿지 않는 사람을 '외도'라 할 수 있다. 이러한 외도와 잦은 교제를 갖고 그들의 행위를 좋은 것으로 받아들이는 사람은 머지않아 사견에 매일 수도 있다. 따라서 사견을 지닌 사람들과의 잦은 교제 또한 사견이 일어남은 원인이 된다.

자발적 마음이 일어나는 원인

1. 자발적 업으로 인한, 자발적 마음으로 재생연결에 듦

2. 몸이 튼튼하고 건강한 것

3. 땡볕, 비 오는 날, 겨울철 등 주변의 상황에 크게 좌우되지 않는 것

4. 근면한 노력의 결과를 예견하고 믿는 것(과거의 업에만 의지하지 않고 현실에서 노력하는 사람은 다른 사람이 격려 없이도 아상카리까 마음으로 행한다)

5. 자신이 행하는 일에 능숙하고 단련된 점(익숙한 것은 자극하고 격려하지 않아도 아상카리까 마음으로 하게 된다)

6. 기온, 음식 등이 균형을 이루는 것(적절한 기온에서 좋은 음식을 섭취한다면 아상카리까 마음으로 정력적으로 일하게 된다)

이같은 원인들이 자발적 마음이 일어나는 원인이다. 자극받은 마음으로 재생연결을 일으켜 입태하거나 몸이 건강하지 못한 것 등은 자극받은 마음의 원인이 된다.

즐거움과 좋지도 싫지도 않은 느낌의 구분

즐거움과 중립적 느낌 중 어느 마음이 보다 우월한가? 욕계에서는 즐거움을 수반하는 마음이 우월하며, 색계 · 무색계 및 출세간에서는 중립적 마음이 월등하다.

욕계에서는 무슨 일이든지 활기차고 즐거운 마음으로 해야 진보한다. 보리살타는 욕계에 탄생하실 때 3가지 뿌리(띠헤뚜)의 재생연결식으로 모태에 드신다고 한다. 즉, 욕계의 즐거움과 함께하는 선善의 과보인 첫 번째 욕계 과보의 마음으로 모태에 드신다고 주석서와 띠까에서 설명하고 있다.

색계, 무색계와 출세간에서는 즐거움이 일어나면 사마디가 약

해진다. 중립적 느낌이 사마디를 더욱 강력하게 하는 좋은 벗이다. 그러므로 하위 4선정에서는 행복과 결합하고, 최상층인 제5선에 와서야 중립적 느낌과 결합할 수 있다. 결과에서도 행복, 즐거움과 함께한 것보다 중립적 느낌과 함께한 선정의 수명으로써 월등히 길다.

결합한, 자발적 마음

결합하지 않는 마음[vippayutta]보다 결합한 마음[sampayutta]이 보다 강력하고 자극받은 마음[sasaṅkhārika]보다 자발적 마음[asaṅkhārika]보다 강력하다. 예를 들면 탐심으로 다른 사람의 물건을 훔칠 때 자진해서 훔친 것은 자극받은 것보다 강력한 자발적 마음[asaṅkhārika]이다. 가끔 본인의 의지 없이도 윗사람의 명령이나 형편상 어쩔 수 없이 훔쳐야 한다면 이것은 자극받은 마음[sasaṅkhārika]이다.

그러나 자극받았다고 모두 자극받은 마음이라 할 수는 없다. 강력한 의도 없이 망설이며 억지로 해야만 자극받은 마음이라 할 수 있다. 강력한 의지로 행하겠다고 마음먹고 있을 때 다른 사람이 시켜서 하는 것은 '자극(saṅkhāra)' 속에 포함시킬 수 없다. 원치 않았지만 누가 시켜서 행했다가 이익을 본 다음부터는 열심히 행했다면, 처음 행할 때는 자극받은 마음이었지만 열심히 한 뒤의 마음은 자발적 마음이다.

알고 범하는 것과 모르고 범하는 것

주석서에 '사견과 결합된 마음은 사견과 결합되지 않은 마음보다 힘이 강하다' 라고 해석하고 있다. 그렇다면 사견을 지닌 사람이 죄가 되지 않는다며 악행을 저지르는 것과 바른 견해를 지닌 사람이 죄가 된다는 것을 알면서도 악행을 저지를 때, 이 두 사람 중에서 누구의 죄 값이 더 큰가?

죄가 되는데 죄가 없다고 취하는 것은 사견이다. 사견을 바탕으로 악행을 행할 때는 망설이거나 주저함 없이 용맹하게 저지른다. 그래서 사견을 지닌 사람이 더욱 큰 악행을 저지르게 되는 것이다. 예를 들면, 붉게 달아오른 쇠막대기를 금막대기로 생각한 사람이, 달아오른 쇠막대기인줄 알고 조심스레 잡은 사람보다 더 큰 화상을 입는 것과 같다. 죄가 되는 줄 알면서도 범한 사람은 악행의 죄값을 두려워하여 주저하면서 저지른다. 마치 달아오른 쇠막대기를 회피할 수 없어 조심스럽게 잡는 것처럼. 때문에 불선의 죄값은 사견을 지닌 사람이 보다 크다.

금지된 것을 알고서 죄를 범함

그렇다면 왕이 정한 법률, 혹은 부처님께서 금하신 계율을 알면서 범한 이들이 세상의 법규로 왜 더 큰 죄가 되는가? 알고 범한 것은 법과 계율이 정한 한계를 넘어서 법규를 존중하지 않은 죄가 적용된다. 그러므로 세상의 법규에 따라 큰 죄가 되는 것이다. 금지한 법규를 모르는 것은 사견이기보다는 어리석음이나 무지 때문이다. 법률을 제정한 사람이나 계율을 정한 부처님께 불충하려는 마음이 아니었다면 가볍게 죄를 추궁할 수 있을 것이다.

탐욕에 뿌리한 마음 8가지

1-2] 윤회계에서 죄값이 없다 여기고 거침없이 불륜이나 도둑질 등을 행할 때 자극받지 않고도 자발적으로 열의를 가졌다면 이는 첫 번째의 탐욕에 뿌리한 마음이다.[이하 탐욕에 뿌리한 마음을 탐욕뿌리마음으로 약칭함] 다른 사람의 충동질과 자극으로 행하였고 열의를 갖지 않았다면 이는 두 번째의 탐욕에 뿌리한 마음이다.

3-4. 윤회계의 죄값을 알면서도 거침없이 불륜이나 도둑질을 하며, 타인의 자극을 받지 않고도 자발적으로 열의를 갖는다면 세 번째의 탐욕뿌리마음이다. 자발적이 아니라 누군가의 충동질을 받았다면 네 번째의 탐욕뿌리마음이다.

5,6,7,8. 즐거워하지 않은채 앞에서 언급한 순서대로 라면, 좋지도 싫지도 않은 느낌을 수반한 탐욕뿌리마음 네 가지다.

진심에 뿌리한 마음 2가지

괴로운 느낌을 수반하고 성냄과 결합된 자발적 마음 하나와 자극받은 마음 하나가 있다.

이 두 가지 마음이 '성냄과 결합된 마음'이다

해설

'성냄과 결합된 마음' 이란 진심을 원인으로 하기에 '진심뿌리마음dosamūlacitta' 이라 부른다. 몸의 괴로움(둑카), 몸의 행복(수카), 정신의 즐거움(소마낫사), 정신의 괴로움(도마낫사), 좋지도 싫지도 않은 느낌(우뻭카)의 다섯 느낌受은 마음부수의 이름일 뿐이다. 여기서는 정신의 괴로운 느낌을 말한다. '성냄과 결합된 것' 외에 다른 결합은 없다. 자극(saṅkhāra)으로는 자발적 마음과 자극받은 마음의 두 가지이다.

괴로운 느낌과 함께하는

domanassa(괴로운 느낌)란 — duṭṭhu(좋지 않은) + mano(마음)이다. dummano(좋지 않은 마음) 혹은 좋지 않은 마음을 가진 이를 dummana라고 부를 수 있다.

좋지 않은 마음이, 좋지 않은 마음을 지닌 사람에게서 일어나는 느낌을 도마낫사(괴로운 느낌이 일어남)라 한다. 둠마나(dummano)에서 'du(두)' 는 즐겁지 않은 느낌을 원인으로 하여 일어난다. 둠마나(좋지 않은 마음)가 일어나는 원인 또한 즐겁지 않은 성품인 도마낫사(괴로운 느낌)이다.

성냄과 결합한

paṭighena(대상에 부딪치는 성냄의 성질과) + sampayuttaṁ(결합한 마음) = paṭighasampayuttaṁ(빠띠가삼빠윳땅; 성냄과 결합된 마음)이다.

paṭihaññatīti paṭigha - 함께하는 법들을 소멸시키므로 빠띠가[paṭigha, 성냄]라 한다.

성냄 마음부수를 빠띠가[paṭigha]라 한다. 성냄과 결합한 법들은 성냄의 성질대로 거칠게 변화되므로 '성냄은 함께하는 법들을 파괴시킨다.'

다른 식으로 해석하면,

paṭihaññatīti paṭigha - 진심은 자신을 괴롭히고 파괴시키므로 '성냄[paṭigha]' 라고 한다.

진심이 일어나면 의지하는 심장은 불타오른다. 그러므로 진심의 영향이 크면 클수록 체내의 물질 또한 연속적으로 부딪치고 불타올라 눈과 얼굴이 붉어지도록 모든 것을 소멸시킨다. 진심이 매우 크면 마노빠도시까 천인들처럼 죽음에 이르게 될 만큼 고통스럽다.

다른 식으로 해석하면,

paṭihaññatīti paṭigha - 진심은 대상에 부딪치는 것처럼 일어나므로 '빠띠가[paṭigha]' 라고 한다.

진심은 실재 대상을 치고 부딪치지 못할지라도 대상을 취함에서 다른 마음들처럼 부드럽지 못하다. 진심이 크면 상대편을 죽일 듯 바라보는 경우로 알 수 있다.

진심뿌리에는 느낌의 구분이 없다.

탐욕에 뿌리한 마음에서는 '즐거움과 좋지도 싫지도 않는 느낌' 의 두 가지 느낌으로 구별하여 '즐거움과 함께 또는 좋지도 싫지도 않는 느낌과 함께' 라고 구분하였다. 그러면 왜 진심에 뿌리한 마음은 괴로운(도마낫사) 느낌 하나만 있는가? 그 이유는 탐욕에 뿌리한 마음처럼 느낌의 차별이 없어서 다른 마음과 연관되지 않기 때문이다.

괴로운 느낌과 진심 마음부수의 구분

진심에 뿌리한 마음을 분명히 하기 위해서 '괴로운 느낌을 수반하고' 로써 구분한다고 가정하자. 본문의 [이 두 가지 마음은 '성냄과 결합된 마음'이다]라는 글에서 볼 수 있듯이 진심에 뿌리한 마음에서 성냄이 일어나는 것이 명확한데 무엇 때문에 또 '성냄과 결합된' 이란 수식어를 덧붙여 강조하는가? '괴로운 느낌이 일어날 때 성냄 마음부수는 항상 함께한다. 이와같이 괴로운 느낌과 진심마음부수는 항상 함께한다'를 강조하기 위해 '성냄과 결합된'라고 거듭 말한 것이다.

『빠라맛타디빠니』의 예

진심에 뿌리한 마음에 느낌의 차별이 없다면 이 마음도 즐거움이나 중립적 느낌과 함께할 수 있지 않은가? 예를 들어, 재판관이 웃으면서 사형을 선고한다. 원수인 관계에서 상대가 죽거나 파멸하면 매우 기뻐한다. 아이가 기쁘게 웃으며 새를 쏴 죽인다. 이때 '즐거움으로 죽이고 괴롭히는가?' 아니면 사이사이에 중립적 느낌과 함께하는 진심에 뿌리한 마음이 일어나는 것인가? 이같은 의혹을 불식시키기 위하여 '괴로운 느낌을 수반하고'라고 한정하고 있다. '즐거워하며 죽였다면 탐욕뿌리인 즐거운 느낌의 마음이지만 죽이려 한 마음은 괴로운 느낌과 함께한 진심에 뿌리한 마음이다. 즉 진심마음 사이사이에 탐심마음이 섞였음을 이해한다면 진심뿌리마음에 즐거움이 함께한다는 식의 착각을 없앨 수가 있을 것이다.

사견과 결합된[딧티삼빠윳따]를 제거하다.

마찬가지로 진심뿌리마음은 '사견과도 함께할 수 있지 않는가?' 라는 의혹도 있을 수가 있기에 '성냄과 결합된' 이라고 한정한 것이다. 어떤 이들은 '사람을 죽여야만 악행이다. 식물을 죽이는 것은 허물이 되지 않고 동물 또한 죽여도 악업이 되지 안는다' 라고 생각한다. 또 어떤 이는 '생명을 죽여 제물로 바치는 것은 천상에 이르는 선행이다' 라고 그릇되이 생각한다. 그렇다면 이런 사견을 지닌 사람들이 생명을 해치려할 때 사견과 결합된 진심에 뿌리한 마음이 일어나지 않겠는가? 라는 의혹이 생길 수 있기에, '성냄과 결합된' 이라 수식한 것이다.

의심과 지혜를 제거하다.

정견을 지닌 사람일지라도 사견을 지닌 사람들과 자주 교제하면 '살생은 불선이다' 라는 말을 의심하여 살생할 수도 있다. 이런 경우는 의심[위찌낏차]과 결합한 것이 아닌가? 그리고 자신을 죽이려 한 남편을 절벽으로 밀어뜨린 꾼딸라께시처럼 어떤 사람들의 살생은 정당방위에 가깝다. 그렇다면 이는 지혜와 결합한 것이 아닌가? 이같은 의혹을 불식시키기 위하여 '성냄과 결합된' 이라고 설하신 것이다.

괴로운 느낌과 성냄의 차이.

괴로운 느낌(도마낫사)과 성냄(빠띠가)은 언제나 함께하기 때문에 둘의 차이를 일반 사람들이 구분하기는 쉽지 않다. 그렇다면 이 둘을 어떻게 구별해야 하는가? 괴로운 느낌은 원치 않는 대상을 느끼고 체험하는 성품으로 수온受蘊에 포함된다. 성냄은 거칠고 사나운 성품으로 행온行蘊에 포함된다. 이같이 성품과 오온으로 구분할 수 있다.

일으키는 원인들

괴로운 느낌과 성냄은 함께하기 때문에 일으키는 원인 또한 동일하다.

① 성냄의 성향을 가짐(화내는 기질이 있는 이는 화낼 일이 아닌데도 화를 낸다)

② 성질이 얕고 약함(마음이 넓지 않고 무게 없는 사람들은 즐거운 일에 너무 쉽게 기뻐하고 자주 심술을 부리거나 슬퍼한다)

③ 견문이 적음(견문이 적어 자신의 주장만 옳다고 생각하고 반대의견을 심사숙고하여 개선하는 지혜가 없기에 화로써 일을 마무리한다)

④ 원치않는 대상과 마주함

이 네 번째 이유가 '괴로운 느낌(도마낫사)과 성냄(빠띠가)'을 일으키는 핵심 원인이다. 앞의 세 가지 원인은 좋은 대상에서도 자칫하면 화를 일으키는 원인이 되기도 한다. 보통사람이 원치 않는 싫은 대상과 마주하여 화를 일으키지 않고 다스리기란 쉬운 일이 아니다.

진심에 뿌리한 마음이 일어나는 모습

살생은 진심뿌리마음에서 발생한다. 자극(saṅkhāra) 없이도 자발적으로 열의에 차 죽이는 것은 첫 번째의 진심뿌리마음이다. 자극받아 행하기는 하지만 망설이며 어쩔 수 없이 죽이는 것은 두 번째 진심뿌리마음이다. 죽이진 않더라도 괴롭히고 고통을 주는 일에서도 첫 번째 자발적 마음과 두 번째 자극받은 마음으로 구분할 수 있다.

어리석음을 뿌리로 한 마음 2가지

1. 좋지도 싫지도 않은 느낌을 수반하고(우뻭카사하가따) 의심과 결합된 마음(위찌낏차삼빠윳따)
2. 좋지도 싫지도 않은 느낌을 수반하고(우뻭카사하가따) 들뜸과 결합된 마음(웃닷짜삼빠윳따)

이 마음들을 어리석음에 뿌리한 마음이라 부른다.

해설

두 가지 어리석음에 뿌리한 마음

치심이란 단어는 '매우 어리석어 혼미하다'는 뜻이다. 중립적 느낌만 있기에 느낌의 차별은 없다. 앞의 마음들에서는 자극(saṅkhāra)으로 자극받은 마음에 의거하면 자발적 마음으로, 자발적 마음에 의거하면 자극받은 마음라고 이름 붙일 수 있었다. 이 어리석음 뿌리마음에서는 서로 간에 의거할 점이 없으므로 자극받은 마음, 자발적 마음이라는 이름을 얻지 못한다. 일부 옛 스승들은 이 두 마음을 '자발적 마음'라고 주장하셨으나 바람직한 견해는 아니다. 자세한 설명은 뒤에서 할 것이다.

좋지도 싫지도 않은 느낌을 수반하고

어리석음에 뿌리한 마음은 어리석음 하나에만 근원을 두고 있다. 탐욕뿌리마음은 탐욕과 어리석음의 두 근원에 근거한다. 진심뿌리마음도 성냄과 어리석음의 두 근원에 근거한다. 이렇듯 모든 불선한 마음은 어리석음에 근원한다. 하지만 어리석음에 뿌리한 마음은 그 자신이 어리석음이기 때문에 하나의 근원만을 갖는다. 앞에서 탐욕이나 성냄과 함께할 때의 어리석음은 자신의 성품을 버리고 주된 마음을 따라야했지만 어리석음에 뿌리한 마음에서는 종속적 역할을 버리고 주인된 입장이 되었다. 즉 좋은 대상을 마주해도 대상을 느끼고 체험하지 못하므로 즐거움(소마낫사)은 일어나지 않는다. 또한 싫은 대상과 만났을 때도 혼미한 성질 때문에, 격렬한 느낌인 괴로움(도마낫사)은 일어나지 못한다. 예를 들면, 술에 취해 인사불성인 사람에게는 부드럽게 달래고 어르는 말도 귀에 들어오지 않거니와 욕하고 협박하는 거친 말도 대수롭잖게 여겨진다. 이같이 어리석음에 뿌리한 마음은 좋은 대상이든 싫은 대상이든 혼미함으로 인해 대상을 제대로 체험하지 못하기에 좋지도 싫지도 않은 느낌(우뻭카)만이 함께하게 된다.

이 어리석음에 뿌리한 마음은 대상에 제대로 머물지 못한다. 의심(위찌낏차), 들뜸(웃닷짜)과 결합하기 때문에 대상에 머무는 것만큼 제대로 체험하지 못한다. 예를 들면 급하게 도주하면서 먹는 음식 맛이 편안한 식탁에서의 맛과 달리 특별히 드러나지 못하는 것과 같다.

들뜸과 결합한

대상에 제대로 머물지 못하는 들뜸(웃닷짜)은 모든 불선한 마음에 포함되지 않는가? 왜 어리석음 뿌리 자리에서 '들뜸과 결합된 마음'으로 설하셨는가? 들뜸은 모든 불선한 마음에 마음부수로써 포함되지만, 강한 마음부수들과 결합하고 있었기에 들뜸의 성품을 제대로 드러내지 못하였다. 그러나 마지막 어리석음 뿌리자리에서는 다른 강한 마음부수가 없기 때문에 들뜸이 핵심이 되어 하나의 독자적 마음으로 나타난 것이다.

부처님께서 『담마상가니』에서 앞의 11가지 불선한 마음들에서 '접촉이 일어난다. 느낌이 일어난다' 라고 설하셨다. 그러나

'들뜸이 일어난다' 라고 말씀하지 않으시고 '위에서 보여준 것 외 다른 원인으로 인하여 일어나는 법들도 있다[예와빠나까 법]' 54 라고 하시어 명백히 드러나지 않는 다른 법들을 암시하셨다. 이 예와빠나까 법[yevāpanaka] 속에 들뜸이 포함되었다. 하나 마지막 어리석음에 뿌리한 마음에 와서는 들뜸 마음으로 '들뜸과 결합된 마음(웃닷짜삼빠윳따)', '들뜸(웃닷짜) 마음부수가 일어난다' 라고 두 차례에 걸쳐 분명하게 설하셨다.

자극(saṅkhāra)의 결정

그렇다면 어리석음에 뿌리한 마음 두 가지는 자발적 마음인가, 아니면 자극받은 마음인가? 자발적 마음도 자극받은 마음도 아니다. 좋지도 싫지도 않은 느낌을 수반하고 '의심과 결합된 마음과 들뜸과 결합된 마음' 으로만 일어난다.

부처님께서 『담마상가니』에서 탐욕뿌리, 진심뿌리, 욕계 아름다운 마음들을 설하실 때 뒤의 마음을 '자극받은 마음' 이라 말씀하셨기에 주석서 스승들께서도 앞 마음을 '자발적 마음', 뒤에 오는 마음을 '자극받은 마음' 이라 풀이하셨다. 자발적 마음은 자극받은 마음보다 능력이 월등하다. 부처님께서는 탐욕뿌리과 진심뿌리마음에서 자발적 마음과 자극받은 마음을 비교하여 설하셨다. 그러나 어리석음에 뿌리한 마음에 와서는 자극(saṅkhāra)와 관련하여 암시조차 않으셨다. 아누룻다 존자도 마음부수의 장 **모든 불선에 결합하는 마음부수**에서 앞의 불선 10가지에서는 자발

54. 『담마상가니』에서 마음과 함께 일어나는 마음부수를 설하시면서 뒤 부분에 'yevāpana tasmiṁ samaye aññepi atthi - 위에서 보여준 것 외 다른 원인으로 인하여 일어나는 법들도 있다' 라고 설하시고 계신다. 이를 주석서에서 'yevāpanaka(예와빠나까 법)' 이라 이름한다. 이에 대한 자세한 풀이는 『담마상가니』 경을 해설한 아비담마에서 상세히 설명하고 있다.

적 마음과 자극받은 마음으로 명백히 보였지만 2가지 어리석음에 뿌리한 마음에 와서는 언급조차 않았다.

어리석음에 뿌리한 마음에 자극이 있는가, 없는가, 혹은 강한가, 약한가로 구별할 필요는 없을 것이다. 삼보(불법승)를 의심하는 것은 의심과 결합된 마음이다. 외도들이 부처님을 왜곡하여 그럴듯한 주장을 제기하면 미혹한 범부들이 '외도의 창조주처럼 부처님께서 세상을 창조하지 못한다면 일체지자가 맞는가?' 라고 의혹에 빠지는데 이때의 의심과 결합된 마음을 강한 마음이라거나 약한 마음이라고 구별할 필요는 없을 것이다.

자발적 마음, 자극받은 마음이라 부르는 것은 자극(saṅkhāra)의 있고 없음만이 아니라, 강하고 약한 것으로도 구분한 것이다. 근본적으로 강한 마음을 '자발적 마음', 자극을 받아서 일어나는 마음을 '자극받은 마음' 이라 한다. 그러나 의심과 결합된 마음에서는 강하거나 약한 마음으로 구별할 필요가 없기에 자극(saṅkhāra)이 필요치 않다. 한 대상에 머물지 못하는 '들뜸과 결합된 마음' 에서도 마찬가지이다.

『마하띠까』

대상의 주변을 돌며 의심하는 특성(위찌낏차의 성질)과 들뜸(웃닷짜의 성질)으로 일어나는 어리석음에 뿌리한 마음들은 근본적으로 강하고 약함의 차이가 없기 때문에 어리석음에 뿌리한 마음에서는 자극(saṅkhāra)으로 구분하지 않는다고 해설하고 있다.

뿌리 없는 마음(아헤뚜까) 18가지

뿌리 없는 불선不善 과보마음 7가지

1. upekkhāsahagataṁ cakkhuviññāṇaṁ
우뻭카사하가땅 짝쿠윈냐낭
좋지도 싫지도 않은 느낌을 수반한 눈의 의식

2. upekkhāsahagataṁ sotaviññāṇaṁ
우뻭카사하가땅 소따윈냐낭
좋지도 싫지도 않은 느낌을 수반한 귀의 의식

3. upekkhāsahagataṁ ghānaviññāṇaṁ
우뻭카사하가땅 가나윈냐낭
좋지도 싫지도 않은 느낌을 수반한 코의 의식

4. upekkhāsahagataṁ jivhāviññāṇaṁ
우뻭카사하가땅 지화윈냐낭
좋지도 싫지도 않은 느낌을 수반한 혀의 의식

5. dukkhasahagataṁ kāyaviññāṇaṁ
둑카사하가땅 까야윈냐낭
고통을 수반한 몸의 의식

6. upekkhāsahagataṁ sampaṭicchanacittaṁ
우뻭카사하가땅 삼빠띳차나찟땅
좋지도 싫지도 않은 느낌을 수반한 받아들이는 마음

7. upekkhāsahagataṁ santīraṇacittaṁ
우뻭카사하가땅 산띠라나찟땅
좋지도 싫지도 않은 느낌을 수반한 조사하는 마음

이 마음들을 불선과보인 뿌리 없는 마음이라 부른다.

뿌리 없는 선善 과보마음 8가지

1. upekkhāsahagataṁ kusalavipākaṁ cakkhuviññāṇaṁ
우뻭카사하가땅 꾸살라위빠깡 짝쿠윈냐낭
좋지도 싫지도 않은 느낌을 수반한 선의 과보인 눈의 의식

2. upekkhāsahagataṁ kusalavipākaṁ sotaviññāṇaṁ
우뻭카사하가땅 꾸살라위빠깡 소따윈냐낭
좋지도 싫지도 않은 느낌을 수반한 선의 과보인 귀의 의식

3. upekkhāsahagataṁ kusalavipākaṁ ghānaviññāṇaṁ
우뻭카사하가땅 꾸살라위빠깡 가나윈냐낭
좋지도 싫지도 않은 느낌을 수반한 선의 과보인 코의 의식

4. upekkhāsahagataṁ kusalavipākaṁ jivhāviññāṇaṁ
우뻭카사하가땅 꾸살라위빠깡 지화윈냐낭
좋지도 싫지도 않은 느낌을 수반한 선의 과보인 혀의 의식

5. sukhasahagataṁ kusalavipākaṁ kāyaviññāṇaṁ
행복사하가땅 꾸살라위빠깡 까야윈냐낭
행복한 느낌을 수반한 선의 과보인 몸의 의식

6. upekkhāsahagataṁ kusalavipākaṁ sampaṭicchanacittaṁ
우뻭카사하가땅 꾸살라위빠깡 삼빠띳차나찟땅
좋지도 싫지도 않은 느낌을 수반한 선의 과보인 받아들이는 마음

7. somanassasahagataṁ kusalavipākaṁ santīraṇacittaṁ
소마낫사사하가땅 꾸살라위빠깡 산띠라나찟땅
즐거움을 수반한 선의 과보인 조사하는 마음

8. upekkhāsahagataṁ kusalavipākaṁ santīraṇacittaṁ
우뻭카사하가땅 꾸살라위빠깡 산띠라나찟땅

좋지도 싫지도 않은 느낌을 수반한 선의 과보인 조사하는 마음

8가지의 선의 과보인 뿌리 없는 마음이 일어난다.

뿌리 없는 작용만 하는 마음 3가지

1. upekkhāsahagataṁ pañcadvārāvajjanacittaṁ
   우뻭카사하가땅 빤짜드와라왓자나찟땅
   좋지도 싫지도 않은 느낌을 수반한 오문전향마음

2. upekkhāsahagataṁ manodvārāvajjanacittaṁ
   우뻭카사하가땅 마노드와라왓자나찟땅
   좋지도 싫지도 않은 느낌을 수반한 의문전향마음

3. somanassasahagataṁ hasituppādacittaṁ
   소마낫사사하가땅 하시뚭빠다찟땅
   즐거움을 수반한 부처님, 벽지불, 아라한들의 미소짓는 마음

이 3가지를 뿌리 없는 작용만 하는 마음이라 한다.

이상이 모두 18가지의 뿌리 없는 마음이다.

요약

18가지 뿌리 없는 마음은 '7가지불선不善 과보마음, 8가지 선善 과보마음, 3가지 작용만 하는 마음'으로 세 종류이다.

해설

뿌리 없는 마음은 '불선不善 과보마음, 선善 과보마음, 작용만 하는 마음' 등 3종류이다. 다시 눈 등의 토대, 받아들이는 마음 등으로 18가지이다. 이 마음들의 작용은 뒷장에서 상세히 보일 것이다.

과보마음

vipāka(위빠까)에서 vi는 viruddha의 뜻을 지닌다. [viruddhānaṁ + pākā ti = vipākā] pahāyakapahātabbabhāvena(제거하는 법, 제거당하는 법들의 상태로 일어나기에) viruddhānaṁ(서로 상반된 선善, 불선不善들의) pākā (결과들이다.) iti(그러므로) vipākā(과보마음이라 부른다.)

선善은 불선을 거절하고 제거하며[pahāyaka] 불선不善은 선에 의해 제거되고 거절당하기에[pahātabba] 서로 상반된다. 이 상반되는 선, 불선의 과보를 '과보마음(위빠까)'라고 부른다. 여기에서 'vi(위)'란 서로 별개인 visiṭṭha[현저한 구별]을 뜻한다. 불선은 허물이 있는 어두운 법이나 선은 허물이 없는 깨끗한 법이다. 성질이 달라 차별되기에 선, 불선을 visiṭṭha[현저히 구별되는 법]라고 한다.

visiṭṭhānaṁ -서로 구별되는 선, 불선들의 pākā - 결과들을 vipākā - 위빠까(과보마음)들이라 한다.

불선 과보마음 7가지

이 위빠까[과보마음] 7가지를 '아헤뚜까아꾸살라위빠까(akusalavipākacitta)'라 부른다. 아헤뚜까(뿌리 없는) + 아꾸살라위빠까(불선의 과보마음)이다.

나무에서 뿌리가 그 근원이듯 헤뚜(뿌리)란 마음이나 마음부수들을 대상에 견고히 머물게 하는 작용을 하며 선善, 불선不善을 일으키는 원인이 된다. 불선을 일으키는 원인인 탐욕, 진심, 어리석음 및 선을 일으키는 원인인 탐욕 없음, 진심 없음, 어리석음 없음의 6가지를 '헤뚜 - 선, 불선을 일으키는 뿌리'라 부른다.

불선이 일어나기 위해서는 탐욕, 진심, 어리석음의 세 가지 중 하나 이상이 있어야 한다. 그러나 불선한 과보의 마음들은 6가지 뿌리 중 어느 것과도 결합하지 않기에 '뿌리 없는[아헤뚜까]'라 부른다. 뿌리 없는 마음은 6가지 뿌리에 의지하지 않는 마음이다.

좋지도 싫지도 않은 느낌을 수반한 눈의 의식

눈의 의식 등

시각물질에 의지하는 마음識을 눈의 의식이라 한다. 청각물질에 의지하는 마음을 귀의 의식이라 한다. 코, 입, 몸에서도 이와 같다.

흰색, 붉은 색, 청색 등 색상을 색色[루빠람마나], 여러 가지 소리를 성聲[삿다람마나], 온갖 냄새를 향香[간다람마나], 음식이나 음료에 있는 갖가지 맛을 미味[라사람마나], 부딪치는 모든 접촉을 촉觸[폿탑바람마나]이라 한다. 이 다섯을 '오경五境[pañcārammaṇa]'이라 부른다.

그 중에서 일반적 기준의 좋지 않고 혐오스러운 대상을 '원치 않는 대상(aniṭṭhārammaṇa)'이라 한다. 좋고 원하는 대상을 '원하는 대상(iṭṭhārammaṇa)'이라 한다. 원치 않은 나쁜 대상과 마주칠 때는 불선의 과보인 눈의 의식이 일어난다. 나쁜 소리를 들을 때에도 불선의 과보인 귀의 의식이 일어난다. 코 입 몸에서도 마찬가지이다.

이처럼 일반적 기준의 나쁜 원치 않는 대상들을 보고, 듣고, 마주하게 되는 것은 불선의 과보이다. 불선이 과보를 받을 기회를 얻어[시기가 성숙하여] 보고, 듣고, 마주하게 되는 것이다. 그러므로 원치 않는 대상(aniṭṭhārammaṇa)을 마주하면 이 모두가 '불선과보인 눈의 의식 이 일어난다' 라고 이해해야 한다. 독수리가 죽은 시체를, 개가 똥을 좋아하고 원할지라도, 이러한 대상은 결국 원치 않는 대상(aniṭṭhārammaṇa)일 뿐이다. 그들의 생이 악업 속에 있기에 불선의 과보를 받고 있는 것이다. 자신이 좋고 싫은 것은 인식과정(위티)의 속행 순간에서만 명백히 드러난다.

고통을 수반한 몸의 의식

고통을 수반한

dukkha = du + √khanu. du란 kucchita의미를 지닌다. kucchitaṁ혐오스럽게 hutvā일어나 khanati행복을 부수고 깨뜨린다. iti그러므로 dukkhaṁ고통이라 한다.

고통스런 느낌(둑카)이 일어난 자리에 행복(수카)이 일어날 수 없기에 고통은 행복을 부수고 깨뜨린다. 고통은 '몸의 고통, 마음의 고통' 의 두 가지가 있다. 그 중 몸의 고통은 몸에 입은 상처로 아픔을 느끼는 것이다. 몸의 의식[身識]을 지각할 때 고통스런 느낌과 함께하면 '고통을 수반한 몸의 의식' 이 된다. [진심에 뿌리한 마음에서 일어나는 괴로운 느낌(도마낫사)을 마음의 고통이라 한다.]

좋지도 싫지도 않은 느낌을 수반한 받아들이는 마음

받아들이는 마음(대상을 받아들이는 마음)

오근五根에 드러난 대상을 받아들이는 마음이다. 오식五識은 토대인 각각의 감각물질을 의지하고55 받아들이는 마음은 마음의 토대인 심장에 의지한다. 오식五識은 받아들이는 마음[산띠라나]에게 아난따라(바로 뒤에서 빈틈없이 뒤따르는 연기법, 無間緣)[56] 연기법의 영향을 미친다. 그러나 토대가 다른 오식五識으로부터 힘을 받은 받아들이는 마음은 동일한 토대를 지닌 마음으로부터 힘을 받는 만큼의 크기에는 못 미친다. 예를 들면 의견이 다른 사람에게서 도움을 받은 것은 같은 의견인 사람에게서 받는 영향만큼 강력하지 못하다. 그러므로 받아들이는 마음은 중립적 느낌과 함께한다.

좋지도 싫지도 않은 느낌을 수반한 조사하는 마음

조사하는 마음[산띠라나]

비교하고 조사하는 것을 빨리로 산띠라나[santīraṇa]라 한다. 모르는 손님을 우선 집에 들인 뒤 '좋은 사람일까, 나쁜 사람인가?' 하고 조사하는 것처럼, 받아들이는 마음(sampaṭicchana)이 받아들인 대상을 '원하는 좋은 대상인가, 원치 않는 나쁜 대상인

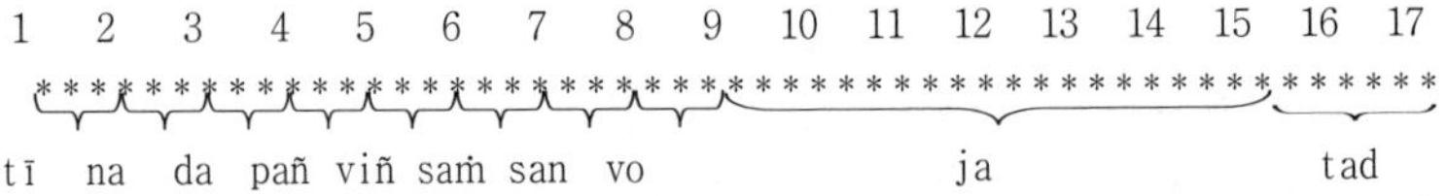

55. <현재의 대상이 5문 중 하나의 문에 드러나서 일어나는 인식과정> 도표
1. tī = atītabhavaṅga(아띠따바왕가) - 과거의 바왕가
2. na = bhavaṅgacalana(바왕가짤라나) - 진동하는 바왕가
3. da = bhavaṅgupaccheda(바왕구빳체다) - 끊어내는 바왕가
4. pañ = pañcadvārāvajjana(빤짜드와라왓자나) - 오문전향마음
5. viñ = pañcaviññāṇa(빤짜윈냐나) - 오식五識 중 하나
6. sam = sampaṭicchana(삼빠띳차나) - 받아들임의 마음
7. san = santīraṇa(산띠라나) - 비교·조사하는 마음
8. vo = voṭṭhapana(옷탑빠나) - 나누어 지정, 결정하는 마음
9-15. ja = javana(자와나) - 속행
16-17. tad = tadārammaṇa(따다람마나) - 등록하는 마음

56. anantara(아난따라) - 연관된 마음識, 마음부수心所들이 자신의 바로 뒤에서 빈틈없이 일어나도록 영향을 주는 연기법. 無間緣.

가?' 비교, 조사하는 것이 조사하는 마음(santīraṇa)의 일이다. 불선한 과보의 마음 중에서 조사하는 마음은 재생연결식과 삶의 과정의 결과를 일으키는 일을 수행하기도 한다.

뿌리 없는 18가지 마음 중 불선한 과보마음 7가지는 불선한 과보로 얻게 되는 눈의 의식이나 코의 의식 등이다.

업으로 인한 물질[깜마자루빠]은 과보마음이 아니다.

선, 불선의 과보를 '과보마음(위빠까)'이라고 부른다면, 업으로 인한 물질(깜마자루빠)도 선업이나 불선업 때문에 일어나기에 '과보'라 불러야 하지 않는가? 아비담마에서 과보란 원인인 정신의 법끼리[선은 선한 과보마음으로, 불선은 불선한 과보마음으로 정신의 법은 정신적 법의 과보로만 결과를 준다], 대상을 취하는 법(sāramaṇa)끼리, 어두운 법(불선과 불선의 과보)과 깨끗한 법(선과 선의 과보)끼리 동일한 정신의 과보의 법만을 설하신 것이다. [정신의 법이 물질의 법이란 과보를 주지는 못한다] 그러므로 원인의 업이 되는 정신의 법끼리, 대상을 취하는 법끼리 동일성이 없는 '업으로 인한 물질(깜마자루빠)'은 위빠까(과보마음)의 이름을 얻지 못한다.

과보(위빠까)란 단어적 의미로 선, 불선의 과보인 물질과 정신 두 종류 모두를 받을 수 있는데도, 위빠까란 이름을 '정신의 위빠까'에만 적용하여 위빠까란 이름을 부여했다.

'vipakkabhāvamāpannānaṁ arūpadhammānametaṁ adhivacanaṁ - 이 위빠까는 성숙한 상태에 이른 정신의 법을 이름한다.'

위빠까(과보마음)란 결과로 얻어진 '마음의 법'이다. 예를 들면, 벼를 심었는데 싹, 줄기, 잎사귀만 나왔다면 'vipakka, vipāka - 벼가 익었다'라고 말할 수 없는 것과 같다. 원인이 된 볍씨와 같은 열매를 맺었을 때만 'vipakka, vipāka - 벼가 익었다' 라고 말할 수 있다. 이같이 원인인 업과 마음이 동일한 결과를 보일 때를 '위빠까(과보마음)' 라 한다.['벼 이삭과 선, 불선의 업' , '싹, 줄기, 잎사귀와 업으로 인한 물질(깜마자루빠)' , '익은 벼 이삭과 마음의 결과' 들은 같다]

그러므로 원인인 업과 업의 결과인 마음의 법은 서로 동일한 정신의 법이기에 위빠까(과보마음)라 하지만, 정신의 법이 아닌 업으로 인한 물질(깜마자루빠)에는 위빠까라는 이름이 적합하지 않다.

『빠라맛타디빠니』

'완전함' 에는 의도의 완전함, 업의 완전함, 나타난 대상의 완전함, 과보의 완전함의 네 가지가 있다. 이 중에서 업業[행위]을 지을 때 의도가 완전한 것을 의도의 완전함[cetanāsamaṅgitā]라 한다. 의도는 생성, 머묾, 소멸의 한 찰나에 일어났다 사라지지만 완전히 소멸되는 것은 아니다. 기회를 만나면 다시 성숙할 수 있는(결과로써 일어나기 위해), 마음속의 잠재력으로 저장된 뒤 소멸한다. 이 잠재력을 '업의 완전함[kammasamaṅgitā]' 이라 한다. 이 잠재력이 다시 때를 만나면 인지된 업(깜마), 업의 표상(깜마니밋따), 태어날 곳의 표상(가띠니밋따)57 중 하나로 나타나게 된다. 이 나타난 대상을 피하지 못하고 죽음을 맞고 결과를 받는다. 이것이 나타난 대상

57. kamma(깜마) - 선, 불선 업의 의도. 인지된 업
kammanimitta(깜마니밋따) - 업을 행할 때에 경험했던 대상인 과거 업의 표상.
gatinimitta(가띠니밋따) - 다가올 미래 생에 마주하게 될 대상인 다가올 미래생의 표상.
임종할 때 이 세 가지 중 하나가 죽음의 직전에 일어나는 속행에 드러나, 그 나타난 대상의 능력으로 인해 재생연결식이라는 다음생의 탄생마음이 일어난다. 이에 대해서는 뒷장에서 상세히 언급할 것이다.

의 완전함[upaṭṭhānasamaṅgitā]이다. 나타난 대상을 놓지 못하고 죽은 사람에게 과거에 저장되었던 업의 잠재력이 죽음 직후 다른 마음부수들과 함께 결합하여 성숙된다. 이것이 과보의 완전함[vipākasamaṅgitā]이다.

이 중에서 앞의 3가지 '완전함'은 아직 완전히 성숙되지 못한 단계이다. '과보의 완전함'은 완전히 성숙한 단계이다. '미성숙한 업이 기회를 만나 성숙되었을 때 위빠까[과보]라고 부른다. vipaccanti(무르익고 성숙한다) iti(그러므로) vipākā(과보라 한다) 이는 레디사야도께서 『빠라맛타디빠니』에서 비유 없이 풀이한 '위빠까'의 정의이다. 그러나 출세간의 위빠까(과보마음)와 빠왓띠[삶의 과정]의 결과인 과보마음에서는 이 주장대로 될 수 없기에 『빠라맛타디빠니』의 해설은 재고해 보아야한다.

좋지도 싫지도 않은 느낌을 수반한 선의 과보인 눈의 의식 ‖중략‖ 행복한 느낌을 수반한 선의 과보인 몸의 의식 ‖중략‖ 8가지로 인해 선의 과보인 뿌리 없는 마음이 일어난다.

행복을 수반한 몸의 의식

kāyacittābādhaṁ(몸의 아픔과 마음의 아픔인 두 가지 병을) khanati(소멸한다) iti(그러므로) sukhaṁ(행복이라 한다).

뿌리 없는 마음에서의 느낌의 구별

뿌리 없는 마음에서 눈, 귀, 코, 혀의 의식은 선, 불선의 과보에 따라 여덟 가지로 분류된다. 이 마음들은 형상色, 소리聲, 냄새香, 미각味을 대상으로 하고, 의지처는 시각물질, 청각물질, 후각물질, 미각물질이라는 사대에서 파생된 물질(upadārūpa)[58]이다.

파생된 물질인 시각물질과 외부대상인 사물간의 부딪침은 강하거나 격렬하지 않고 부드럽고 가벼워 마치 두 개의 작은 솜 덩어리가 부딪히는 것과 같다. 이처럼 대상이 토대에 부딪침이 부드럽고 가볍기에 원하는 대상이건 원치 않는 대상이건 일어나는 느낌이 분명치 않다. 그러므로 선, 불선의 과보에서 일어나는 2가지 눈의 의식 등 8가지 마음에서는 대상을 강렬하게 감지하는 행복이나 고통의 느낌들과 함께하지 못하고 중립적 느낌만이 함께 할 수 있다.

몸의 의식에 접촉하는 물질은 사대의 요소(mahābhuta) 중 지地, 화火, 풍風의 3가지이고, 토대인 몸의 감각물질은 사대에서 파생된 물질이다. 수水는 흐르고 응집하는 성질로 매우 섬세하기 때문에 접촉되는 감각으로는 느낄 수 없다.

촉감(phoṭṭhabbārammaṇa)은 감각물질에 부딪칠 때의 여세를 몰아 토대인 삼대의 요소(지地, 화火, 풍風인 mahābhuta)에도 부딪친다. 예를 들면, '빼' 라 불리는 쇠 받침대 위에, 솜덩이를 올려놓고 쇠망치로 두드리면 솜덩이에 부딪힌 힘이 멈추지 않고 밑에 받쳐 놓은 '빼' 라는 쇠 받침대에 전달되는 것과 같다. 삼대의 요소(mahābhuta)는 부딪치는 곳에서의 힘이 강하기 때문에 느낌(체험) 또한 강렬하게 드러나 원치 않는 대상과 만나면 고통과 함께하고 원하는 대상과 만나면 행복함과 함께한다. 그래서 행복이나 고통의 느낌이 중립적 느낌보다 더 강하게 표출된다고 이해해야한다.

---

58. mahābhuta(마하부따; 地, 水, 火, 風의 4대 요소)를 의지하는 upadārūpa(사대에서 파생된 물질; 4대 요소를 의지하여 생겨나는 물질)

조사하는 마음 3가지

조사하는 마음(santīrana) 3가지란? 18가지의 뿌리 없는 마음 중에서 조사하는 마음은 불선과보 1가지, 선 과보 2가지로 3가지가 있다. 조사하는 마음의 작용에 관해서는 뒤에서 상세히 언급할 것이다. 불선과보의 조사하는 마음은 지옥 등 4악처에서, 선善과보의 조사하는 마음은 욕계에서 재생연결식에 관여하여 입태 순간 장님 등 불구자의 과보를 받게 된다.

조사하는 마음은 심장토대를 의지하여 받아들이는 마음 바로 뒤에서 일어난다. 심장토대를 의지하는 받아들이는 마음은 아난따라빳짜야(바로 뒤따라 일어나 영향을 주는 연기법, 無間緣)의 도움을 받기에 힘이 있다. 그러므로 선善 과보마음에서는 중간 정도의 대상과 만나는 곳에서는 중립적 느낌과 함께하고, 매우 원하는 대상과 만나는 곳에서는 즐거움과 함께한다.

불선한 과보마음에서는 원치 않는 대상과만 조우할 뿐이므로 괴로운 느낌들만 생겨난다. 그 중에서 '육체의 고통[kāyikadukkha]'은 몸의 의식에서만 일어난다. 괴로운 느낌은 진심에 속하기에 불선에 해당된다. 진심과 무기법無記法[59]인 조사하는 마음은 서로 다른 부류여서 함께 결합하지 않는다. 진심에 적합지 않다면, 진심에 속하는 괴로운 느낌과도 함께할 수 없다. 이처럼 괴로운 느낌과 함께하는 것이 적합하지 않아서 중간 정도의 대상이건 원치 않는 대상에서건 중립적 느낌으로만 함께 한다.

---

59. abyākatā(무기법無記法) - 선, 불선으로 설하지 않은 '위빠까(과보마음), 작용만 하는 마음(단지 행함만이 있는 마음), 물질, 열반' 라는 네 종류의 법을 말한다.

선의 과보인 뿌리 없는 마음

선의 과보인 뿌리 없는 마음들을 'kusalavipākāhetuka' 라고 부른다.[60] 선의 과보인 뿌리 없는 마음 8가지 중 좋지도 싫지도 않은 느낌을 수반하는 조사하는 마음은 재생연결식과 삶의 과정 모두에 영향을 미친다. 나머지 7가지 마음은 삶의 과정에만 영향을 미친다.

불선한 과보마음은 뿌리 없는 과보마음 한 종류뿐이다. 그러나 선한 과보마음에서는 뿌리를 지닌 과보마음들도[욕계선의 과보, 색계선의 과보, 무색계 선의 과보, 출세간 선의 과보라는] 있기 때문에 서로 혼동될 여지가 있다. 그러므로 '뿌리를 지닌 과보마음이 아니다' 라는 뜻으로 '선의 과보인' 말 뒤에 '뿌리 없는' 를 붙여서 '선의 과보인 뿌리 없는 마음들' 이라고 언급하였다.

뿌리 없는 작용만 하는 마음 3가지

1. 좋지도 싫지도 않은 느낌을 수반한 오문五門전향마음
2. 의문意門전향마음
3. 즐거움을 수반한 미소짓는마음

이 3가지를 뿌리 없는 작용만 하는 마음이라 부른다.

해설

뿌리 없는, 작용만 하는 마음

끼리야[kiriya]란 행함만이 있는 단지 작용만 하는 마음이다. 선, 불선의 과보를 받지 않는, 과보의 개념이 적용되지 않는 마음이

---

60. kusalavipākāhetuka(꾸살라위빠까 아헤뚜까; kusala(선의) + vipaka(과보인) + ahetuka(아헤뚜까; 뿌리 없는 마음) = 선과 결합된 뿌리가 없는 마음들은 '꾸살라위빠까 아헤뚜까' 라고 부른다.

다. 또한 이 마음은 작용만 하는 마음 중에서도 뿌리 없는 마음에 근거한다.

오문五門전향마음

오문전향마음(빤짜드와라왓자나)은 동일한 토대를 지닌 바왕가[61]로부터 아난따라빳짜야(바로 뒤따라 일어나 영향을 주는 연기법, 無間緣)의 영향을 받기 때문에 약간의 힘을 지닌다. 그러나 새롭게 나타나는 대상을 바왕가의 바로 뒤에 가장 먼저 튀어나와 받아들이지만 한 차례만 일어나기 때문에 대상을 온전하게 느끼고 체험하지 못한다. 어떤 일이건 첫 경험에서는 무게나 심도 없이 그저 피상적으로 경험케 되는 것과 같다.

그러나 오문전향마음을 뒤따라 일어나는 오식(五識, 빤짜윈냐나)은 오문전향마음과는 토대가 다르다. 토대가 같은 마음으로부터 힘을 받는 것보다, 토대가 다른 마음으로부터 아난따라연기법의 영향을 받는 것이 힘이 더 약하다. 예를 들면 떨어져 사는 사람에게서 받는 보살핌보다 함께 사는 사람에게서 받는 보살핌이 보다 쉬운 것과 같다.

이처럼 1. 새로운 대상을 가장 먼저 받아들임 2. 받아들일 때, 한 차례 정도만 일어날 기회를 얻음 3. 토대가 다른 뒤따르는 마음으로부터 영향을 받음. 이 세 가지 원인으로 대상을 온전하게 체험하지 못하기에 오문전향마음은 중립적 느낌과만 함께한다.

---

61. bhavaṅga(바왕가) - [bhava + aṅga] 끊임없이 생멸하는 물질과 마음의 연속성의 조건인 생성의 요소, 존재의 요소. 존재를 지속시키는 마음이라 말한다. 생의 연속체라 번역하였다.

의문意門전향마음

의문意文전향마음[마노드와라왓자나]은 오문五門전향마음처럼 새로운 대상을 가장 먼저 받아들인다. 또한 자신과 흐름[연속성]이 다른 속행62가 일어나도록 과도하게 힘을 주게 된다. 작은 대상(빠릿따람마나)63이 나타나는 인식과정에서 결정하는 마음(결정하는 마음) 작용에 적용될 때도 연속성이 다른 바왕가의 연속을 일으킨다.64 그러므로 하나의 일에 집중될 때 어떠한 대상도 온전하게 취하지 못하는 것처럼 의문意門전향마음 역시 노력이 크기에 그 어떤 대상도 만족스럽게 취하지 못한다. 이처럼 새로운 대상을 가장 먼저 취하고, 노력이 크기 때문에 중립적 느낌만 함께한다.

미소짓는 마음[하시뚭빠다]

hasitameva uppādetīti hasituppādaṁ - 미소 지음만을 일으킨다. 그러므로 미소짓는 마음이라 한다.

탐심을 근원으로 한 욕계의 마음에서도 미소 지음이 일어난다. 그렇지만 미소 외에 몸짓이나 언어를 동반하기 때문에 '미소짓는 마음(아라한들의 미소 짓는 마음)'라 부를 수 없다. 몸이나 말의 암시[viññatti] 없이 오직 미소만을 일으키기에 '미소짓는 마음'이란 이름을 얻었다. 『청정도론』에서 hasituppādanarasāti(미소짓는 마음의 작용이란) hasitasseva(미소 지음만을) uppādanarasā(일으키는 일이다)라고 해석하였다.

---

62. javana(속행) — **인식과정**에서, 결정된 대상에서 빠르게 연이어 속행한다. 이 마음은 선, 불선, 작용만 하는 마음 3종류 중 하나로 일어날 수 있다. 일체의 선과 불선을 행하고 그에 대한 과보를 생산시키는 역할을 한다.
63. parittārammaṇa(빠릿따람마나) - 대상을 취할 때 적은 마음의 순간으로 '인식과정'에 나타나는 대상을 말한다.
64. 여섯 종류의 '대상의 일어남'으로 인식과정이 일어나는 모습은 뒤에 올 위티(인식과정) 장章에서 자세히 언급할 것이다.

아란까65에서 암시한 웃음 6가지

sita(시따) -가늘게 뜬 눈의 미소
hasita(하시따) - 치아를 조금 드러내 보이는 미소
vihasita(위하시따) - 즐거운 소리로 웃는 웃음
upahasita(우빠하시따) - 어깨나 머리를 흔들며 웃는 웃음
apahasita(아빠하시따) - 눈물이 나오도록 웃는 웃음
atihasita(아띠하시따) - 팔, 다리 등 몸을 던지며 웃는 웃음

가늘게 뜬 눈의 미소를 '시따'라 한다. 치아를 조금 드러내 보이는 미소를 '하시따'라 한다. 소리를 내며 웃는 것을 '위하시따'라 한다. 어깨나 머리가 흔들리도록 웃는 것은 '우빠하시따'라 한다. 눈물이 나도록 웃는 것을 '아빠하시따'라 한다. 팔, 다리 등 몸을 던지며 웃는 것을 '아띠하시따'라 한다. 여섯 가지의 미소들을 둘씩 묶어 고귀한 분, 평범하거나 경박한 사람의 웃음으로 구분해 볼 수 있다. 미소짓는 마음은 부처님, 아라한과 같은 고귀한 분들께만 해당되기에 시따, 하시따는 미소짓는 마음에 속한다. 어떤 분들은 시따 만이 미소짓는 마음에 해당된다고 주장한다. 그러나 부처님께서 경우에 따라 시따(가늘게 뜬 눈의 미소)와 하시따(치아가 조금 드러난 미소) 적절하게 보이셨으므로, 시따를 포함한 하시따를 미소짓는 마음이라 할 수 있다.

결합하는 마음, 결합하지 않는 마음

사견, 진심, 의심, 들뜸, 지혜의 마음부수心所들과 결합되지 않은, 18가지 뿌리 없는 마음 모두를 결합하지 않는(vippayutta)라고 주장하는 이가 있다. 그러나 치심에 뿌리한 의심과 들뜸은 결합

---

65. alaṅka(아란까) - 시, 운율, 작시作詩 법에 관한 문법서.

하는(sampayutta)에만 해당되고 나머지 마음들은 '결합하는' 이기도 하고, 때로는 '결합하지 않는' 이기도 하다. 사견마음부수는 일부 탐심 마음에는 결합하지만 일부 탐심마음과는 결합하지 못한다. 하지만 이 뿌리 없는 마음(아헤뚜까)에서는 이렇게 구분할 필요가 없다. 왜냐하면 구분하기 위해 서로 다른 이름이 필요한 만큼, 이 뿌리 없는 마음들에서는 결합하지 않는(vippayutta)라고 구분하여 부를만한 자리조차 없기 때문이다. 그러므로 모든 뿌리 없는 마음에서 '결합하는', '결합하지 않는' 라고 이름 붙여 부를 필요가 없다.

연관된 원인들이 모이면 자극 없이도 자발적으로 마음이 일어나기 때문에 18가지 뿌리 없는 마음은 모두 자발적 마음(아상카리까)이라고 과거 스승들이 말씀하였다. 그러나 후대에 와서는 자발적 마음과 자극받은 마음 모두에 해당한다고 주장하기도 한다. 즉 자극 받아서 보고, 듣고, 냄새 맡고, 먹고, 접촉하면 자극받은 마음이고, 스스로 원하여 보는 눈의 의식 등은 자발적 마음이라고 주장한다.

이처럼 과거 스승들의 의견과 후대 사람들의 의견이 다르다. 하지만 눈의 의식 등에 자극이 있건 없건 성질과 능력의 구별이 없기에 자발적 마음과 자극받은 마음으로 나눌 순 없다. 강하고 활동적인 것을 자발적 마음이라 하고, 약하고 저조한 것을 자극받은 마음이라고 구별한 명칭일 뿐이다. 즉 눈의 작용에 의하면 그저 보이는 것이건, 보려는 의도로 보는 것이건 본다는 점에서는 다르지 않다. 눈의 의식에서도 선의 과보거나 불선의 과보에 따라 일어난 좋은 대상이나 좋지 않은 대상을 볼 뿐이다. 인식과정 중 속행에 와서야 선, 불선 등으로 구별된다. 부처님과 과거 주석서 스승들은 뿌리 없는 마음을 자발적 마음과 자극받은 마음이라 명칭을 구분하여 설하지 않으셨다.

아름다운 마음(sobhanacitta) 59가지 혹은 91가지

pāpāhetukamuttāni sobhanāniti vuccare.
ekūnasaṭṭhi cittāni atheka navutīpi vā

불선마음과 뿌리 없는 마음을 제외한 59가지 마음 혹은 확장하면 91가지 마음을 아름다운 마음이라 한다.

욕계 아름다운 마음 24가지

욕계 선善 마음 8가지

1. somanassasahagataṁ ñāṇasampayuttaṁ asaṅkhārikaṁ
소마낫사사하가땅 냐나삼빠윳땅 아상카리깡

즐거움을 수반한 지혜와 결합한 자발적 마음

2. somanassasahagataṁ ñāṇasampayuttaṁ sasaṅkhārikaṁ
소마낫사사하가땅 냐나삼빠윳땅 사상카리깡

즐거움을 수반한 지혜와 결합한 자극받은 마음

3. somanassasahagataṁ ñāṇavippayuttaṁ asaṅkhārikaṁ
소마낫사사하가땅 냐나윕빠윳땅 아상카리깡

즐거움을 수반한 지혜와 결합하지 않은 자발적 마음

4. somanassasahagataṁ ñāṇavippayuttaṁ sasaṅkhārikaṁ
소마낫사사하가땅 냐나윕빠윳땅 사상카리깡

즐거움을 수반한 지혜와 결합하지 않은 자극받은 마음

5. upekkhāsahagataṁ ñāṇasampayuttaṁ asaṅkhārikaṁ
우뻭카사하가땅 냐나삼빠윳땅 아상카리깡

좋지도 싫지도 않은 느낌을 수반한 지혜와 결합한 자발적 마음

6. upekkhāsahagataṁ ñāṇasampayuttaṁ sasaṅkhārikaṁ
우뻭카사하가땅 냐나삼빠윳땅 사상카리깡

좋지도 싫지도 않은 느낌을 수반한 지혜와 결합한 자극받은 마음

7. upekkhāsahagataṁ ñāṇavippayuttaṁ asaṅkhārikaṁ
우뻭카사하가땅 냐나윕빠윳땅 아상카리깡

좋지도 싫지도 않은 느낌을 수반한 지혜와 결합하지 않은 자발적 마음

8. upekkhāsahagataṁ ñāṇavippayuttaṁ sasaṅkhārikaṁ
우뻭카사하가땅 냐나윕빠윳땅 사상카리깡

좋지도 싫지도 않은 느낌을 수반한 지혜와 결합하지 않은 자극받은 마음

이 8가지 마음을 욕계의 선善 마음이라 한다.

욕계선의 과보마음 8가지

1. somanassasahagataṁ ñāṇasampayuttaṁ asaṅkhārikaṁ
소마낫사사하가땅 냐나삼빠윳땅 아상카리깡

즐거움을 수반한 지혜와 결합한 자발적 마음

2. somanassasahagataṁ ñāṇasampayuttaṁ sasaṅkhārikaṁ
소마낫사사하가땅 냐나삼빠윳땅 사상카리깡

즐거움을 수반한 지혜와 결합한 자극받은 마음

3. somanassasahagataṁ ñāṇavippayuttaṁ asaṅkhārikaṁ
소마낫사사하가땅 냐나윕빠윳땅 아상카리깡

즐거움을 수반한 지혜와 결합하지 않은 자발적 마음

4. somanassasahagataṁ ñāṇavippayuttaṁ sasaṅkhārikaṁ
소마낫사사하가땅 냐나윕빠윳땅 사상카리깡

즐거움을 수반한 지혜와 결합하지 않은 자극받은 마음

5. upekkhāsahagataṁ ñāṇasampayuttaṁ asaṅkhārikaṁ
우뻭카사하가땅 냐나삼빠윳땅 아상카리깡

좋지도 싫지도 않은 느낌을 수반한 지혜와 결합한 자발적 마음

6. upekkhāsahagataṁ ñāṇasampayuttaṁ sasaṅkhārikaṁ
우뻭카사하가땅 냐나삼빠윳땅 사상카리깡

좋지도 싫지도 않은 느낌을 수반한 지혜와 결합한 자극받은 마음

7. upekkhāsahagataṁ ñāṇavippayuttaṁ asaṅkhārikaṁ
우뻭카사하가땅 냐나윕빠윳땅 아상카리깡

좋지도 싫지도 않은 느낌을 수반한 지혜와 결합하지 않은 자발적 마음

8. upekkhāsahagataṁ ñāṇavippayuttaṁ sasaṅkhārikaṁ
우뻭카사하가땅 냐나윕빠윳땅 사상카리깡

좋지도 싫지도 않은 느낌을 수반한 지혜와 결합하지 않은 자극받은 마음

이 8가지 마음은 '뿌리를 가진(사헤뚜까) 욕계 선의 과보마음'이라 한다.

욕계 작용만 하는 마음 8가지

1. somanassasahagataṁ ñāṇasampayuttaṁ asaṅkhārikaṁ
   소마낫사사하가땅 냐나삼빠윳땅 아상카리깡

   즐거움을 수반한 지혜와 결합한 자발적 마음

2. somanassasahagataṁ ñāṇasampayuttaṁ sasaṅkhārikaṁ
   소마낫사사하가땅 냐나삼빠윳땅 사상카리깡

   즐거움을 수반한 지혜와 결합한 자극받은 마음

3. somanassasahagataṁ ñāṇavippayuttaṁ asaṅkhārikaṁ
   소마낫사사하가땅 냐나윕빠윳땅 아상카리깡

   즐거움을 수반한 지혜와 결합하지 않은 자발적 마음

4. somanassasahagataṁ ñāṇavippayuttaṁ sasaṅkhārikaṁ
   소마낫사사하가땅 냐나윕빠윳땅 사상카리깡

   즐거움을 수반한 지혜와 결합하지 않은 자극받은 마음

5. upekkhāsahagataṁ ñāṇasampayuttaṁ asaṅkhārikaṁ
   우뻭카사하가땅 냐나삼빠윳땅 아상카리깡

   좋지도 싫지도 않은 느낌을 수반한 지혜와 결합한 자발적 마음

6. upekkhāsahagataṁ ñāṇasampayuttaṁ sasaṅkhārikaṁ

우뻭카사하가땅 냐나삼빠윳땅 사상카리깡

좋지도 싫지도 않은 느낌을 수반한 지혜와 결합한 자극받은 마음

7. upekkhāsahagataṁ ñāṇavippayuttaṁ asaṅkhārikaṁ
우뻭카사하가땅 냐나윕빠윳땅 아상카리깡

좋지도 싫지도 않은 느낌을 수반한 지혜와 결합하지 않은 자발적 마음

8. upekkhāsahagataṁ ñāṇavippayuttaṁ sasaṅkhārikaṁ
우뻭카사하가땅 냐나윕빠윳땅 사상카리깡

좋지도 싫지도 않은 느낌을 수반한 지혜와 결합하지 않은 자극받은 마음

이 8가지 마음을 '뿌리를 가진 욕계 작용만 하는 마음'이라 부른다.

이로써 뿌리를 가진(사헤뚜까) 24가지 욕계 선마음, 과보마음, 작용만 하는 마음이 끝났다.

요약

뿌리를 가진 욕계 선 마음, 과보마음, 작용만 하는 마음들은 느낌과 지혜와 자극의 구별에 따라 24가지이다.

모두 54가지인 욕계 마음을 요약한 글

욕계 11천에서 23가지의 과보마음, 20가지의 선이나 불선마음, 11

가지의 작용만 하는 마음, 이와 같이 모두 54가지가 있다.

해설

욕계 선善 마음

욕계, 색계, 무색계, 출세간계의 선 마음들 중 욕계 선 마음이 가장 많아서 '큰 선善의 마음(mahākusala)'이라 부른다. 이와같이 욕계 선의 과보마음이나 욕계의 작용만 하는 마음도 '큰 과보의 마음(mahāvipāka)', 큰 작용만 하는 마음(mahākiriyā)이라 부른다.

24가지의 선 마음, 과보마음, 작용만 하는 마음은 욕계에 속한 마음이어서 '욕계마음'이라 부르고, 아름다운 마음부수들과 함께 일어나기 때문에 '아름다운 마음'이라 부른다. 이를 연결하여 '욕계의 아름다운 마음(kāmasobhanacitta)'이라 한다.

아름다운(소바나)

번뇌의 허물에서 벗어났기에 아름답다, 그래서 아름다운(sobhana)이라 한다. 이 '아름다운(sobhana)'이란 이름은 마음識의 이름인가 아니면 마음부수(受·想·行)의 이름인가? 마음이 아닌 마음부수의 이름이다. 마음은 단지 대상을 알아차릴 뿐 그 근본을 '아름답다' 또는 '아름답지 않다'라 부를 순 없다. 번뇌에서 멀리 떨어져 깨끗한 믿음 등의 마음부수만을 '아름답다'고 할 수 있다. '아름다운'이라는 이름은, 믿음 등의 아름다운 마음부수들과 함께하기 때문에 '황금 나뭇가지에 앉아 쉬면 황금앵무새'라고 하듯 '아름다운'라는 이름을 얻게 된 것이다.

냐나삼빠윳땅(지혜와 결합한)

[ñāṇena(지혜와) + sampayuttaṁ(결합한) = ñāṇasampayuttaṁ(지혜와 결합한 마음)]

jānāti(안다.) yathāsabhāvaṁ(본 성품대로) paṭivijjhati(꿰뚫어 안다.) iti(그러므로) ñāṇaṁ(지혜라 부른다)

여기에서 '지혜'란 마음부수의 장章에서 보일 지혜의 기능慧根(paññindriya, 지혜의 작용에서 다스림) 마음부수이다.

① 과거생에 선행을 하면서 '이 공덕으로 다음 생에 지혜가 탁월한 사람이 되길 기원합니다'라고 발원하면, 과보를 받는 생에서 지혜가 탁월한 이가 되어 지혜와 결합한 마음이 커진다. [이 과거생의 업을 '지혜를 일으키는 업'이라 부른다. 지혜와 관련된 일에서 돕고 가르치는 일 또한 지혜를 일으키는 업이 된다.]

② 색계에서 '기온의 알맞음, 세속의 대상인 오욕에서 벗어남, 진심瞋心이 없음' 등 원인으로 인하여 지혜와 결합한 마음이 많이 일어난다.

③ 대부분의 중생들이 젊은 시절 오욕의 대상에게로 마음을 쏟거나 세간이나 출세간에 관한 견문이 부족하여 사마디가 약하고 지혜 또한 충만하지 못하다. 또한 40살에서 50살 무렵을 '지혜의 10년'이라 부른다. 이 연령 대에는 오욕이 줄고 사마디는 강해지며 보고 듣는 지식이 많기에 지혜와 결합한 마음이 많이 일어난다.

④ 하지만 어떤 연령에서도 명상수행을 하거나 지혜와 관련된 일을 하여 번뇌가 줄어들면 지혜가 증장될 수 있다.

⑤ 3가지 선善의 뿌리로 재생연결식에 든 사람은 근본 종자에 지

혜가 포함되어 있기 때문에 지혜와 결합한 마음들이 많이 일어난다. [이 원인을 '3가지 선善 뿌리로 재생연결식을 가진 사람' 이라고 한다.]

이것이 지혜와 결합한 마음이 일어나는 5가지 원인이다. 지혜를 강화하고 증진시키는 다른 방법들도 있다. 주석서나 띠까들에 '법에 대해 조사하는 택법지擇法支' 의 원인을 설명한 글을 참조하라.

욕계의 작용만 하는 마음[끼리야]

즐거움을 수반하고 ‖중략‖ 뿌리를 가진 욕계의 작용만 하는 마음이라 한다.

karaṇaṁ karaṇamattaṁ[과보를 받지 않는다, 단지 행함 정도이다. 그러므로 kiriyaṁ[작용만 하는 마음이라 부른다]

결과를 받지 않고 단지 행함을 작용만 하는 마음이라 한다. 선善 마음처럼 결과를 받는 것이 아니라 단지 작용만 하는 정도의 마음을 '작용만 하는 마음' 이라 부른다. 아라한도 범부나 유학처럼 보시를 하고 계율을 지키며 수행을 증진시킨다. 그러나 범부와 유학의 마음 바탕은 '즐거움을 수반하고 지혜와 결합한 자발적 마음' 이고, 이 마음은 무지와 갈애라는 잠재된 번뇌(anusayadhātu)에서 벗어나지 못한 상태이기에 연속하는 생에서 연관된 과보를 받게 된다. 즉 무지는 생[생성]의 허물을 덮고, 갈애는 생[생성]이 끊어지지 못하게 들러붙어 묶는다. 그러나 할일을 다해 마친 아라한의 마음에는 무지와 갈애가 없기에 보시, 계율 등의 선행을 하고도 결과를 받지 않는, 단지 행함뿐이기에 '작용만 하는 마음[끼리야]' 이라 칭한다. 때문에 선한 마음과 작용만 하는 마음들의 근본 성질과 종류는 같다.

탐욕, 진심, 어리석음에서 비롯된 속행을 불선 마음이라 한다. 믿음, 지혜로 인해 일어나는 속행을 선 마음이라 한다. 아라한들은 무지와 갈애라는 윤회의 강을 말려버렸기에 선한 마음이 일어나도 과보를 받지 않으므로 그분들의 마음을 작용만 하는 마음이라 한다.

왜 욕계의 선 마음, 과보마음, 작용만 하는 마음을 '큰 선善의 마음(mahākusala), 큰 과보의 마음(mahāvipāka), 큰 작용만 하는 마음(mahākiriyā)'이라 부르는가? 색계나 출세간의 선善과 비교하여 욕계 마음의 종류가 많다. 그러므로 '큰'이란 뜻의 '마하mahā'로 수식하여 '마하꾸살라(mahākusala), 마하위빠까(mahāvipāka), 마하작용만 하는 마음(mahākiriyā)'라고 한다. 큰 선善의 마음(mahākusala)은 색계, 무색계, 출세간의 마음들과는 달리 연관된 과보만 받는 것이 아니다. 9가지 욕계 재생연결식 과보로 인간계와 육천상에 탄생할 수 있고, 결과를 줌에 있어서도 지역의 군주, 한 나라의 왕, 전륜성왕에 이르기까지 광범위하므로 '마하mahā'라 이름 붙인다고 말하기도 한다. 큰 선의 과보로 일어나기 때문에 큰 과보의 마음(mahāvipāka)이라 하며, 만약 작용만 하는 마음이 결과를 준다면 선처럼 광범위하게 과보를 줄 수 있기에 마하작용만 하는 마음이라 부른다고 일부 띠까에서 설명하고 있다. 빨리경과 주석서에는 '마하'라는 단어 없이, 욕계의 선 마음으로만 설하셨다.

'즐거움을 수반하고 지혜와 결합한 자발적 마음 하나' 등 8가지의 욕계 선한마음이 있다. 성질에 따라 구분하면 느낌에 따라 즐거움을 수반한 4가지와 중립적 느낌을 수반한 4가지로서 모두 8가지의 마음이다. 결합으로는, 4가지 결합한 마음와 4가지 결합하지 않는 마음으로 8가지이다. 자극으로는 4가지 자발적 마음과

4가지 자극받은 마음으로 모두 8가지로 구분한다.

마지막으로 '욕계 11천에서 23가지의 과보마음, 20가지의 선과 불선마음, 11가지의 작용만 하는 마음, 모두 54가지 마음이 있다' 23가지의 과보마음(위빠까)이란, 뿌리 없는 과보마음 15가지와 욕계 선의 과보마음 8가지이다. 20가지의 선과 불선 마음은 불선 마음 12가지와 욕계 선 8가지이다. 11가지의 작용만 하는 마음은 '뿌리 없는 작용만 하는 마음 3가지'와 '욕계 선의 작용만 하는 마음 8가지'이다. 보다 상세한 내용은 비유와 함께 마음과 마음부수를 모아 연관된 인식과정을 분석적으로 설명한 『담마상가니』경과 『앗타살리니』를 통해 알 수 있을 것이다.

색계마음 15가지

선善 마음 5가지

1. vitakka vicāra pīti sukha ekaggatā sahitaṁ paṭhamajjhānakusalacittaṁ

일으킨 생각, 지속적 고찰, 희열, 행복, 집중과 함께하는 초선의 선 마음

2. vicāra pīti suka ekaggatā sahitaṁ dutiyajjhānakusalacittaṁ

지속적 고찰, 희열, 행복, 집중과 함께하는 제2선의 선 마음

3. pīti sukha ekaggatā sahitaṁ tatiyajjhānakusalacittaṁ

희열, 행복, 집중과 함께하는 제3선의 선 마음

4. sukha ekaggatā sahitaṁ catutthajjhānakusalacittaṁ

행복, 집중과 함께하는 제4선의 선 마음

5. upekkhā ekaggatā sahitaṁ pañcamajjhānakusalacittaṁ

평정심, 집중과 함께하는 제5선의 선 마음

이 5가지가 색계의 선善 마음이다.

과보마음 5가지

1. vitakka vicāra pīti sukha ekaggatā sahitaṁ paṭhamajjhānavipākacittaṁ

일으킨 생각, 지속적 고찰, 희열, 행복, 집중과 함께하는 초선의 과

보 마음

2. vicāra pīti suka ekaggatā sahitaṁ dutiyajjhānavipākacittaṁ

지속적 고찰, 희열, 행복, 집중과 함께하는 제2선의 과보 마음

3. pīti sukha ekaggatā sahitaṁ tatiyajjhānavipākacittaṁ

희열, 행복, 집중과 함께하는 제3선의 과보 마음

4. sukha ekaggatā sahitaṁ catutthajjhānavipākacittaṁ

행복, 집중과 함께하는 제4선의 과보 마음

5. upekkhā ekaggatā sahitaṁ pañcamajjhānavipākacittaṁ

평정심, 집중과 함께하는 제5선의 과보 마음

이 5가지가 색계의 과보마음이다.

작용만 하는 마음 5가지

1. vitakka vicāra pīti sukha ekaggatā sahitaṁ paṭhamajjhānakiriyacittaṁ

일으킨 생각, 지속적 고찰, 희열, 행복, 집중과 함께하는 초선의 작용만 하는 마음

2. vicāra pīti suka ekaggatā sahitaṁ dutiyajjhānakiriyacittaṁ

지속적 고찰, 희열, 행복, 집중과 함께하는 제2선의 작용만 하는 마음

3. pīti sukha ekaggatā sahitaṁ tatiyajjhānakiriyacittaṁ

희열, 행복, 집중과 함께하는 제3선의 작용만 하는 마음

4. sukha ekaggatā sahitaṁ catutthajjhānakiriyacittaṁ

행복, 집중과 함께하는 제4선의 작용만 하는 마음

5. upekkhā ekaggatā sahitaṁ pañcamajjhānakiriyacittaṁ

평정심, 집중과 함께하는 제5선의 작용만 하는 마음

이 5가지가 색계의 작용만 하는 마음이다.

이로써 모두 15가지 색계의 선 마음, 과보마음, 작용만 하는 마음이 끝났다.

요약

pañcadhā jhānabhedena rūpāvacaramānasaṁ.
puññapākakriyā bhedā taṁ pañcadasadhā bhave.

선정으로 구분하여 색계마음은 5가지이다. 이는 선마음, 과보마음, 작용만 하는 마음의 분류에 따라 15가지가 된다.

해설

아누룻다 존자는 서문에서 '욕계마음, 색계마음, 무색계마음, 출세간마음'으로 열거한 바에 따라 먼저 욕계 마음을 상세히 설명한 뒤 '일으킨 생각(vitakka, 위딱까), 지속적 고찰(vicāra, 위짜라), 희열(pīti, 삐띠), 행복(sukha, 수카), 집중(ekaggatā, 에깍가따)' 등 선정의 요소와 결합한 색계 마음을 말씀하셨다.

'일으킨 생각, 지속적 고찰, 희열, 행복, 집중' 등의 마음부수를 '선정의 요소jhānaaṅgā'라 부른다. 팔, 다리, 귀, 코 등을

모아 몸이라 불리는 것처럼, 일으킨 생각, 지속적 고찰 등 선정요소의 모임을 '선정jhāna'이라 한다. 이 선정과 선정요소는 마음識이 아니라 마음부수이다. 선정과 마음부수의 모임이 결합된 마음을 '선정마음jhānacitta'이라 부른다.

'일으킨 생각, 지속적 고찰, 희열, 행복, 집중' 등을 선정의 요소 또는 마음부수의 5가지 모임이라 한다. 초선과 결합한 마음을 초선 마음이라 한다. 제2선 마음 등도 그와 같다.

vitakka(위딱까) - 결합된 법들을 대상으로 보내는 성질, 일으킨 고찰
vicāra(위짜라) - 반복하여 취하는 성질, 지속적 고찰
pīti(삐띠) - 기쁨, 희열
sukha(수카) - 행복
ekaggatā(에깍가따) - 하나의 대상에서 확고부동하게 하는 사마디

다섯 선禪의 경지가 초선初選, 제2선.......등으로 기술된 까닭은, 수행자들이 증득하는 단계와 부처님께서 설법하신 순서가 그와 같았기 때문이다.

일으킨 생각 등 다섯 마음부수만을 선정이라 부르는 까닭

색계 선정의 마음에 접촉 등 다른 마음부수도 많은데 왜 5가지 마음부수만을 '선정'이라 하는가? 5가지 마음부수는 대상에 밀착, 집중하여(upanijjhāna) 번뇌라는 장애들을 불태우기(jhāyana) 때문에 일으킨 생각 등 마음부수 5가지만을 '선정'이라 지정하였다.

'kasiṇādiāramaṇaṁ jhāyati upanijjhāyatīti jhānaṁ, paccanīkadhamme jhāyatīti jhānaṁ - 까시나(kasiṇa) 등의 대상에 밀착하여 집중하므로 선정

이라 한다'

'paccanīkadhamme jhāyati - 번뇌인 장애를 불태우기에 선정이라 한다'

'불태운다(jhāyana), 밀착하여 집중한다(upanijjhāna)' 란 까시나 등의 대상에 극도로 정신을 집중하는 것이다. 밀착하여 집중하는(upanijjhāna) 일은 집중(에깍가따)의 작용이다. 선정의 5가지 요소 중 집중만 제5선까지 결합되므로 선정의 법들을 '사마디 법', 선정의 대상들을 '사마디 명상', 선정에서 노력함을 '사마디 일' 이라고 모든 자리에 집중의 이름을 사용한다. 그러나 집중(에깍가따)만으로 사마디 일을 완성시킬 수 없다. 일으킨 생각는 마음을 대상에게로 보내는 작용(생각)을 하고 지속적 고찰은 지속적으로 대상에 맴도는 특성이 있으며, 희열과 행복의 협조와 격려를 얻어야만 사마디의 힘을 지속할 수 있다. 즉 일으킨 생각 등 4가지 선정 요소가 알맞게 결합되어야 선정에 이를 수 있다.

일으킨 생각는 선정의 장애가 되는 마음의 해태(thina)와 마음부수의 혼침(middha)을 불태운다. 해태와 혼침은 무력하고 혼미한 특성이 있다. 일으킨 생각는 결합한 법들을 한 대상에 머물도록 끊임없이 보내는 역할을 한다. 마치 궁리하는 사람과 같다. 일으킨 생각은 해태와 혼침의 직접적인 적으로서 선정의 장애가 되는 해태와 혼침을 제거하고 불태워 까시나 등의 대상에서 마음이 안착되게 한다.

지속적 고찰과 의심

의심(vicikicchā)은 반복해서 의문하는 성질 때문에 지속하여 대상에 머물지 못한다. 의심은 일으킨 생각에 의해 대상에 올려진 마음을 까시나 등의 대상에게서 후퇴케 하고 물러서게 한다. 하나 지속적 고찰은 결합한 마음부수들이 대상에 머물도록 반복적으로 숙고하는 성질이 있으며, 의심의 직접적인 적이기 때문에 선정의 장애가 되는 의심을 불태우고 까시나 등의 대상에 계속하여 머물게 한다.

희열과 악의

악의[byapada]는 거칠고 잔인하여 대상을 좋아하거나 즐기지 못하는 성질이 있다. 지속적 고찰이 강해도 악의가 있으면 대상을 기뻐하거나 좋아하지 못하므로 오랫동안 대상에 머물 수가 없다. 희열은 대상을 좋아하고 기뻐하는 성질이다. 그러므로 선정의 장애인 악의를 불태워 일으킨 생각이 대상으로 올려 보내고 지속적 고찰이 대상에 지속적으로 돌면서 기쁘게 머물도록 돕는다.

행복과 들뜸, 후회

행복(sukha)은 선정의 장애인 들뜸uddhacca과 후회kukkucca를 불태운다. 들뜸은 떨리고 흩어지는 성질이 있어 고요하지 못하다. 후회는 후회하고 걱정하는 성질이다. 그러므로 기뻐 만족하며[희열] 대상에 머물다가도 들뜸과 후회 때문에 대상에게서 빠르게 떨어져나갈 것이다. 행복은 대상을 평화롭게 체험하는 성질이 있다. 이런 성품은 들뜸, 후회와 직접적으로 상반되기에 들뜸과 후회를 불태운다. 그러므로 일으킨 생각, 지속적 고찰, 희열의 상호작용을 바탕으로 확고히 대상에 안착하여 대상에서 즐길 수가 있다.

사마디와 감각적 욕망

감각적 욕망(kāmacchanda)은 오욕을 탐착하는 갈애로서 감정을 불안정하게 뒤흔드는 성질이 있다. 감각적 욕망이 있으면 일으킨 생각, 지속적 고찰, 희열, 행복들이 견디지 못하고 대상에게서 떨어져 나간다. 집중은 확고하게 몰두하여 대상에 머무는 성품이어서, 감각적 욕망을 불태우는 직접적인 적이다.

'paccanīkadhamme jhāyati - 번뇌의 장애를 불태우므로 선정이라 한다' 그러므로 일으킨 생각 등의 5가지 마음부수를 '선정'이라 부른다.

주의

선정의 법으로는 무명(avijjā)을 제거할 수 없다. 도道와 과果만이 무명을 제거하고 차단할 수 있다. 5가지 선정의 장애를 제거할 때 무명이란 어둠이 조금 엷어질 뿐이다.

중립적 느낌(upekkhā)은 선정의 적敵 속에 포함되지 않는다. 그러면 중립적 느낌이라는 선정의 요소는 어떤 장애[번뇌]와 반대되는가? 중립적 느낌도 행복(행복)처럼 고요한 성질을 지니기 때문에 들뜸이나 후회와 반대된다. [중립적 느낌의 고요한 성품 때문에 행복에 포함되어 언급되었다.]

자극의 결정

색계, 무색계, 출세간의 선정을 성취하려는 수행자가 다른 사람의 자극이나 격려가 있어야 수행을 한다면 선정이나 도道와 과

果는커녕 니밋따(영상, nimitta)조차 떠오르지 않을 것이다. 즉 색계, 무색계, 출세간의 마음을 자극받은 마음라고 부를 수는 없다. 자발적 마음 역시 상대적으로 자극받은 마음을 근거하여 생긴 이름이다. 근거할 자극받은 마음이 없다면 자발적 마음이란 이름 또한 필요가 없다. 선정에서는 자극과 연관하여 특별히 명칭 붙여 구분하지 않고 '일으킨 생각, 지속적 고찰, 희열, 행복, 집중 등 5가지 선정의 요소를 지닌 첫 번째 선정마음' 등으로만 열거한다. 선정의 마음에 대해서는 『담마상가니』와 『앗타살리니』에서 상세히 풀이하고 있다.

무색계 마음 12가지

선善 마음 4가지

1. ākāsānañcāyatana kusalacittaṁ
   아까사난짜야따나 꾸살라찟땅

공무변처空無邊處 — 끝없는 허공이란 개념을 대상으로 일어나는 무색계 첫 번째의 선善 마음

2. viññāṇañcāyatana kusalacittaṁ
   윈냐난짜야따나 꾸살라찟땅

식무변처識無邊處 — 허공이란 무색계의 첫 번째 선정마음을 대상으로 일어나는 무색계 두 번째의 선 마음

3. ākiñcaññāyatana kusalacittaṁ
   아낀짠냐야따나 꾸살라찟땅

무소유처無所有處 — 무색계의 첫 번째 마음 상태인, 그 무엇도 남음이 없음(낫티)이라는 개념을 대상으로 일어나는 무색계 세 번째의 선 마음

4. nevasaññānāsaññāyatana kusalacittaṁ
   네와산냐나산냐야따나 꾸살라찟땅

비상비비상처非想非非想處 — 거친 지각이 있는 것도 아니고 섬세한 지각이 없는 것도 아닌 무소유처 선정마음을 대상으로 일어나는 무색계 네 번째의 선 마음

이 4가지가 무색계 선善 마음이다.

과보마음 4가지

1. ākāsānañcāyatana vipākacittaṁ
   아까사난짜야따나 위빠까찟땅

공무변처空無邊處 — 끝없는 허공이란 개념을 대상으로 일어나는 무색계 첫 번째의 과보마음

2. viññāṇañcāyatana vipākacittaṁ
   윈냐난짜야따나 위빠까찟땅

식무변처識無邊處 — 허공이란 무색계의 첫 번째 선정마음을 대상으로 일어나는 무색계 두 번째의 과보마음

3. ākiñcaññāyatana vipākacittaṁ
   아낀짠냐야따나 위빠까찟땅

무소유처無所有處 — 무색계의 첫 번째 마음 상태인, 그 무엇도 남음이 없음(낫티)이라는 개념을 대상으로 일어나는 무색계 세 번째의 과보마음

4. nevasaññānāsaññāyatana vipākacittaṁ
   네와산냐나산냐야따나 위빠까찟땅

비상비비상처非想非非想處 — 거친 지각이 있는 것도 아니고 섬세한 지각이 없는 것도 아닌 무소유처 선정마음을 대상으로 일어나는 무색계 네 번째의 과보마음

이 4가지가 무색계 과보마음이다.

작용만 하는 마음 4가지

1. ākāsānañcāyatana kiriyacittaṁ
   아까사난짜야따나 끼리야찟땅

공무변처空無邊處 — 끝없는 허공이란 개념을 대상으로 일어나는 무색계 첫 번째의 작용만 하는 마음

2. viññāṇañcāyatana kiriyacittaṁ
   윈냐난짜야따나 끼리야찟땅

식무변처識無邊處 — 허공이란 무색계의 첫 번째 선정마음을 대상으로 일어나는 무색계 두 번째의 작용만 하는 마음

3. ākiñcaññāyatana kiriyacittaṁ
   아낀짠냐야따나 끼리야찟땅

무소유처無所有處 — 무색계의 첫 번째 마음 상태인, 그 무엇도 남음이 없음(낫티)이라는 개념을 대상으로 일어나는 무색계 세 번째의 작용만 하는 마음

4. nevasaññānāsaññāyatana kiriyacittaṁ
   네와산냐나산냐야따나 끼리야찟땅

비상비비상처非想非非想處 — 거친 지각이 있는 것도 아니고 섬세한 지각이 없는 것도 아닌 무소유처 선정마음을 대상으로 일어나는 무색계 네 번째의 작용만 하는 마음

이 4가지가 무색계의 작용만 하는 마음이다.

모두 12가지인 무색계 선 마음, 과보마음, 작용만 하는 마음들은 완성된다.

요약

ālambaṇappabhedena catudhā ruppa mānasaṁ.
puññpākakriyā bhedā puna dvādasadhā ṭhitaṁ

무색계 마음은 대상에 따라 4가지이고, 선 마음, 과보 마음, 작용만 하는 마음의 분류에 따라 12가지이다.

해설

색계의 선정은 하위 선정의 요소에서 벗어나야 상위 선정이 일어난다. 그러므로 색계선정을 '선정의 요소에서 초월하는 선정[aṅgātikkamajhāna]'이라 부른다. 색계선정에서는 상위 선정이 하위 선정의 대상을 자신의 대상으로 삼을 수 있다. 그러나 무색계 선정은 그와 같지 않다. 하위 선정의 대상을 초월해야만 상위 선정이 일어난다. 그러므로 무색계 선정을 '대상을 초월하는 선정[āramaṇātikkamajhāna]'이라 부른다. 대상을 '초월하게 된 하위 대상[atikkamitabbaārammaṇā]과 대상으로 삼는 대상[ālambitabba]'의 두 가지로 나눌 수 있다.

무색계에서 선정의 순서로 '초월하게 된 대상'이란, 1. 까시나 2. 허공이라는 개념 3. 무색계 첫 번째 선정마음 4. 없음의 개념이다.

'대상으로 삼는 대상'이란, 1. 허공이라는 개념 2. 무색계 첫 번째 선정마음 3. 없음의 개념 4. 무색계 세 번째 선정마음이다.

아래의 도표를 참조하면, 무색계마음과 대상들의 관계가 일목요연해질 것이다.

4가지 무색계 마음의 구분

초월하게 된 대상	대상으로 삼는 대상	마음
까시나 개념	허공이란 개념	첫번째 무색계 마음
허공이란 빤낫띠	첫 번째 무색계 선정마음	두번째 무색계 마음
첫 번째 무색계 선정마음	없음이라는 개념	세 번째 무색계 마음
낫티라는 개념	세 번째 무색계 마음	네 번째 무색계 마음

공무변처空無邊處 －무색계 첫 번째 마음

ākāsānañcāyatana[아까사난짜야따나] = ākāsa(허공) + ānañca(한계 없는 무한대) + āyatana(영역)

까시나의 표상(paṭibhāganimitta)을 무한히 확장하여 표상을 버린 뒤 허공이란 개념을 얻는다. 허공이란 시작과 끝으로서의 한계가 없는 개념(paññatti)일 뿐이다.

그러므로 'ananto(한계 없는), ākāso(허공이다)' 라는 풀이에 따라 ānantākāsa가 되어야 하지만, ānanta라는 수식어를 뒤에 두어 ākāsānanta가 되었다. 문법적 ākāsānantameva ākāsānañcaṁ로 변화되었다. āyatana(영역)' 란 '장소' 의 뜻이다. 허공이란 개념만을 대상으로 삼는 선정의 마음이 머무는 곳이기에 아야따나(영역)라 한다.

ākāsanañcaṁ ca(끝없는 허공의 개념이다.) taṁ(저 허공이란 개념을) āyatañanca(대상으로 삼아 머무는 영역이다) iti(그러므로) ākāsanañcāyatanaṁ(무색계 첫 번째 선정)이라 한다.

식무변처識無邊處 — 무색계 두 번째 마음

viññāṇañcāyatana kusalacitta(무색계 두 번째 선정 선善 마음) – viññāṇa(의식) + ānañca(끝이라는 한계가 없는 무한대) + āyatana(영역)

viññāṇa란 공무변처 마음이다. 무색계 첫 번째 마음은 아난따[ananta]라 불리는 허공의 개념을 대상으로 삼기 때문에, 아난따(무한대)를 윈냐나(viññāṇa)에 비유하여 무색계의 첫 번째 마음을 '아난따'라 부른다. 혹은 수행자가 '아난따윈냐나(무한한 의식)'를 명상하기 때문에 수행자의 명상주제에 의하여 '아난따윈냐나'라 불린다.

여기에서는 'anantaṁ(아난땅) + viññāṇaṁ(윈냐낭) = anantaviññāṇaṁ(아난따윈냐낭)'란 단어가 적합하지만, ananta라는 수식어를 뒤에 두어 'viññāṇānantaṁ(윈냐나난땅)'가 되었다고 알 수 있다. viññāṇānantameva (무색계 첫 번째 선정의 마음만을) viññāṇānañca(윈냐나난짜)라고 한다.

anantaṁ(대상에 근거하여) ananta(아난따)라 하고, 혹은 수행자가 증진시키는 모습으로 ananta(아난따)라고 불리는 viññāṇaṁ(첫 번째 무색계 마음은) viññāṇānantaṁ(윈냐나난따)라 부른다. viññāṇanantameva(무한대라 불리는 마음 자체를) viññāṇancaṁ(윈냐난짜라 부른다.)

āyatana(아야따나; 영역)는 앞의 방법에 따라 알 수 있다.

이 방법에 따라 윈냐난짜야따나(무색계 두 번째 마음)는 무색계 첫 번째 마음을 대상으로 삼는 것을 알 수 있다.

무소유처無所有處 — 무색계 세 번째 마음

ākiñcaññāyatana kusalacittaṁ(무색계 세 번째 선 마음) – [ākiñcañña(그 무엇도 없는) + āyatana(영역)]

natthi + kiñcanaṁ + yassāti akiñcanaṁ

yassa(무색계 첫 번째 마음은) kiñcanaṁ(그 무엇도 남음이) natthi(없다) iti(그러므로) taṁ(저 첫 번째 무색계마음을) akiñcanaṁ(아낀짜낭이라 부른다)

kiñcana와 kiñci는 동의어이다. '아주 조금' 이라는 뜻이다.

일어남(uppāda) 순간의 첫 번째 무색계 마음이 있다면 소멸의 순간도 있어야 할 것이다. '소멸의 순간도 남음이 없다' 라는 의미이다.

akiñcanassa + bhāvo ākiñcaññaṁ
akiñcanassa(그 무엇도 남음이 없는 무색계 첫 번째 마음이) bhāvo(일어난다.) 그러므로 ākiñcaññaṁ(무색계 세 번째 선정마음)이다.

아무것도 남음이 없는 상태를 빨리로 'natthibhāva(없음의 상태)' 라 한다. 이 없음의 상태는 궁극적 실재가 아니다. 무엇 하나 남음이 없는 없음의 상태란 개념이기에 '아낀짠냐[ākiñcañña]' 의 의미로 '없음natthi이란 개념' 이라고 알아야 한다. 아야따나[영역]는 앞의 설명과 동일하다. 이처럼 ākiñcaññāyatanacitta(아낀짠냐야따나찟따; 무색계 세 번째 마음)는 'natthibhāvapaññatti(낫티바와빤냣띠; 없는 상태의 개념)' 이다.

비상비비상처非想非非想處 — 무색계 네 번째 마음

nevasaññānāsaññāyatana kusalacittaṁ(네와산냐나산냐야따나 꾸살라찟땅) — [neva + saññā + na + a + saññā]

neva saññā ca(지각도 아니다.) sā(저 법은) na a saññā ca(지각이 아닌 것도 아니다.) 그러므로 nevasaññānasaññā(네와산냐나산냐)라 한다.

지각(saññā) 마음부수만을 수행자의 희망에 따라 네와산냐(nevasaññā) 나산냐(nāsaññā)라고 부른다. 무색계 네 번째마음에 있는 지각은 매우 섬세하여 무상 · 고 · 무아로는 숙고할 수 없다. 숙고할지라도 무상 등이 드러나지 못할 정도로 섬세하기 때문에 '네와산냐(거친 지각이 있는 것도 아니다)' 라 부른다. 그렇지만 빠라맛타로서 미세하게 남아 있기 때문에 '나산냐[섬세한 지각이 없는 것도 아니다]' 라 한다. 비유하면, 스승과 제자가 길을 갈 때 앞서가던 제자가 신발이 젖을 만한 웅덩이를 보고서 "물이 있습니다, 스님!" 이라고 말씀드렸다. 목욕이 하고 싶던 스승은 "옷을 가져오너라" 라고 한다면, 목욕할 정도의 물은 없기 때문에 "물이 없습니다" 라고 다시 말한다. 이와같이 '물이 없습니다' 라고 말하는 것은 '네와산냐(거친 지각이 없는)' 이고, '물이 있습니다' 라고 말씀드리는 것은 '나 아산냐(섬세한 지각이 없는 것도 아니다)' 에 비유할 수 있다.

무색계 네 번째 마음에서 미세해진 것이 지각만은 아니다. 접촉 등의 마음부수들 또한 미세해지기 때문에 '네와팟사나팟사(거친 접촉이 있는 것도 아니고, 섬세한 접촉이 없는 것도 아니다), 네와웨다나나웨다나(거친 느낌이 있는 것도 아니고 섬세한 느낌이 없는 것도 아니다)' 66 등으로 말할 수 있다. 그러나 선정의 '집중하는 성품[upalakkhaṇa]' 에 따라 지각에만 주의를 두어 말한 것이다. 여기서의 아야따나(영역)는 '머무는 대상' 이 아니라, 닛사야빳짜야(의지하는 연기법, 依止緣)의 연기법에 적용되는 함께하는 법들이 '머무는 곳, 토대' 라는 뜻이다.

그러므로 'nevasaññānasaññā ca(네와산냐나산냐 짜; 무색계 네 번째 마음도 맞다). sā(저 '네와산냐나산냐' 란) āyatanān ca(함께하는 법들이 머무는 곳 또한 맞다.) 그러므로 nevasaññānāsaññāyatanāṁ(네와산냐나산냐야따낭)이라 한다.

위의 뜻풀이로는 무색계의 네 번째 마음이 무색계 세 번째 마음을 대상으로 삼는다는 것이 명백하지 않을 것이다. 이것은 깜

66. nevaphassanāphassa(네와팟사나팟사) nevavedanānāvedanā(네와웨다나나웨다나)

맛타나 장章에서 상세히 설명할 것이다.

무색계 선정에는 대상이 많지 않다.

색계선정에는 대상이 다양하지만 [까시나 10가지, 아수바(부정관) 10가지 등] 무색계 선정에는 몇 개의 대상이 있는가? 색계선정들은 선정의 요소를 초월하는 선정[aṅgātikkama]이고, 무색계 선정들은 대상을 초월하는 선정[ārammaṇātikkama]이기에, 색계선정에는 각각의 선정에 많은 대상[선정요소]이 있으나 무색계 선정에서는 선정 하나에 대상 하나만 있다.

설명하면, 색계선정에서는 하위 선정의 요소들에서 초월해야만 상위 선정이 일어날 수 있다. 초선에는 선정요소 5가지, 제2선에는 선정요소 4가지, 이렇게 상위로 갈수록 선정의 요소가 하나씩 감소한다. 그러므로 색계선정을 선정요소에서 초월하는 선정이라 한다. 이처럼 선정의 요소를 제거하는 것이 중요하기 때문에, 색계 선정에는 다양한 대상이 있다. 그러나 무색계 선정에서는 중립적 느낌(평정심), 집중[67]의 2가지 선정요소가 조화를 이루기 때문에 선정의 요소에서 벗어날 필요가 없다. 하위 선정의 대상에서 벗어나야 상위 선정이 일어난다. 즉 '색계 제5선의 까시나[68]를 대상으로 삼는 것이 아니라, 이 대상을 초월해야만 무색계 첫 번째 선정을 얻을 수 있다. 무색계 첫 번째 선정의 대상인 허공이란 개념을 초월해야만 무색계 두 번째 선정을 얻을 수 있다' 등으로 이해해야 한다. 그러므로 무색계 선정을 '대상을 초월하는 선정'이라 부른다.[69] 즉 무색계 선정에서 하위 선정의 대상을 초

---

67. upekkhā(중립적 느낌; 따뜨라맛잣따뚜뻭카 마음부수), ekaggatā(집중; 하나의 대상에 확고부동하게 하는 사마디)
68. kasiṇa(까시나) - 사마타수행의 대상이 되는 원판전체.

월해야만 상위의 높은 선정을 얻을 수 있기 때문에 선정 하나에 하나의 대상만 있다.

선정 두 종류

색계선정과 무색계선정에는 '사마타 수행으로 성취한 선정(samathānuyogapaṭiladdhajhāna)'과 '도道로써 완성시키는 선정(maggasiddhajhāna)' 70 두 가지가 있다. 그 중에서 사마타를 수행하여 얻는 선정은 '사마타 수행으로 성취한 선정'이라 한다. 과거 생에 '8선정을 완전히 성취하기를 기원합니다'라는 서원이 충만했던 사람은 도道를 획득할 때 세속의 선정도 함께 성취한다. 그러한 선정을 '도道로써 완성시키는 선정'이라 부른다.

다른 견해

어떤 이들은 '재생연결로 완성하는 선정(upattisiddhajhāna)'이 더 있다고 한다. 욕계에서 성취했던 선정이 임종 때 사라졌어도 색계에 탄생함과 동시에 선정을 다시 얻는다는 것이다. 그러므로 색계에 탄생하여 의도적으로 노력하지 않아도 다시 얻는 선정을 '재생연결로 완성하는 선정'이라 한다. 그분들의 주장처럼 재생연결과 동시에 다시 얻는다면 반복하여 얻는 선정 때문에 색계에 거듭 탄생할 수 있을 것이다. 따라서 이 말은 검토해 볼 필요가 있다.

---

69. ālambana(아람바나; 대상) + atikkama(아띡까마; 초월하는 원인이 되는 선정)
70. maggasiddhajhāna = magga(도道로써) + siddhajhāna(완성하는 선정)

출세간마음 8가지

도道 마음 4가지

sotāpattimaggacittaṁ
소따빳띠막가찟땅 수다원 도 마음
sakadāgāmimaggacittaṁ
사까다가미막가찟땅 사다함 도 마음
anāgāmimaggacittaṁ
아나가미막가찟땅 아나함 도 마음
arahattamaggacittaṁ
아라핫따막가찟땅 아라한 도 마음

이 4가지가 출세간 선 마음이다.

과果 마음 4가지

sotāpattiphalacittaṁ
소따빳띠팔라찟땅 수다원 과 마음
sakadāgāmiphalacittaṁ
사까다가미팔라찟땅 사다함 과 마음
anāgāmiphalacittaṁ
아나가미팔라찟땅 아나함 과 마음
arahattaphalacittaṁ
아라핫따팔라찟땅 아라한 과 마음

이 4가지가 출세간 과보마음이다.

모두 8가지인 출세간 선 마음과 출세간 과보마음들은 완성되었다.

요약

네 가지 도道의 구분에 따른 4가지 선 마음, 그 결과로서의 4가지 과果마음, 이와 같이 출세간마음은 8가지이다.

해설

도道는 인드리야[根]71의 힘에 따라 '조금 강력함, 제법 강력함, 매우 강력함, 최대한 강력함' 네 종류로 구분되며 도道와 결합한 선 마음 또한 4가지이다. '정견正見, 정사正思, 정어正語, 정업正業, 정명正命, 정노력正情進, 정념正念, 정정正定'의 마음부수들을 '도의 요소(maggaṅga)'라 부른다. 이 8가지 도道의 요소를 '팔정도'라 한다. 도와 결합한 마음을 '도 마음'이라 하며, 4가지 도의 마음과 8가지 요소는 조화롭게 결합한다. 이 중에서 정견正見은 지혜의 기능慧根이다. 정노력正情進은 노력의 기능精進根이다. 정념正念은 기억의 기능念根이다. 도의 마음이 일어나려면 이 세 가지 기능根이 범부의 마음과는 비교할 수 없을 만큼 강력해야 한다. 기능이 조금 강력하다면 유신견[sakkāyadiṭṭhi], 의심, 잘못된 고행 수행[sīlabbataparāmāsa]72인 윤회에 묶어두는 족쇄[saṁyojana]만을 제거한 수다원 도道가 일어난다. 기능根이 제법 강력하다면 오욕에의 욕망[kāmarāga]과 진심嗔心의 족쇄가 약화되어 사다함 도道가 일어난다. 기능根이 매우 강력하다면 오욕의 갈애와 진심의 족쇄를 남

---

71. 인드리야(다스림, 기능) 5가지 — saddhindriya(삿딘드리야; 믿음의 기능, 信根), vīriyindriya(위리인드리야; 노력의 기능, 노력근精進根), satindriya(사띤드리야; 기억의 기능, 염근念根), samādhindriya(사마딘드리야; 사마디의 기능, 정근定根), paññindriya(빤닌드리야; 지혜의 기능, 혜근慧根)

72. sakkāyadiṭṭhi(삭까야딧티) - 아트만(자아, 영혼, 나)이라 집착하는 사견. 나라는 개체가 명백히 존재한다는 견해.
vicikicchā(위찌낏차) - 불·법·승 등에서 의심하는 성질.
sīlabbataparāmāsa(실랍바따빠라마사) - 개, 소 등을 흉내내는 수행으로 윤회의 고통에서 해탈한다고 믿는 사견.

김없이 제거하여 아나함 도道가 일어난다. 이 기능根이 최대한 강력하다면 나머지 모든 '색계선정에서의 갈애[rūparāga]' 등 족쇄들을 남김없이 제거한 아라한 도가 일어난다.

도道는 기능[根, indriya]의 강력한 정도에 따라 4가지로 구분되기에 저 도道와 결합하는 마음(도道 마음) 또한 4가지가 된다. 결과인 과果마음 역시 동일하다. 이와 같이 출세간 마음은 8가지로 구분된다.

수다원 도道 마음

sotāpattimaggacittaṁ [sota + āpatti + magga + cittaṁ]
savati sandati(물러서지 않고 한 흐름으로 흘러간다.) iti(그러므로) soto(흐름이라 한다)

강가의 흐름처럼 성스러운 팔정도八正道가 있다. 히말라야를 수원으로 흐르는 강가의 물은 뒤로 역류함 없이 바다로 흘러가듯, 정견正見 등의 팔정도 또한 수다원 도道에서 물러서거나 줄어듦 없이 단계단계를 거쳐 열반의 바다로 흘러든다.

범부들에게도 세속의 팔정도八正道가 일어나지만, 그것은 모든 번뇌를 남김없이 제거하지 못했기 때문에 팔정도가 항상 증가하여 진보할 것이라 안심할 수 없다. 현생에서 훌륭한 사람의 본보기가 되었어도 내생에는 계율이 없는 자가 되거나 큰 악당이 되는 경우를 본생담 등에서 볼 수 있다. 근본적 번뇌의 성향을 버리지 못한 범부이기에 상황에 따라 번뇌가 증폭될 수 있는 것이다. 그러나 출세간의 도道와 과果는 감퇴하거나 소멸됨이 없다. 열반이라는 큰 바다에 이를 때까지 한 단계씩 계속 진보 발전할 뿐이다. 이처럼 단계마다 계속 진보할 수 있는 것은, 도道가 일어나는 순간 번뇌들을 근원적으로 소멸시켰기 때문이다.

빅쿠들이여!
강가는 바다로 향하여
바다로 흘러가듯

이처럼 빅쿠들이여!
성스러운 팔정도를
몸과 마음에서 끊임없이 일으키는 이는,

열반으로 기운다.
열반으로 흐른다.
열반으로 향한다. — 『상윳따』에서

ādito(가장 처음에) pajjanaṁ(도착한다.) 그러므로 āpatti(아빳띠(도착함)이라 한다.

āpatti(아빳띠)에서 'a' 란 접두사는 '처음' 이란 뜻을 지닌다. '사다함 도道, 과果에 가장 먼저 도착한다' 이다. 물의 흐름과 같은 성스러운 팔정도에 가장 먼저 도착하기 때문에 얻어지는 도道이다. 그러므로 수다원 도라 한다.

사다함 도道 마음

[sakiṁ + āgāmī = sakadāgāmi]

imaṁ lokṁ(이 욕계에) sakiṁ(한 차례) sīlena(관습적으로) āgacchati(되돌아온다.) iti(그러므로) sakadāgāmī(사다함이라 한다.)

'한 차례 욕계에 되돌아온다' 는 것은 색계로부터 되돌아온다는 것이 아니라, 욕계에서 욕계로 탄생한다는 말이다.

sakadāgāmino(사다함 과果를 성취한 사람의) maggo(도道이다) 그러므로 sakadāgāmimaggo(사다함 도라 한다) [sakadāgāmino(사다함 과果를 성취한 사람)에게 사다함 도가 다시 일어날 수 없지만, 다른 도道와 혼동할 것을 염려하여 'sakadāgāmino'라고 수식한 것이다. '다른 사람의 도가 아니다. 사다함 과에 머무는 사람의 도이다' 아나함 등도 이와같다.]

아나함 도道 마음

imaṁ lokaṁ(이 욕계에) na gacchati(돌아오지 않는다.) iti(그러므로) anāgāmī(아나함이라 한다.)

아나함 도에 도달한 이는 욕계에 대한 집착을 남김없이 제거하였기에 다시 욕계에 탄생하지 않는다. 아라한 도를 성취하지 않았다면 색계에 반드시 탄생한다.

anāgāmino(아나함 과果를 성취한 사람의) maggo(도道이다.) 그러므로 anāgāmimaggo(아나함 도라 한다.)

아라한 도道 마음

훌륭한 공양을 받을 만한 이로서 특별한 숭배를 받을 만하다. 그러므로 'araha(아라하)'이라 한다. 번뇌라는 적들은 소멸되었다. 그러므로 이 성자를 'ara + ha = araha(아라하)'라 부른다. 윤회의 바퀴살을 소멸시켰기 때문에 'ara + ha = araha(아라하)'라 부른다. 악행을 행하거나 감추는 장소조차 없기 때문에 'a + raha = araha(아라하)'라 부른다. 여덟 번째 아리야 성인이다. 아라한이라는 이름은 네 번째 과果의 이름이다. 아라한 과를 성취하는 원인이 되는 도를 아라한 도라 부른다.

색계, 무색계, 출세간에서의 선善마음이 5가지면, 과보의 마음도 5가지이다. 욕계 선은 동일하지 않은 과보인 '뿌리 없는 선의 과보(아헤뚜까위빠까)'와 동일한 과보인 '뿌리를 지닌 선의 과보(사헤뚜까위빠까)' 두 가지가 있다. 이는 욕계 선한 마음만이 가지는 과보를 주는 영역으로써의 특별함이다. 색계나 무색계 선은 장애가 없는 한 바로 다음 생에서 확실한 결과를 주기 때문에 동일한 과보만을 준다. 출세간의 선 역시 확실한 결과를 주기 때문에 동일한 과보만을 준다. 그러나 욕계선善은 현생에서 바로 결과를 주기도 하고 다음 생에서 결과를 주기도 하고 혹은 연속되는 수많은 생에서 결과를 주기도 한다. 이렇게 결과를 주는 시간이 다양하기 때문에 동일함과 동일하지 않는 두 가지의 과보를 준다.

출세간에 작용만 하는 마음이 없는 이유

[질문] 출세간에는 왜 작용만 하는 마음이 없는가?

[대답] 도道 마음이 단 한차례만 일어나기 때문에 출세간에는 작용만 하는 마음이 없다.

[질문] 도道마음은 왜 한 차례만 일어나는가?

[대답] 한 차례로도 연관된 번뇌를 완전히 제거할 수 있어서 한 차례만 일어난다.

[질문] 도의 마음들이 한 차례만 일어나는 것과 작용만 하는 마음이 없는 것은 어떤 연관이 있는가?

[대답] 범부와 유학有學에게서 일어나는 선善이 아라한의 마음에서 일어나는 것을 작용만 하는 마음이라 한다. 출세간에서도 도道의 마음이 아라한에게 다시 일어난다면 작용만 하는 마음이라는 이름을 얻을 것이다. 그러나 도道의 마음은 단 한

차례만 일어나기 때문에 아라한의 마음에 거듭 일어나지 않는다. 그러므로 작용만 하는 마음이라는 이름을 얻지 못한다. 도의 마음이 오직 한 차례만 일어나기 때문에 작용만 하는 마음이 없다.

먼저 욕계 작용만 하는 마음, 색계 작용만 하는 마음, 무색계 작용만 하는 마음을 생각해 보자. 범부와 번뇌를 제거중인 수다원에서 아라한 도까지 일곱 부류의 유학[有學]들이 물이나 꽃을 공양하고 재가자의 계율이나 빅쿠계를 충실히 수지하며 혹은 수행을 증진시켜나가는 선행을 쌓아가듯 아라한 역시 선행을 한다. 선정을 성취한 범부와 수행 중인 유학들이 선정에 입정하는 것처럼 아라한 역시 선정에 입정한다. 범부와 유학들이 행한 이러한 무수한 선행은 뒤에 좋은 과보를 가져다주기에 '욕계 선 마음, 색계 선 마음, 무색계 선 마음'이라 할 수 있지만 아라한들이 행한 선행은 결과를 주지 않는다. 즉 업이 되지 않고 단지 행함만이 일어나기 때문에 욕계 작용만 하는 마음, 색계 작용만 하는 마음, 무색계 작용만 하는 마음이라 한다.

도道는 오직 번뇌를 제거하는 일만 행한다. 네 가지 도道는 연관된 각각의 번뇌들을 제거하는데 마치 강한 번개불이 단번에 큰 바위를 부수듯 연관된 번뇌들을 한순간에 소멸시킨다. 때문에 번뇌를 제거하기 위해 다시 일어날 필요가 없다. 세속의 선정에 입정하듯 출세간의 선정에 입정하는 것도 과果마음의 의무일 뿐이다. 도 마음이 일어나야만 출세간마음의 결과인 과 선정에 입정할 수 있다. 만약 도 마음이 번뇌를 제거하고, 과 선정에 입정하는 이 두 가지 일을 위해 또다시 일어난다면 이 마음을 작용만 하는 마음이라 부를 수도 있을 것이다. 그러나 다시일어나지 않기 때문에 출세간에는 작용만 하는 마음이 없다.

간략하게 분류한 89가지 마음

계통으로 헤아림

dvādasākusalānevaṁ kusalānekavīsati.
chattiṁseva vipākāni kriyacittāni vīsati.

불선 마음은 12가지이다. 선마음은 21가지이다. 과보마음은 36가지이다. 작용만 하는 마음은 20가지이다.

영역으로 헤아림

catupaññāsadhā kāme rūpe pannarasīraye.
cittāni dvādasārūpe aṭṭhadhā nuttare tathā.

궁극적 법을[paramattha] 보시는 부처님께서는 욕계에 속하는 마음을 54가지라 하셨고, 색계에 속하는 마음은 15가지, 무색계에 속하는 마음은 12가지라고 설하셨다. 그 외 출세간 마음을 8가지로 분류하셨다.

맺음말

itthamekūna navutipabhedaṁ pana mānasaṁ.
ekavīsasataṁ vātha vibhajanti vicakkhaṇā.

부처님께서는 마음을 89가지로 분류하셨다. 121가지로도 분석하셨다.

해설

빠라맛타 법을 분류하면 선, 불선, 무기법無記法(선, 불선으로 설하지 않은 법) 세 종류이며 다른 식으로는 '선, 불선, 과보, 작용만 하는 마음' 네 종류가 있다. 이것은 계통에 따른 분류이다. 불선

마음은 12가지, 선 마음은 21가지, 과보마음은 36가지, 작용만 하는 마음은 20가지라고 분류하셨다.

네 영역으로 요약하면

장소의 영역(ṭhāna)과 지정된 영역(avatthā) 두 종류로 나누는데, '사악처, 인간계, 욕계 천상, 색계, 무색계' 는 장소의 영역(ṭhāna)에 따른 구분이다.

지정된 영역(avatthā)이란?

1. kāmataṇhā(까마딴하)의 영역 - 오욕의 갈애를 대상으로 삼는 욕계 마음과 마음부수 및 물질을 '욕계의 영역' 이라 한다.
2. rūpataṇhā(루빠딴하)의 영역 - 색계의 갈애를 대상으로 삼는 색계 마음과 마음부수를 '색계의 영역' 이라 한다.
3. arūpataṇhā(아루빠딴하)의 영역 - 무색계의 갈애를 대상으로 삼는 무색계 마음과 마음부수를 '무색계의 영역' 이라 한다.
4. 갈애를 대상으로 삼지 않는 열반과 출세간의 마음과 마음부수를 '출세간의 영역(lokuttaraavatthā)' 이라 한다.

욕계, 색계, 무색계는 장소의 영역(ṭhāna)과 지정된 영역(avatthā)에 모두 해당되고, 출세간은 지정된 영역(avatthā)에만 해당된다.

마음을 총 정리한다.

phusana[접촉]의 특징은 phassa(접촉) 하나이고, anubhavana[체험함]의 특징은 vedanā[느낌] 하나인 것처럼, 마음識은 āramanavijānana[대상을 앎]특징 하나로써 계통으로는 선善, 불선不善, 과보마음, 작용만 하는 마음의 4종류로 구분된다. 선 마음도 욕계, 색계, 무색계, 출세간 선善마음의 넷이다. 욕계 선마음 역시 즐거움, 중립적 느낌으로 2가지, 결합한 마음, 결합하지 않은 마음으로 2가지, 자극받은 마음, 자발적 마음으로 구분한다. 선정의 종류에 따라 색계의 선 마음은 5가지이다. 대상의 다양함으로 무색계의 선 마음도 4가지이다. 출세간 선마음 역시 4가지로 나누어진다. 이와 같이 선마음은 21가지이다.

불선 마음도 느낌의 분류, 결합한 마음으로의 분류, 자극의 구분으로 12가지로 나누어진다. 과보마음, 작용만 하는 마음의 다양함 역시 이렇게 확장할 수 있다. 뿌리 없는 마음은 불선의 과보마음, 선의 과보마음, 작용만 하는 마음으로 구분된다. 눈 등의 토대로는 보는 작용, 듣는 작용 등 작용의 다양함으로 나누어진다. āramanavijānana[대상을 앎] 특징으로 하나인 마음은 89가지로 분류하였다.

불선마음은 12가지이다. 선마음은 21가지이다. 과보마음은 36가지이다. 작용만 하는 마음은 20가지이다. 영역으로 나누면 욕계 영역의 마음들은 54가지로 분류된다. 색계 영역의 마음은 15가지로 분류된다. 무색계 영역의 마음은 12가지로 분류된다. 그 외 출세간의 '지정된 영역(avatthā)' 에서 마음을 8가지로 분류한다.

정리하면 부처님께서는 대상을 알아차리는 특징으로 오직 하나인 마음을 위와 같이 89가지로 분석하셨다. 확장한 방법으로 121가지 방법으로 분석하셨다.

89가지로 나뉜 마음은 다시 121가지로 분석된다. 어떻게 분석되는가?

출세간마음을 확장한 40가지

마음識 89가지를 확장한 121가지

89가지로 분류된 마음이 어떻게 다시 121가지로 나뉠 수 있는가?

수다원 도道 마음 5가지

1. vitakka vicāra pīti sukha ekaggatā

일으킨 생각, 지속적 고찰, 희열, 행복, 집중이란 선정의 요소 5가지와 함께하는 초선 수다원 도 마음

2. vicāra pīti sukha ekaggatā

지속적 고찰, 희열, 행복, 집중이란 선정의 요소 4가지와 함께하는 제2선 수다원 도 마음

3. pīti sukha ekaggatā

희열, 행복, 집중이란 선정의 요소 3가지와 함께하는 제3선 수다원 도 마음

4. sukha ekaggatā

행복, 집중이란 선정의 요소 2가지와 함께하는 제4선 수다원 도 마음

5. upekkhā ekaggatā

중립적 느낌, 집중이란 선정의 요소 2가지와 함께하는 제5선 수다원 도 마음

이 5가지 마음을 수다원 도 마음이라 부른다.

상위 도 마음 15가지와 과 마음 20가지

tathā sakadāgāmimagga anāgāmimagga arahattamaggacittañcet
i samavīsati maggacittāni.

tathā phalacittāni ceti samacattālīsa lokuttaracittāni bh avantīti.

그와 같이 사다함 도마음, 아나함 도마음, 아라한 도마음 또한 5가지로 분류되어 20가지 도마음과 그와 같은 20가지 과果 마음으로 정확히 40가지의 출세간마음이 있다. 이리하여 89가지 마음은 121가지가 된다.

요약

jhānaṅgayogabhedena katve kekaṁ tu pañcadhā.
vuccatā nuttaraṁ cittaṁ cattālīsa vidhantica.

하나의 출세간의 마음은 선정의 요소에 따라 5가지로 구분되어 출세간의 마음은 모두 40가지가 된다.

세속, 출세간 선정 마음

yathā ca rūpāvacaraṁ gayhatā nuttaraṁ tathā.
paṭhamādijjhānabhede āruppañcāpi pañcame.
ekādasa vidhaṁ tasmā paṭhamādika mīritaṁ.
jhāna mekeka mante tu tevīsati vidhaṁ bhave.

색계의 마음을 초선, 제2선 등으로 구분한 것처럼, 출세간의 마음도 초선 등 선정으로 분류하였다. 무색계 마음은 제5선만 있다. 그러므로 각각 초선 등의 선정의 마음은 11가지가 된다고 하셨고, 마지막 제5선 마음은 23가지라 하셨다.

넓게 보인 선마음과 과보마음

sattatiṁsa vidhaṁ puññaṁ dvipaññāsa vidhaṁ tathā.
pāka miccāhu cittāni ekavīsasataṁ budhā.
iti abhidhammatthasaṅgahe cittasaṅhaha vibhāgonāma paṭham
o paricchedo.

선마음은 37가지이다. 과보마음은 52가지이다. 그 외 [불선마음은 12가지이고, 작용만 하는 마음은 20가지이다.] 이와 같이 마음은 121가지로 분류된다고 현자들이 말씀하신다.

『아비담맛타상가하』에서 첫 번째 마음의 장章이 끝났다.

해설

도道마음 4가지를 선정 5가지로 확장하면 도마음은 정확히 20가지가 된다. 도마음을 확장한 것처럼 과果마음을 확장하여 20가지이다. 도마음 20가지 + 과마음 20가지로써 출세간마음은 정확히 40가지가 된다. 세속의 마음 81가지와 출세간의 마음 40가지를 합하면 마음은 모두 121가지로 확장된다. 따라서 '좁게는 89가지, 넓게는 121가지'라고 한다.

색계의 5선정을 출세간마음에 적용하였다. 수다원 도道마음을 5선정으로 확장하여 초선에서 수다원 도마음 1가지, 제2선에서 수다원 도마음 1가지 등을 얻는다. 사다함, 아나함, 아라한의 도道와 과果마음에서도 마찬가지이다. 출세간 초선마음은 수다원, 사다함, 아나함, 아라한인 네 곳에서 도와 과마음을 각각 취하여 모두 8가지가 된다. 제2선 등에서도 역시 8가지이다. 이렇게 모두 40가지의 출세간 마음을 얻게 된다.

무색계의 마음은 '중립적 느낌, 집중' 선정의 요소 2가지와 결합하기 때문에 선정 요소가 서로 동일하기에 제5선에 포함시킨다. 그러므로 선마음, 과보마음, 작용만 하는 마음으로 세속의 색계 초선 마음 3가지, 출세간 초선 마음 8가지를 합쳐 초선 마음은 11가지가 된다. 제2선, 제3선, 제4선 마음 역시 마찬가지로 각각 11가지가 된다. 제5선 마음은 이 11가지에 무색계 마음 12가지를 합쳐 23가지가 된다.

수다원 도道에 이른 사람은 그가 닦은 선정의 경지에 따라 초선에서 제5선까지의 하나를 얻을 수 있다. 그러므로 수다원 도마음에 5가지 선정을 적용할 수 있다. 사다함 도마음, 아나함 도마음, 아라한 도마음에서도 이와 같이 취할 수 있다. 이렇게 4가지 도마음을 선정의 경지에 따라 확장하면 20가지 도마음이 일어난다. 20가지 도마음, 20가지 과마음으로 40가지의 출세간마음이 일어난다. 이렇게 89가지의 마음을 121가지로 확장할 수 있다.

욕계, 색계, 무색계 마음을 합하면 세속의 마음은 모두 81가지이다. 사마타 없이 위빳사나만을 닦아 일어난 출세간의 도와 과의 마음 8가지를 합하여 89가지의 마음으로 분류한다. 다시 5가지 선정과 결합하여 확장한 출세간마음인 도道, 과果마음 40가지를 세속마음 81가지와 합치면 121가지 마음의 다양함을 얻을 수 있다.

선정 2종류
아라한 도道 마음

도道는 한 순간 일어나기 때문에 선정과 함께하는 수다원 도道 다섯 종류가 한 사람에게 모두 일어날 수는 없다. 한 가지만 일어난다. 그렇다면 어떤 사람에게 초선 수다원 도가 일어나고 어떤 사람에게 제2선 수다원 도가 일어나는가? 도를 얻기 직전 수행자의 마음에 웃타나가미니위빳사나(상카라에서 벗어나 도道로 가는 통찰지혜)[73] 지혜가 일어난다. 이 지혜의 힘에 따라 어떤 수행자에게는 초선 수다원 도가 일어나고 어떤 이에게는 제2선 수다원 도가 일어난다.

즉, 웃타나가미니위빳사나[vuṭṭhānagāminīvipassanā] 지혜란 도道의 인식과정에 도달하기 직전, 생멸하는 조건지어진 현상계에서 평정심의 지혜(saṅkhārupekkhāñāṇa)와 도가 일어나는 순간 인식과정에 포함된 수순하는 지혜(anulomañāṇa)[74]를 뜻한다.

어떤 수행자는 위빳사나 명상을 할 때 5가지 선정의 요소 중 특별히 그 어느 것도 혐오하지 않는다. 이 위빳사나로 성취하는 도道에는 5가지 선정의 요소가 모두 함께한다. 즉 '초선의 도道를 성취한다'는 의미이다. 어떤 수행자는 위빳사나 수행 중 일으킨 생각[위딱까]을 혐오하는 능력의 특별함 때문에 일으킨 생각 없는 제2선과 함께한다. 제3선 도道 등에서도 마찬가지이다. 이와 같이 개개의 도道에서 선정의 요소가 구별되는 것은 웃타나가미니위빳사나(상카라에서 벗어나 도道로 가는 통찰지혜)만이 핵심이다.

도道의 성취는 위빳사나만으로 도를 성취한 사람[sukkhavipassaka], 선정을 성취한 사람[jhānalābhī][75]의 두 종류가 있다. '위빳사나만으로 도를 성취한 사람'이란 선정이라는 윤활유 없이 메마른 위빳사나만을 지닌 사람이다. 세속의 선정을 성취한 사람을 '선정을

73. vuṭṭhānagāminī(웃타나가미니) - 도道에 들기 직전 생멸하는 조건지어진 법인 상카라 대상에서 벗어나 생멸이 없는 조건의 법에서 벗어난 열반을 대상으로 하는, 도道로 옮겨가는 지혜.

74. anulomañāṇa(아누로마냐나) - 생멸하는 무상 등을 대상으로 하는 상카라[현상계]와 생멸없는 열반을 대상으로 하는 아상카라 법 사이에서 상카라에도 순응하고 아상카라에도 순응하는 지혜.

75. sukkhavipassaka(숙카위빳사까; 선정을 얻지 못하고 단지 위빳사나만으로 도道를 성취한 사람), jhānalābhī(자나라비; 선정을 성취한 사람)

성취한 사람' 라 한다. 위빳사나만으로 도를 성취한 사람은 선정을 얻지 못하였기에 위빳사나를 명상할 때 욕계의 법만을 명상할 수 있다. 그러므로 위빳사나만으로 도를 성취한 사람은 일으킨 생각 등 5가지 선정의 요소 중 어느 것도 혐오하지 않는다. 어떤 사람은 '선정을 성취한 사람' 일지라도 자신이 성취했던 선정과 상관없는 욕계의 법만을 무상 · 고 · 무아로 명상한다. 혹은 초선에만 입정하거나 혹은 초선에서 출정한 뒤 선정의 요소를 숙고하거나 아니면 그 모두를 하지 않아도 어떤 선정의 요소도 혐오하지 않는다. 그러므로 위빳사나만으로 도를 성취한 수행자와 선정을 성취한 수행자들은 초선을 수반한 도道만을 성취한다.

만약 이 수행자의 웃타나가미니위빳사나 지혜[주석 218을 참조]가 중립적 느낌과 함께했다면 '중립적 느낌과 함께하는 속행 바로 뒤에는 중립적 느낌과 함께하는 본삼매의 속행만이 있다' 는 인식과정 장章 본삼매 속행 설에 근거하여, 중립적 느낌을 수반하는 제5선 도道의 마음이 일어나야 하지 않는가? 도道를 성취하기 전의 위빳사나 마음에서는 즐거움과 함께하거나 중립적 느낌과 함께 번복하여 일어날 수 있다. 하나 수행자의 마음에 도道가 일어나기 직전 웃타나가미니위빳사나 순간에는 물밀듯 밀려오는 즐거움만이 함께하기 때문에 제5선의 중립적 느낌과 함께하는 선정은 일어날 수 없다. 물론 중립적 느낌 선정에 입정하거나 그 선정을 숙고함으로써 행복[수카]을 허물로 바라보는 수행자의 경우는 예외이다.

토대가 되는 선정 설

'제2선을 수반한 도道' 등에 관하여, 토대가 되는 선정[pādakajhāna], 사유된 선정[sammasitajhāna], 개개인의 바람[puggalajjhāsaya]의 세

가지 견해가 있다.[76]

'토대가 되는 선정[pādakajhāna]' 란 - 선정을 성취한 어떤 수행자가 도道를 성취하고자 자신이 얻은 선정에 입정한다. 그 선정은 위빳사나의 토대가 되기 때문에 '토대가 되는 선정' 이라 부른다. 토대가 되는 선정에 입정한 뒤 출정하여 다른 세속의 상카라[조건 속에 생멸하는 현상계]를 위빳사나로 명상하여 '웃타나가미니위빳사나' 에 도달하면 '토대가 되는 선정' 이 초선이라면, 당연히 초선 도道를 얻는다. 일으킨 생각[위딱까]을 혐오하는 제2선이라면, '토대가 되는 선정' 의 여세로 인하여 일으킨 생각을 혐오하는 특별함이 포함되기에 이 위빳사나로 성취한 도道는 일으킨 생각 없는 제2선과 결합한다. 다시 말해서 '일으킨 생각을 혐오하는 특별함이 들어간 위빳사나로 인하여 제2선만을 얻게 된다' 는 뜻이다. 마찬가지로 제3선을 토대로 한다면 제3선 도道, 제4선을 토대로 한다면 제4선 도道, 제5선을 토대로 한다면 제5선의 도道가 일어난다. 이 주장에서 토대가 되는 선정 외에 다른 상카라를 숙고할 때 선정도 숙고할 수 있다. 여기서 '사유된 선정이 핵심이 아니다. 토대가 되는 선정 설만이 도道에서 선정요소를 결정할 것이다' 라는 견해를 '토대가 되는 선정' 설이라 한다.

---

76. ① pādakajhāna(빠다까자나) - 위빳사나를 명상함에서 토대가 되는 선정. 'padakabhuta(토대로 일어나는) + jhāna(선정)' 에 따라 padakajhāna(빠다까자나)라 한다.
② sammasitajhāna(삼마시따자나) - 자신이 성취한 세속의 선정을 무상. 고. 무아로 숙고하는 선정.
③ puggalajjhāsaya(뿍갈랏자사야) - 자신의 원함, 희망으로써 성취되는 선정.

사유된 선정 설

선정을 획득한 어떤 수행자들은 도道를 얻으려 자신이 획득한 선정을 무상 · 고 · 무아로써 관한다.[위빳사나로 명상한다] 그처럼 사유된 선정을 'sammasīyate[숙고되었다]' 하여 '사유된 선정[sammasitajhāna]'라 한다. 사유된 선정이 초선이면 초선의 도를 얻을 것이다. 일으킨 생각을 혐오하는 제2선이라면 위빳사나에서도 선정의 여세가 지속되어 일으킨 생각을 혐오하는 능력이 포함된다. 이 위빳사나로 웃타나가미니위빳사나에 도달한 도道는 일으킨 생각이 없는 제2선과 함께한다. 제3선을 사유하였다면 제3선의 도道를 얻을 것이다. 제4선, 제5선도 마찬가지이다. 이 견해에서는 토대가 되는 선정이 있고 없음이 핵심이 아니다. '사유된 선정만이 도道에서 선정의 요소를 결정한다.' 이것을 사유된 선정 설이라 한다.

다음과 같은 견해도 있다. 토대가 되는 선정77 설로 선정을 사유하지 말아야 한다. 선정을 사유하면 '사유된 선정' 설과 뒤섞일 것이다. 사유된 선정에서도 선정을 토대로 삼지 말아야 한다. 선정을 토대로 한다면 토대가 되는 선정 설과 뒤섞일 것이다.

개개인의 바람 설

puggalassa(수행자의) ajjhāsaya(바람이다) 그러므로 puggalajjhāsayo(개개인 바람으로 얻어지는 선정이라 한다).

---

77. 빠다까자나 - 자신이 얻은 선정에서 일어나, 선정을 밑받침으로 하여 욕계의 법을 무상 등의 위빳사나로 명상하여 밑받침이 된 자신이 얻은 선정과 같은 초선 등의 도道를 얻음.

'4가지 선정의 요소를 지닌 도道를 얻으면 좋겠다. 3가지 선정의 요소를 지닌 도를 얻으면 좋겠다' 는 서원으로 선정을 성취하는 수행자의 바람을 '개개인의 바람[puggalajjhāsaya]' 라 한다. 성취하려는 바람으로 노력하여 '웃타나가미니위빳사나' 에 도달하여 도道를 얻는다면 바램에 따라 제2선 도道 또는 제3선 도道 중 하나를 성취할 것이다. 그러나 희망만으로 얻을 순 없다. 바람에 합당하게 세속의 선정에 입정하거나 선정을 숙고하여 입정과 숙고 둘 모두를 행해야 한다. 즉 '제2선 도道를 원한다면 세속의 제2선에 입정하거나 숙고하는 둘 중 어느 것이든 행하여야 한다' 는 의미이다. 즉 '수행자의 바람[puggalajjhāsaya]에 따라 도道의 선정의 요소가 결정된다' 는 견해를 개개인의 바람 설이라고 한다.

특별한 점

개개인의 바람 설은 앞의 두 가지에 적당히 내포된다. 자신이 바라는 도道와 선정의 요소가 동일한 세속의 선정을 밑받침하여 입정한다면 토대가 되는 선정 설과 의미가 같아진다. 토대 없이 숙고하는 정도로만 사유한다면 사유된 선정 설과 같아진다.

특별한 점은 제2선을 토대로 하여 제3선을 사유하면 토대가 되는 선정 설에 따라 제2선 도道를 얻을 것이고, 사유된 선정 설에 따르면 제3선 도道를 얻을 것이다. 이처럼 앞의 두 가지 주장 때문에 어려움에 부딪치면 "빅쿠들이여! 계율을 지닌 사람의 cetopaṇidhi[마음의 갈구]는 원함에 따라 원만하게 완성될 것이다. 무엇 때문인가? 원함이 청정하기 때문이다" 라는 구절처럼 바람에 따라 수행자가 원하는 도道가 일어날 것이다. 이것이 '개개인의 바람' 으로 획득한 선정의 특별한 점이다. 이와 같이 '토대가 되는 선정' 설과 '사유된 선정' 설이 조화되지 못하고 특별한 바람 또한 없다 해도 저명한 사람에게 좋은 음식이 먼저 가듯이 상위 선정 쪽으로 마음이 기울기 쉬우므로, 상위 선정과 동일한 도가 일어날 것이다.

제2장

마음부수

쩨따시까상가하 ‖ CetasikaSaṅgaha

2. 마음부수, 쩨따시까

마음부수의 특징 4가지

ekuppāda nirodhā ca ekālambana vatthukā
cetoyuttā dvipaññāsa dhammā cetasikā matā.

함께 일어나고 함께 소멸하며
동일한 대상과 동일한 토대를 지닌
마음識과 결합한 52가지 법을
마음부수라 한다.

해설

cetasika(쩨따시까) - 마음을 의지하여 일어나는 법, 마음부수 혹은 受·想·行.

1장에서 '마음識, 마음부수受·想·行, 물질色, 열반' 의 순서로 마음을 상세히 설명하고, 2장에서는 마음부수를 상세히 보여준다. 아누룻다 존자는 '함께 일어나고 함께 소멸하며,,,,,,,' 라고 하였는데 여기에서는 '함께 일어나고 함께 소멸하며 동일한 대상과 동일한 토대를 지닌' 으로 4가지 결합하는 특징[sampayoga]을 설명하고 있다. '마음識과 결합한' 이란 구절로 모든 마음부수의 요지를 보였다. 'cetasiyuttā cetasikā - 마음과 결합한 법의 모임을 마음부수라 부른다' 란 뜻이다. '52가지' 는 마음부수의 종류이다.

쩨따시까(마음부수)

마음識에 연관되어 일어나기 때문에 'cetasi(마음에서) + bhava(일어나는 법) = cetasika(쩨따시까; 마음에서 일어나는 법)' 라고 풀이할 수 있다. '마음에서 일어난다' 는 말에서 '마음은 일어나는 장소이고 마음부수는 그 마음 위에 머무는 것' 으로 잘못 생각할 수 있지만 마음부수가 마음 위에 실제로 머무는 것은 아니다. 접촉, 느낌 등의 마음부수가 대상에 접촉하고 지각할 때 수장인 앞서가는 마음이 포함되지 않는다면 지각할 수 없다.

마음이 연관되어 일어나는 접촉, 느낌 등이 '마음부수' 라면 마음 또한 홀로 일어날 수 없다. 접촉, 느낌 등의 마음부수와 결합하여야 일어날 수 있다. 그렇다면 마음 또한 접촉이나 느낌에서 일어날 수 있기에 '접촉에서 일어나는 법' 또는 '느낌에서 일어나는 법' 등으로 부를 수 있지 않은가? 아니다. 마음은 접촉, 느낌 등 마음부수와 연관되어 일어나지만 중심은 마음이기 때문에 '접촉에서 일어나는 법, 느낌에서 일어나는 법' 이라 일컫는 것은 적합하지 않다.

왜냐하면 일반적으로 핵심인 우두머리의 이름을 인용하여 뒤따르는 부하들의 이름을 입증하지, 부하의 이름을 인용하여 우두머리의 이름을 입증하는 일은 없기 때문이다. 예를 들면 부처님과 제자들 사이를 '부처님의 제자' 라고 부를 수는 있어도 제자들의 부처님이란 말이 없는 것과 같다. 그러므로 중심이 아닌 뒤따르는 마음부수들에 의지하여 수장인 마음을 '접촉에서 일어나는 법, 느낌에서 일어나는 법' 등으로 부르는 것은 적절하지 못하다. 마음이 중심축이고 마음부수가 종속된다는 것은 대상을 취할 때 일부 마음부수들 없이도 마음은 일어날 수 있지만 어떤 경우에도 마음 없이 마음부수 홀로 일어날 수 없기 때문이다.

함께 일어남

『물라띠까』에서 'eko samāno uppādo etesaṁti ekuppadā, samānapaccayehi sahuppattikāti attho - 이 법들은 함께 일어난다. 그러므로 ekuppadā('함께 일어남'이라 부른다) 동일한 대상 등을 원인으로 하여 동시에 일어나는 법들이란 뜻이다'

『물라띠까』 vetanātika 장의 해설에 따르면, 함께 일어나는 마음과 마음부수들에는 각자의 일어남이[마음에서도 마음의 일어남, 접촉에서도 접촉의 일어남 등으로] 있다. eka(함께)란 단어는 samāna(동일한)란 뜻으로 해석한다.

마음부수들은 마음과 함께 결합하여 생성, 소멸하기 때문에 '함께 일어나고 함께 소멸하며' 마음과 동일한 대상과 동일한 토대를 지니기 때문에 '동일한 대상과 동일한 토대를 지닌'다고 한 것이다. 이 4가지 특징으로 마음識에 수반되고, 52가지 성품으로 작용하기 때문에 마음부수受·想·行는 '마음과 항상 결합하거나 혹은 마음과 항상 결합하지 않는' 법이다. [연관된 마음과 결합하여 함께하는 마음부수, 결합하지 않는 마음부수로 알아야 한다] 이와 같이 '함께 일어남' 등의 4가지 특징을 '마음과 결합된[cetoyuttā]' 특징 또는 '연합, 결합[sampayoga]'의 특징이라 한다.

함께 소멸함

이 4가지 마음부수가 결합하는 특징에서 '함께 일어남' 만으로도 '마음과 결합함'을 알 수 있지 않는가? 왜 '함께 소멸함'까지 강조해야 하는가? '함께 일어남' 만으로 '마음과 결합함[cetoyuttā]'을 증명할 수 있다면, 마음과 동시에 일어나는 '업으로 생긴 물질 kammajarūpa'과 '마음으로 생긴 물질cittajarūp a' 또한 '마음識과 결합된' 이란 이름을 얻어야 한다.

그러나 '업으로 생긴 물질' 이나 '마음으로 생긴 물질' 은 마음과 결합된 상태가 아니기 때문에 이를 부정하기 위하여 '함께 소멸함' 의 특징을 보여주었다. ['업으로 생긴 물질' 과 '마음으로 생긴 물질' 들은 마음識과 함께 일어나기에 '함께 일어남' 이 가능하지만 마음이 소멸할 때 동시에 소멸하지 않고 마음이 17차례 생멸한 뒤 소멸한다. 따라서 '업으로 생긴 물질' 과 '마음으로 생긴 물질' 을 마음과의 결합에서 제거하려고 '함께 소멸하는' 특징을 포함하여 '마음과 결합함' 을 나타내었다.]

동일한 대상

그렇다면 '함께 일어나고, 함께 소멸하며' 라는 마음부수의 특징 두 가지만으로도 마음과의 결합을 설명할 수 있지 않은가? 왜 '동일한 대상' 이란 특징을 또 포함하는가? '마음을 따르는 법들[cittānuparivattino dhammā]' 에 포함되는 암시[viññatti, 몸과 말의 표현]도 마음과 동시에 생겨나고, 함께 소멸하기 때문에 '마음과 결합하는[cetoyuttā]' 특징에 포함되기 때문이다. 마음과 동시에 일어남한 뒤 17번째 마음과 함께 소멸하는 업으로 생긴 물질(깜마자루빠)나 마음으로 생긴 물질(찟따자루빠)에 대해서도 어떤 이는 함께 일어나고 함께 소멸하기 때문에 '마음과 결합함[cetoyuttā]'에 해당되지 않는가 하는 혼란이 생길 수 있다. 따라서 두 가지 몸과 말의 암시[viññatti]와 업으로 생긴 물질이나 마음으로 생긴 물질을 '마음과 결합함' 에서 제외시키려고 '동일한 대상' 을 보태어 언급한 것이다. 함께 일어나고 함께 소멸할 뿐만 아니라 동일한 대상을 지녀야만 '마음과 결합함'이 될 수 있다. 대상을 취할 수 없는

'아나라마나(anārammaṇa, 대상을 취할 수 없는 법)' 인 업으로 생긴 물질이나 마음으로 생긴 물질들은 마음과 결합할 수 없다.

동일한 토대

그렇다면 앞의 3가지 특징만으로도 '마음과 결합함[cetoyuttā]'이 될 수 있지 않은가? 무엇 때문에 또 동일한 토대를 언급하는가?[78] 이는 범위에 관한 문제이다. 앞의 3가지 특징과 조화되는 법들이 오온五蘊의 영역에서 같은 토대인 것을 강조하기 위해 '동일한 토대'를 다시 언급하였다. 이 특징은 사온四蘊의 영역[79]에는 부적합하지만 오온의 영역에는 해당되기에 이 '마음과 결합함[cetoyuttā]'은 적절한 범위를 나타낸 것이다.

동일한 토대란, 눈의 의식은 시각물질을 의지해야 일어나고 코, 귀 등도 그와 같다. 물질色이 없는 사온四蘊의 영역인 무색계에서는 몸을 가질 수 없기 때문에 의지할 수 있는 토대가 없다.

특징 등 4가지 법

심오한 빠라맛타(궁극적 실재의 법)를 일반의 지혜로는 알 수가 없다. 수행자들이 빠라맛타를 올바르게 접근하기 위해서는 특성(lakkhaṇā), 작용(rasa), 지혜에 드러나는 모습(paccupaṭṭhāna), 가까운 원인(padaṭṭhāna) 이 네 가지 법을 심사숙고해야 한다. 그러므로 모든 마음부수 법을 특징 등 네 가지 법으로 설명하여 보이겠다.

---

78. '마음과 결합함[cetoyuttā]' 마음부수의 특징 4가지 — ① 함께 일어남, ② 함께 소멸함, ③ 동일한 대상, ④ 동일한 토대.
79. catuvokāra(짜뚜워까라) - 물질色을 제외한 4온(受, 想, 行, 識)을 가진 영역. 오직 정신적인 영역인 무색계를 말한다.

특징(lakkhaṇā)

빠라맛타에서는 일반적 표식이나 개별적 표식을 특성이라 한다. 사람마다 다른 이와 구별되는 한두 가지의 특징이 있는 것처럼 빠라맛타 법들에도 특징이 있는데, 이를 '특성(lakkhaṇā)'이라 한다. 특성에는 일반적 특성과 고유한 특성의 두 가지가 있다. 그 중에서 무상 · 고 · 무아는 몸과 마음의 상카라와 연관된 일반적 특성이다. 변하고 전도되는 특성은 물질 모두에 해당되며, 대상을 취하는(기울이는) 특징은 모든 마음(受·想·行·識)과 연관되기 때문에 일반적 특성이다. 이처럼 대다수와 연관된 특성을 '일반적 특성'이라 한다. '대상을 아는 특성'은 마음識에만, '부딪침의 특성'은 접촉에만, '느끼고 즐기는 특성'은 느낌에만 연관되기 때문에 고유한 특성들이다. 이처럼 자신만의 특성을 '고유한 특성'이라 한다.

작용(rasa)

빠라맛타에서는 원인이 갖추어져 법이 일어나는 모습을 '작용(rasa)'이라 부른다. 작용(rasa)에는 두 가지가 있다. 하나는 빠라맛타 법이 '행하여야 할 작용[kiccarasa]'이고, 다른 하나는 원인이 갖추어져 일어나는 '완전한 원인의 작용[sampattirasa]'이다. 어떤 법에서는 '행하여야 할 작용'이 선명히 드러나고 어떤 법에서는 '완전한 원인의 작용'이 더 선명히 드러난다.

지혜에 드러나는 모습(paccupaṭṭhāna)

phalaṁ vā(결과 또는) upaṭṭhānākāropī vā(수행자들의 지혜에 드러나는

모습)을 paccupaṭṭhānaṁ(빳쭙빳타낭; 나타나는 모습)이라 부른다.

모습에는 '결과가 나타나는 모습[phalapaccupaṭṭhāna]'과 '드러나는 모습[upaṭṭhānākārapaccupaṭṭhāna]'의 두 가지가 있다. 결과가 나타나는 모습은 '행함[kiccarasa]'으로 얻을 수 있다. 비유하면 일을 하면 그 일(작용)로 인해 어떤 결과를 얻는 것과 같다. 드러나는 모습이란 법이 수행자의 지혜에 드러나는 것이다. 비유하면 어떤 사람을 어림잡아 평가하다 보면 마음에 그 사람의 특성이 드러나는 것과 같다.

가까운 원인(padaṭṭhāna)

yaṁ āsannakāraṇaṁ(가까운 원인이) atthi(있다) taṁ tu(이 가까운 원인을) padaṭṭhānanti(빠닷타나라고) mataṁ(알 수 있다)

먼 원인과 가까운 원인 중 가까운 원인을 빠닷타나라 한다. 'pada빠다와 ṭhāna타나' 두 단어 모두 '원인'이란 뜻이다. 한 단어로는 뜻이 명확하지 않을 때 동의어를 보태어 의미를 밝게 드러내듯 '타나'를 '빠다'란 단어로 강조하고 있다. 'padameva(원인만으로 일어나는) + ṭhānaṁ(원인이다) 그러므로 padaṭṭhāna(빠닷타나)라 한다'이다.

동조하는 마음부수(안냐사마나)80 13가지

모든 마음에 공통되는 마음부수(삽바찟따사다라나)81 7가지

52가지 마음부수란 무엇인가?

1. phassa(팟사) - 접촉
2. vedanā(웨다나) - 느낌
3. saññā(산냐) - 지각
4. cetanā(쩨따나) - 의도
5. ekaggatā(집중) - 집중
6. jīvitindriya(지위띤드리야) - 생명 기능, 명근命根
7. manasikāra(마나시까라) - 주의

7가지 이 마음부수를 모든 마음에 공통되는(삽바찟따사다라나) 마음부수라 부른다.

혼합되는 마음부수(빠낀나까)82 6가지

1. vitakka(위따까) - 결합한 법들을 대상에 보내는 특성, 일으킨 생각尋
2. vicāra(위짜라) - 대상을 반복적으로 취하는 특성, 지속적 고찰伺
3. adhimokkha(아디목카) - 결심
4. vīriya(위리야) - 노력, 정진
5. pīti(삐띠) - 희열, 기쁨
6. chanda(찬다) - 원함

---

80. aññasamāna cetasika(안냐사마나 쩨따시까) - 선, 불선 두 종류의 법들에 용인하고 동조하는 마음부수.
81. sabbacittasādāraṇa cetasika(삽바찟따사다라나 쩨따시까) - 모든 마음에서 공통되는 마음부수.
82. pakiṇṇaka cetasika(빠낀나까 쩨따시까) - 모든 마음에 결합하지 못한 채 저기 일부, 여기 일부로 뒤섞여서 혼합되어 결합한 마음부수들.

6가지 이 마음부수를 혼합되는 마음부수(빠낀나까)라 부른다.

13가지 이 마음부수들은 선, 불선에 동조하는 마음부수(안냐사마나)이다.

해설

먼저 '선, 불선에 동조하는 마음부수[안냐사마나쩨따시까], 불선 마음부수[아꾸살라쩨따시까], 아름다운 마음부수[소바나쩨따시까]'로 마음부수의 모임 세 가지를 순서대로 설명한다. 그 뒤에 각각의 마음부수들이 마음에 결합한 '마음부수들의 결합방법(sampayoganaya)' 16가지와 마음 하나에 결합한 마음부수들을 보인 '마음의 결합방법(saṅgahanaya)' 33가지를 설명하고 있다.

'52가지 마음부수를 어떤 식으로 설명하고 있는가?' 앞뒤 순서를 정하는 방법은 '일어난 순서(uppattikkama), 설법의 순서(desanākkama)'에 따르는 등의 다양한 방법이 있을 수 있다. '접촉이 일어난다, 느낌이 일어난다' 등의 순서는 『담마상가니』를 근거하여 아누룻다 존자께서 정렬한 설법순서이다. 여기서 '접촉이 일어난 뒤에 느낌이 일어나고, 느낌이 일어난 뒤에 지각이 일어난다' 이는 일어난 순서로 앞뒤를 정한 것이 아님을 주의해야한다. 마음부수들의 순서나 정렬된 모습에 주목하지 말고, 법의 특징에만 주목해야 한다.

동조하는 마음부수(안냐사마나 쩨따시까)

aññesam(다른 법들과) samāna(용인, 동조하는 마음부수들)

들뜸의 마음부수는 아름답지 못한 불선의 성질이다. 믿음의 마음부수는 아름답고 선한 성질이다. 이들은 서로 다른 특성 때문에 함께할 수 없다. 그러나 접촉은 들뜸이나 믿음처럼 한 쪽에 치우친 성질이 아니기 때문에, 다른 법과 함께할 수 있다. 접촉의 마음부수가 아름다운 선마음과 함께하면, 아름답지 않은 불선마음은 añña(안냐; 다른 법)가 된다. 접촉이 아름답지 않은 불선마음에 동조하여, 불선마음과 함께하면 선마음들과는 다른 법이 된다. 비유하면 두 편으로 갈라져 싸우는 곳에 저쪽 사람들과도 동조하고 이쪽 사람들과도 동조하여 두 편 모두와 함께하는 것과 같다.

모든 마음에 공통되는 마음부수(삽바찟따사다라나)

yetaṁ-이 마음부수들의 samānaṁ-공통된 dhāraṇaṁ-소유가 atthi-있다. iti-그러므로 te-이 마음부수들을 sādhāraṇā-사다라나라 한다. sabbacittānaṁ-모든 마음에 sādhāraṇā-공통으로 연관된 마음부수를 '모든 마음에 공통되는 마음부수[삽바찟따사다라나쩨따시까]'라 한다.

'사다라나(공통되는 마음부수)'는 '공통으로 소유한다'는 뜻이다. 모든 마음과 공통되게 결합할 수 있고 마음이 일어날 때마다 포함되는 마음부수를 '사다라나'라 한다. 때문에 아름다운 마음과 불선마음 모두와 결합할 수 있다. 무량심(압빠만냐), 절제(위라띠), 지혜(빤냐), 탐심 등의 마음부수는 모든 마음과 결합하는 마음부수가 아니기 때문에 공통되는 마음부수라 부를 수 없다.

접촉[팟사]의 어의

alambaṁ(대상을) phusati(접촉한다.) iti(그러므로) phasso(접촉이라 한다) etena(이 성품과) sampayuttadhammo(결합하는 법들이) ālambaṁ(대상에) phusanti(부딪친다) iti(이처럼 결합하는 법들을 대상에 부딪치도록 하기에) so(이 성품의 법을) phasso(접촉이라 한다).

접촉의 특징

svāyaṁ(이 접촉은) phusanalakkhaṇo(대상에 접촉하는 특징이 있다)

여기서의 '부딪침'은 두 손바닥(물질의 법)이 서로 부딪치는 것처럼 닿거나 접촉하는 종류가 아니다. 그것은 대상에 성질이 전의되어 일어남은 접촉의 종류이다. 이런 종류의 접촉은 때로는 실제 체험처럼 선명히 드러난다.

예를 들면, 시큼한 라임을 먹는 사람을 보고만 있어도 느낌의 전이로 입안에 침이 고이는 것처럼, 겁 많은 사람이 나무꼭대기에 올라가 있는 사람을 보는 것만으로도 다리를 떠는 것처럼, 사자, 호랑이, 표범같이 사나운 짐승을 보자마자 안짱다리가 된 작은 짐승들이 달아나지도 못한채 떠는 것처럼, 연인들이 행복하게 바라보는 것을 보는 것만으로도 옆 사람이 안절부절 못하는 것과 같다. 이 모두가 물질의 직접적인 부딪침도 아니건만 전의되는 접촉으로 근본을 잃고 혼란하게 된 경우들이다. 이렇게 대상을 보는 것만으로도 접촉의 전이가 일어남을 알 수 있다.

접촉의 작용

saṁghaṭṭanaraso[대상과 마음을 연결시키는 작용이 있다]

마음이 대상을 알아차리는 것은 접촉이 대상과 마음을 연결하기 때문이다. 접촉이 없다면 그 어떤 마음도 대상을 알 수 없다. 두 손바닥이 부딪치는 것처럼 마음과 대상의 성질이 전이되어 옮겨가는 것을 접촉이라 한다.

지혜에 드러나는 모습

sannipātapaccupaṭṭhāno - 대상과 마음의 결합이라고 수행자의 지혜에 드러난다.

cakkhuṁ ca paṭicca rūpe ca uppajjati cakkhuviññāṇa, tiṇṇaṁ saṅgati phasso - 시각물질과 사물色을 원인으로 눈의 의식이 생겨난다. 이 3가지의 결합을 접촉이라 한다' 는 말처럼, 시각물질[cakkhuvatthu], 사물[rūpāramaṇa], 눈의 의식[cakkhuviññāṇa]의 '연관된 법의 결합으로 절로 일어나는 법' 이라고 위빳사나를 관하는 수행자의 지혜에 드러난다.

가까운 원인

āpātagatavisayapadaṭṭhānoti - 가까운 원인은 영역에 들어온 대상이다.

접촉이 일어나게 하는 가까운 원인은 영역에 들어온 대상이다.

느낌[웨다나]의 특징, 작용

yā - 이 법은 vedetīti - 대상을 체험하기 때문에 vedanā - 느낌이라 부른다, sā - 이 느낌은 vedayitalakkhaṇā - 대상을 체험하는 특징이 있다. anubhavanarasā - 대상을 체험하는 작용이 있다.

대상은 세 가지 상태로 구분한다. 1. 원하는 좋은 상태[iṭṭha] 2. 원치 않는 나쁜 상태[aniṭṭha] 3. 적당한 중간의 상태[majjhatta]이다. 세 가지 중 하나가 반드시 존재하는데, 이를 대상의 맛이라 하며 느낌은 이 맛을 체험하는 특징과 작용이 있다.

주의: 대상과 대상의 맛이 서로 다른 두 종류가 아니다. 대상이 바로 맛이다. 접촉이 대상을 취할 때, 느낌도 대상의 맛을 느끼

기에 접촉과 느낌은 동일한 대상(ekālambana)을 갖는다.

나머지 법들은 느낌만큼 체험하지 못한다.

대상과 맛이 같은 것이라면 접촉 등도 대상을 취할 때 원하는 대상[iṭṭha]의 맛에 접촉하여 느낀다고[체험한다고] 할 수 있지 않은가? 접촉 등 다른 마음부수들 또한 느낀다고 할 수 있다. 그러나 느낌처럼 대상을 마음껏 점유하며 체험하지 못하고, 극히 일부분만 체험할 뿐이다.

접촉의 phusana(부딪치는)성품이나 지각의 sañjānana(지각하는)성품으로 대상의 일부만을 체험[느낌]할 뿐이다.

지혜에 드러나는 모습

cetasikaassādaupaṭṭhānakā - 마음에 의지하여 즐기는 성품을 지닌 법으로 수행자의 지혜에 드러난다.

이것은 선善마음의 즐거움을(소마낫사) 앗타살리니에서 'cetasikaassāda(마음을 의지하여 즐기는 성품)' 이라 해석한 것이다. 그러나 몸의 행복(행복), 몸의 고통(둑카), 마음의 괴로움(도마낫사), 중립적 느낌에 대해서는 다른 특징 등의 해석이 필요할 것이다.[위숫디막가 칸다닛데사 장章을 참조하기 바람]

가까운 원인

kusalamhi - 선善의 즐거움에서는 passaddhipadaṭṭhānāti - 정신과 물질의 평온(passaddhi)이 가까운 원인이라고 pakāsitā - 보인다.

'passaddhakāyo(고요한 정신의 무더기, 물질의 무더기를 지닌 사람은) sukhaṁ(행복을) vedeti(느낀다)' 번뇌의 불길이 고요해진 정신과 물질의 무더기를 지닌 사람에게 행복(수카)이 일어난다. 따라서 가까운 원인은 정신과 물질의 평온(passaddhi)이다.

지각[산냐]의 어의, 특징

ālambaṁ(대상을) nīlādibhedato(갈색 등 종류로) sañjanātīti(지각하기에) saññā(지각이라 한다). esā(이 지각은) sañjanānalakkhaṇā(지각하는 특징이 있다)

갈색이나 금색을 갈색이다 금색이다로 모양을 길다 짧다 등으로, 맛을 달다, 시다 등으로, 아이들이 아는 정도로 단지 지각하는 것을 '지각'이라 한다. 지각은 '어떻게 갈색이 되었나? 왜 갈색이다' 등에 대해서는 충분히 알지 못한다.

지각의 작용

paccābhiññāṇarasakā - 업의 표상으로 인해, 뒤에 다시 아는 작용이다.

기억에서 비롯된 지각의 표상을 근거로 다시 알게 되는 특징이 있다. 이는 지각(산냐)의 paccābhiññāṇa 작용이다.

지각의 특징과 작용에서 '다음에 알 수 있도록 지각을 남긴다. 앞서 지각된 것에 따라 후에 다시 안다. 지각된 것을 더 확실하게끔 새긴다' 이처럼 반복하여 새기는 지각의 특성 때문에 사견에 집착하면 부처님마저 그 오류를 바로잡기 어렵다.

요약하면 단지 아는 정도로만 인지하는 것이 지각의 성품이다.

지혜에 드러나는 모습

yathāgayhanimittābhinivesakaraṇaupaṭṭhānā - 취한 지각 그대로 집착하여 마음에 새기는 법이라고 수행자의 지혜에 드러난다.

자신이 취한 지각 그대로 마음에 새겨 집착하는 법이라고 수행자의 지혜에 드러난다.

그릇된 지각에의 비유

맹인 6명이 코끼리의 긴 코, 상아, 귀, 몸통, 발과 꼬리를 각각 만지게 되었다. 여섯 명이 모여 코끼리에 관해 이야기하니, 긴 코를 만진 사람은 "코끼리란 내 눈이 멀기 전에 보았던 뱀과 같은 것이다"라고, 상아를 만진 사람은 "코끼리는 공이와 같다"라고, 귀를 조사한 사람은 "코끼리는 두꺼운 깔개 피륙과 같다", 몸통을 만진 사람은 "코끼리는 벽과 같다", 발을 조사한 사람은 "코끼리는 기둥과 같다", 꼬리를 조사한 사람은 "코끼리는 빗자루와 같다"라고 저마다 다른 주장을 했다. 이처럼 지각은 자신이 인지한대로만 기억한다고 수행자의 지혜에 드러난다.

가까운 원인

yathāupaṭṭhitavisayapadaṭṭhānā - 가까운 원인은 인식되는 모든 대상이다.

어린사슴이 짚으로 만든 허수아비를 보고 사냥꾼이라 착각하듯 지각은 드러난 대상을 다각적으로 숙고하지 못하고 그저 인식된

만큼만 지각한다. 지각이 일어나는 가까운 원인은 드러난 대상이다. [지혜와 결합한 마음에 포함된 지각은 지혜 때문에 올바른 쪽으로 인지한다. 그러나 이때도 지혜처럼 아는 것이 아니라, 그저 지각되는 정도만을 인식할 뿐이다.]

의도(쩨따나)의 어의, 특징

yā(이 성질의 법은) cetetīti(자신과 결합하는 법을 대상에 연관시켜 자극하기 때문에) cetanā(의도라 한다) sā(이 의도에는) cetayitalakkhaṇā(자극함의 특징이 있다.)

대상과 밀착되도록 결합한 법들을 격려하고 자극하는 것을 '격려함' 이라 한다. 자극함이란 'abhisandahati - 밀착되도록 연결시킨다, [목표로 삼다]' 라고 주석서에서 해설하고 있다.

작용

āyūhanarasā - 노력하는 작용이 있다.

의도는 자신이나 결합한 법을 대상에 연결시키려고 매우 노력한다. 마치 하인들과 함께 벼를 타작하는 마당에 선 주인은 자신도 쉬지 않고 일함으로써 아랫사람들이 더 열심히 일하도록 자극하려는 것처럼 그 노력이 매우 크다.

지혜에 드러나는 모습

saṁvidhānapaccupaṭṭhānakā - 관리하는 법이라고 수행자들의 지혜에 드러난다.

멀리 스승이 오는 것을 본 맏제자는 스스로도 경전을 암송할 뿐 아니라 다른 제자들도 암송하도록 독려하는 것처럼, 지휘관이 선두에 서서 부하들을 격려하여 적의 공격에 적절히 대응하는 것처럼, 접촉 등이 연관된 일에서 수행하도록, 의도는 격려하는 법이라고 수행자의 지혜에 드러난다.

주의

특성(lakkhaṇā), 작용(rasa), 지혜에 드러나는 모습(paccupaṭṭhāna)등을 숙고하면 의도는 대상을 취할 때 결합하는 여타의 마음부수들 보다 월등히 노력한다. 신구의身口意가 일어날 때 그것의 주동자를 찾는다면 의도에 책임을 지워야 한다. 부처님께서는 설하시기를 '빅쿠들이여! 의도에 격려되어 몸과 말과 마음으로 업業을 짓는다. 이에 나는 의도를 업이라 하느니라.'

주의

'업業' 이란 몸과 말과 마음으로 짓는 행위의 근본이름이다. 행위는 의도에 의해 완성되므로 '결과[행위]를 원인[의도]에 비유하여 의도를 업業이라 하신 것이다. 이를 문법에서 phalūpacāra라 한다.

의도의 가까운 원인

sesakhandhapadaṭṭhānā - 가까운 원인은 나머지 정신의 무더기(受, 想, 識)이다. thāvariyādayo yathā - [앗타살리니에서 인용한] '경작지의 소유

자' 등의 비유와 같다.

결합한 정신의 세 무더기를 자극하므로 의도가 일어나는 가까운 원인은 함께 결합하는 정신의 세 무더기(受, 想, 識)이다.

'경작지의 소유자' 등의 비유

논은 부동 재산이고 경작지의 주인을 'thāvariya' 라 부른다. 의도를 논 주인에 비유한 예문은 앞에서 이미 보였다. '지혜에 드러나는 모습' 은 맏제자나 군의 지휘관의 예와 같다.

집중(사마디)의 어의

ekaggabhāvo samādhi - 하나의 대상을 취한 상태를 사마디라 한다.

'yassā(이 사마디에) ekaṁ(하나의) aggaṁ(대상이 있다.) 그러므로 ekaggaṁ(집중라 한다.)' 'ekaggassa(하나의 대상이 있는) bhāvo(상태를) ekaggatā(집중)라 한다.' [산스크리트의 agga(악가)는 대상을 뜻한다]

일반적으로 사마디라 부르는 것은 '집중' 이다.

집중의 특징

so(저 사마디는) avisāralakkhaṇo(흩어지지 않고 고정된 특징이 있다)

의심[위찌낏차]은 한 대상에 견고히 머물지 못한다. 들뜸[웃닷짜]은 대상에 고요히 머물지 못하고 흩어진다. 이 두 법을 'visaratīti visāro' 에 따라 'visāra' 라 부른다.[visarati - 고정됨 없이 여기저기 움직여 분산된다] 사마디는 의심과 들뜸을 누르는 반대자로 고요하고 집중되는 특징이 있다.

집중의 작용

sampiṇḍanaraso - 결합한 법들을 흩뜨리지 않고 모으는 작용이 있다.

물은 밀가루나 흙가루가 흩어져 날리지 않도록 뭉치는 것처럼, 힘이 약해 흩어지는 군대를 왕이 몸소 진두지휘하여 규합시키듯, 결합된 법들을 결집시키는 것이 집중(사마디)의 작용이다.

집중의 지혜에 드러나는 모습

nivāte(바람 없는 곳에서) accinaṁ(불길이) ṭhiti viya(흔들림 없이 고요한 것처럼) upasamapaccupaṭṭhānako(수행자의 지혜에 고요한 법으로 드러난다)

바람이 없는 곳에서 흔들림 없이 타오르는 불길처럼, 집중는 끊임없이 반복하여 마음을 대상에 집중시킨다. 그러므로 'dīpacci dassanena(불길이 타오르는 모습을 예로 들며) samādhissa(사마디의) santā naṭṭhitibhāvaṁ(연속된 부동상태를) dasseti(나타낸다)' 고 『물라띠까』에서 언급하고 있다.

집중의 가까운 원인

가까운 원인은 행복(행복)이다. 행복한 사람은 사마디도 강하기 때문에 행복은 사마디를 일으키는 가장 가까운 원인이다.

명근命根, 생명 기능[지위띤드리야]의 어의

jīvitameva-생명 그 자체가 indriyaṁ-기능根이다

tena-이 법의 성품으로 sahajātadhammā-함께하는 법들이 jīvanti-생명을 유지케 한다. iti-그러므로 jīvitaṁ-지위따라 한다.

생명(지위따)은 함께하는 법들을 지속시키는 작용을 하며, 이를 통치하는 것을 기능根(인드리야)이라 한다. 생명기능命根(지위띤드리야)은 물질의 생명기능(rūpajīvitindriya)과 정신의 생명기능(nāmajīvitindriya) 두 가지가 있다. 물질의 생명기능은 함께하는 '업으로 생긴 물질(kammajarūpa)'의 생명을 지속시키고, 정신의 생명기능은 결합한 법들의 생명을 지속시킨다. 어떤 이는 정신의 생명기능이 함께 일어나는 '마음으로 생긴 물질(cittajarūpa)'과 재생연결 순간의 '업으로 생긴 물질(kammajarūpa)'을 유지시킨다고 인드리야빳짜야(통치의 연기법, 根緣)를 근거로 주장하기도 한다. 이 견해의 부적절함은 '지혜에 드러나는 모습'에서 설명하겠다.

생명기능命根의 특징

sahajānaṁ-함께하는 물질과 정신의 법들을 anupālanalakkhaṇaṁ-지키는 특징이 있다. dakaṁ-물과 같다. dhāti-유모와 같다. niyāmako-배를 젓는 사공과 같다.

이 생명(지위따)의 보호가 있기에 몸 덩어리가 죽은 시체와 다른 특별함을 지닌다. 중생의 생명이란 것도 결국은 이 두 종류의 생명기능命根일 뿐이다. 물은 연꽃과 줄기가 살아있는 동안 푸르고 싱싱하게 지켜줄 수 있으나, 연꽃과 줄기가 생명이 다한 것을 되살릴 수는 없다. 그처럼 생명기능命根은 함께하는(sahajāta)법들이 존재하는 동안에만 지킬 수 있다. 즉, 대상과 업 등을 원인으로 일

어나는 물질과 정신만을 지키고 돌볼 수 있다. 생명기능命根 자신이 함께하는 법들이 일으키고 소멸되지 않게 지킬 수는 없다. [정신의 생명기능에서 '함께 일어나 다스림(sahajātindriya)' 의 능력으로 함께 일어나는 것은 가능하지만, 업이나 대상처럼 일어나지 않는 법들을 일으킬 능력은 없다.]

생명기능命根은 단지 함께 하는 법들과 같이 일어나서 소멸되기 전 존속하는 동안만 지킨다.

스스로를 지킨다.

생명기능命根이 함께하는 법의 생명이 유지되도록 지킨다면 그 자신의 생명이 유지되도록 하는 것은 어떤 법인가? 노를 저어 건너편 기슭으로 노 젓는 사공은 배와 함께 자신도 함께 옮겨가듯, 생명기능은 함께하는 법들과 연관되어 일어나기 때문에 스스로를 지킨 셈이 된다.

생명기능命根의 작용

sahajānaṁ-함께하는 법들을 'pavattanarasaṁ-일어남(uppāda)에서 소멸(bhaṅga)에 이르기까지 일으키는 작용을 한다.

'일어남에서 소멸까지 일으킨다' 는 말은, 소멸되기 전까지는 생명을 지속시킨다는 뜻이다. 일어나지 못한 법을 '일으키는' 능력이 아니라, 물이 연꽃을 싱싱하도록 돌보는 그런 능력이다.

지혜에 드러나는 모습

sahajānaṁ-함께하는 법들이 thapanapaccupaṭṭhānaṁ-소멸(bhaṅga)에 이르기 전까지 머물게 하는 법이라고 수행자들의 지혜에 드러난다.

소멸의 순간 생명기능도 소멸되므로 다른 법을 존속시킬 수 없다. 정신의 생명기능은 자신이 소멸한 뒤에 [함께 일어났지만] 아직 소멸하지 못한 '마음으로 생긴 물질(cittajarūpa)과 업으로 생긴 물질(kammajarūpa)'을 지킬 수 없음이 명백하다. [마음이 17차례 생멸하는 동안 물질은 단 한번 생멸할 뿐이다. 1차례 마음의 생멸한 뒤에도 함께 일어난 물질은 계속 지속된다]

가까운 원인

yāpetabbapadaṭṭhānaṁ-가까운 원인은 일어남하여 소멸하기까지 생존[지속]하던 법이다.

가까운 원인은 함께 일어나고 함께하는 법이다.

주의

생명기능命根은 함께 일어난 법을 지킬 뿐 아니라 자신이 소멸한 뒤에도 생명(지위따)과 함께 물질과 정신이 끊임없이 일어나도록 [아난따라 연기법의 능력처럼83] 영향을 미친다. 죽음을 맞기까지 업의 기세가 남아 있는 동안은 끊임없이 연속하여 일어난다. 두 가지의 생명기능을 물질과 정신의 우두머리 법이라고 주석서에서

83. anantara(아난따라) - 자신의 바로 뒤에서 연관된 의식(識), 마음부수들이 일어나도록 은혜를 베푸는 법, 無間緣

언급하고 있다.

taṁ-이 생명기능은 pavattasantatādhipateyyaṁ-우빠딘나까칸다[84] 연속에서 우두머리 법이다.

주의[마나시까라]

visayaṁ-대상을 manasi-마음에 kāro-만드는 것을[두는] manasikāro- '마나시까라'라 한다.

마음이 대상에 가서 대상을 새기기 때문에 'manasi(마음에) + kāra(만든다) = manasikāra[마음새김]' 라 한다.

주의는 마음을 대상에 가도록 한다. 그처럼 마음을 대상에 가도록 하면서 대상 또한 마음에 가게 한 것이 되기 때문에 'manasi(마음에) + kāro(대상을 도달하게 하는 법)' 이라 한다.

주의 특징 등

ājānīyasārathi yathā - 좋은 혈통의 말을 조련하는 마부처럼 eso - 이 마나시까라는 sāraṇalakkhaṇo - 결합된 법들을 대상에 똑바로 가게[훈계] 하는 특징이 있다.

sampayojanaraso - 결합된 법들과 대상을 결합하게 하는 작용이 있다.

ālambābhimukhībhāvaupaṭṭhāno - 대상으로 향하게 하는 상태로 수행자의 지혜에 드러난다.

ālambanapadaṭṭhāno - 가까운 원인은 대상이다.

---

84. upādinnakakhandhā(우빠딘나까칸다) - 번뇌로 밀착한 업의 결과로 얻게 되는 물질과 정신의 모임. 혹은 이 우빠딘나까칸다를 깜마자루빠(업으로 인해 생긴 물질)라 한다. 여기서는 물질과 마음 둘 모두를 취한다.

마부와 같은 모습

마부가 좋은 혈통의 말들을 원하는 곳으로 똑바로 가게 조련하듯, 주의는 결합한 법들이 대상으로 똑바로 가게끔 한다. 주의 덕분에 대상은 언제나 마음과 마음부수에 머물게 되고 마음은 대상을 얻는다. [마부와 주의, 혈통 좋은 말과 결합하는 법, 마차가 도착하는 장소와 대상은 동일하다.]

세 가지 주의

주의는 '인식과정을 일으키는 주의[vīthipaṭipādaka]', '속행을 일으키는 주의[javanapaṭipādaka]', '대상을 일으키는 주의[ārammaṇapaṭipādaka]'의 세 가지가 있다.

'인식과정을 일으키는 주의'란 vīthiṁ(인식과정을) paṭipādayati(일으키는) 오문전향마음(pañcadvārāvajjana)이다. 오문전향마음은 뒤따르는 안식眼識과 받아들이는 마음(받아들이는 마음) 등의 인식과정을 일으킨다.

'속행을 일으키는 주의'란 의문전향마음[마노드와라왓자나]이다. 의문전향마음은 자신의 바로 뒤에 속행의 연속을 일으킨다. 경전에 나오는 요니소마나시까라(바른 마음새김)와 아요니소마나시까라(바르지 못한 마음새김)는 이 주의를 두 가지로 구분한 것이다. 주의로 인하여 선, 불선이 일어나는 모습은 인식과정의 장章에서 설명할 것이다. 두 가지의 전향마음으로[85] purimamanato-앞의 바왕가의 연속

85. āvajjana(아왓자나; 전향마음) 2가지란,
pañcadvārāvajjana(빤짜드와라왓자나) - 생의 연속체에서 오문五門으로 드러나는 대상에 주의를 전향시키는 마음, 오문전향마음.
manodvārāvajjana(마노드와라왓자나) - 생의 연속체의 흐름이라 불리는 의문意

과는 visadisaṁ-구별되는 manaṁ-속행의 연속을 karoti-일으킨다.[86]

'대상을 일으키는 주의'란 대상이 마음에 드러나게 하는 주의 마음부수이다. 마음부수의 장章에서는 대상을 일으키는 주의만을 취한다. [어떤 경에서는 지혜를 요니소마나시까라(바른 이치로써 새김)라고도 한다.]

혼합되는 마음부수(빠낀나까 쩨따시까)

일으킨 생각[위딱까]의 어의와 특징

vitakketīti - 대상을 생각하는 상태를 vitakko - 일으킨 생각이라 한다. abhiniropanalakkhaṇo - 마음을 대상으로 보내는 특징이 있다.

생각이 많아 잠들 수 없는 것은 일으킨 생각(위딱까)의 힘이 강하여 마음이 새로운 대상에게로 거듭 향하기 때문이다. 마음을 새로운 대상에게로 보내는 일으킨 생각을 왕과 절친한 사람에 비유할 수 있다. 시골 사람이 왕을 알현하려면 왕의 지인들이 주선해주어야 친견을 허락 받을 수 있을 것이다.[왕과 대상, 시골 사람과 결합된 법, 왕의 지인들과 일으킨 생각은 같다.]

일으킨 생각의 작용

āhanappariyāhanaraso - 처음 두드리거나 반복해서 두드리는 작용이 있다.

門[manodvāra]에서 드러나는 대상으로 주의를 전향시키는 마음)이다.
오문전향마음은 인식과정에 선행先行하고, 의문전향마음은 속행 마음에 선행한다.

86. manaṁ(마음)이란 '바왕가'와 '위티[인식과정]' 두 종류로 나뉜다.

땅 까시나(地觀)를 주제로 사마타를 닦을 때 '땅(빠타위), 땅(빠타위)' 하며 대상을 반복적하여 숙고하는 것과 오욕을 반복하여 생각하는 것 등이 일으킨 생각의 작용이다.

일으킨 생각의 지혜에 드러나는 모습

ānayupaṭṭhāno - 대상에게 향하도록 마음을 인도하는 법이라고 수행자들의 지혜에 드러난다.

가까운 원인을 주석서에서는 찾아볼 수 없으나 '대상이 가까운 원인이다' 라고 말할 수 있다. 앞으로 가까운 원인을 설명하지 않은 자리에서는 '대상이 가까운 원인이다' 로 이해하면 된다.

일으킨 생각과 결합하지 않는 마음들이 대상을 취하는 모습

일으킨 생각의 작용으로[대상으로 보내는 작용] 결합한 법들이 대상에 도착할 수 있다면 일으킨 생각과 결합하지 않는 오식(五識, 빤짜윈냐나)과 제2선 마음 등은 어떤 식으로 마음을 대상에게 보내는가? 형상色 등의 오경五境이 눈 등의 오근五根에 부딪치는 능력이나 근행정近行定87의 능력 때문에 일으킨 생각과 결합되지 않은 마음도 대상에게로 보낼 수 있다.

일으킨 생각과 결합되지 않아도 오식五識은 눈에 형상色이 들어오면 그 부딪침이 분명하기 때문에 대상을 알아차릴 수 있다. 즉 '매우 선명히 드러나는 대상에게는 일으킨 생각의 작용이 필요

87. upacārabhāvana(우빠짜라바와나) - 번뇌라는 장애를 제거한 뒤부터 본삼매가 일어나기 전, 본삼매 가까이에서 일어나는 욕계 선善마음인 근행정近行定

없다' 는 의미이다. '근행정[近行定, upacārabhāvana]' 은 제2선 등의 선정에 입정할 무렵 일어나는 욕계 명상의 마음이다. 근행정이 땅 까시나(地觀) 등 대상을 확고하게 취해야 선정이 일어날 수 있다. 만약 근행정[upacārabhāvana]이 일으킨 생각과 결합하고 기초작업, 근접, 수순, 종성[88]까지 대상과의 견실한 결합 덕분에 마치 '담아 놓은 밥을 그저 먹는 사람처럼' 쉽게 제2선 등에 이를 수 있다. 여기서 일으킨 생각 없이는 대상을 취할 수 없다고 할 수는 없다.

의도(쩨따나), 주의(마나시까라), 일으킨 생각(위딱까)의 구별

'의도는 결합한 법들을 대상에게로 모으는 특징이 있다. 주의는 결합된 법들을 대상과 결합시키는 작용이 있다.' 그리고 '일으킨 생각은 결합된 법들을 대상에게로 보내는 특징이 있다.' 같은 성질로 보이는 이 셋은 어떻게 구별하여야하는가? 보트 경기에 출전한 세 사람이 뱃머리와 배의 몸통과 그리고 후미에 앉았다고 생각해보자. 같은 배에 탔지만 세 사람의 일은 다르다. 세 사람이 동시에 배를 젓을 때 뱃머리에 앉은 사람은 배를 곧게 인도하여 결승점에 있는 승리의 꽃다발을 움켜쥐어야 한다. 몸통에 앉은 사람은 노를 빨리 저어야 한다. 후미에 앉은 이는 곧장 가게 키를 조종하는 것이 중요하다.

여기에서 일으킨 생각은 결합한 법들을 대상에게로 보내는 임

---

88. parikamma(빠리깜마; 본삼매인 선정, 도道, 과果에 도달하도록 하는 기초 작업이 되는 욕계 명상작업), upacāra(우빠짜라; 본삼매인 선정, 도道, 과果 가까이에서 일어나는 욕계 집중마음. 근접), anuloma(아누로마; 본삼매에 순응, 수순하는 마음), gotrabhu(고뜨라부; 도道, 선정이 일어나는 인식과정의 연속선상에서 도道 혹은 선정 바로 앞에서 욕계 종성을 끊어내고 열반 혹은 선정을 대상으로 하는 마음)

무가 있다. 마치 배의 중간에 앉아 노 젓는 사람과 같다. 주의는 결합된 법들을 대상에게로 보내는 임무가 있다. 마치 키를 조종하는 사람과 같다. 의도는 결합한 법들을 대상에게로 모아 결합시켜야 하는 임무가 있다. 마치 결승점에서 꽃다발을 움켜쥐는 사람과 같다. [대상은 결승점, 결합한 법들은 배에 비유할 수 있다]

지속적 고찰[위짜라]의 어의와 특징

vicaraṇaṁ-대상을 맴도는 것을 vicāro-지속적 고찰이라 한다. so-이 지속적 고찰은 anumajjanalakkhaṇo-대상을 쓰다듬듯이 사색하는 것이 특징이다.

일으킨 생각으로 인하여 도달한 대상에게서 벗어나지 않고 맴도는 것이 지속적 고찰의 성질이다. 이때 비효율적이고 불안정하게 맴도는 것이 아니라 대상에게서 벗어나지 않고 반복하여 대상을 취하고 문지르고 사색하는 것처럼 일어난다.

지속적 고찰의 작용, 지혜에 드러나는 모습

sahajātānuyojanaraso - 함께하는 법들을 반복하여 대상에 결합시키는 작용이 있다.

anupabandhaupaṭṭhāno - 마음이 취한 대상에게서 벗어나지 않게 결합시킨다고 수행자들의 지혜에 드러난다.

함께 결합한 법들과 대상을 반복하여 결합시키는 작용 때문에 대상을 취하면 놓치지 않게 묶어 놓는다.

일으킨 생각과 지속적 고찰의 차이

일으킨 생각과 지속적 고찰이 함께 대상을 취할 때의 특징은 다음과 같다. 대상을 처음 취할 때는 일으킨 생각의 역할이 두드러지고, 취한 대상을 자주 반복하여 다시 가질 때는 지속적 고찰의 역할이 커지면서 일으킨 생각의 성질은 분명하지 않다.[일으킨 생각이 처음 취한다는 말은, 한번의 속행인식과정정도를 말하는 것이 아니다. 강한 여세를 얻기 전 반복해서 대상을 취하는 것이다. 그래야 'pariyāhanaraso - 반복해서 두드리는 작용' 이라 할 수 있다.]

비유

주석서에서는 다음의 비유를 들어 일으킨 생각과 지속적 고찰을 설명하고 있다. 놋쇠종을 울리면 첫소리는 거칠지만 이어지는 소리는 완만하고 부드럽게 울리는 것처럼 일으킨 생각이 대상을 취하는 모습은 첫소리처럼 거칠지만, 지속적 고찰은 조화롭고 부드러운 종소리가 완만히 퍼지는 것과 같다. 큰 새가 온힘을 기울인 날개 짓으로 비상하지만 일단 하늘로 날아오른 후에는 날개를 편 채 바람을 타고 하늘을 빙빙 도는 모습을 볼 수 있다. 일으킨 생각이 대상을 취하는 모습은 큰 새가 날아오르려 힘을 다해 날개 짓 하듯 거칠고 떨림이 있지만, 지속적 고찰이 대상을 취하는 모습은 큰 새가 바람을 타고 하늘을 빙빙 도는 고요한 모습과 같다.

결심(아디목카)의 어의와 특징

adhimuccanaṁ-대상에 몰입하여 결정함을 adhimokkho-아디목카라 한다.

so-아디목카는 sanniṭṭhānalakkhaṇo-결심하는 특징이 있다.

틀리건 맞건 주춤거리거나 물러섬 없이 그대로 받아들여 결정하는 것이 결심이다. 결심으로 살생 등의 악행에서 자신을 제어하며 선행에 이를 수 있다.

결심의 작용과 지혜에 드러나는 모습

asaṁsappanaraso - 의심과 반대되는 작용이 있다. vinicchayapaccupaṭṭhānako-결심하는 법이라고 수행자들의 지혜에 드러난다.

의심(위찌낏차)과 상반된 것이 결심의 작용이다. 그러므로 의심과 함께하는 마음과 결심은 결합하지 못한다.

결심의 가까운 원인

sanniṭṭheyyapadaṭṭhāno-결정된 법이라는 가까운 원인이 있다. indakhilova-흔들림 없는 굳건한 대문의 기둥처럼 niccalo-흔들리지 않는 굳건한 법이다.

취한 대상에서 견고하게 머무는 것이 마치 성문에 박아놓은 든든한 기둥과 같은 법이다.

노력(위리야)의 어의와 특징

vīriyassa-용감한 사람에게 bhāvo-일어나는 법을 vīriyaṁ-노력이라 한다. etaṁ-이 노력은 ussāhalakkhaṇaṁ-주어진 고통에 맞서서 이를 악물고 인내하는 특징이 있다.

노력을 가진 사람은 모든 일에서 용감하다. 그러므로 용감한 사람의 근원은 노력이다. 노력을 지닌 사람은 어떤 일에서나 주어진 고통을 잘 참아낸다.

노력의 작용

upatthambhanarasaṁ-결합한 법들을 지지[뒷받침]하는 작용이 있다.

집을 받쳐주는 버팀기둥과 벽은 기울고 무너지지 않도록 집을 굳건히 받쳐주듯 결합한 법들이 자신들의 일에서 느슨하지 않도록 노력이 받쳐주고 지지한다. 그러므로 노력과 결합한 법들은 활동적이다.

노력의 지혜에 드러나는 모습

asaṁsīdanupaṭṭhānakaṁ-물러섬이 없는 상태로써 수행자의 지혜에 드러난다.

해태(thina)나 혼침(middha)으로 규정되는 불선마음이 일어나는 것을 게으름 혹은 나태라고 부른다. 노력은 게으름과 나태의 법을 압도하여 중요한 상황에 처했을 때 뒤로 물러서지 않는 법이라고 수행자들의 지혜에 드러난다.

노력의 가까운 원인

saṁvegapadaṭṭhānaṁ vā-전율이라는 가까운 원인이 있다.

태어남, 늙음, 병듦, 죽음, 사악처라는 윤회계의 큰 위험을 생각하고 두려워하는 두려움(ottappa)으로 규정되는 '지혜를 전율[saṁvega]'이라 한다. 전율[saṁvega]의 지혜를 지닌 사람이 활기차게 선행할 수 있는 이유는 노력을 일으키는 가까운 원인인 전율이 있기 때문이다. 가까운 원인은 선善의 노력이다.

기쁨, 희열[삐띠]의 어의, 특징

piṇeti-몸과 마음을 기쁘게 번성하게 한다. iti-그러므로 pīti-희열(희열)라 한다. so-이 희열은 sampiyāyanalakkhaṇā-대상에서 기뻐하여 일어나는 특징이 있다. kāyacittapīṇanarasā-몸과 마음을 기쁘게 하고 번성하게 하는 작용이 있다.

희열이 일어날 때 신선한 빠둠마 연꽃처럼 마음 또한 활기를 띤다. 즐거운 마음 때문에 paṇītacittajarūpa[좋은 마음으로 인해 일어나는 물질]들이 전신에 퍼지므로 몸 역시 일어남에 넘친다.

비유하면 긴 여행으로 피로하고 지친 남자가 마주 오는 여행객에게 물이 있는 곳을 물었다. '저 산 너머 짙고 푸른 숲 속에 맑고도 큰 천연의 호수가 있습니다' 그 말에 기뻐하며 계속 걷든 중 금방 목욕을 끝내고 오는 사람을 보자 더욱 기뻐하였다. 맑고 짙푸른 호수와 호수 가까이의 짙은 숲, 그리고 갖가지의 꽃들 깨끗하고 맑은 물을 보고 기뻐함은 더 이를 나위 없을 것이다. 이런 기쁨이 희열이다. 그 어떤 대상에게든 기뻐하고 즐거워하는 상태가 희열의 특징이다.

희열이 지혜에 드러나는 모습

odagyapaccupaṭṭhānā-활기찬 상태로서 수행자들의 지혜에 드러난다.

물 위에 조롱박이 뜨는 것처럼 활기차게 드러나는 법이라고 수행자들의 지혜에 드러난다. 기쁨에 찬 희열이 채워질 때 기분 좋은 활기찬 모습이 선명하기에, 이 odagyapaccupaṭṭhānā[활기찬 상태로서 수행자의 지혜에 드러나는 성질]는 명백하다.

희열 다섯 종류

1. khuddikā[쿳디까] - 소름이[닭살이] 돋는 정도의 작은 희열
2. khaṇikā[카니까] - 번개불이 지나가는 것처럼 순간순간 일어나 순간순간 끊어지는 희열
3. okkantikā[옥칸띠까] - 밀려드는 파도처럼 압도하듯 온몸을 씌우는 삐띠
4. ubbegā[웁베가] - 자신의 힘의 여세로 몸을 위로 떠오르게 하는 희열
5. pharaṇā[파라나] - 웁베가 보다도 긴 시간 온 몸에 퍼지는 희열.

원함(찬다)의 어의와 특징

chandeti-대상을 원하고 갈구한다. iti-그러므로 chando- '원함' 이라 한다. so-이 원함은 kattukamyatālakkhaṇo-대상을 원하는 상태라는 특징이 있다.

'원함' 의 뜻은 'chanda(좋아하는 성질), kāma(원하는 성질), kāmacchanda(갈구하는 성질)' 등에서 taṇhā(갈애)를 말한다. 'chanda-원함을 janeti-일으킨다. vāyamati-노력 분투한다.' 등에서 노력을 말한다. 여기서는 선이든 불선이든 무기법無記法의 자리든 대상을 원하는 갈구함을 말한다. 'kattukamyatā(대상을 원하는 상태)' 란 말에는 √kara(행하다)란 어근이 어의 전체를 압도하고 있다. 그러므로 여섯 대상에서 보고자하고, 듣고자 하고, 냄새 맡고자 하고, 맛보고자 하고, 접촉하고자 하고, 알려고 한다. 이처럼 대상을 원하는 것이 원함의 특징이다.

원함의 작용

ālambanapariyesanaraso-대상을 찾는 작용이 있다.

원하는 대상을 찾는 것이 원함의 작용이다. 세상에서 원하는 대상인 오욕을 찾는 것 외에도 법을 찾음, 지혜를 찾음, 열반을 원하고 갈구함 등이 원함의 작용이다. 오욕의 대상을 원함은 탐심의 주도로 탐욕의 성품을 원함이 따르며 응한 것이다. 그러나 보시하기 위해 재물과 물품을 찾아 비축하는 사람에게는 탐심이 아닌 원함만이 있다. 비유하면 활을 쏘는 궁수가 화살을 잡고 또 잡아 연속해서 쏠지라도 화살 통에 대한 집착이나 원함은 없는 것과 같다.

원함의 지혜에 드러나는 모습과 가까운 원인

atthikyupaṭṭhāno-대상을 원하는 상태로 수행자들의 지혜에 드러난다. ālambanapadaṭṭhāno-대상이라는 가까운 원인이 있다. cetohatthappasāraṇaṁ-대상을 취할 때 마치 마음이 팔을 뻗는 모습처럼 일어난다.

대상을 원하고 갈구하는 것이 마치 마음이 대상 쪽으로 팔을 뻗는 모습과 같다는 뜻이다. 갈구하고 원하는 모습을 선명히 드러내기 위해 원함을 팔에 비유하여 말한 것이다.

불선 마음부수[akusalacetasika] 14가지

1. 모하[moha] - 어리석음
2. 아히리까[ahirika] - 불선을 부끄러워하지 않음
3. 아놋땁빠[anottappa] - 불선을 두려워하지 않음
4. 웃닷짜[uddhacca] - 들뜸
5. 로바[lobha] - 탐욕
6. 딧티[diṭṭhi] - 사견
7. 마나[māna] - 자만
8. 도사[dosa] - 성냄, 진심
9. 잇사[issā] - 질투
10. 맛차리야[macchariya] - 인색
11. 꾹꿋짜[kukkucca] - 후회
12. 티나[thina] - 해태, 마음識의 무기력
13. 밋다[middha] - 혼침, 마음부수의 무기력
14. 위찌낏차[vicikicchā] - 의심

이 14가지를 불선 마음부수라 부른다.

해설

어리석음(모하)의 어의와 특징

muyhatīti-대상에서 혼미하기에 moho-어리석음이라 부른다. eso-이 어리석음은 aññāṇalakkhaṇo-지혜와 상반된 특징이 있다.

'muyhati'의 의미인 혼미하다는 뜻은 의심처럼 결정을 못하면서 이럴까 저럴까 하는 것이 아니라 대상의 바른 성질을 모르는 것이다. 그러므로 muyhati[혼미함]을 'na bujjhati[알지 못함]'라고 띠까에서 해설하고 있다. 그러나 바왕가에 떨어져 잠들어 있듯이 단지 모르는 것만이 아니라, 어리석음은 틀리게 아는 것이다. 그러므로 지혜와 상반된 편에 있다.

어리석음의 작용과 지혜에 드러나는 모습

ālambasabhāvacchādaraso - 대상의 바른 성품을 가리는 작용이 있다. and hakāraupaṭṭhāno - 지혜의 눈이 멀게 하는 법이라고 수행자들의 지혜에 드러난다.

대상의 바른 성질이란 '악한 법들의 나쁜 성질, 선善의 좋은 성질, 고성제苦聖諦 등의 본질, 과거 생과 미래 생들이 있음, 12연기의 법칙' 등이다. 이 같은 진리를 모르도록 덮어 가리는 것이 어리석음의 작용이다. 덮어 가리는 성품 때문에 악행의 성질을 이해하는 지혜로운 사람일지라도 어리석음이 들어올 때에는 악행의 허물을 보지 못하고 저지르게 된다. '이 어리석음은 지니고 있는 지혜의 눈마저 멀도록 만드는 법'이라고 수행자들의 지혜에 드러난다.

어리석음의 가까운 원인

'이치에 맞지 않게 마음에 둠[ayonisomanasikāra]'이 가까운 원인이다. '빅쿠들이여! 이치에 맞지 않게 마음에 새기는 사람에게는 아직 일어나지 않은 불선의 법들이 일어난다'에 따라 옳지 않게 마음에 새기는 사람에게는 불선의 법들이 증가하기에 '이치에 맞지 않게 마음에 둠'은 어리석음의 가까운 원인이다.

주의

불선의 자리에서 가까운 원인[padaṭṭahāna]을 굳이 언급하지 않을 때는 '이치에 맞지 않게 마음에 둠[ayonisomanasikāra]'이 가까운 원인임을 알아야 한다. 어리석음과 연관되어 언급할 점들은 연기법의 장章 '무명'에서 상세히 다룰 것이다.

부끄러워하지 않음(아히리까)

na hirīyatīti ahiriko - 부끄러워하지 않는 사람의 마음識과 결합한 법들의 모임이다. 그러므로 ahirikassa bhāvo - '부끄럽지 않음'이라 한다.

이 부끄럽지 않음은 나쁜 일을 혐오하지 않는 특징과 부끄러워하지 않는 특징이 있다. 이치에 맞게 생각하면 악행이란 선남자들에게 있어서 혐오스러운 것이다. 그러므로 지혜 있는 선남자라면 조금의 악행에도 부끄러워해야 옳다. 그렇지만 시골 돼지가 똥 더미를 싫어하지 않고 똥 더미 속에서 뒹굴며 먹고, 자는 것처럼 부끄럽지 않음은 잠재되어 있는 악한 사람들은 부끄러워하지도 않고 싫어하지도 않은 채 악행을 매우 즐기고 좋아한다.

두려워하지 않음(아놋땁빠)

na ottappatīti anittappaṁ - 두려워하지 않는 성질의 법이다.

악행을 두려워하지 않는 것이란 나쁜 일을 두려워하거나 무서워하지 않는 특징이다. 나쁜 일을 저지르면 스스로를 존중할 수 없으려니와 다른 사람으로부터 비난과 질책을 받아야 하며 왕의 질책과 벌을 받아야 한다. 설혹 덮고 감추어 그러한 위험으로부터 벗어났다 할지라도 마음은 항상 불안할 것이며 미래 생에서도 악처에 탄생하는 업을 피하기 힘들기에 실로 두렵고 무서워할 일이다. 불나방들이 화염을 금산金山으로 여기고 불길을 향해 달려드는 것처럼 악행을 두려워하지 않는 사람들은 악행을 싫어하지 않고 무모하게 행한다.

ubho ime ajigucchā anuttāsanalakkhaṇā - 부끄러워하지 않음, 두려워하지 않음 이 두 가지는 악행을 혐오스러워 않고 무서워하지 않는 특징이 있다.
pāpānaṁ karaṇarasā - 나쁜 일을 행하는 작용을 지닌다.
asaṅkocanupaṭṭhānā - 나쁜 일에서 주춤거리거나 물러서지 않는 법이라고 수행자들의 지혜에 드러난다.
attaparaagārava padaṭṭhānāti saññitññ - 자신과 다른 사람을 존중하지 않는다는 가까운 원인이 있다고 알아야 한다.

들뜸(웃닷짜)의 어의

uddhatabhāvo - 들뜨는 마음이 일어남을 uddhaccaṁ-웃닷짜[들뜸]라 한다.

uddhaṁ uddhaṁ(위로 위로) hanati(뜨는 것처럼 일어난다.) 그러므로 uddhataṁ(웃닷땅)이라 한다. 들뜸과 결합한 마음은 대상에 고요히 머물지 못한다. 표류하여 위로 뜨다는 것처럼 일어난다.

들뜸의 특징

avūpasamalakkhaṇaṁ - 고요하지 못한 특징이 있다.

바람이 강한 속도로 부딪치면 물이 흔들리듯 대상을 고요하게 가질 수 없음이 들뜸의 특징이다.

들뜸의 작용과 지혜에 드러나는 모습

anavaṭṭhānarasaṁ - 하나의 대상에 머물지 못하는 작용이 있다. bhantabhāvapaccupaṭṭhānakaṁ - '흔들리는 마음이 일어남' 이라고 수행자들의 지혜에 드러난다.

나무에 걸린 깃발이 바람에 펄럭이며 잠시도 머물지 못하는 것처럼 하나의 대상에 고요히 머물지 못함은 들뜸의 작용이다. 들뜸과 결합한 법들 모두 대상을 견고히 취할 수 없다. 집중(에깍가따)마저도 들뜸과 결합하면 대상을 취하는 정도에만 머물 뿐이다. 함께하는 다른 마음들도 마찬가지여서 대상을 굳건하게 취할 수 없다. 들뜸은 '잿더미에 돌멩이를 던지면 즉시 재가루가 날리는 것처럼 들뜸과 결합한 마음이 흔들리며 표류하는 법' 이라고 지혜에 드러난다. [어리석음 등의 앞의 이 네 가지 법은 모든 불선의 법에 공통되는 법이기 때문에 가장 먼저 설명하고 있다.]

탐욕(로바)의 어의와 특징

lubbhatīti - 집착하여 원하기에 lobho - 탐욕이라 한다. eso - 이 탐욕은 ālambaggāhalakkhaṇo - 대상을 취하는 특징이 있다.

'대상을 가짐' 에서 단지 가지는 정도가 아니다. 탐욕의 크고 작음에 따라 강박적으로 격렬하게 집착하여 원하는 '원함' 이다. 탐욕이 대상을 취하는 모습을 끈끈이 진액으로 원숭이를 잡는 모습에 비유한다.

나무에서 나오는 '송진' 진액덩이를 보고 새롭고 특별한 것을 보면 장난치고픈 원숭이가 와서 끈끈이 진액덩이 속에 한 손을 밀어 넣었다. 끈끈이 덩이가 들러붙어 손을 뗄 수 없자 다른 손으로 붙잡았다. 결국은 두 손 모두 진액에 달라붙었으나 입으로 물어 떨쳐보려 시도하였다. 진액은 입에도 붙게 만들었다. 손과 입이 떨어지도록 두 발로 밀었지만 두 발조차 진액에 달라붙어버렸다. 그때 '떼버려야 한다' 는 생각으로 떨어뜨리려 하지만 끈끈이 더미는 오히려 들러붙는 것처럼 탐욕 역시 여섯 가지 대상들이 부딪쳐오면 강하게 붙잡는다. [끈끈이 진액과 탐욕, 원숭이의 팔, 다리. 입, 몸의 여섯 부위와 대상 여섯 가지는 서로 동일하다.]

탐욕의 작용과 지혜에 드러나는 모습

abhisaṅgaraso - 대상에 뒤엉켜 달라붙는 작용이 있다.
apariccāgapaccupaṭṭhānako - 버리지 못하는 법이라고 지혜에 드러난다.

뜨겁게 달아오른 넓은 팬 위에 쇠고기 덩이를 던지면 순식간에 달라붙듯 대상에 달라붙는 것이 탐욕의 작용이다. 옷에 쇠기름이 스며들면 깨끗이 제거하기 어렵듯 대상에 집착하면 벗겨내기 힘든 법이라고 지혜에 드러난다.

탐욕의 가까운 원인

saṁyojanīyadhammesu assādikkhapadaṭṭhāno - 윤회의 족쇄[saṁyojana]의 대상이 되는 법들을 즐거운 것으로 생각하는 사견이라는 가까운 원인이 있다.

즐겁지 않은 부정한 것(asubha)을 즐거운 아름다운 것(subha)으로 보는 견해를 가졌기 때문에 탐심인 갈애가 일어난다. 즐겁다는 사견은 탐심이 일어나게 하는 가까운 원인이다.

탐욕과 원함의 비교

탐심의 원함에는 끈적이는 점액이 있다. 원함에는 끈적임이 없다. 갈망하고 집착하여 달라붙는 원함은 탐욕의 성질이다. 대상을 행하고 얻으려는 '정도만' 이 원함[chanda]의 성질이다. ['정도만' 이라는 말에는 탐욕처럼 들러붙는 집착이 없음을 알 수 있다. 그렇다고 탐욕만큼 강렬한 힘이 없다는 뜻은 아니다. 어떤 경우에는 '원함을 통치자로 한 법[chandādhipati]' 들이 탐욕보다 강력한 힘을 지닌다.]

사견(딧티)의 어의

micchā - 잘못 passatīti - 보기에 diṭṭhi - 사견이라 한다.

'micchā' 란 단어는 불선의 자리에서 잘못 보게 하는 원인을 명백히 드러낸 말이다.

사견의 특징, 작용 그리고 지혜에 드러나는 모습

abhinivesalakkhaṇā - 적합하지 않게 마음에 두는 특징이 있다.

parāmāsarasā - 그릇되어 사색하는 작용이 있다.

micchābhinivesaupaṭṭhānā - 마음에 잘못 새기는 법이라고 수행자의 지혜에 드러난다.

'마음에 잘못 새기는 법' 이란, 무상을 영원함으로, 세상을 창조한 이가 없는데도 '창조자가 있다' 는 등으로 집착하는 것이다. 그런 잘못된 생각으로 연관된 대상을 취하는 것을 '그릇되어 사색하는 작용' 이라 한다.

사견의 가까운 원인

'성인을 친견하기를 원치 않는 상태' 등 가까운 원인이 있다. 바른 진리의 법을 스스로 증득한 성인과 많은 견문을 지닌 지혜로운 이들을 끊임없이 친견하여 훌륭하고 바른 법을 자주 들어 악행과 선행이라는 업과 그 업의 이익과 죄의 과보를 정확히 이해할 수 있다면 '업만이 자신의 재산임을 아는 지혜[kammassakatañāṇa]'라는 정견이 생겨난다. 성인을 친견하려 않고 얼굴을 돌리는 것은 사견을 지니게 되는 가까운 원인이다. 사견을 지닌 사람들과 교제하는 것도 마찬가지이다.

자만(마나)의 어의, 특징

ahaṁkāro - '나다' 라고 오만하게 maññatīti - 인식하기에 māno - 자만심이라 한다. unnati lakkhaṇo - 교만하게 치솟은 특징이 있다.

세상에는 1. 고귀한 출신 2. 동등한 출신 3. 비천한 출신 세 부류가 있다. a. 공적, 영광, 재물, 지혜, 피부색 등이 남들보다 훌륭하다는 자만[seyyamāna] b. 공적, 영광 등에서 '내가 당신들과 무엇이 다른가?' 라는 동등함에서 오는 자만심[sadisamāna] c. 타인보다 하류층에 있다고 해서 '내가 무엇에 주의하여야 하는가?' 하는 열등감에서 오는 자만[hīnamāna] 등으로 자만을 세 가지로 구분된다.

그 중에서 1고귀한 출신의 a훌륭하다는 자만, 2동등한 출신의 b동등함에서 오는 자만심, 그리고 3비천한 출신의 c열등감에서 오는 자만은 '바른 합당한 자만' 이다. 이처럼 자신의 위치에서 오는 합당한 자만은 아라한 도道만이 제거할 수 있다. 자신에게 합당하지 않은 1고귀한 출신의 b동등함에서 오는 자만심이나 c열등감에서 오는 자만, 이 두 종류의 자만은 합당하지 않은 자만이라 한다. 이런 합당치 않은 자만은 수다원 도道만이 제거할 수 있다. 이 모든 자만은 거들먹거리고 의기양양하여 허파에 바람이 든 사람처럼 치솟아 고개를 치켜드는 특징이 있다.

자만의 작용과 지혜에 드러나는 모습

sampaggaharaso - 결합한 법을 찬양하는 작용이 있다.

ketukamyatāpaccupaṭṭhānako - 치솟은 깃발처럼 모든 장소에서 다른 사람보다 탁월하고자 하는 상태로써 수행자들의 지혜에 드러난다.

사람이 치솟을수록 결합한 법들 역시 치솟아 올라가는 것은 자만의 작용이다. 이처럼 수행자들의 지혜에 '깃발처럼 치솟고자 하는 법'으로 나타난다.

자만의 가까운 원인

diṭṭhivippayuttalobhapadaṭṭhānoti saññito - 사견과 결합하지 않은 탐심이 가까운 원인이라고 인식한다.

사견은 세속의 오온五蘊을 '아트만(자아)'이라 집착한다. 자만은 이 세속의 오온만을 '나'라고 인식한다. 이처럼 사견과 자만이 집착하여 인식하는 모습은 서로 다르지만, 서로 집착하는 법은 세속의 오온으로 동일하다. 즉 '오온에 집착하는 모습은 성질 서로 간에 겨룸이 있다'는 의미이다. 사견과 자만심은 '겨룸이 같음'으로 지낸다. 그러므로 '궁리가 같으면 적'이라고 하듯 사견과 결합된 곳에 자만이 함께 결합하지 못한다. 자만과 결합한 곳에 사견이 결합할 수 없다.

이처럼 자만이 사견과 결합하지 못한다면 진심嗔心 등과는 결합할 수 있는가? '집착하여 인식함'에는 자신을 좋아하는 탐심이 근본으로 들어있기에 탐심이 없다면 자만이 일어날 일이 없다. 그러므로 '사견과 함께하지 않는' 탐심만이 자만이 일어나는 가까운 원인이다.

탐심은 모든 탐욕에 뿌리한 마음, 사견은 탐욕뿌리에서 결합한 마음(삼빠윳따), 자만은 탐욕뿌리에서 결합하지 않는 마음(윕빠윳따)과 함께하기 때문에 결합한 마음을 앞에 두어 탐심, 사견, 자만을 차례로 보였고 진심을 뒤에 두었다.

진심(도사)의 특징

doso - 진심은 caṇṭikkalakkhaṇo - 잔혹한 몸과 마음이 일어나는 특징이 있다.

코브라를 막대기로 건드리면 순식간에 맹렬하게 일어서는 것처럼 좋아하지 않는 대상과 마주칠 때 몸과 마음이 거칠게 격분하는 것이 진심의 특징이다. 몸과 마음 모두를 파괴시키는 성품 때문에 진심이라 한다.

진심의 작용

nissayadāharasako - 자신이 의지하는 마음, 중생을 격렬히 불태우는 작용이 있다.

진심이 일어날 때 결합한 법들 역시 뜨겁게 불타오른다. 이 마음識, 마음부수들로 인하여 일어나는 'cittajarūpa(마음으로 생긴 물질)' 또한 진심의 기세로 활활 불타오른다. '마음으로 생긴 물질'과 함께 생성하는 kammajarūpa(업으로 생긴 물질), utujarūpa(기온으로 생긴 물질), āhārajarūpa(자양분으로 생긴 물질)들도 — 집 한 채가 불타오르면 가까운 집들도 옮겨 불타는 것처럼 — 타오르는 성질을 전염시켜 온몸을 불태운다. 그러므로 진심이 일어날 때 살과 피부는 붉게 변하고 온몸은 전율하며 떤다. 진심의 가세가 매우 격렬하면 마노빠도시까 천인들처럼 한순간에 생이 소멸될 정도로 불타오른다. [마노빠도시까 천인들의 이야기는 『실라칸다브라흐마경』을 참조 바람]

진심의 지혜에 드러나는 모습과 가까운 원인

dussanapaccupaṭṭhāno - 몸과 마음 모두를 파괴하는 법이라고 수행자들의 지혜에 드러난다.

āghātavatthupadaṭṭhāno - āghātavatthu(악의를 만드는 원인)라는 가까운 원인이 있다.

악의를 일으키는 진심을 아가따(āghāta)라 하고 그러한 진심을 일으키는 원인을 악의를 만드는 원인(āghātavatthu)라 한다. '악의를 만드는 원인'은 10가지가 있다.

1. 자신의 번영과 이익을 파괴시킴 2. 사랑하는 사람의 번영과 이익을 파괴시킴 3. 자신이 싫어하는 사람의 번영과 이익을 파괴시킴, 이 세 가지와 'ⓐ 과거에 하였다, ⓑ 현재 하고 있다, ⓒ 미래에 할 것이다'라는 세 가지를 각각 결합하면 모두 아홉 가지가 된다. 여기에 '돌부리에 걸림, 심하게 비가 내림, 매우 더움, 비가 오지 않음' 등과 같이 진심을 일으킬 대상이 아닌데도 격노하며 '성을 낼 대상이 아닌 것에서 성냄'을 합치면 모두 열 가지이다. 이 열 가지는 진심을 일으키는 가까운 원인이다.

질투(잇사)의 어의, 특징

issatīti - 질투하는 성품 때문에 issā - 질투[잇사]라 한다. aññasampattiussūyalakkhaṇā - 다른 사람의 부귀와 풍족함을 시기하고 질투하는 특징이 있다.

과거 생의 선업을 바탕으로 현생에서 지혜와 노력으로 재물과 번영을 얻고 공적과 영광을 성취한 사람을 보거나 들으면 기뻐함 대신 얼굴을 찌푸리거나 비꼬아 말하는 것, '자신보다 잘나면 시기하고 질투하며 배 아파한다' 는 말처럼 다른 사람의 공적 듣기를 원하지 않는 것이 질투의 특징이다.

작용, 지혜에 드러나는 모습, 가까운 원인

tathā - 그 외, parasampattiyā - 타인의 성공에 대해 anabhiratirasā - 즐거워하지 못하는 작용이 있다. tato - 타인의 vimukhapaccupaṭṭhānā - 부귀영화를 못마땅해 하며, 얼굴을 돌리는 상태로서 수행자들의 지혜에 드러난다. parasampattipadaṭṭhānā - 타인의 성공이라는 가까운 원인이 있다.

희심[喜心, muditā]의 성품을 지닌 선남자는 타인의 성공과 부귀를 보거나 듣게 되면 기뻐하고 즐거워한다. 질투는 즐거워하지 못하고 타인의 성공을 보고 얼굴을 돌리는 것으로 드러난다. [여기서 '질투는 타인의 성공과 번영을 대상으로 삼기에 외부(bahiddha)만을 대상으로 하는 법이라고 알아야 한다.]

인색(맛차리야)의 어의, 특징

maccharabhāvo - 인색한 사람의 상태를 macchariyaṁ - 맛차리야라 한다. sampattigūhalakkhaṇaṁ - 자신의 성공을 감추는 특징이 있다.

acchariyaṁ - 얻게 될, 이미 얻은 나의 재물과 경이로운 물품이 mā hotu - 나 외에, 다른 사람에게 일어남이지 말지어다. iti - 이와 같이 일어나는 상태로 인하여 macchariyaṁ - 인색이라 한다.

얻게 될 나의 재물, 이미 얻은 나의 재물, 이와 비슷한 재물이 다른 사람에게 일어남이지 말지이다' 는 마음이 인색이다. [질투는 타인이 얻은 재물과 성공, 공적을 비난하고 질책하려 한다. 인색은 자신의 재물을 나누지 않으려하고 자신의 것과 같은 재물과 공적이 타인들에는 일어남이지 않기를 바란다.]

인색의 작용과 지혜에 드러나는 모습

sādhāraṇakkhamarasaṁ - 자신의 성공이 타인과 연관됨을 참아내지 못하는 작용이 있다. saṅkocanaupaṭṭhānakaṁ - 움츠려 물러서는 법이라고 수행자들의 지혜에 드러난다. kaṭukañcukabhāvopi - 쓴맛처럼 마음을 움츠리게 하는 상태는 지혜에 드러나는 모습이다.

자신의 성공을 감추며 다른 사람과 연관되면 참지 못하는 작용이 있다. 기부, 보시 등 자신의 성공과 재물이 타인과 연관되면 움츠러들고 물러선다. 쓴맛이 맛보는 사람을 움츠리고 물러서게 하듯 구걸하는 사람을 보면 몸과 마음이 움츠려져 물러서는 법이라고 수행자의 지혜에 드러난다.

인색의 가까운 원인

sasampattipadaṭṭhānaṁ - 자신의 성공과 재물이라는 가까운 원인이 있다.

1) 사원, 건물, 좌석 등에 인색함 2) 친척, 혈족, 제자, 신도들에 인색함 3) 물품과 이윤에 인색함 4) 몸, 피부색, 공적, 찬

양들에 인색함 5) 자신이 익힌 학문에 인색함[이 인색에 대한 허물을 『앗타살리니』 주석서에서 보인다]

이 인색함에는 두 가지 대상이 있다. 몸, 피부색 등 내부(ajjhatta)의 대상과 사원, 건물, 자리 등 외부(bahiddha)를 대상이다. 일부 스승들은 '인색은 외부의 법을 대상으로 하지 않는다' 라고 주장한다. 『담마상가니』 마띠까(서문)에서 '외부의 대상(bahiddhārammaṇā)' 의 정의를 취할 때 인색을 제외시킨다. 아마 그분들은 자신의 물품은 모두 '내부(ajjhatta)' 라고 생각하는 것 같다. 관례적으로 아비담마에서는 자신의 몸에 해당되는 것 일체를 '내부' 라 한다. 자신의 물품일지라도 신체 외부에 있는 물품들은 외부의 법일 뿐이다.

후회(꾹꿋짜)의 어의

kukatabhāvo - 혐오스러워하는 상태[kukata]라 불리는 마음이 일어남, athavā - 아니면 kucchitakiriyā - 혐오스러운 행위를 kukkuccaṁ - 꾹꿋짜(후회)라 한다.

kucchitaṁ - 혐오스러운 것 kataṁ - 행한 악행을 대상으로 하여, 행하지 못한 선행을 대상으로 하여 일어나는 마음을 kukataṁ - 꾸까따[kukata]라 한다.

꾸까따[kukata]란 행해버린 악행, 행하지 못한 선행이다. 이 악행과 선행을 대상으로 일어난 마음인 꾸까따로 인해 행위인 꾹꿋짜라는 결과의 이름을 얻는다.

kukatassa - 꾸까따라 불리는 마음이 bhāvo - 일어남을 kukkuccaṁ - 꾹꿋짜(후회)라 한다. 이것은 앗타살리니 등에 따른 해석법이다.

다른 식으로,

kucchitaṁ - 혐오스러운 kataṁ - 행위는 kukataṁ - 혐오스러운 감정이다.

악행을 행한 뒤 받게 될 죄 값을 생각하거나 혹은 악업의 결과를 당할 때 '악행을 범하였구나'는 마음이 일어난다. 재물이 매우 풍족할 때나 젊고 건강할 때 선업을 행하지 않고 재물이 모두 없어진 뒤거나 늙고 병든 후에야 '선행을 하지 않았구나'라는 마음이 일어나기도 한다. 이 뒤늦은 후회로 행한 악행을 무효화할 수도, 하지 못한 선행을 행한 것이 되도록 할 수 없다. 지혜로운 사람들이 경멸하는 감정이기에 '꾸까따(혐오스런 감정)'라 한다. 이런 감정이 일어나면 마음은 뜨겁고 피로하게 되기에 이러한 감정을 '뒤늦은 후회'라고도 말한다.

후회의 특징, 작용, 지혜에 드러나는 모습

pacchānutāpalakkhaṇaṁ - 뒤늦게 걱정하는 특징이 있다.

anusocanarasakaṁ - 반복해서 계속 걱정하는 작용이 있다.

vippaṭisāriupaṭṭhānaṁ - 마음이 즐겁지 못한 사람의 상태로 수행자의 지혜에 드러난다.

후회의 가까운 원인

katākatapadaṭṭhānaṁ - 가까운 원인은 행한 악행, 행하지 못한 선행이다.

행한 악행, 행하지 못한 선행은 후회를 일으키는 가까운 원인이다. 선행을 악행으로 생각하고 행하였거나 악행을 선행으로 생각하고서 행한 뒤 그것이 악행인 줄 알게 되면 후회가 일어나게 된다. 이처럼 이 후회는, '나는 선행을 하지 못하였구나. 두려움과 공포로부터 보호하는 선업을 짓지 않았구나. 악행을 범하였구나. 거칠고 잔인한 행위를 저질렀구나. ‖중략‖ 나쁜 과보를 받을 일을 범했구나' 라고 허물이 아닌 것을 허물이라고 여기는 사람의 상태로 일어난다. 허물에서 허물이 아니라고 여기는 사람의 상태도 범죄를 행한 뒤 일어난다. — 이 주석서에 따라 '행하지 못한 선행, 행한 악행' 이란 '행한' 것은 불선, '행하지 못한 것' 은 선행임을 알 수 있다.

다른 견해

일부스승들은 'kata(행한)' 을 행한 악행과 선행으로, 'akata(행하지 못한 자리)' 를 행하지 못한 악행과 선행으로 취한다. 어떤 이가 재물이 많았을 때 보시하였다가 어떤 이유로 가난해지자 '과거의 보시는 것이 낭비다' 라고 후회할 수도 있다. 그때 이미 행한 선행을 대상으로 후회가 일어났다고 말하기도 하지만, 이런 종류의 후회는 후회(꾹꿋짜)가 아니다. 보시한 뒤 재물을 다시 찾는 진심일 뿐이다. 독사를 보고도 죽이지 않았는데 나중에 지인知人을 물리자 '죽이지 않았던 것이 실수였나' 라고 후회한다. 그때 행하지 못한 악행을 대상으로 후회가 일어난다고 말하기도 하지만, 이 역시 진짜 후회가 아니다. 성냄인 진심嗔心일 뿐이다. 그러므로 '행한 선행, 행하지 못한 악행을 근거로 하여 후회가 일어날 수 있다' 라고 말하는 견해는 '행하지 못한 선행, 행한 악행' 이라고 언급한 주석서와 상반된 견해이다.

후회의 다양함

nīvaraṇakukkucca - 번뇌라는 장애(니와라나)에 속하는 후회 마음부수, vinayakukkucca - 적합한가, 적합하지 않은가라고 계율로써 숙고한 번민이

다.

선정의 장애인 후회는 앞에서 언급한 불선 마음부수의 후회이다. 자제되지 않은 후회(asaṁyatakukkucca)란 예불 때거나 대중의 모임 등에서 언행을 조심하지 않고 팔다리를 흔들며 말하거나 침이나 가래를 뱉는 등 적합하지 않은 행위로 일어남은 일들이다. 일반적으로 이러한 행위는 어리석음에 속하는 불선마음이다. 율법에 의한 후회는 범부나 유학, 아라한 모두에게 일어날 수 있다. 율법에 의한 후회는 유학有學과 무학無學에 따라 선善마음 또는 작용만 하는 마음으로 일어난다.

해태, 식識 무기력(티나)

thiyatīti - 무기력, 건강하지 못함, 자세를 흩트리고 누르는 상태로 인하여 thinaṁ nāma - 해태라 한다. anussāhanalakkhaṇaṁ - 노력 분투하지 않는 특징이 있다.

노력(위리야)이 정력적이고 활기차다면 해태는 물러선다. 해태는 함께 결합한 마음마저도 활력을 잃게 하며 저열하고 둔하도록 누르고 방해하는 것처럼 일어난다. 노력을 제거하는 작용이 있다. 수행자의 지혜에 저조하게 물러서는 성품으로 나타난다.

혼침, 마음부수의 무기력(밋다)의 어의와 특징

medhetīti - 마음부수들이 건강하지 못하도록 막고 방해하는 상태로 인하여 middhaṁnāma - 혼침이라 한다. akammaññattalakkhaṇaṁ - 어떤 일에서 건강하지 못한 상태가 특징이다.

해태(마음識의 무기력)가 마음을 누르는 것처럼 혼침(마음부수의 무기력) 또한 결합한 마음부수들을 활기차지 못하게 누르고 방해하는 것처럼 일어난다. 이 해태와 혼침이 누르고 방해하기에 마음과 마음부수들이 일을 행할 때 활력이 없고 무력하다. 해태와 혼침이 내재해 있는 중생들은 게으르고 둔하다. 그러므로 이 해태와 혼침은 날카로움이나 강력함이 없는 '자극받은 마음'에만 결합한다.

혼침의 작용

onayharasaṁ - 마음의 문을 묶어 두는 작용이 있다.

혼침이 일어남이면 졸림, 무기력이 일어나서 대상을 민첩하게 취하지 못한 채 바왕가에 떨어져 있는 순간이 많아 인식과정의 일어남이 적다. 눈과 의식 등을 막고 묶는 것처럼 일어나는 것이 혼침의 작용이다. [이 특징과 작용은 해태에도 적용된다.]

혼침의 지혜에 드러나는 모습

līnattaupaṭṭhānaṁ - 위축된 상태로 지혜에 드러난다. pacalāyitāpi - 눈을 껌뻑거리며 눈썹이 처지면서 조는 것 또한 upaṭṭhānaṁ - 지혜에 드러나는 모습이다.

위축된 상태로 지혜에 드러나는 모습은 명백하기에 설명할 필요가 없을 것이다. 눈이 지쳐서 껌벅거리며 조는 것은 혼침의 결과이다. 이 해태와 혼침은 범부와 유학들이 잠들기 전이나 잠깨기 전에 많이 일어난다. 깊이 잠들어 있을 때는 해태와 혼침이 일어나지 않는다. 바왕가[생의 연속체]인 과보마음만이 연속해서 일어난다.

아라한의 수면

아라한도 잠들 때가 되면 몸의 활력이 없어져 지치고 힘이 없기에, 모든 대상에서 물러나 바왕가의 연속만을 일으킨다. 아라한들의 수면에는 어느 부분에서도 해태거나 혼침이 들어있지 않다. 시간이 되면 지치고 시드는 것이 인간의 몸만은 아니다. 자연의 나무들 또한 밤이 되면 지치고 시들어 위축되고 잠든 것처럼 된다. 잠이란 낮 동안의 활동으로 인해 육신이 지치고 피로하여 시들해져 일어나는 것이기도 하고 해태와 혼침 때문에도 일어나기도 한다. 아라한은 앞의 원인만으로 잠에 드신다. 범부와 유학은 두 가지 원인 모두로 잠에 든다.

주의

해태가 마음을 누르고, 혼침이 마음부수를 누르는 것을 분리하여 설명할 수 없을 정도로 함께 일어난다. 일부사람들은 혼침이 마음부수가 아니라 물질의 법이라고 주장하는데 이에 대해서는 『앗타살리니』에서 부정하고 있는 것을 참조하기 바란다. 해태와 혼침은 탐욕뿌리, 진심뿌리마음 두 종류에 속하기에 의심의 앞에 두었고, 어리석음 뿌리에 속하기에 의심을 마지막에 두었다.

의심(위찌낏차)의 어의

sabhāvaṁ - 올바른 성질을 vicinanto - 조사할 때 etāya - 이 성품의 법 때문에 kicchati kilamati - 피로하다. iti - 그러므로 vicikicchā - 위찌낏차(의심)라 한다.

불법승 삼보 및 무상 등 법의 성품을 조사할 때 제대로 결정내리지 못하고 피로하고 괴롭게 하는 법이다.

반대로 지혜라는 약으로 치료함을 cikicchā[찌낏차]라 한다. cikicchā[찌낏차]에서 벗어난 법을 위찌낏차라 한다. 부처님께 의심을 품는 병은 치료하기 매우 어렵다. 하지만 절대로 고칠 수 없는 것은 아니다.

의심의 특징, 작용

vicikicchā - 위찌낏차는 saṁsayalakkhaṇā - 의심하는 특징이 있다. kampanarasakā - 흔들리는 작용이 있다.

어떤 대상의 주변을 맴도는 성질을 의심이라 한다. 대상에 확고히 머물지 못한 채 '이것일가? 저것일까? 진짜인가? 가짜인가? 혹은 아닌가?' 라고 갖가지로 궁리하는 것을 'kampana -흔들림' 이라 한다.

의심의 지혜에 드러나는 모습

anicchayaupaṭṭhānā - 결정하지 못하는 법이라고 수행자의 지혜에 드러난다. anekaṁsagāhopi vā - 갖가지 잡다하게 취하는 것 또한 수행자의 지혜에 드러나는 모습 중 하나다.

의심은 선의 법을 막고 제지하는 번뇌이기에 부처님, 법, 상가, 계율, 오온, 12입처, 18계, 12연기법 등을 의심하는 것만이 진짜 의심이다. 일과 학문 또는 사유방법에 있어 확고하게 결정하지 못하는 것은 의심의 모방일 뿐이다. 이 '모방' 을 범부와 유학에게는 선 또는 불선 마음으로 아라한에게는 작용만 하는 마음으로 일어난다.

아름다운 마음부수 25가지

아름다운 마음에 공통되는 마음부수 19가지

1. 삿다(saddhā, 信) - 믿음
2. 사띠(sati, 念) - 기억
3. 히리(hirī) - 부끄러움
4. 옷땁빠(ottappa) - 두려움
5. 아로바(alobha) - 탐욕없음
6. 아도사(adosa) - 진심없음, 사랑
7. 따뜨라맛잣따따(tatramajjhattatā) - 평정심
8. 까야빳삿디(kāyapassaddhi) - 마음부수의 고요함
9. 찟따빳삿디식(cittapassaddh) - 마음識의 고요함
10. 까야라후따(kāyalahutā) - 마음부수의 가벼움
11. 찟따라후따(cittalahutā) - 마음의 가벼움
12. 까야무두따(kāyamudutā) - 마음부수의 부드러움
13. 찟따무두따(cittamudutā) - 마음의 부드러움
14. 까야깜만냐따(kāyakammaññatā) - 마음부수의 순응성
15. 찟따깜만냐따(cittakammaññatā) - 마음의 순응성
16. 까야빠군냐따(kāyapāguññatā) - 마음부수의 능숙함
17. 찟따빠군냐따(cittapāguññatā) - 마음의 능숙함
18. 까유주까따(kāyujukatā) - 마음부수의 올곧음
19. 찟뚜주까따(cittujukatā) - 마음의 올곧음

이 19가지 마음부수들은 아름다운마음에 공통되는 마음부수(소바나사다라나쩨따시까)이다.

절제 3가지

1. 삼마와짜[sammāvācā] - 정어正語, 바른 말
2. 삼마깜만따[sammākammanta] - 정업正業, 바른 행위
3. 삼마아지와[sammāājīva] - 정명正命, 바른 생계

이 3가지 법을 절제(위라띠) 마음부수라 한다.

무량심無量心 2가지와 지혜의 기능慧根

1. 까루나(garuna) - 연민, 자무량심(慈無量心)
2. 무디따(muditā) - 함께 기뻐함, 희무량심(喜無量心)

이 2가지를 무량심無量心 마음부수라 한다.

지혜의 기능慧根과 함께 모두 25가지인 이 마음부수들을 아름다운(소바나) 법이라고 알아라.

요약

ettāvatā ca, terasaññasamānā ca cuddasākusalā tathā.
sobhanā pañcavīsāti dvipaññāsa pavuccare.

이와같이 13가지 '모든 마음에서 공통되는 마음부수(안냐사마나쩨따시까)', 그 외에 14가지 불선마음부수, 아름다운 마음부수(소바나쩨따시까)라 불리는 25가지 선善 마음부수, 이와 같이 52가지를 설하였다.

해설

믿음(삿다)의 특징

saddhā - 삿다(믿음)는 saddahanalakkhaṇā - 믿음의 특징이 있다.

부처님 등에 대해 '진짜일까? 혹시 아니지 않을까?' 라는 의

심이 없다. '정말 그렇다!' 라고 믿는 걱정 없는 믿음을 '믿음' 라고 한다. 그러므로 이 믿음을 때로는 'saddhādhimokkha - 신뢰로써 결정함' 이라 한다. [saddahati - 믿는다. iti - 그러므로 saddhā - 삿다(믿음)라 한다.]

믿음의 작용

pasadanarasā - 맑게 하는 작용이 있다.

전륜성왕의 일곱 보물중 하나인 루비를 혼탁한 흙탕물 속에 넣으면 불순물은 밑으로 가라앉아 맑은 물로 변한다. 마음이 믿음와 결합하면 번뇌의 불순물이 가라앉고 사라져 맑은 마음만 일어나게 된다. 이같은 맑음을 '맑다' 라고 부른다.

믿음의 지혜에 드러나는 모습, 가까운 원인

akālussiyaupaṭṭhānā - 혼탁하지 않음의 상태로서 수행자의 지혜에 드러난다.

saddheyyavatthupadaṭṭhānā - 신뢰할만한 대상이라는 가까운 원인이 있다.

신뢰할만한 대상은 삼보三寶, 업, 업의 결과, 현생과 내생이다. 이러한 대상에 대하여 '삼보의 공적을 믿음, 일체의 행한 업은 중생들에게 남겨진다고 믿음, 업은 좋은 과보나 혹은 나쁜 과보가 있다고 믿음, 전생에서 현생으로 왔기에 전생을 뒷받침하여 현생이 진실로 있다고 믿음, 현생을 뒷받침하여 뒤에 올 내생 역시 진실로 있다고 믿음' 등의 믿음은 모두 믿음이다.

많은 사람들이 '부처님께서 초능력을 보이신다. 빛을 보내신다. 진짜 부처님 사리다.' 등의 속임수와 거짓말을 실제라 믿으며 믿음의 법이 일어났다고 착각할 수 있으나 그것은 진짜 믿음이 될 수 없다. '틀렸건 맞건 믿기만 하면 믿음의 법이다' 라고 한다면 그것은 어리석음이지 믿음이 아니다. 사견에 빠진 이들은 어리석음으로 자신들의 신神과 법法에 매우 만족해하기도 한다.

잘못된 믿음은 믿음이라 부를 수 없다. 'micchādhimokkha - 잘못된 오류로서 결정함' 이라 불리는 가짜 믿음이다. 근본을 정의하면 어리석음이나 사견 중 하나에 기인한 불선 마음이 과도하게 일어난 것일 뿐이다.

사띠[기억]의 특징, 작용, 지혜에 드러나는 모습

apilāpanalakkhaṇā - 조롱박처럼 물 위에 둥둥 떠서 표류하는 것이 아니라 대상에서 확고부동한 특징이 있다.

asammosarasā - 대상을 사라지지 않게 하는 작용이 있다.

ārakkhapaccupaṭṭhānā - 대상을 지키는 법이라고 수행자들의 지혜에 드러난다.

조롱박처럼 물 위에 떠서 표류하는 것이 아니라 대상에서 확고부동하게 머물고 결합한 법들까지도 대상에서 견고하게 머물게 함은 사띠(알아차림, 기억)의 특징이다. 대상이 사라지지 않도록 기억하고 주의를 둠이 사띠의 작용이다. '과거에 취한 혹은 현재 취하고 있는 대상이 사라지지 않도록 지키는 법' 이라고 수행자의 지혜에 드러난다.

[sarati - 기억한다. iti - 그러므로 sati - 사띠라 한다.]

사띠의 가까운 원인

thirasaññāpadaṭṭhānā - 확고부동한 지각이라는 가까운 원인이 있다.

사띠가 대상을 잊지 않고 지키려면 지각의 협조가 필요하다. 즉 지각의 작용이 있어야 선한 일들을 끊임없이 인지할 수 있는 것이다. 임종의 순간까지도 선업의 표상이 뚜렷이 드러나는 데는 (이미지로 떠오르게) 업의 능력뿐만 아니라 확고한 지각을 바탕으로 한 사띠의 뒷받침이 필수적이다.

모조의 사띠

사견을 지닌 사람들이 자신이 믿는 신과 법을 기억하거나 탐심의 대상, 진심의 대상을 기억하는 것 등은 진정한 사띠가 아니다. 그것은 'micchāsati - 잘못된 사띠' 라 불리는 지각을 근본으로 한 불선한 마음일 뿐이다.

부끄러움(히리), 두려움(옷땁빠)

hirīyatīti - 불선의 악행을 부끄러워하고 혐오하기 때문에 hurī - 히리(부끄러움)라 한다.

ottappatīti - 불선의 악행을 두려워하기 때문에 옷땁빠라 부른다.

특징, 작용, 지혜에 드러나는 모습

ubho - 부끄러움, 두려움 이 2가지는 pāpānaṁ - 악행을 kamā - 순서대로 jegucchauttāsalakkhaṇā - 혐오하고 두려워하는 특징이 있다. tesaṁ - 이 불선한 일들을 akaraṇarasā - 행하지 않는 작용이 있다. tato - 이 악행들에서 saṅkocaupaṭṭhānā - 물러서 움츠리는 법이라고 수행자의 지혜에 드러난다.

앞에서 이미 부끄러워하지 않음, 두려워하지 않음을 보여준 바와 같이 혐오스럽고 두려워할 만한 악행들을 혐오하고 싫어함은 부끄러움의 특징이고, 두려워하고 겁먹는 것은 두려움의 특징이다. 불선한 악행을 피하고 절제하는 것은 부끄러움과 두려움의 공통된 작용이다. 이 2가지 모두는 '악행에서 물러나 움츠러드는 법들'이라고 지혜에 드러난다.

가까운 원인

attapparasagāravapadaṭṭhānāti - 자신과 다른 사람을 존중하는 마음이라는 가까운 원인이 있다고 saññātā - 알게 된다.

부끄러움은 자신을 존중함이 가까운 원인이고, 두려움은 다른 사람을 존중함이 가까운 원인이다. 그러므로 부끄러움은 지체 높은 가문의 처녀와 같고 두려움은 기생과 같다고 주석서에서 언급하고 있다.

지체 높은 규수들은 자신의 높고 고귀한 혈통을 존중하기에 남편외의 남자와 사통함을 혐오한다. 그처럼 부끄러움을 지닌 사람 또한 자신의 혈통, 성숙한 연령, 견문, 용기, 담력, 이러한 공적에 근거하여 '나 같은 사람이 이러한 악행을 해서는 안된다'라고 자신을 존중하고 악행을 혐오함으로써 스스로를 부끄러움으로부터 지킨다.

임신한 기생을 남자들이 혐오하기에, 남자들을 존중하는 뜻으로 기생은 임신을 두려워한다. '수호신 등의 천인들과 신통력자들은 숨어서 악행을 짓는 사람들을 보고 듣고 있다. 나의 악행이 드러나지 않겠지라는 생각으로 악행을 범한다면 현자들에게 비난받을 일이다' 라고 다른 사람들을 존중하기에 두려움은 악행에서 두려워한다.

부끄러움, 두려움의 모조

성지를 순례하거나 포살날 계를 받거나 법문을 듣는 등 악행이 아닌 선행과 연관된 일들에서 부끄러움이나 두려움으로 움찔 물러설 때가 있을 수 있는데 이러한 행위는 올바른 부끄러움이거나 두려움이 아닌 갈애에서 비롯된 '속임수(māyā)' 일 뿐이다. 어떤 불선을 행한 뒤 다른 사람이 알기 때문에 부끄럽거나 두려운 것은 괴로움(도마낫사)이 일어났기 때문이다.

세상을 지키는 법

부끄러움과 두려움이라는 두 가지 법이 세상을 지키고 있기 때문에 존재계는 항상 보호받고 깨끗할 수가 있다. 이 두 가지 법이 없다면 짐승과 다를 바 없이 무질서하고 혼잡하게 뒤엉켜 들기에도 부끄러운 일들이 일어날 것이다. 그러므로 이 두 가지를 '세상을 지키는 법[lokapāla]', '세상을 깨끗하고 맑게 하는 법[sukkadhamma]' 이라고 말씀하셨다.

탐욕없음(아로바)의 어의와 특징

na lubbhatīti - 원하지 않음의 상태 때문에 탐욕없음(아로바)이라 한다.

alaggabhāvalakkhaṇo - 원하는 대상[좋은 대상]에 집착하지 않는 상태라는 특징이 있다.

탐욕은 모양色, 소리聲 등 오욕에 탐착하고 달라붙어 원한다. 탐욕없음은 오욕을 원치 않기에 탐심과 반대쪽에 있다. 그러나 원치 않음 모두가 탐욕없음은 아니다. 선善과 연관된 훌륭한 것들을 원치 않는 것은 바른 원함sammāchanda과 노력vīriya이 부족한 것이며 게으르고 나태한 마음 때문임을 알아야 한다.

탐욕없음의 작용

apariggaharaso - 내 물건이라며 강박적으로 집착하거나 비축하지 않는 작용이 있다.

아라한은 어떠한 물건이건 '내 것'이라고 비축하지 않으시듯, 탐욕없음 또한 탐심의 대상인 그 어떤 오욕에 대해서도 소유하고자 하지 않는 작용이 있다. 그러나 지각없는 낭비를 탐욕없음이라고 착각해서는 안 된다. 앞뒤를 재는 지혜가 없는 낭비심은 탐욕없음이 아니라 어리석음일 뿐이다. 모든 일에서 앞뒤를 재어 살피는 것만이 '사띠(기억), 삼빠자나(sampajana, 분별하여 아는 지혜)'의 작용이다. 보시하지도 베풀지도 않으면서 비축만하는 것은 탐욕의 작용이다.

탐욕없음의 지혜에 드러나는 모습

anallīnabhāvaupaṭṭhānako - 달라붙지 않는 성질의 법이라고 수행자들의 지혜에 드러난다.

똥 무더기에 떨어진 사람이 자신에게 달라붙은 똥에 집착하지 않는 것처럼, 탐욕없음의 성질을 지닌 사람은 탐심의 대상인 오욕락의 세상에 살지라도, 그 대상들에 달라붙어 집착치 않으며 벗어나 깨끗하게 지내려는 특성이 있다.

진심없음, 사랑(아도사)의 어의, 특징

na dussatīti - 화내지 않기에[파괴하지 않기에] 진심없음이라 부른다.
aciṇṭikattalakkaṇo - 잔인하지 않음의 상태라는 특징이 있다.

진심은 결합한 법들과 자신을 내재하고 있는 중생들을 파괴시키지만 진심 없음[사랑]은 파괴시키지 않는다. 그러므로 진심과 상반된 잔인하지 않은 특징이 있다.

진심없음[사랑]의 작용, 지혜에 드러나는 모습

āghātavinayaraso - 악의와 성냄의 무더기를 하나도 남김없이 제거하는 작용이 있다.
sommabhāvaupaṭṭhānako - 달처럼 맑고 시원한 법이라고 지혜에 드러난다.

사랑(멧따)

사랑이 중생을 대상으로 일어나면 사무량심[四無量心, appamaññābrahmavihāra]에 속하는 '자무량심(慈無量心)'이 된다. 자무량심의 정의하면 사랑無瞋이다. 물론 모든 사랑이 자무량심은 아니다. 중생을 대상으로 하지 않은, 사원을 참배하거나 법문을 듣는 등 다른 선행의 자리는 자무량심이 아니라, 그저 일반적 진심없음일 뿐이다.[자무량심은 깜맛타나 장章에서 다룰 것이다.]

진심없음(無瞋)의 바로 뒤에 어리석음 없음(무치無癡)을 설하셨는데 어리석음 없음은 지혜를 가리킨다. 때문에 어리석음 없음은 '지혜와 결합하지 않는' 선善 마음과는 연관성이 없다. 그러므로 어리석음 없음은 '아름다운 마음에 공통되는 마음부수[sobhana sādhāraṇa]'란 이름에 적합하지 않다. 대신 아름다운 마음 중 일반적 마음부수를 보이는 뒷부분에 '지혜慧根'라는 이름으로 보여주었다.

평정심(따뜨라맛잣따따)의 어의

majjhatta(맛잣따)에서 atta(앗따)란 단어는 '성질'이라는 의미를 뜻한다. yassa - 결합한 이 법모임의 majjhe - 중앙에 ṭhito - 서는 attā - 성질이 atthi - 있다. iti - 그러므로 majjhatto - 맛잣따라 한다.

자신의 작용에서 모자라거나 넘침 없이 중앙에서 평정시키는 법의 모임이다.

majjhattassa - 중립의 평정하는 법들이 bhāvo - 일어나는 것을 majjhattatā - '맛잣따따'라 한다.

접촉, 느낌, 경험[anubhavana] 등의 작용에서 모자라지도 넘치지도 않게 결합한 법들이 곧게 서는 것은 이 평정심[맛잣따따] 마음부수 때문이다. '맛잣따따(majjhattatā) - 중앙에 곧게 서는 성질을 지닌 법의 모임이 일어나도록 함'라는 풀이보다 '평정심'이란 명칭이 보다 뜻을 분명하게 한다. 그러므로 '평정심(맛잣따따)'이라 풀이한다.

tatra(따뜨라) - 결합한 저 법들에서 majjhattatā(맛잣따따) - 평정함이 tatramajjhattatā - 따뜨라맛잣따따이다.

평정심의 특징, 작용

tatramajjhattatā - 평정심이란 samavāhitalakkhaṇā - 결합한 법을 조화롭게 하는 특징이 있다.

ūnādhikavāraṇarasā - 모자람과 넘침 두 가지를 모두 막는 작용이 있다.

결합한 법들이[각자의 작용에서] 균형 있고 조화롭도록 하는 특징이 있다. 각자의 작용에서 모자라거나 넘치는 일을 막는 작용이 있다.

평정심의 지혜에 드러나는 모습

majjhattabhāvaupaṭṭānā - 평정하는 성질의 법이라고 수행자들의 지혜에 드러난다.

평정심을 '신경 쓰지 않은 채 던져둔다'라고 알아서는 안 된다. 혈통 좋은 두 마리 종마가 서로를 넘지 않고서 조화롭게 마차를 끌 때 마부가 회초리로 찌르지 않아도 마차가 잘 달리는 것처럼, 각자의 일에서 조화를 이루며 수행하는 법들을 과도하거나 모자라지 않으면서 평정하게 보는 것을 '평정심'이라고 말한다.

조화롭게 수행하는 일과 평정심

평정심의 특징에서 '조화를 이루며 수행하는 특징이 있다'라고 말한 것과 '평정심'이라고 다시 말하는 것은 앞과 뒤가 서로 상반되지 않는가? 앞의 비유에서 두 마리 종마가 조화와 균형으로 달리는 것을 마부가 굳이 더 재촉하지 않는다. 마치 마부가 두 마리 말을 균형과 조화로써 달리게 하듯, 평정심(결합한 법들에서 평정함)의 힘으로 자신의 작용 속에서 결합한 법들은 조화롭게 하여 평정하게 수행하게 하기에 앞뒤 말은 상반되지 않는다.

사무량심[捨無量心, upekkhābrahmavihāra]

명상의 장章에서 보일 사무량심捨無量心 또한 이 평정심일 뿐이다. 'tatra - 모든 중생들에게서 majjhattatā - 평정함이 따뜨라맛잣따따이다' 라고 tatra(따뜨라)의 뜻을 '모든 중생' 이라 취한다. '중생이라는 개념을 대상으로 하는 사무량심' 이 평정심이다. 그러나 모든 평정심을 사무량심捨無量心이라고 알아서는 안 된다. 사원을 참배하고 법문을 듣는 일 등에 포함되는 평정심 마음부수는 사무량심捨無量心이 아니다.

마음부수의 고요함(까야빳삿디), 마음識의 고요함(찟따빳삿디)의 어의

'kāya - 까야' 란 단어는 '모임' 이라는 의미이다. 여기서의 모임은 마음부수(受·想·行)의 모임이다. 고요함을 '빳삿디' 라 부른다.

kāyassa - 마음부수 모임의 passaddhi - 고요함, 고요한 원인을 kāyapassaddhi - 까야빳삿디라 한다. cittassa - 식識의 passaddhi - 고요함, 고요한 원인을 cittapassaddhi - 찟따빳삿디라 한다.

마음부수의 고요함, 마음識의 고요함의 특징, 작용

passaddhiyo - 마음부수의 고요함, 마음의 고요함은 kāyacittadarathaupasamalakkhaṇā - 마음부수의 뜨거움, 마음의 뜨거움을 고요하게 하는 특징이 있다. tassa - 불타는 것을 nimmaddanarasā - 진압하는 작용이 있다.

불선한 마음에 포함되는 들뜸 번뇌의 고요하지 못한 특징 때문에 모든 불선마음은 고요하지 못하다. 아름다운[소바나] 법들은 들뜸의 불길에서 벗어나 고요하고 평화롭다. 이러한 평화로움은 마음부수의 고요함의 특징 때문이며, 마음의 고요함의 특징 때문이다. 마음부수의 고요함은 마음부수들의 불길을 진압하고, 마음의 고요함은 마음의 불길을 진압하는 작용을 한다.

지혜에 드러나는 모습, 가까운 원인

santasīti upaṭṭhānakā - 고요하고 평화로운 법들이라고 지혜에 드러난다. kāyacittapadaṭṭhānā - 마음부수 모임과 마음이라는 가까운 원인이 있다. uddhaccādipaccanīkā - 들뜸 등이 주도하는 번뇌에 상반된다.

고요함(빳삿디) 등을 두 가지로 설하신 이유

믿음 등에서는 짝을 지어 설하지 않으셨는데 고요함 등에서는 왜 둘씩 짝지어 설하셨는가? 마음의 고요함(찟따빳삿디), 마음의 가벼움(찟따라후따) 등에 기인해서 마음의 고요함 혹은 가벼움 등만 일어난다. 마음부수의 고요함(까야빳삿디) 혹은 가벼움(까야라후따) 등은 일어날 수 없다. 마음부수의 고요함, 가벼움 등에 기인해서 마음부수라는 정신(nāmakāya)의 고요함, 가벼움 등이 일어나고, 물질(rūpakāya)의 고요함 혹은 가벼움 등도 일어난다. 그러므로 고요함 등은 두 가지씩 짝을 지어 설하셨다.

『마하띠까』의 견해

이 두 가지 모임에서 마음의 고요함 등은 마음만의 고요함[passaddhaṁ], 가벼움[lahu], 부드러움[mudu], 순응성[kammaññaṁ, paguṇaṁ], 정직성[uju]이다. 마음부수의 고요함으로 인해 물질의 모임[rūpakāyo] 역시 고요함, 가벼움, 부드러움, 순응성, 정직성을 지닌다. 그러므로 부처님께서는 이 자리에서는 두 종류의 법을 설하셨다. 모든 자리(법)에서 설하신 것이 아니다.

『바사띠까』의 견해

이 글은 과거 띠까들의 견해만을 보인 것이다. 『바사띠까』의 견해로는 마음부수의 고요함을 '마음부수 모임과 마음으로 생긴 물질(찟따자루빠) 두 가지로 취하는 것은 올바르다고 생각하지 않는다. 접촉, 느낌 등의 마음부수들처럼 고요함 또한 한 종류만 있는 것이 적합하다. 마음의 고요함이 한 종류, 마음부수들의 고요함이 한 종류라고 하여 두 종류의 성질이 있을 순 없다. 고요함 등이 다른 마음부수들보다 특별한 점은, 이 고요함의 성질은 마음, 마음부수뿐만 아니라 마음으로 생긴 물질(찟따자루빠) 또한 고요함을 얻게 되어 온몸이 고요하고 시원한 더미가 됨을 알려주시려는 부처님께서 마음부수의 고요함과 마음의 고요함 두 종류로 나누어 설하셨다. 그러므로 뒤에 올『사뭇짜야』장 37조도품 부분에서 'saṅkappa(상깝빠; 사색), passaddh(빳삿디; 고요함), pīti(삐띠; 희열), upekkhā(우뻭카; 중립적 느낌)' 라고 마음부수의 고요함과 마음의 고요함 두 종류로 구분하지 않고 '고요함 마음부수' 라는 한 종류만으로 정의하였다.[가벼움, 부드러움 등에서도 역시 이와 같은 방법이다.]

여기 『바사띠까』에서는 마음부수의 고요함에서 마음을 정의로 취하고, 마음識이 고요하면 마음부수 또한 포함된다고 주장한 것이다. 그러므로 마음부수의 고요함의 정의로써 '물질의 고요함' 을 취함이 적당하다는 뜻이다. [하나 『바사띠까』에서도 옛 띠까의 풀이에 따라 마음의 고요함, 마음부수의 고요함 등으로 번역하셨다.]

마음부수의 가벼움(까야라후따), 마음의 가벼움(찟따라후따)의 어의

lahuno - 가벼움이 bhāvo - 일어남을 lahutā - 라후따라 한다.

kāyassa(마음부수 모임의) lahutā(가벼움의 상태를) kāyalahutā(까야라후따)이라 한다.

cittassa(마음識의) lahutā(가벼움의 상태를) cittalahutā(찟따라후따)이라 한다.

마음부수의 가벼움, 마음의 가벼움의 특징, 작용

lahutāyo - 가벼움은 kāyacittagarutāsamalakkhaṇā - 마음부수 모임과 마음識의 무거운 상태를 평정하게 하는 특징이 있다. tassā - 이 무거운 상태를 nimmaddarasā - 진압하는 작용이 있다.

불선한 법들은 해태와 혼침이 누르기 때문에 무겁고 둔하게 나타난다. 무수한 바왕가(생의 연속체)들이 끼어들어 인식과정이 빠르지 못하고 느리며 둔하게 일어난다. 아름다운 법[소바나]들에는 해태와 혼침이 결합되지 않았기에 빠르고 가볍다. 마음부수의 가벼움은 마음부수들의 무겁고 둔함을 진압, 제거하였고, 마음의 가벼움은 식識의 무겁고 둔함을 진압, 제거한 것이라고 띠까에서 언급한 대로 이해하면 된다.

가벼움의 가볍고 민첩한 모습

선善, 무상 등의 수행주제를 마음에 새김으로써 인식과정의 중간 중간에 바왕가에 자주 떨어지지 않고 인식과정이 빠르고 민첩하게 연속해서 일으키는 것을 '가벼움(라후따)'이라 한다. '가볍고 민첩하다'라고 해서 '아름다운 법들은 아름답지 못한 불선의 법보다 생멸하는 것이 빠르다'라고 알아서는 안 된다. 생멸 순간의 찰나(일어남·머묾·소멸)는 동일하다.

『물라띠까』 - 해태와 혼침 등과 상반된 상태이고, 빠르게 바뀌는 일에 숙련된 상태로서 선, 무상 등을 인식하는 것을 '빠르게 바뀌는 상태[lahupariṇāmatā]'라 한다. 이처럼 의식의 전환이 빠르게 일어나므로 바왕가에서 빠르게 빠져나온다.

가벼움의 지혜에 드러나는 모습과 가까운 원인

adandhatāupaṭṭhānā - 무겁고 둔하지 않음의 상태로서 수행자들의 지혜에 드러난다. kāyacittapadaṭṭhānā - 몸과 마음 두 가지라는 가까운 원인이 있다. thinamiddhapaccanikā - 해태와 혼침이 주도하는 번뇌들에 상반됨으로 일어난다.

이 가벼움으로 인하여 물질色의 모임[rūpakāya] 또한 가볍고 민첩하다. 선 마음이 일어날 때 몸의 가벼운 모습, 웁베가삐띠[89]의 도움을 얻어 하늘로 떠오르는 모습에서 가벼움 마음부수의 능력을 알 수 있다.

---

89. ubbegāpīti(웁베가삐띠) - 힘의 여세로 일어나는 희열, 위로 떠오르게 할 수 있는 희열.

마음부수의 부드러움(까야무두따), 마음의 부드러움(찟따무두따)의 어의

muduno - 부드럽고 유연함이 bhāvo - 일어나는 상태가 mudutā - 무두따다.

kāyassā(마음부수의) + mudutā(부드럽고 유연함) = kāyamudutā(까야무두따; 마음부수의 부드러움) 등으로 결합시켜 알라.

마음부수의 부드러움, 마음의 부드러움의 특징과 작용

mudutāyo - 무두따(부드러움)는 kāyacittathaddhatāsamalakkhaṇā - 마음과 마음부수의 거칠고 사나운 상태를 고요하게 하는 특징이 있다. tassā-이 거칠고 사나운 상태를 nimmaddanarasā - 진압하는 작용이 있다.

사견과 자만이란 불선한 마음이 일어나는 것은 자아에 대한 집착으로서 '나다' 고 그릇되게 인식한 탓이다. 누구도 안중에 두지 않고 무시하는 거만함으로 나타나기에 매우 거칠고 사납다. 아름다운[소바나] 법은 사견, 자만심과는 결합하지 않기에 부드럽게 일어나 거친 사나움이 없다. 마음부수의 부드러움은 마음부수의 거침을 제거하고, 마음의 부드러움은 마음의 거침을 제거한다.

부드러움(무두따)의 지혜에 드러나는 모습, 가까운 원인

appaṭighātaupaṭṭhānakā - 상처주지 않고 억압하지 않는 법이라고 수행자들의 지혜에 드러난다. kāyacittapadaṭṭhānā - 몸과 마음이라는 가까운 원인이 있다. diṭṭhimānapaccanīkā - 사견, 자만심과 상반된다.

이 부드러움의 능력으로 물질의 모임 또한 부드럽고 유연하다. 고요하고 겸손한 사람들의 거동이 부드러운 것처럼,

마음부수의 순응성(까야깜만냐따), 마음의 순응성(찟따깜만냐따)

kammani - 보시 등 훌륭한 일에서 sādhu - 훌륭하고 위엄있는 성품을 kammaññaṁ - 깜만냐따(순응성)라 한다.

순응성(깜만냐따)의 특징, 작용

kammaññatā - 깜만냐따는 kāyacittaakammaññatāsamalakkhaṇā - 마음부수와 마음이 이런저런 일에서 훌륭하지 못하고 적합하지 못한 상태를 평정하게 하는 특징이 있다. tassā - 이 부적합한 상태를 nimmaddanarasā - 진압하는 작용이 있다.

위에서 보여주었던 해태와 혼침, 들뜸을 제외한 나머지 번뇌와 결합하는 불선 마음은 보시, 지계 등의 훌륭한 일에 순응하지 못하고 적합지 않다.

너무 느슨히 줄을 놓으면 휘감기듯 불선한 갈애[kāmacchanda]의 법들은 대상에 뒤얽히고 달라붙어 늘어지게 된다. 너무 강하게 잡아당기면 끊어지듯 자만 등의 불선한 법은 대상을 취함에 있어 거칠고 사납다. 그러므로 두 가지 모두 대상을 취함에 적합지가 않다. 비유하면 금덩어리가 지나치게 부드럽거나 단단하면 구슬, 팔찌 등을 만들기에 적합하지 않지만 잘 정제된 금으로는 훌륭한 장식물을 만들 수 있는 것처럼. 그와 같이 이 아름다운 법들은 갈애 등 번뇌와 결합되지 않기에 지나치게 부드럽지도 단단하지도 않아 선의 일에 적합하다. 보시, 지계 등 훌륭한 일에서 마음과 마음부수들의 부적합한 상태를 진압하는 역할을 한다.

순응성의 지혜에 드러난 모습, 가까운 원인

sampattipaccupaṭṭhānā - 완전하게 대상을 취할 수 있다고 수행자들의 지혜에 드러난다. kāyacittapadaṭṭhānā - 몸과 마음이라는 가까운 원인이 있다. kāmacchandapaccanīkā - 갈애 등 번뇌와 반대편에 있다.

대상을 취함에서 훌륭하고 적합하게 남김없이 완전하게 대상을 취할 수 있는 법들이라고 지혜에 드러난다. 이 순응성 때문에 물질의 모임 또한 선행의 일에 순응하는 훌륭한 성질이 된다.

마음부수의 능숙함(까야빠군냐따), 마음의 능숙함(찟따빠군냐따)

yassa - 이와 같은 법 모임의 pakaṭṭho - 훌륭한(탁월한) guṇo - 공적이 atthi - 있다. iti- 그러므로 paguṇo - 빠구나라 한다.

paguṇa는 '훌륭한 공적이 있다'는 의미이다. 일에 대하여 완전히 숙달하였다는 세상의 통용어로 '능숙함, 유능함, 서툴지 않음'이라 말한다. 그러므로 훌륭한 공적이란 '숙달됨, 능숙함'이란 뜻이다.

paguṇassa(숙달된 더듬거리지 않음의) bhāvo(상태)를 pāguñña(빠군냐; 능숙)라 한다.

능숙함의 특징, 작용

pāguññatā - 빠군냐따(숙달함의 상태)는 kāyacittagelaññasamalakkhaṇā - 상처 입은 마음부수와 마음의 상태를 고요히 가라앉히는 특징이 있다. tassa - 이 상처받은 상태를 nimmaddanarasā - 진압하는 작용이 있다.

믿음 없는 불선 마음은 대상을 취함에 있어 건강하지 못하고 상처입은 것처럼 나타난다. 아름다운 법들은 불신 등의 번뇌와 결합하지 않기에 선행에서 능숙하여 손상입지 않는다. 결합한 마음識, 마음부수들의 상처를 진압한다.

능숙함의 지혜에 드러나는 모습, 가까운 원인

nirādīnavupaṭṭhānakā - 번뇌라는 허물이 없는 상태로써 수행자들의 지혜에 드러난다. kāyacittapadaṭṭānā - 몸과 마음이라는 가까운 원인이 있다. asaddhiyapaccanīkā - 믿음이 없는 상태의 번뇌들과 상반된 편에 있다. [이 능숙함으로 인하여 물질의 모임 또한 선행에서 능숙하다.]

마음부수의 올곧음(까유주까따), 마음의 올곧음(찟따주까따)

ujukassa(곧고 바른) bhāvo(상태)를 ujukatā(우주까따; 올곧음)라 한다.

특징과 작용

ubho - 두 가지의 ujukatā - '곧바름'은 kāyacittaajjavalakkhaṇā - 마음부수와 마음들의 곧고 바름의 상태라는 특징이 있다. koṭillanimmaddanarasā - 몸과 마음들의 부정직한 상태를 진압하는 작용이 있다.

속임수(māyā)는 자신의 허물을 덮고 감추어, 허물이 없는 척 속인다. 부정직함(sāṭheyya)은 자신에게 없는 공적을 있는 것처럼 거짓으로 과장하여 속인다. 둘 모두는 속이고 사기 치는 갈애로 규정되는 불선 마음이라 할 수 있다. 아름다운 법들은 속임수와 부정직함(sāṭheyya)과 결합되지 않아 곧고 정직하므로 부정직과 속임수를 제거할 수 있다.

올곧음(우주까따)의 지혜에 드러나는 모습, 가까운 원인

ajimhatāupaṭṭhānā - 구부러지지 않음의 상태로 지혜에 드러난다.

kāyacittapadaṭṭhānā - 몸과 마음이라는 가까운 원인이 있다.

mayāsāṭheyyapaccanīkā - 속임수(māyā), 부정직한(sāṭheyya) 번뇌들과 상반된 편에 있다.

이 올곧음의 능력 때문에 물질의 모임 또한 곧바르다.

절제 마음부수

viramaṇaṁ(삼가하고), virati(절제한다) 이것이 virati(위라띠; 절제)다.

악행, 악한생계수단 등을 마주하고도 행하지 않는 것을 '절제'라 한다. 악행은 신업과 구업의 두 종류가 있다. 두 종류 모두 생계수단과 연관된다면 악한 생계라 한다. 사냥, 고기잡이, 도적질, 강도질을 행하는 이들이 부정한 행위를 하여 생계를 유지한다면, 이 신업은 '악한생계수단'이다. 거짓 증인을 하거나 생계를 위하여 돈을 받고 싸우거나 비난하는 구업도 악한생계에 속한다. 빅쿠들이 물품 네 가지(잠자리, 약, 음식, 가사)를 취하기 위해 신도들의 신심을 훼손시키고 빅쿠로서 부적절하게 처신하면 그것도 악한생계에 포함된다. 생계와 연관되지 않은 증오로 인한 살생, 거짓말, 속임수 등은 악한 신업일 뿐 악한생계는 아니다.

바른 말, 정어正語(삼마와짜)

정어正語는 말(kathā), 의도(cetanā), 절제(virati)로 세 종류가 있다. 원인과 결과에서 허물을 벗어난 훌륭한 말을 '정어正語'라 한다.

sammā(훌륭하게) vacīyateti(말한다.) 그러므로 sammāvācā(훌륭하게 말한 언어)라 한다.

허물에서 벗어나 훌륭하게 말한다. 그 훌륭한 말을 하도록 하는 '결정하는 마음(voṭṭhapana), 신통지(abhiññā), 욕계 선마음, 욕계 작용만 하는 마음'에 결합하는 의도를 '바른 말의 의도(正語, cetanāsammāvācā)'라 한다. 의도로써 훌륭하게 말한다. 어떤 목적으로 속이고 거짓말 할 기회가 일어나더라도 절제하여 바른 말만 한다면 말하는 마음에 절제[위라띠]의 성질이 포함된다. 다른 식으로는 속이지 않고 침묵한다면 그 침묵에도 절제의 성질이 포함된다. 이처럼 절제의 성품만을 '바른 말의 절제(virati-sammāvācā)'라 할 수 있다. 바른 말의 절제로 절제해야하는 구업口業은 생업과 연관이 없어야 한다.

바른 행위, 정업正業(삼마깜만따)

바른 생계 또한 '행함[kiriyā], 의도[cetanā], 절제[virati]' 세 종류로 나눈다. 허물없는 일을 하는 사람의 행위를 '행함의 바른 행위(正業, kiriyāsammākammanta)'라 한다. 이 허물없는 일을 행하게 하는 의도를 '의도의 바른 행위(正業, cetanāsammākammanta)'라 한다. 악한 행위를 저지를만한 상황에서 이를 피한다면 '바른 행위로써의 절제(viratisammākammanta)'가 된다. 바른 행위로써의 절제로 절제할 수 있는 악한 신업은 생업과 연관됨이 없어야 한다.

바른 생계, 정명正命(삼마아지와)

바른 생계는 노력과 절제의 두 종류가 있다. 이 중에서 전통적인 관습에 따라 '농사일이나 상업 등을 행함, 빅쿠 승단이 신도의 신심을 관리함, 빅쿠가 법답게 네 가지물품[잠자리, 약, 가사, 음식]을 구함, 농사일, 상업, 탁발을 함' 등 노력을 '바른 노력에 의한 생계[vīriyasammāājīva]'라 한다. 바른 말正語, 바른 행위正業 장章에서 보여주었듯 악한 구업과 신업이 생업과 연관된다면, 예로 들면 거짓증인을 생계수단으로 삼음, 고기잡이나 사냥을 생업으로 삼음, 빅쿠가 잘못된 수단으로 물품을 얻어 사용함 등 이러한 '악행의 종류를 행하지 않겠다'고 절제한다면 바른 생계로써의 절제가 된다.

viratiyo - 절제함은 duccaritaavītikkamalakkhaṇā - 악행이 머무는 대상을 범하지 않는 특징이 있다.

tato - 이 악행에서 saṅkocanarasā - 물러서 움츠러드는 작용이 있다.

akriyapaccupaṭṭhānā - 악행은 행하지 않아야 하는 법이라고 지혜에 드러난다.

saddhāhirottappappicchatādiguṇapadaṭṭhānā - 믿음, 부끄러움, 두려움 , 만족 등의 공적이 가까운 원인이다.[일반적으로 이러한 공적을 지닌 사람들은 악행을 삼간다]

절제의 다양함

절제는 근절시키는 절제[samucchedavirati], 마주한 대상에서의 절제[sampattavirati], 준수하는 절제[samādānavirati]의 세 종류가 있다.

'samucchedavasena - 남김없이 근절시키는 능력으로 uppannā - 일어나는 virati - 절제를 samādānavirati - 근절시키는 절제라 한다' 이에 부합되게 악행과 악한 생계인 '잠재된 번뇌[anusayadhātu]'을 남김없이 끊는 출세간마음에 결합된 절제이다. 이 근절시키는 절제는 시간 개념에서 벗어난[kālavimutti] 열반을 대상으로 한다. sampatte - 직접 대상을 마주할 때 uppannā 일어나는 virati - 절제를 sampattavirati - 마주한 대상에서의 절제라 한다. 계율을 수지하지 않은 사람이 악행의 대상과 마주했을 때 절제하는 것도 '마주한 대상에서의 절제'라 한다.

잣가나 이야기

스리랑카에 잣가나란 남자가 있었는데 어린 시절 어머니가 편찮으시자 약이 된다는 소리를 듣고 이삭을 먹으러 온 작은 토끼를 잡았다. 그러나 곧 살생의 허물을 기억해 내고 잡은 토끼를 죽이지 않고 풀어준 뒤, 집에 돌아와 어머니 앞에서 말하였다. '제가 분별할 나이가 된 이후 지금껏 다른 생명을 죽인 적이 없었습니다' 이렇게 진리의 선언을 하자 어머니는 곧 병에서 회복되셨다. 이 이야기에서 잣가나가 잡은 토끼를 죽이려했다가 곧 자신을 절제, 삼간 것이 '마주한 대상에서의 절제'로서 현재의 대상을 대상으로 삼았다는 점은 알 수 있다.

준수하는 절제

계율을 준수한 힘으로 일어나는 절제를 준수하는 절제라 한다. 과거에 한 남자가 있었는데 계를 수지한 뒤 잃어버린 소들을 찾던 중 웃따라왓따마나 산 위에서 큰 구렁이에게 잡혔었다. 손에 들린 작은 칼로 구렁이를 찔러 죽이려 생각했다가 수지한 계율을 기억하고 작은 칼을 던져버렸다. 그러자 뱀도 그를 풀어주고 사라졌다. 그것은 계율을 준수한 공덕 때문이었다. 이 이야기에서 그 남자가 계율을 수지하고 산 위에 오를 때까지 절제는 일어나지 않았다. 뱀을 죽이려다 칼을 던져버린 그 순간에 절제가 일어났다. 이 이야기를 통하여 준수하는 절제 또한 '현재' 만을 대상으로 함을 알 수 있다. 일반적으로 스승들은 '준수로 인한 절제' 는 현재와 미래 모두를 대상으로 한다고 말한다. 그 스승들이 인용하는 근거는 다음과 같다.

계율을 지닌 이들은 계율을 수지한 뒤에는
자신의 생명마저 버리고서
대상을 범하지 않고 절제함을
준수하는 절제라 알아야 한다.

라는 『앗타살리니』 드와라까타의 해설이다. 이 주석에서 '계율을 수지할 때에 준수하는 절제가 일어난다' 라고 언급하고 있다. 즉 계율을 수지하는 순간에는 아직 제어할 상황이 일어남이지 않았으나 미래의 대상을 대상으로 하여 현재 수지하는 그 순간에도 준수하는 절제가 일어난다고 주석서 스승들께서 말씀하신다.

분석

스승들께서는 '계율을 수지한 뒤' 란 구절만을 보고서, 이 구절에 연결되는 '대상을 범하지 않고' 란 구절에는 주의하지 않은 것으로 보인다. 문장상 '계율을 지닌 이들은' 이란 단락과 연관된 구절을 모으면 '계율을 준수할 때에 대상을 범하지 않는 사람들에게서 일어나는 절제' 란 의미를 얻기에 '도축하기 위해 가까이 둔 큰 소를 죽이지 않겠다고 삼가한다' 라고 주석서에서 언급한대로 준수할 때만 준수하는 절제가 일어난다. 범할 대상이 없는 지금 계율을 받아 수지하는 것은 '의도로 수지한 계율[samādānacetanāsīla]'일뿐이기에 절제한[위라띠] 계율이 될 수 없다 이처럼 준수하는 절제는 수지할 때건 수지한 뒤건 그때그때 범함에서 절제하는 그 순간에만 일어난다는 것을 알 수 있다.

또한 소 한 마리를 앞에 두고 내일 죽이겠다고 생각했다가도 '죽이지 않겠다' 고 고쳐 생각했더라도, 소의 현재의 생명만을 대상으로 한다. 직접적으로 범하지 않고 죽이려는 대상을 겨냥한 뒤 죽이기 위해 궁리할 때에는 악한 의업만이 일어난다. 그리고 이 악한 의업으로부터 절제하는 것을 깊이 생각해보면 실재로 삼가한 모습은 명백하지 않다. 그러므로 악한 의업이 일어나다가 소멸되었다고 알아야 한다. 세속의 절제 ['마주한 대상에서의 절제[sampattavirati]' 와 '준수하는 절제[samādānavirati]'] 두 가지는 현재를 대상으로 한다. 『위방가』 식카빠다 경에서 '다섯 가지 계율은 ‖ 중략 ‖ 현재대상을 취한다' 라는 구절에 대해 주석서에서는 '모든 계율은 마주한 대상에서의 절제하는 힘에 의해서만 지정되었다. 그러므로 ‖ 중략 ‖ 현재의 대상이 있다고 경에서 언급되었다' 고 해설하고 있고, 『물라띠까』 에서는 'sampattavirativasena sampatte paccuppanne āramaṇe yathā viramitabbato viramaṇavasenāti attho - 마주하는 대상에서의 절제하는 힘에 의해서란 마주한 현재의 대상, 절제해야 하는 대상에서 절제하는 능력에 의해' 라고 설명하고 있다.

설명하면

주석서에서 'sampattavirativaseneva - 마주한 대상에서의 절제하는 힘에 의해서만' 에 따라 마주한 대상에서의 절제만을 취하고 준수하는 절제를 '만(eva)' 이란 보조사로 제한했다고 잘못 생각할 것을 우려하여 띠까에서 'sampatte paccuppanne - 마주한 현재의 대상' 등으로 언급한다. 현재 대상을 마주해야만 절제할 수 있기에 'sampattaviratívasena - 마주한 대상에서 절제하는 힘에 의해' 라고 주석서에서 언급한 것이다. '만(eva)' 으로 '직접적인 대상이 없다면 삼가할 수 없다' 고 한정하고 있다. 계율을 설한 『위방가』 식카빠다 경에서 근본이 되는 '준수하는 절제' 를 설하지 않고 '마주한 대상에서의 절제' 만을 설하였다고 주석서가 보여주려는 것은 아니다.

때문에 『담마상가니』 마띠까의 '오지 않은 대상[anāgatāramaṇā]' 의 정의에서 절제는 제외시켜야 한다. 그외 『식카빠다위방가』 에서 외부의 대상[bahiddhāramaṇā]만을 설하셨기 때문에 절제가 외부의 대상만을 대상으로 한다고 볼 수 있다. 이처럼 자신이 직접 죽이겠다고 생각한 뒤 삼가한 것도 절제가 될 수 없다. 다만 악한 의업의 소멸일 뿐이다. 『빠라지까』 세 번째 계율 부분의 주석서, 띠까에 근거하여 생각해 볼 점이 많다. 그러나 너무 광범위하므로 그냥 덮어두기로 한다.

vītikkamitabba(위띡까미땁바) - 타인의 생명, 타인의 재물 등 범할 수 있는 대상.

vītikkama(위띡까마) - 범하는 경로인 악한 신업, 악한 구업

viramitabba(위라미땁바) - 삼가[절재]할 악행.

virati(위라띠) - 삼가[절재]할 성질의 법.

주목

위의 네 가지 점에 주의하여 'sabbāpi etā vītikkamitabba vattuṁ āramaṇaṁ katvā veracetanāhiyeva viramati - 모든 절제들은 범할만한 자리를 대상으로 하여 [자신의] 적敵인 의도에서[악행의 의도에서] 삼가한다'는 『위방가』 주석서에 따라 '절제 법들은 범할만한 대상인 현재의 대상하나를 대상으로 하여 삼가해야할 악행에서 삼가한다'라고 알라. 『삿짜위방가』 물라띠까에서 'sammāvācādīnaṁ aṅgānaṁ taṁ taṁ viramitabbādi āramaṇattā - 바른 말正語 등 요소가 이런저런 삼가해야할 악행 등 대상이 있기에'라는 구절에서 범할만한 대상만을 'viramitabba - 삼가할 악행'이라 이름할 수 있다.

무량심無量心(압빠만냐)

etassa - 이 중생의 모임에 pamāṇaṁ - 측정할 수 있는 한계는 natthi - 없다. iti - 그러므로 appamāṇo - 무량심無量心라고 부른다.

연민(karuṇā, 悲無量心), 함께 기뻐함(muditā, 喜無量心)들은 '이 정도 범위의 중생만을 대상으로 삼고 그 외의 중생은 대상으로 삼지 않겠다'라고 중생을 구분하고 제한하지 않는다. 한 중생을 대상으로 할 때도 '상체부분만 대상이고 하체부분은 대상으로 삼지 않겠다' 등으로 몸의 부분 또한 구분하여 제한하지 않는다. 구분이나 제한이 없는 무한한 중생 무리를 'appamāṇa'라 한다.

appamāṇe - 제한된 한계가 없이 중생을 bhavā - 대상으로 하는 법을 appamaññā - 무량심(無量心)이라 한다.

연민, 자무량심(悲無量心)

paradukkhe - 다른 사람에게 고통이 sati - 있을 때 sādhūnaṁ - 훌륭한 이들에게 hadayakampanaṁ - 심장의 진동을 karotīti - 일으키기에 karuṇā - 연민이라 한다.

연민의 특징, 작용

karuṇā - 연민은 paradukkhassa - 타인의 괴로움을 apanayanalakkhaṇā - 제거하고자 하는 특징이 있다.

tassa - 타인이 괴로움 속에서 지냄을 asahanarasā - 참지 못하는 작용이 있다.

연민은 괴롭고 지친 중생들을 보면 고통을 제거하고 구제하고자 하는 성품으로 훌륭한 이의 심장을 흔들고 진동시킨다.

연민의 지혜에 드러나는 모습, 가까운 원인

avihiṁsāupaṭṭhānā - 남을 해치는 일과 상반된다고 지혜에 드러난다. dukkhabhūtānaṁ - 괴로움에 빠진 중생들이 anāthabhāvadassanapadaṭṭhānā - 토대가 없는 상태임을 보는 요니소마나시까라(바른 이치로 마음에 새김)라는 가까운 원인이 있다.

해악[vihiṁsā]이라 부르는 진심瞋心은 타인을 괴롭히고 고통을 주려고 한다. 연민은 괴롭히지 않으려 할뿐 아니라 구해주려고 한다. 그러므로 해악에 상반된다고 지혜에 드러난다.

유사 연민

괴로워하는 중생을 보면[특히 자신과 가까운 사람] 이 특징과 매우 흡사한 연민이 일어날 수 있다. 비탄(soka)은 진짜 연민이 아니라 괴로운 느낌[도마낫사]이다. 진짜 연민은 다른 사람을 불쌍해하고 연민하면서도 선의 법으로 일어나기에 기분이 저조하거나 불쾌하지 않으며 맑고 깨끗하다. 그러나 비탄은 마음을 가라앉히고 불쾌하게 만든다.

함께 기뻐함, 희무량심(喜無量心)

tāya - 이 성질의 법으로 taṁsamaṅgino - 희심으로 충만한 훌륭한 이들은 modanti - 기뻐한다. iti - 그러므로 muditā - 희무량심(喜無量心)이라 한다.

함께 기뻐함의 특징, 작용

esā - 이 희심은 pamodanalakkhaṇā - 행복한 중생을 보면 순수하게 기뻐하는 특징이 있다. anissāyanarasakā - 타인의 부귀영화를 시기하지 않는 작용이 있다.

훌륭한 이들은 재물과 공덕을 구족한 행복한 중생을 보고 기뻐하는 특징이 있기에, 타인의 부귀영화를 시기하지 않는 것이 희무량심의 작용이다.

함께 기뻐함의 지혜에 드러나는 모습, 가까운 원인

arativighātaupaṭṭhānā - 타인의 번성에서 즐거워하지 못함을 제거하는 법이라고 지혜에 드러난다. lakkhīdassanapadaṭṭhānā - 타인의 공적과 영광을 보고자 하는 가까운 원인이 있다.

타인이 영광과 공적으로 번영하는 모습을 보고서도 시기질투가 일어나지 않도록 제거한 뒤에 이 희무량심 법이 일어난다' 이러한 의미이다.

모조 희무량심

특히 자신과 연관된 사람들이 번영하는 모습을 보면 기뻐한다. 그러나 이러한 기쁨은 진짜 희무량심이 아니라 희열로 인해 탐욕뿌리에 근거한 즐거움을 수반한 마음이 일어난 것이다. 즉 연민, 희심은 재물이나 공덕이 대상이 아니라 중생이란 개념만을 대상으로 한다는 것에 주의하라.

사무량심(四無量心)을 네 가지로 보이지 않은 이유

사무량심(四無量心)을 4가지라고 언급하는데 왜 여기서는 두 가지만을 보이는가? 진심없음 마음부수로서의 자무량심[mettā], 평정심(tatramajjhattatā) 마음부수로서 사무량심(捨無量心)을 이미 보였기에 여기서는 나머지 두 가지 무량심만 보인 것이다.

이 마음부수 장章에서는 모든 마음부수들의 성품성도만을 보이고 있다. 만약 자무량심(慈無量心), 사무량심(捨無量心)을 따로 보인다면 진심없음(사랑), 평정심과 성질이 다르다고 생각할 수 있다. 실제로 사랑(慈無量心)의 근본을 정의하면 진심없음[adosa]이고, 평등심(捨無量心)의 근본을 정의하면 평정심[tatramajjhattatā]이다. 그러므로 이 자리에서는 무량심 두 가지만을 언급하였다.

이처럼 진심없음 마음부수로써 자무량심(慈無量心)을, 평정심 마음부수로써 사무량심(捨無量心)을 취하였다. 그러므로 사랑[mettā]과 평등심[upekkhā] 두 가지를 구태여 언급하지 않은 것이다.

지혜의 기능(慧根, 빤닌드리야)

pakārena - 다양하게 jānāti - 안다.

다양함이란 갖가지 방법이다. '무상, 고, 무아, 고집멸도(苦集滅道), 선, 불선, 업과 업의 결과' 등으로 다각적으로 많이 아는 법을 지혜라 한다.

paññāva - 지혜만이, 지혜 그 자체만이 indriyaṁ - 무지를 압도하여 다스리는 법이 paññindriyaṁ - 지혜의 기능慧根이다.

이 지혜의 기능慧根을 'amoha(아모하; 무치), 혹은 ñāṇā(냐나; 지혜), paññā(빤냐; 지혜)' 라고 이름 붙일 수 있다.

paññā - 지혜는 paṭivedhalakkhaṇā - 성질을 올바로 꿰뚫어서 아는 특징이 있다. visayobhāsanarasā - 대상을 선명하게 한다는 작용이 있다.

무지는 대상의 바른 성품이 제대로 드러나지 못하도록 어둠에 잠긴 것같이 일어난다. 지혜는 어둠을 제거하여 대상의 바른 성질 그대로를 빛 속에 드러내 보이듯 선명하게 일어난다.

asammohaupaṭṭhānā - 대상에서 혼미하지 않은 법이라고 수행자들의 지혜에 드러난다.

모조 지혜

지혜는 선의 법이기에 선의 자리에서 현명하고 능숙한 것을 진짜 지혜라 할 수 있다. 영리하고 교활한 사람들에게는 교활한 지혜, 속이는 지혜가 있다. 꾼달라께시라 불리는 장자의 딸은 도적이었던 남편이 자신을 산 위로 꾀어내어, 보석 장신구들을 벗긴 뒤 죽이려하자 '여보! 죽일 테면 죽이시오. 그렇지만 사랑하는 남편에게 여한 없이 절이라도 하도록 해주세요!' 라고 요청한 뒤 절벽 쪽에 섰던 남편을 밀어뜨렸다. 이를 본 숲의 정령이 다음 게송을 읊었다.

> **항상 남자만 지혜 있는 것 아니니,**
> **생각할 줄 아는 여자 또한 지혜 있구나!'**

그러나 이 이야기에서의 지혜는 진짜 지혜가 될 수 없다. '죽일 테면 죽이시오. 절이라도 하도록 해주세요!' 란 말은 거짓말이고 속이는 순간에 일어난 일으킨 생각[위딱까]인 영리함일 뿐이다. 속임수라고도 부른다. 근본은 갈애에 기인한 불선 마음이라고 규정할 수 있다. 이처럼 능란한 속임수에는 즐거움과 함께하는 탐심이 일어난다. 그리고 '절벽으로 밀어뜨리겠다' 고 결정하여 밀어젖힐 때는 진심이 일어난 것이다. 사견을 지닌 사람에게서 타인을 속이는 지혜가 일어난다면 이는 속이는 지혜일뿐이다. 그렇다면 '사견을 지닌 사람에게는 지혜가 없는가? 있지만 진짜 지혜가 아니다. 속임수 즉, 갈애일 뿐이다'

지각, 마음, 지혜 등의 특별함

지각이 아는 모습은 금화의 가치를 모르는 어린이가 금화를 보며 갈색 아니면 금색이란 정도로 알뿐 금화인 줄 모른다. 이처럼 지각은 보이는 대상의 모양이나 색상 정도만을 알뿐, 무상 등의 상태까지는 알 수 없다. 마음이 알아차리는 모습은 시골 사람들이 금화를 아는 모습과 같다. 시골 사람들은 이 황색의 단단한 물건이 갈색, 금색 등의 색상과 모양으로 금화인 줄은 안다. 그러나 어느 정도 가치를 지닌 순금인지 가짜인지를 알지 못한다. '지혜와 결합하지 않는 마음(냐나윕빠윳따)' 은 색상이나 모양과 함께 무상 등의 상태까지 알 수 있지만 도道, 과果를 얻기까지는 가능하지 않다.

지혜가 아는 모습은 금세공사가 금화가 맞는지 어느 정도 가치가 있는지 등을 아는 것과 같다. 이 지혜는 대상의 모양, 색상, 무상 등의 상태와 도道, 과果가 일어날 때까지의 모든 것을 안다.

마음부수들의 결합방법 16가지

(sampayoganaya)

tesaṁ cittāviyuttānaṁ
yathāyoga mito paraṁ
cittuppādesu paccekaṁ
sampayogo pavuccati

이제부터 마음과 결합하여야만 하는 이 마음부수들이, 마음이 일어날 때 각각[paccekaṁ] 적절하게 결합하는 방법을 설하겠다.

satta sabbattha yujjanti
yathāyogaṁ pakiṇṇakā
cuddasā kusalesveva
sobhanesveva sobhanā

모든 마음에 공통되는 마음부수[삽바찟따사다라나] 7가지는 모든 마음과 결합한다. 혼합되는 마음부수[빠낀나까] 6가지는 적절하게 결합한다. 불선 마음부수 14가지는 불선 마음과만, 아름다운 마음부수 25가지는 아름다운 선 마음과만 적절하게 결합한다.

동조하는 마음부수들의 결합방법 7가지

(aññasamñna cetasika sampayoganaya)

kathaṁ?
sabbacittasādhāraṇā tāva sattime
cetasikā sabbesupi
ekūnanavuticittuppādesu labbhanti. [1/89]

어떻게 결합하는가?

우선 '모든 마음에 공통되는 마음부수[삽바찟따사다라나]' 7가지는 89가지 마음 모두에서 얻는다.

pakiṇṇakesu pana vitakko tāva dvipañcaviññāṇa vijji
ta kāmāvacaracittesu ceva ekādasasu paṭhamajjhānacit

tesu cāti pañcapaññāsacittesu upajjati. [2/55]

혼합되는 마음부수[빠낀나까]들 중에서 먼저 일으킨 생각는 한 쌍의 전오식前五識(dvipañcaviññāṇa) 10가지를 제외한 욕계 마음 44가지, 초선 마음 11가지, 이와 같이 55가지 마음에서 일어난다.

해설

한 쌍의 전오식前五識(dvipañcaviññāṇa = dvi + pañca + viññāṇa) - '선, 불선 2가지로써 곱해지는 5가지 마음' 이라는 뜻이다.

한 쌍의 전오식前五識이란 욕계의 뿌리 없는 마음[아헤뚜까] 18가지 중에서 눈의 의식, 귀의 의식, 코의 의식, 혀의 의식, 몸의 의식으로 각각 선善마음과 불선不善마음의 과보인 열 가지 오식(五識, pañcaviññṇa)을 말한다.

오식五識의 토대인 오근五根에서 다섯 대상(오경五境)과의 부딪침은 너무나 선명하기 때문에 일으킨 생각[위딱까] 마음 부수가 필요 없다. 그러므로 일으킨 생각는 한 쌍의 전오식前五識과 결합할 수 없다. 제2선 마음 등에서는 명상의 능력으로 일으킨 생각을 제거하였기 때문에 여기서도[제2선마음] 결합하지 못한다.

[욕계마음 44가지란, 한 쌍의 전오식前五識 10가지를 제외한 마음이다. 초선 마음 11가지란, 색계초선의 선마음, 과보마음, 작용만 하는 마음 3가지, 선정과 결합된 출세간마음에서 수다원, 사다함, 아나함, 아라한도 마음이 각각의 초선과 결합된 도道 마음 4가지, 과果마음 4가지. 이와 같이 모두 11가지이다.]

모든 마음에서 공통되는(삽바찟따사다라나) 마음부수 7가지

순서	마음부수	의미	결합한 마음
1	팟사	접촉	89가지 마음
2	웨다나	느낌	
3	산냐	지각	
4	쩨따나	의도	
5	에깍가따	집중[사마디]	
6	지위띤드리야	명근, 생명기능	
7	마나시까라	주의	

혼합되는(빠낀나까) 마음부수 6가지

순서	마음부수	의미	결합한 마음
1	위딱까	대상에 보내는 특성, 일으킨 생각尋	55
2	위짜라	대상을 반복적으로 취하는 특성, 지속적 고찰伺	66
3	아디목카	결심	78
4	위리야	노력, 정진	73
5	삐띠	기쁨	51
6	찬다	원함	69

vicāro pana tesuceva ekādasasu
dutiyajjhānacittesu cāti chasaṭṭhicittesu [3/66]

지속적 고찰은 일으킨 생각과 결합한 55가지 마음에 11가지 제2선 마음을 합쳐 66가지 마음에서 일어난다.

해설

지속적 고찰[위짜라]은 일으킨 생각[위딱까]과 불가분의 관계로 일으킨 생각의 뒤를 따른다. 그러나 일으킨 생각과 결합하지 않는 오식五識과 명상의 힘으로 지속적 고찰이 제거된 제3선 마음 등에서는 결합할 수 없다.

[한 쌍의 전오식前五識 10가지를 제외한 욕계마음 44가지와 초선과 결합

된 마음 11가지. 이와 같이 위의 일으킨 생각이 결합한 마음 55가지와 지속적 고찰이 결합한 제2선 마음 11가지를 합쳐 66가지이다.]

adhimokkho dvipañcaviññāṇa vicikicchā sahagata vajjita cittesu [4/78]

결심은 한 쌍의 전오식前五識과 의심마음을 제외한 78가지 마음에서 일어난다.

해설

결정하는 성품인 결심은 오식五識과[대상을 취하는 정도로만 일어나기에 결정하는 능력이 없다] 자신과 반대성품인 의심 마음과는 결합하지 못한다.

[89가지 마음에서 한 쌍의 전오식前五識 10가지와 의심마음 1가지를 제외한 78가지 마음에 결합한다.]

vīriyaṁ pañcadvārāvajjana dvipañcaviññāṇa sampaṭicchanasantīraṇavajjita cittesu [5/73]

노력은 오문전향마음, 한 쌍의 전오식前五識, 받아들이는 마음(산빠띳차나), 조사하는 마음(산띠라나)을 제외한 73가지 마음에서 일어난다.

해설

한 쌍의 전오식前五識 10가지에는 대상이 자연적으로 와서 부딪치기 때문에 노력이 전혀 필요 없다. 오문전향마음 등은 대상을 취하는 힘이 없다. 그러므로 노력은 오문전향마음 등과 결합할 수 없다.

['오문에서 나타나는 대상으로 주의를 전향하는 오문전향마음, 대상을 받아들이는 마음, 대상을 조사하는 마음' 에는 노력이 일어날 수 없으므로, 빤짜드와라왓자나 1가지, 한 쌍의 전오식前五識 10가지, 받아들이는 마음 2가지, 조사하는 마음 3가지 등 모두 16가지를 제외한 73가지 마음에서 일어날

수 있다.]

**pīti domanassupekkhā sahagata kāyaviññāṇa
catutthajjhānavijjitacitesu [6/51]**

희열은 진심뿌리마음 2가지, 55가지 중립적 느낌(좋지도 싫지도 않은 느낌)를 수반한 마음, 2가지 몸의 의식, 제4선 마음 11가지를 제외한 51가지 마음에서 일어난다.

해설

희열[pīti]은 괴로운 느낌[domanassa]이나 중립적 느낌[upekkhā]과는 서로 다른 성품이다. 또한 마음부수이기에 물질의 법에서도 제외된다. 따라서 괴로운 느낌 2가지, 중립적 느낌 마음 55가지, 행복(수카) 마음부수와 결합할 수 있으나, 행복을 수반한 몸의 의식[수카사하가따까야윈냐나], 희열을 혐오하는 제4선 마음 11가지와는 결합하지 못한다.

[2+55+2+11 = 70가지 마음을 121가지 마음에서 제외시키면 51가지 마음을 얻게 된다.]

**chando ahetuka momūha
vajjita cittesūti [7/69]**

원함은 18가지 뿌리 없는 마음과 치심을 뿌리로 한 마음 2가지를 제외한 69가지 마음에서 일어난다.

혼합되는(빠낀나까) 마음부수들은 이같이 결합한다.

해설

원함은 원함의 성질에서 벗어난 뿌리 없는 마음 18가지와 혼미하여 무감각한 어리석음에 뿌리한 마음 2가지와 결합할 수 없다.

[89가지에서 위의 원함과 결합하지 않는 20가지를 제외한 69가지 마음이 일어난다.]

요약

혼합되는(빠진나까) 마음부수를 제외한 이 마음들은
순서대로 66가지, 55가지, 11가지, 16가지.
70가지, 20가지이다.
혼합되는 마음부수와 함께하는 이 마음들은
순서대로 55가지, 66가지, 78가지,
73가지, 51가지, 69가지이다.

해설

'혼합되는 마음부수를 제외한 이 마음들은' 이란 일으킨 생각, 지속적 고찰 등 마음부수와 결합하지 않는 마음 66가지, 55가지 등을 가리킨다. '혼합되는 마음부수와 결합하여 일어나는' 이란 일으킨 생각, 지속적 고찰 등 마음부수와 결합한 마음 55가지, 66가지 등을 가리킨다.

마음부수	제외된 마음 (결합하지 않는 마음)	결합한 마음	산출 방법 (89가지 혹은 121가지 마음 중에서)
일으킨 생각	66	55	121 - 66 = 55
지속적 고찰	55	66	121 - 55 = 66
결심	11	78	89 - 11 = 78
노력	16	73	89 - 16 = 73
희열	70	51	121 - 70 = 51
원함	20	69	89 - 20 = 69

마음의 장章에서 마음을 좁게는 89가지, 넓게는 121가지로 보여

주었다. 결심, 노력, 원함들은 모든 출세간마음과 결합할 수 있는 마음부수들이다. 일으킨 생각, 지속적 고찰, 희열들은 일부 출세간마음에만 결합하는 마음부수들이다.

마음 부수들의 결합방법(sampayoganaya) 7가지

모든 마음에 공통되는 마음부수들이 결합한 방법 1가지, 일으킨 생각 등 혼합되는 마음부수 6가지가 결합한 방법은 6가지, 이렇게 13가지 선·불선 모두에 동조하는 마음부수(안냐사마나쩨따시까)에는 마음부수들의 결합방법(sampayoganaya, 각각의 마음부수들이 마음에 결합한 방법)이 7가지이다.

불선 마음부수들의 결합 방법 5가지

(akusala cetasika sampayoganaya)

akusalesu pana moho, ahirikaṁ, anottappaṁ, uddhaccañcāti cattārome cetasikā sabbākusalasādhāraṇā nāma. sabbesupi dvādasākusalesu labbhanti. [1/12]

불선 마음부수들에서 어리석음(moha), 부끄럽지 않음(ahirika), 두려워하지 않음(anottappa), 들뜸(uddhacca) 이 4가지 마음부수를 '모든 불선마음에 공통되는 마음부수(sabbākusalasādhāraṇā)'라 한다. 이 마음부수들은 12가지 모든 불선마음에서 얻는다.

탐심마음부수는 8가지 탐욕에 뿌리한 마음에서만 얻는다.

해설

그 어떤 악행이든지 치심, 부끄럽지 않음, 두려워하지 않음, 들뜸과 분리되어 일어날 수 없다.

'모든 불선 마음에 공통되는 마음부수(sabbākusalasādhāraṇā)' 4가지는 왜 모든 불선 마음에 결합하는가? 어떤 사람은 스스로의 목숨을 끊는 등 불선을 행한다. 불선을 행할 때는 허물을 보지 못하는 치심, 악행을 부끄러워하지 않음, 악행을 무서워하지 않음, 고요하지 못한 들뜸이 일어난다. 그러므로 이 마음부수 4가지는 모든 불선 마음에서 얻어진다.

불선 마음부수 14가지

순서	마음부수	번역	결합한 마음
1	모하	어리석음	불선 마음 12가지
2	아히리까	부끄러워하지 않음	
3	아놋땁빠	두려워하지 않음	
4	웃닷짜	들뜸	
5	로바	탐욕	탐욕에 뿌리한 마음 8가지
6	딧티	사견	
7	마나	자만	
8	도사	진심, 성냄	진심에 뿌리한 마음 2가지
9	잇사	질투	
10	맛차리야	인색함	
11	꾹꿋짜	후회	
12	티나	해태, 마음의 무기력	결합하지 않은 마음 5가지
13	밋다	혼침, 마음부수의 무기력	
14	위찌낏차	의심	의심 마음 1가지

diṭṭhi catūsu diṭṭhigatasampayuttesu.
māno catūsu diṭṭhigatavippayuttesu.

사견은 4가지 사견과 결합하는 탐욕에 뿌리한 마음에서만 얻는다.
자만은 4가지 사견과 결합되지 않은 탐욕에 뿌리한 마음에서만 얻는다.

해설

경쟁하는 사자 두 마리가 한 동굴에서 지낼 수 없는 것처럼 사견과 자만심도 오온五蘊을 놓고 서로 자아自我라고 집착[사견]하거나

'나, 나다' 라고[자만심으로] 집착한다. 이런 집착으로 사견과 자만심은 서로 경쟁자로서 일어나기 때문에 하나의 마음이 일어날 때 함께 결합할 수가 없다. 그러므로 사견과 결합된 마음, 사견과 결합되지 않은 마음으로 나누어 탐욕에 뿌리한 마음에서 보여주고 있다.

이와 같이 사견과 자만심이라는 마음부수 2가지는 오온五蘊에서 즐거워하고 탐착하는 성품을 근본으로 하기에 진심에 뿌리한 마음과 결합되지 못한다. 탐욕에 뿌리한 마음에만 결합한다고 알 수 있다.

doso, issā, macchariyaṁ, kukkuccañcāti dvīsu paṭighasampayutta cittesu [3/2]

진심, 질투, 인색, 후회 이 네 가지 마음부수들은 2가지 진심에 뿌리한 '성냄과 결합된 마음(빠띠가삼빠윳따)' 에만 얻는다.

해설

인색이 진심에 뿌리한 마음에만 결합하는 모습

여기서 질투와 후회는 진심의 괴로운 느낌에서 벗어날 수 없기에 진심에 뿌리한 마음 2가지에 결합하는 것은 당연하다. 그러나 자신의 재물을 아까워하고 인색은 탐욕에 뿌리한 마음에 결합하는 것이 적당하지 않은가, 무엇 때문에 진심에 뿌리한 마음에 결합하는가? 주기 싫어하는 인색함은 탐심을 근본으로 하지만 자신의 재물이 다른 사람과 연관됨을 참지 못하는 진심인 괴로운 느낌이 인색과 함께 결합되어 일어난다. 인색함이 일어나면 근본자리인 탐심은 소멸된다. 그러므로 인색은 탐욕에 뿌리한 마음에 결합하지 않고, 진심 괴로운 느낌(도마낫사)에만 결합한다.

'다른 사람의 재물과 부귀를 시기함, 자신의 재물과 부귀를 감추고 인색함, 행한 악행과 행하지 못한 선행에 대해 끊임없이 자주 걱정함' 이러한 성품을 지닌 이들은 대상에 부딪혀 괴롭히기 때문에 질투, 인색, 후회 마음부수들은 진심에 뿌리한 마음에만 결합한다.

thina middhaṁ pañcasu sasaṅkhārikacittesu [4/5]
vicikicchā vicikicchāsahagatacitteyevāti [5/1]

해태(식識의 무기력), **혼침**(마음부수의 무기력)**은 5가지의 자극받은 마음에서만 얻는다.**

의심 마음부수는 '의심과 함께하는 마음' 에서만 얻는다.

해설

혼미한 성질을 지닌 해태와 혼침 두 가지는 활동적인 자발적 마음에는 결합할 수 없다. 그러므로 '해태와 혼침은 자극받은 마음에서만' 라고 말씀하셨다.

요약

4가지 마음부수는 모든 불선 마음에서 일어난다. 3가지 마음부수는 탐욕에 뿌리한 마음에서 일어난다. 4가지 마음부수는 진심에 뿌리한 마음에서만 일어난다. 해태와 혼침 2가지 마음부수는 자극받은 마음 5가지에서만 일어난다. 그 외 의심 마음부수는 '의심과 함께하는 마음' 에서만 일어난다. 이같이 14가지 불선마음부수는 12가지 불선마음에 5가지 방법으로 결합한다.

해설

'5가지 방법으로 결합한다' 란 구절로 불선 마음부수들이 마음에 결합하는 다섯 방법을 보인다.

5가지 방법이란,

1. 4가지 마음부수들은 모든 불선 마음에서 일어난다.

2. '3가지 마음부수는 탐욕에 뿌리한 마음에서 일어난다'

탐심은 탐심에 뿌리한 8가지 마음 모두에 결합한다. 사견은 탐욕뿌리에서 4가지 결합한[삼빠윳따] 마음에만 결합한다. 자만은 탐욕뿌리에서 4가지 결합하지 않은[윕빠윳따] 마음에만 결합한다. 이처럼 결합한 모습은 다르지만 모두 탐욕에 뿌리한 마음에서만 일어나므로 '각각의 마음부수들이 마음에 결합한 하나의 방법' 에 따른다.

3. 4가지 마음부수들은 진심에 뿌리한 마음에만 일어난다.

4. 해태와 혼침 두 가지 마음부수는 자극받은 마음 5가지에서만 일어난다.

5. 의심 마음부수는 의심과 함께하는 마음에서만 일어난다. 이와 같이 각각의 마음부수들이 마음에 결합한 방법을 5가지로 보였다.

아름다운 선善 마음부수들의 결합방법 4가지

(sobhanakusala cetasika sampayoganaya)

sobhanesu pana sobhanasādhāraṇā tāva ekūnavīsatime cetasikā sabbesupi ekūnasaṭṭhi sobhanacittesu saṁvijjanti [1/59]
viratiyo pana tissopi lokuttaracittesu sabbathāpi niyatā ekatova labbhanti. lokiyesu pana kāmāvacara kusalesveva kadāci sandissanti visuṁ visuṁ [2/8-8]

아름다운(소바나) 마음부수 중에서 먼저 '모든 아름다운 마음에 공통되는[소바나사다라나]' 라 불리는 19가지 마음부수들은 59가지 모든 아름다운 마음에 결합한다.

3가지 절제(위라띠) 마음부수는 출세간마음에 항상 결합하여[niyatā] 모두[sabbathāpi] 한꺼번에[ekatova] 얻어진다. 세속마음 중에서 욕계 선마음에서만 간혹[kadāci] 따로따로[visuṁ visuṁ] 나타난다.

해설

모든 아름다운 마음에 공통되는 마음부수 19가지

순서	마음부수	의미	결합한 마음
1	삿다	믿음	아름다운 마음59가지
2	사띠	선과 연관된 일을 기억함	
3	히리	악행에서 부끄러움	
4	옷땁빠	악행에서 두려워함	
5	아로바	탐욕없음	
6	아도사	진심없음	
7	따뜨라맛찻따따	평정심	
8	까야빳삿디	마음부수의 고요함	
9	찟따빳삿디	마음의 고요함	
10	까야라후따	마음부수의 가벼움	
11	찟따라후따	마음의 가벼움	
12	까야무두따	마음부수의 부드러움	
13	찟따무두따	마음의 부드러움	

14	까야깜만냐따	마음부수 모임의 순응성	
15	찟따깜만냐따	마음의 순응성	
16	까야빠군냐따	마음부수 모임의 능숙	
17	찟따빠군냐따	마음의 능숙	
18	까유주까따	마음부수 모임의 올곧음	
19	찟뚜쭈까따	마음의 올곧음	

절제 마음부수 3가지

순서	마음부수	의미	결합한 마음
1	삼마와짜	정어正語, 바른말	8가지 출세간마음과 반드시, 8가지 욕계선 마음과 함께 또는 따로
2	삼마깜만따	정업正業, 바른행위	
3	삼마아지와	정명正命, 바른생계	

해설

이 '항상 결합하여[niyatā] 모두[sabbathāpi] 한꺼번에[ekatova]' 라는 구절은 'labbhanti - 얻는다' 에 연결되는 수식어이다. 'sabbathāpi labbhanti - 모두 얻는다' 란 '출세간마음에 결합한 절제는 자신이 삼가야 하는 악행과 악한 생계수단 모두에서 완전히 절제하는 것이 가능하다' 는 의미이다. 신업身業은 살생 등 세 종류이다. 구업口業은 거짓말 등 네 종류가 있다. 한 종류의 악행은 생업과 연관되는 것과 연관되지 않는 것 두 종류로 구분된다. 다시 말해서 '모두[sabbathāpi]' 란 출세간마음에 결합한 절제는 다양한 악행들을 남김없이 제거할 수 있다는 뜻을 보인 것이다. 도道의 순간은 일체의 악행으로부터 한꺼번에 절제함이 된다. 그러나 '모두' 라는 수식어만 갖고는 바른말(정어正語), 바른 행위(정업正業), 바른 생계(정명正命) 3가지 모두가 한꺼번에 결합한다는 것을 다보여줄 수는 없었다. 그러므로 '한꺼번에[ekatova]' 란 수식어를 함께 사용하였다.

한꺼번에[ekatova]

'ekatova labbhanti - 한꺼번에 얻는다' 로써 절제 3가지가 한순간에 함께 결합하는 것을 보인다. 그렇지만 단지 '한꺼번' 이라는 수식어만 갖고는 일체의 악행[duccarita]과 나쁜 생계수단[durājīva]에서 절제할 수 있다는 의미를 보여주지는 못한다. 악행은 근본 7가지[신업 3가지 + 구업 4가지]는 생업과 연관된 것과 연관되지 않는 것으로 모두 14가지가 있다. 이 14가지 악행에서 바른 말正語, 바른행위正業, 바른 생계正命는 각기 동시에 악행 한 종류에서 삼가 절제할 수 있으므로 'ekato - 3가지가 한꺼번에 결합한다' 고 말할 수 없다. 모두 절제하여야 하는 악행이라는 의미는 아직 드러내지 못한다. 즉 'ekato - 한꺼번에' 라는 의미는 절제 3가지가 한꺼번에 결합하는 것만을 보여줄 뿐 악행 모두에서 절제함은 보여주지 못한다. 물고기 잡는 대바구니는 한가닥 한가닥을 동시에 짜나가듯 '모두와 한꺼번' 이라는 2가지 수식어를 다 갖추어야 '출세간마음에 결합하는 절제는 모든 악행에서 절제하여, 3가지 모두 한순간에 결합한다' 는 의미를 분명히 나타낼 수 있다.

ⓐ 출세간마음은 일체의 악행과 나쁜 생계 수단을 동시에 남김없이 제거할 수 있기 때문에, 절제는 출세간마음에 항상 결합한다. 그러므로 '항상[niyatā]' 라는 수식어를 사용하였다. 나쁜 악행과 생계 수단을 제거할 때도 하나씩 제거하지 않고 한 순간에 단 한 번으로 제거하기 때문에 '한순간' 이란 수식어를 함께 사용하였다. 단 한 번에 제거하면서도 악행과 나쁜 생계 수단을 남김없이 제거할 수 있기 때문에 '모두' 라는 수식어를 사용하였다. ⓑ 세속의 마음에서 범부들은 가끔 보시하거나 계율을 지키는 선을 행한다. 이처럼 가끔 절제가 일어나기 때문에 '간혹[kadāci]' 라고 한 것이다. ⓒ 가끔 절제가 일어나 바른말(正語)이 일

어날 때, 바른 행위(正業), 바른 생계(正命)는 일어나지 못한다. 각각으로만 일어나기 때문에 '따로따로[visuṁ visuṁ]'라고 언급하고 있다.

appamaññāyo pana dvādasasu pañcamajjhānavajjitamahaggatacittesu ceva kāmāvacarakusalesu ca sahetukakāmāvacarakiriyacittesu cāti aṭṭhavīsaticittesveva kadāci nānā hutvā jāyanti. upekkhāsahagatesu panettha karuṇāmuditā na santīti keci vadanti [3/28]

무량심(無量心) 마음부수들은 제5선이 제외된 고귀한 마음(색계·무색계 선정마음) 12가지, 욕계 선 마음 8가지, 뿌리를 가진 욕계 작용만 하는 마음 8가지와 함께 28가지 마음에서만 때때로[kadāci], 각각[nānā] 일어난다. 일부 스승들은 이 28가지 마음 중에서 중립적 느낌과 함께하는 마음 8가지에는 연민과 희심 마음부수는 없다고 말한다.

해설

무량심(無量心) 마음부수 2가지

순서	마음부수	의미	결합한 마음
1	까루나	연민	28가지 마음들과 함께 또는 따로
2	무디따	희심	

무량심(無量心)은 제5선을 제외한 색계 마음, 욕계 선한 마음, 욕계 작용만 하는 마음, 모두 28가지와 결합할 때 'kadāci - 때때로'라는 구절로 '항상' 결합함을 배제시키고 있다. 무량심[appamaññā]은 중생이라는 개념을 주제로 명상하거나 선정을 성취할 때만 결합한다. 부처님을 대상으로 하거나 땅 까시나(地觀)를 대상으로 선정을 얻을 때는 결합하지 않는다. '각각으로'로써 두 가지가 함께 결합함을 배제하고 있다. 즉 연민[자무량심(慈無量心)]은 고통스러운 중생이라는 개념을 대상으로 하고 함께 기뻐함[희무량심

(喜無量心)]은 행복한 중생이라는 개념을 대상으로 한다. 이처럼 대상이 서로 다르기 때문에 자무량심[karuṇā]이 결합할 때 희무량심은 결합하지 못한다. 또한 희무량심[muditā]이 결합할 때 자무량심은 결합할 수 없다.

『위바위니띠까』

본삼매(appanā)에 도달한 무량심 마음부수는 즐거움에서 벗어나는 일이 없기에 '제5선 마음을 제외한 색계마음들' 이라고 언급하였다.

고귀한 마음(mahaggatacitta) - 번뇌의 장애에서 벗어나 고귀한 상태에 이르게 되므로 고귀한 마음(색계·무색계 선정마음)이라 한다. 또는 높은 선정을 성취한 사람들이 탄생하기 때문에 고귀한 마음이라 부른다.

'각각[nānā] 일어난다' 란 각기 다른 대상을 취하기 때문인데, 즉 가엾은 중생이나 행복한 중생을 대상으로 마음을 기울이는 상태로 인하여 '각각 일어나서' 라고 한다. 연민[자무량심(慈無量心)], 함께 기뻐함[희무량심(喜無量心)]으로 명상을 증가시켜 나갈 때, 본삼매에 들기 전의 인식과정에서는 평소 습관이 된 중립적 느낌(좋지도 싫지도 않은 느낌)을 수반한 마음으로도 명상의 기초작업(parikamma)[90]은 일어날 수 있다. 무엇 때문인가? 경전 암송에 익숙해져 습관이 된 사람이 가끔 다른 일을 하면서도 경전을 암송할 수 있는 것과 같다. 또는 숙련된 위빳사나 지혜로 생멸하는 법을 숙고하는 사람은 가끔 지혜와 결합하지 않는 마음[냐나윕빠윳따]으로도 숙고할 수 있는 것처럼 중립적 느낌을 수반한 마음으로도 명상의 기초작업

90. parikamma(빠리깜마) - 선정, 도道, 과果라 불리는 본삼매에 도착하도록 기초작업이 되는 욕계 명상 작업 마음.

은 일어난다. 따라서 혹자는 중립적 느낌과 함께하는 욕계 마음에서 연민, 함께 기뻐함은 일어나지 못한다는 주장을 한다. 무량심 마음부수에는 선정에 도달한 무량심과 선정에 도달하지 못한 무량심의 두 가지가 있다. 선정에 도달한 무량심은 즐거운 느낌과 함께 일어난다. 선정에 도달하지 못한 무량심은 보통 때에는 즐거움과 함께 일어나고, 드물게 강력한 힘으로 평정할 때[사무량심(捨無量心)] 중립적 느낌과 함께 일어난다고 한다.

paññā pana dvādasasu ñāṇasampayuttakāmāvacaracittesu ceva sabbesupi pañcattiṁsa mahaggatalokuttaracittesu cāti sattacattālīsa cittesu sampayogaṁ gacchatīti [4/47]

지혜 마음부수는 12가지 지혜와 결합한 욕계 마음, 모든 35가지 고귀한 마음(색계·무색계 선정 마음)와 출세간마음, 이와 같이 47가지 마음에 결합한다. 아름다운 마음부수들은 이같이 결합한다.

해설

지혜의 기능(慧根, paññindriya) 1가지

순서	마음부수	의미	결합한 마음
1	빤닌드리야	지혜, 慧根	47

팔정도八正道에 바른 견해正見가 포함되지 않는다면 도道, 과果를 일으킬 수가 없다. 바른 견해正見란 이름을 얻은 지혜가 출세간마음과 결합한다는 것은 말할 필요조차 없다. 색계·무색계 선정마음들 또한 번뇌에서 멀리하기에 지혜와 결합한다. '지혜와 결합한 욕계마음 12가지, 고귀한 마음과 출세간마음 35가지, 모두 47가지 마음에서 지혜와 결합한다'고 말한다.

요약

ekūna vīsati dhammā jāyantekūnasaṭṭhisu.
tayo soḷasa cittesu aṭṭhavīsatiyaṁ dvayaṁ.

19가지 법은 59가지 마음에서 일어난다. 3가지 마음부수는 16가지 마음에서 일어난다. 2가지 마음부수는 28가지 마음에서 일어난다. 지혜는 47가지 마음에서 보여주고 있다. 이처럼 아름다운 마음부수는 아름다운 마음에만 4가지 방법으로 결합한다.

해설

'4가지 방법으로 결합한다' 로 아름다운 마음부수들이 결합한 모습이 4가지임을 알 수 있다. 아름다운마음 모두와 연관된 마음부수의 결합 1가지, 절제 마음부수의 결합 1가지, 무량심(四無量心)의 결합 1가지, 지혜(慧根)의 결합 1가지로 모두 4가지다.

19가지 모든 아름다운에 공통되는 마음부수는 59가지 마음에서 일어난다. 3가지 절제 마음부수는 16가지 마음에서 일어난다. 무량심인 연민, 함께 기뻐함 마음부수는 28가지 마음에서 일어난다. 지혜는 47가지 마음에서 일어난다.

* 19가지 아름다운에 공통되는 마음부수가 일어나는 마음 59가지란? 욕계 선마음 24가지+색계마음 15가지+무색계마음 12가지+출세간마음 8가지 = 59
* 3가지 절제 마음부수가 일어나는 마음 16가지 = 출세간마음 8가지+욕계 선마음 8가지
* 무량심 마음부수 2가지인 연민[까루나], 함께 기뻐함[무디따]이 일어나는 마음 28가지 = 색계초선에서 제4선까지 선정마음 12가지+욕계 선마음 8가지+욕계 작용만 하는 마음 8가지
* 지혜가 일어나는 마음 47가지 = 지혜와 결합한 욕계마음 12가지+색계마음 15가지+무색계마음 12가지+출세간마음 8가지

항상 결합하는 마음부수, 때때로 결합하는 마음부수

[niyatayogī, aniyatayogī]

issā macchera kukkuccaviratī karuṇādayo.
nānā kadāci māno ca thinamiddhaṁ tathā saha.
yathāvuttānusārena sesā niyatayogino.
saṅgahañca pavakkhāmi tesaṁ dāni yathārahaṁ.

이 질투, 인색, 후회, 절제, 연민, 함께 기뻐함 마음부수들은 각각nānā 때때로kadāci 일어난다. 자만은 때때로 일어난다. 해태와 혼침은 그와 같지만 함께 일어난다. 나머지 마음부수는 항상 결합하는 마음부수[niyatayogī]이다.

해설

항상 결합하는 마음부수[niyatayogī]

yujjantīti yogino - 결합하기에 yogī라 부른다. niyatā hutvā yogino niyatayogino - 항상 결합하는 마음부수들을 niyatayogī라 부른다.

이 어의에 따르면 자신들이 일어날 때 마다 항상 포함되는 마음부수들을 '항상 결합하는 마음부수[niyatayogī]'라 한다. 때때로 간혹 포함되는 마음부수들을 '때때로 결합하는 마음부수[aniyatayogī]'라 부른다.

동일한 마음에 결합하는 마음부수들을 '질투, 인색, 후회를 한 조', '절제 3가지를 한 조', '연민과 함께 기뻐함을 한 조'로 묶었다. 이 마음부수들은 자신이 결합할 수 있는 마음이 일어날 때마다 항상 포함되지는 못한다. 때때로만 결합할 수 있다. 때때로 결합할 기회를 얻더라도 3가지 또는 2가지 모두가 함께 결합할 수는 없다. 대상이 서로 다르기 때문에 각각 하나씩만 결합할 수 있다.

질투, 인색, 후회는 2가지 진심뿌리마음과 결합하지만 진심마음이 일어날 때마다 포함되는 것은 아니다. 비유하면, 다른 사람의 생명을 죽이거나 비탄이나 통곡할 일에는 이 마음부수들이 포함되지 않는다. 다른 사람의 재물과 부귀영화를 시기하는 마음이 일어날 때만 포함되는데, 이 때 '질투는 타인의 재물과 영화, 인색은 자신의 재물과 영화, 후회는 행한 악행과 행하지 못한 선행' 등을 대상으로 한다. 이처럼 대상의 모습이 다르기 때문에 함께 동시에 결합할 기회를 갖지 못하고 각각 연관된 대상과만 결합한다. 여기서 절제란 세속의 절제만을 말한다. 출세간의 절제 3가지는 모두 열반을 대상으로 하기 때문에 항상 동시에 결합한다.

'자만은 때때로 일어난다' 사견과 결합하지 않은 마음과 결합하는 자만심도 마음이 일어날 때마다 항상 결합되는 것은 아니다. 형상色을 대상으로 즐거움이 일어날 때는 자만이 포함될 수 없으며 '나다' 라고 거만 자만할 때만 자만심이 포함된다.

'해태와 혼침은 그와 같지만 함께 일어난다'

'그와 같지만' 란 때때로kadāci를 말한다. 불선의 자극받은 마음 5가지에만 결합하는 해태(마음識의 무기력), 혼침(마음부수의 무기력)은 자극받은 마음이 일어날 때마다 포함되는 것이 아니다. 예를 들면 자극받은 마음으로 다른 사람의 물품을 훔칠 때는 해태와 혼침이 들어있지 않고, 혼미하고 무기력할 때만 포함된다. 이럴 때 해태가 마음(識)을 누르고, 혼침은 마음부수를 누르기 때문에 따로 분리할 수 없다. 이 둘은 함께 일어난다. 질투, 인색, 후회 3가지, 절제 3가지, 연민과 함께 기뻐함 2가지, 자만 1가지, 해태와 혼침 2가지, 위의 11가지는 항상 결합하는 것이 아닌 가끔 결합하는 마음부수다. 나머지 41가지는 항상 결합하는 마음부수이다.

마음의 결합방법(saṅgahanaya) 33가지

chattiṁsānuttare dhammā pañcattiṁsa mahaggate.
aṭṭhattiṁsāpi labbhanti kāmāvacarasobhane.
sattavīsati'puññamhi dvādasāhetuketi ca.
yathāsambhavayogena pañcadhā tattha saṅgaho.

지금 이 마음부수들의 마음의 결합 방법을 적합함에 따라 말하겠다. 즉 ① 출세간마음에서 36가지 법을 얻는다. ② 색계·무색계 마음에서 45가지 법을 얻는다. ③ 욕계 선마음에서 38가지인 법을 얻는다. ④ 불선 마음에서 27가지 법을 얻는다. ⑤ 뿌리 없는 마음에서 12가지 법을 얻는다. 이처럼 적합하게 결합하기에 이 마음들은 5가지 결합하는 방법이 있다.

해설

sampiṇṭetvā gayhanti etthāti saṅgaho - 마음하나에 결합할 수 있는 마음부수들을 모아 취한 방법이기에 saṅgaha라 부른다.

saṅgahanaya(상가하나야) - 마음하나에 결합할 수 있는 마음부수들의 방법. [saṅgaha = saṁ(saṁpiṇṭetvā; 모아서) + gaha(가짐)]

앞에서 보인 '마음부수들의 결합방법(sampayoganaya)'과 마찬가지로 '마음의 결합방법'을 saṅgahanaya(상가하나야)라고 부른다. 이 상가하나야를 간략한 머리말로 보인 후 뒤에서 상세히 해설할 것이다. '5가지 결합하는 방법'이란 출세간마음에서 1가지, 고귀한 마음(색계·무색계 선정)에서 1가지, 욕계 선 마음에서 1가지, 불선마음에서 1가지, 뿌리 없는 마음에서 1가지 등으로 5가지이다. 이 5가지 방법은 완성된 것이 아니라 적합하게 결합할 것임을 알리는 것이다. 예를 들면 '출세간마음에서 36가지 법'으로 출세간마음에 결합할 수 있는 36가지 마음부수를 1가지 방법으로 보여주었지만 보다 상세히 '초선 마음에서 36가지, 제2선 마음에서 35가지' 등으로 결합하는 모습은 뒤에 보일 것이다.

출세간마음에 결합할 수 있는 마음부수 5가지

kataṁ?
lokuttaresu tāva aṭṭhasu paṭhamajjhānikacittesu aññasamānā terasa cetasikā, appamaññāvajjitā tevīsati sobhanacetasikā ceti chattiṁsa dhammā saṅgahaṁ gacchanti. [1/36]

어떻게 얻어지는가?

먼저 출세간마음들 중 8가지 초선과 결합된 마음에서는 '선, 불선에 동조하는 법'이라 불리는 13가지 마음부수, 무량심이 제외된 23가지 아름다운 마음부수, 이와 같이 36가지 법이 결합한다.

해설

초선에 결합한 마음이기 때문에 '초선과 결합된 마음'이라고 부른다. 이 마음들에 초선이 있기 때문에 초선과 결합된 마음이라 부른다. 무량심 마음부수는 중생을 대상으로 하기 때문에 열반을 대상으로 하는 출세간마음에서는 무량심이 제외될 수밖에 없다.

선정과 결합된 출세간마음 40가지

순서	마음	결합한 마음부수	마음부수
1	초선 수다원 도 마음	일으킨 생각, 지속적 고찰, 희열, 행복, 집중	36
2	제2선 수다원 도 마음	지속적 고찰, 희열, 행복, 집중	35
3	제3선 수다원 도 마음	희열, 행복, 집중	34
4	제4선 수다원 도 마음	행복, 집중	33
5	제5선 수다원 도 마음	중립적 느낌, 집중	33

* 출세간마음에 결합한 마음부수 36가지란? - 선, 불선에 동조하는 마음부수[aññasamāna cetasika] 13가지 + 아름다운 마음부수(sobhanacetasika) 25가지 = 38가지에서 무량심(appamaññā) 2가지를 제외한 36가지이다.

tathādutiyajjhānikacittesu vitakkavajjā[2/35]
tatiyajjhānikacittesu vitakka vicāravajjā[3/34]
catutthajjhānikacittesu vitakka vicārapītivajjā[4/33]

제2선과 결합한 마음에서 일으킨 생각이 제외된 35가지 법들은 결합한다.

제3선과 결합한 마음에서 일으킨 생각, 지속적 고찰이 제외된 34가지 법들은 결합한다.

제4선과 결합한 마음에서 일으킨 생각, 지속적 고찰, 희열이 제외된 33가지 법들은 결합한다.

해설

제2선과 결합한 출세간마음 8가지에 일으킨 생각을 제외시킨 35가지 마음부수들이 결합한다. 제3선에서는 일으킨 생각, 지속적 고찰이 제외되고, 제4선에서는 일으킨 생각, 지속적 고찰, 희열이 제외된다.

pañcamajjhānikacitesupi upekkhāsahagatā te eva saṅgayuntīti [5/33]
sabbatthāpi aṭṭhasu lokuttaracittesu pañcaka jjhānavasena pañcadhāva saṅgaho hotīti.

제5선과 결합된 마음에서도 중립적 느낌과 함께하는 법은 33가지이다.

이같이 모두 8가지 출세간마음에서 '선정 5가지 모임[pañcakajjhāna]'에 따라 5가지 결합이 있다.

해설

제4선의 33가지 마음부수에서 행복(sukha)을 제외시키고 대신 중립적 느낌[upekkhā]을 포함시켜 33가지가 된다. '선정 5가지 모임'란 수식어를 5가지에 연결시켜 선정 4가지 모임[catukkajjhāna]을 암시했다. 선정 5가지 모임과 '선정 4가지 모임'을 비교한 것이다. 선정 4가지 모임만으로는 5가지를 얻지 못하고, 4가지 마음의 결합방법[saṅgahanaya]만을 얻을 것이다. 세속의 초선을 얻은 뒤 다시 제2선을 성취하려는 수행자 중 일부는 지혜가 충분하지 못하다. 이들은 일으킨 생각[위딱까]만을 문제로 여기되 지속적 고찰[위짜라]을 허물로 보지는 못한다. 그래서 일으킨 생각 하나만을 제거하여 선정요소 4가지를 가진 제2선을 얻는다. 수행자가 진보하기 위한 상층의 제3선, 제4선, 제5선이 남아있다. 이같이 지혜가 미숙한 이들을 위한 선정 5가지가 있어야 하므로 '선정 5가지 모임'을 보인 것이다.

일부는 지혜가 날카롭다. 제2선을 닦을 때 일으킨 생각, 지속적 고찰 모두에서 허물을 볼 수 있다. 그런 사람은 제2선을 얻을 때 일으킨 생각, 지속적 고찰 두 종류를 모두 제거하여 3가지선정요소가 있는 제2선을 얻는다. 이런 수행자를 위한 상층의 영역은 희열이 포함되지 않은 제3선, 행복이 포함되지 않은 제4선으로 2단계만 남는다. 날카로운 지혜를 지닌 사람은 4종류 선정만으로 충분하다. 경에서도 선정 4가지 모임과 선정 5가지 모임 두 가지로 구분하여 설하셨다.

세속의 선정을 얻은 뒤 출세간 선정을 닦을 때 출세간 선정 5가지 모임과 출세간 선정 4가지 모임도 일어난다. 이 마음의 결합방법에서는 선정 4가지 모임을 보이지 않고 선정 4가지 모임만을 1장章에서 보였기에, 2장에서도 선정 5가지 모임의 마음의 결합방법만을 보이고 있다. 선정 4가지 모임으로 설명하면 초선 마음에서 마음부수 36가지, 제2선 마음에서 일으킨 생각과 지속적 고찰이 포함되지 않은 34가지, 제3선 마음에서 33가지, 제4선 마음에서 행복(수카)의 자리에 중립적 느낌(우뻭카)를 넣어 33가지의 4가지 마음의 결합방법이 된다.

요약

chattiṁsa pañcattiṁsa ca. catuttiṁsa yathākkamaṁ.

tettiṁsa dvayamiccevaṁ pañcadhā'nuttare ṭhitā.

출세간마음에서 마음의 결합방법[saṅgahanaya]은 순서대로 36가지, 35가지, 34가지, 2종류에 각각 33가지이다. 이와 같이 5가지가 있다.

해설

36가지란 초선 마음의 결합방법[saṅgahanaya] 1가지, 35가지란 제2선 마음의 결합방법 1가지, 34가지란 제3선 마음의 결합방법 1가지, 33가지란 제4선 마음의 결합방법 1가지, 33가지란 제5선 마음의 결합방법 1가지로 5가지로 구분된다.

고귀한 마음의 결합방법 5가지

mahaggatesu pana tīsu paṭhamajjhānikacittesu tāva aññasamānā terasacetasikā, viratittayavajjitā dvāvīsati sobhanacetasikāceti pañcattiṁsa dhammā saṅgahaṁ gacchanti [1/35]

고귀한 마음 중에서 우선 3가지 초선과 결합한 마음[선, 과보, 작용만 하는 마음]은 13가지 동조하는 마음부수, 3가지 절제가 제외된 22가지 아름다운 마음부수, 이 35가지가 결합한다.

해설

색계 선마음 5가지

순서	마음	결합한 마음부수	마음부수
1	초선 선마음	일으킨 생각, 지속적 고찰, 희열, 행복, 집중	35
2	제2선 선마음	지속적 고찰, 희열, 행복, 집중	34
3	제3선 선마음	희열, 행복, 집중	33
4	제4선 선마음	행복, 집중	32
5	제5선 선마음	중립적 느낌, 집중	30

* 색계 과보마음 5가지, 색계 작용만 하는 마음 5가지는 위의 색계 선마음 5가지와 동일하다
* 색계 초선 선마음에 결합한 마음부수 35가지란? - 안냐사마나(선, 불선 두 종류의 법 모두에 동조하는 마음부수) 13가지 + 소바나(아름다운 선 마음부수) 25가지 = 38가지에서 위라띠(절제) 3가지를 제외한 35가지이다.

선정을 성취하려면 먼저 계戒청정이 확립되어야한다. 악행, 악한 생업 등을 계청정으로 제거한 수행자는 사마디를 얻어 색계 선정이 일어날 것이다. 색계 선정에서 특별히 제거해야 할 악행, 악한 생업은 없다. 그러나 출세간 선정처럼 잠재된 성향[anusayadhātu]을 제거하지는 못한다. 하지만 절제를 행할 대상인 악행이 없기에 색계선정에서 절제가 결합할 기회는 없다.

karuṇā muditā panettha paccekameva yojetabbā
tathā dutiyajjhānikacittesu vitakkavajjā [2/34]
tatiyajjhānikacittesu vitakka vicāravajjā [3/33]
catutthajjhānikacittesu vitakka vicārapītivajjā [4/3
2]
pañcamajjhānika cittesu pana pannarasasu appamaññāyo
nalabbhantīti [5/30]
sabbatthāpi satthavīsati mahaggata cittesu pañcakajj
hānavasena pañcadhāva saṅgaho hotīti.

이 35가지 법에서 연민, 함께 기뻐함은 개별적으로 결합한다.

제2선에 일으킨 생각을 제외한 34가지 법은 결합한다.

제3선에 일으킨 생각, 지속적 고찰을 제외한 33가지 법은 결합한다.

제4선에 일으킨 생각, 지속적 고찰, 희열을 제외한 32가지 법은 결합한다.

15가지의 제5선에서 무량심은 얻지 못한다. 이같이 27가지 고귀한 마음에서 선정 5가지 모임[pañcakajjhāna]에 따라 5가지로 결합한다.

해설

'개별적으로' 에 따라 연민, 함께 기뻐함이 따로 결합하는 모습에 유의해야 한다. 무엇 때문인가? 연민은 고통스러운 중생이라는 개념을 대상으로 하고, 함께 기뻐함은 행복한 중생이라는 개념을 대상으로 하기에 대상이 서로 같지 않기 때문이다.

요약

pañcattiṁsa catuttiṁsa tettiṁsa ca yathākkamaṁ.
bāttiṁsa ceva tiṁseti pañcadhāva mahaggate.

고귀한 마음에서 순서대로 35가지, 34가지, 33가지, 32가지, 30가

지. 이와 같이 5가지가 있다.

해설

35가지란 3가지 초선의 결합방법[saṅgahanaya] 1가지, 34가지는 3가지 제2선의 결합방법 1가지, 33가지는 3가지 제3선의 결합방법 1가지, 32가지는 3가지 제4선의 결합방법 1가지, 30가지는 15가지 제5선 마음의 결합방법 1가지이다. 여기에서 3가지란 색계선정의 선, 과보, 작용만 하는 마음으로 세 자리에서의 초선 마음 등이다. 15가지란 색계 제5선의 선, 과보, 작용만 하는 마음 세 가지와 무색계 선, 과보, 작용만 하는 마음 12가지이다. 제5선 마음은 15가지이다. 이같이 고귀한 마음에서 하나의 마음에 결합할 수 있는 마음부수에는 5가지 결합방법[saṅgahanaya]이 있다.

욕계 아름다운 마음의 결합방법

kāmāvacarasobhanesu pana kusalesu tāva paṭhamadvaye aññsamānā terasa cetasikā, pañcavīsati sobhanacetasikā ceti aṭṭhatthiṁsadhammā saṅgahaṁ gacchanti [1/38]
appamaññā viratiyo panettha pañcapi paccekameva yojetabbā
tathā dutiyadvaye ñāṇavajjitā [2/37]
tatiyadvaye ñāṇasampayuttāpītivajjitā 3/37]
catutthadvaye ñāṇa pīti vajjitā te eva saṅgayhnti [4/36]

욕계 아름다운마음은 우선 선 마음 중에서 첫 번째 한 쌍에 13가지 동조하는 마음부수[aññsamānā], 25가지 아름다운 마음부수, 이 38가지 마음부수가 마음에 결합한다.

이 38가지에서 무량심과 절제 5가지는 개별적으로만 결합한다.

두 번째 한 쌍에서 지혜가 제외된 37가지 마음부수가 마음에 결합한다.

세 번째 한 쌍에서 희열이 제외된 37가지 마음부수가 마음에 결합한다.

네 번째 한 쌍에서 지혜, 희열이 제외된 동조하는 마음부수, 아름다운 마음부수들은 결합한다.

해설

욕계 선마음 8가지

순서	쌍	마음	의미	마음부수
1	첫 번째 한 쌍	첫 번째 마음	즐거움을 수반하고 지혜와 결합한 자발적 마음	38
2		두 번째 마음	즐거움을 수반하고 지혜와 결합한 자극받은 마음	38
3	두 번째 한 쌍	세 번째 마음	즐거움을 수반하고 지혜와 결합하지 않는 자발적 마음	37
4		네 번째 마음	즐거움을 수반하고 지혜와 결합하지 않는 자극받은 마음	37
5	세 번째 한 쌍	다섯 번째 마음	중립적 느낌을 수반하고 지혜와 결합한 자발적 마음	37
6		여섯 번째 마음	중립적 느낌을 수반하고 지혜와 결합한 자극받은 마음	37
7	네 번째 한 쌍	일곱 번째 마음	중립적 느낌을 수반하고 지혜와 결합하지 않는 자발적 마음	36
8		여덟 번째 마음	중립적 느낌을 수반하고 지혜와 결합하지 않는 자극받은 마음	36

무량심無量心, 절제의 5가지 마음부수도 모두 따로 결합시켜야 한다. '무량심과 절제를 함께 결합시키지 말고, 무량심 끼리도 함께 결합시키지 말 것이며, 절제 서로 간에도 함께 결합시키지 말아야 한다' 는 의미이다. 함께 결합하지 못하는 이유는 무량심들은 중생이란 개념을 대상으로 하고, 절제는 타인의 생명, 물품 등을 대상으로 삼기에 '동일한 대상' 을 취해야 하는 마음부수의 특징에 부합되지 못하기 때문이다. 무량심은 중생이라는 대상, 절제는 범할만한 대상이란 대상의 차이로 인해, 하나의 마음

에서 함께 일어나기는 불가능하다고 『위바위니띠까』에서 언급하고 있다.

주목

무량심 끼리 대상이 다름과 절제끼리도 대상이 다른 모습을 결합한 방법에서 언급한바 있다. 욕계 선마음 첫 번째 한 쌍에서 마음부수 38가지가 결합하더라도 절제, 무량심은 하나씩만 결합하므로 동시에 최대 34가지와 결합할 수 있다. 출세간마음에는 36가지가 동시에 결합할 수 있기 때문에 출세간마음에서 가장 마음부수가 많다.

kiriyacittesupi virati vajjitā tatheva catūsupi duke
su catudhāva saṅgayhanti [8/35-34-34-33]

작용만 하는 마음에서도 절제가 제외된 동조하는 마음부수, 아름다운 마음부수만이 이 욕계 선마음과 같이 네 쌍에서 4가지로 결합한다.

해설

작용만 하는 마음에서도 세 가지 절제를 제외한다. 선마음처럼 네 쌍의 구성으로 마음의 결합방법[saṅgahanaya] 4가지가 된다. 선마음 뒤에 과보마음을 보이는 것이 적합하지만 작용만 하는 마음과 결합한 마음부수가 많기에 작용만 하는 마음을 앞에 두었다. 절제는 악행과 잘못된 생업에서 절제해야 하는 법이다. 작용만 하는 마음은 악행을 모두 제거해버린 아라한들의 마음에서만 일어난다. 그러므로 아라한의 작용만 하는 마음에서 절제와 결합할 필요가 없다. 그 외 단지 선의 과보 정도만 일어나는 과보마음에서도 절제가 결합하기에는 적합하지 않다. 세속의 절제는 확실한 선善의 성품이기에 무기법無記法(선, 불선이라고 불릴 수 없는 법)인 과보마음, 작용만 하는 마음들에 일어나기에 적합지 않다. 그러므로 '절제가 제외된' 라고 설한 것이다. 욕계 작용만 하는 마음도 욕계 과보마음처럼 절제를 제외한 것이 특별하다. 욕계 선마음의 첫 번째 쌍에서는 마음부수 38가지가 있고 욕계 작용만 하는 마음 첫 번째 쌍에서는 절제 3가지가 제외되어 35가지가 일어난다. 두 번째 쌍 등에서도 이와 같다.

tathā vipākesu ca appamaññāvirativajjitā te eva saṅ gayhantīti [12/33-32-32-31]
sabbathāpi catuvīsatikāvacarasobhanacittesu dukavase na dvādasadhāva saṅgaho hotīti

이 작용만 하는 마음과 같이 과보마음에서도 무량심, 절제가 제외된 동조하는 마음부수, 아름다운 마음부수들만 결합한다. 이와 같이 모두 24가지 욕계 아름다운 마음에서 한 쌍씩 12쌍을 얻는다.

해설

욕계 선의 과보마음들은 'paritta - 작고 하찮은' 이라 불리는 욕계의 법만을 대상으로 삼는다. 무량심은 중생이라는 개념을 대상으로 한다. 욕계 선의 과보마음과 무량심은 대상이 서로 다르기 때문에, 세속의 절제는 선의 성질이 명확하여 과보마음과는 그 성질이 다르다. 따라서 무량심, 절제 모두 뿌리를 지닌[헤뚜까] 욕계 선의 과보마음과 결합하기에 부적당하다.

'욕계 선의 과보마음에는 반드시 욕계의 대상이 있음, 무량심에는 중생이라는 대상이 있음, 절제는 반드시 선에서 일어남' 등으로 인해 '무량심, 절제가 제외된' 이라고 『위바위니띠까』에서 해설하고 있다.

요약

aṭṭhattiṁsa sattattiṁsadvayaṁ chattiṁsakaṁ subhe.
pañcattiṁsa catuttiṁsadvayaṁ tettiṁsakaṁ kriye.
tettiṁsa pāke bāttiṁsadvaye'kattiṁsakaṁ bhave.
sahetu kāmāvacarapuññapākakriyāmane.

뿌리를 지닌 욕계 선마음 · 과보마음 · 작용만 하는 마음 중 선마음에서 38가지, 37가지가 두 번, 36가지가 일어난다. 작용만 하는 마음에서 35가지, 34가지가 두 번, 33가지가 일어난다. 과보마음에서 33가지, 32가지가 두 번, 31가지가 일어난다.

해설

도표

	욕계선善마음	작용만 하는 마음	과보마음
첫 번째 한 쌍	38	35 절제 3 제외	33 무량심 2, 절제 3제외
두 번째 한 쌍	37 지혜 제외	34 절제 3, 지혜 제외	32 위의 5, 지혜 제외
세 번째 한 쌍	37 기쁨 제외	34 절제 3, 기쁨 제외	32 위의 5, 기쁨 제외
네 번째 한 쌍	36 지혜, 기쁨제외	33 절제 3, 지혜, 기쁨제외	31 위의 5, 지혜, 기쁨 제외

* **욕계 첫 번째 선업마음에 결합한 마음부수 38가지란?** - 선, 불선에 동조하는 마음부수 13가지 + 아름다운 마음부수 25가지 = 38가지

* 욕계 첫 번째 작용만 하는 마음에 결합한 마음부수 35가지란? - 위의 38가지에서 절제 3가지를 제외한 35가지이다.

* 욕계 첫 번째 과보마음에 결합한 마음부수 33가지란? - 위의 38가지에서 무량심 2가지 + 절제 3가지 = 5가지를 제외한 33가지이다.

마음에 결합할 수 없는 마음부수

navijjantettha viratī
kriysuca mahaggate
anuttar appamaññā
kāmapāke dvayaṁ tathā

이 아름다운마음 중에서 욕계 작용만 하는 마음, 고귀한 마음[색계·무색계 선정마음]에서 절제는 없다. 출세간마음에서 무량심 마음부수는 없다. 욕계 과보마음에서 절제, 무량심은 없다.

마음을 구분시키는 마음부수

anuttare jhānadhammā
appamaññā ca majjhime
viratī ñāṇa pītī ca
parittesu visesakā

출세간마음에서 선정요소가 마음을 구분시킨다. 고귀한 마음(색계·무색계 선정마음)에서는 무량심과 선정요소가 마음을 구분시킨다. 욕계 아름다운 마음에서는 절제, 지혜, 희열 등과 무량심이 마음을 구별시킨다.

해설

아름다운 마음과 결합한 마음부수들 중 마음을 구분시키는 마음부수를 보인 글이다. 마음은 '대상을 아는 특징[āramaṇavijānanalakkhaṇā]'으로 한 종류이다. 앞에서 계통과 영역 등으로 분류되었는데 마음의 장 뒷부분에서 언급하였다.

계통과 영역 등으로 분류된 마음 중에서, 출세간마음에 초선 마음, 제2선마음 등으로 구분되도록 일으킨 생각[위딱까] 등의 선정요소가 만든다. 일으킨 생각은 초선 마음에만 결합하고 제2선 마음 등과는 결합하지 않는다. 이처럼 일으킨 생각의 결합 · 결합하지 않음으로 초선 마음, 제2선 마음 등으로 한 종류씩 구별했다. 초선 마음과 제2선 마음이 분류된 것처럼 희열(삐띠), 행복(수카)를 넣어 선정요소로 분류시킨다.

출세간마음은 최상의 고귀한 마음이고 욕계 마음은 작고 하찮은 마음으로서 이 두 종류의 마음 사이에 있는 고귀한 마음[마학가따]를 중간의 마음이라 한다. 선정의 요소들로 구분하는 것은 출세간마음과 동일하다. 무량심은 하위 제4선까지만 결합하고 제5선마음에는 결합하지 않는다. 그러므로 무량심이 하위 제4선마음 4가지와 제5선 마음을 구분한다.

절제는 선한마음에만 결합하며 과보마음, 작용만 하는 마음들과는 결합하지 않는다. 그러므로 절제가 선마음, 과보마음, 작용만 하는 마음들을 구별 짓는다. 지혜는 '지혜와 결합한 마음' 12가지에만 결합한다. 이는 '지혜와 결합한 마음'과 '지혜와 결합하지 않는 마음'으로 구분되게 한다. 12가지 중립적 느낌 마음은 즐거움[소마낫사]에만 결합하는 희열(삐띠)로서 구별한다. 선마음과 작용만 하는 마음에만 결합하는 무량심이 욕계 선마음, 작용만 하는 마음, 과보마음을 구분시킨다.

불선 마음의 결합 방법

akusalesu pana lobhamūlesu tāva paṭhāme asaṅkhārike aññasamānā terasacetasikā, akusalasādhāraṇā cattāro cāti sattarasa lobhadiṭṭhihi saddhiṁ ekūnavīsati dh ammā saṅgahaṁ gacchanti. [1/19]

불선마음들 중에서 우선 탐심에 뿌리한 첫 번째 자발적 마음에는 13가지 동조하는 마음부수, 4가지 '불선마음에 공통되는 마음부수', 이 17가지 마음부수는 탐심, 사견과 함께 19가지 법으로 결합

한다.

해설

탐욕에 뿌리한 마음 8가지

순서	마음		마음부수
1	첫 번째 마음	즐거움을 수반하고 사견과 결합한 자발적 마음	19(탐욕, 사견)
2	두 번째 마음	즐거움을 수반하고 사견과 결합한 자극받은 마음	21(해태와 혼침)
3	세 번째 마음	즐거움을 수반하고 사견과 결합하지 않은 자발적 마음	19(탐욕, 자만)
4	네 번째 마음	즐거움을 수반하고 사견과 결합하지 않은 자극받은 마음	21(해태와 혼침)
5	다섯 번째 마음	중립적 느낌을 수반하고 사견과 결합한 자발적 마음	18(탐욕, 사견)
6	여섯 번째 마음	중립적 느낌을 수반하고 사견과 결합한 자극받은 마음	20(해태와 혼침)
7	일곱 번째 마음	중립적 느낌을 수반하고 사견과 결합하지 않은 자발적 마음	18(탐욕, 자만)
8	여덟 번째 마음	중립적 느낌을 수반하고 사견과 결합하지 않은 자극받은 마음	20(해태와 혼침)

탐욕에 뿌리한 마음에서 자발적 마음 4가지, 진심에 뿌리한 자발적 마음 1가지, 이 5가지에서 마음의 결합방법[saṅgahanaya]을 먼저 보이고, 자극받은 마음 5가지의 결합방법[saṅgahanaya]을 뒤이어 보여주고 있다. 그 뒤 자발적 마음, 자극받은 마음에서 벗어난 어리석음 뿌리 2가지를 보인다. 어리석음 뿌리에서 의심과 결합한 마음 및 [결합한 마음부수가 특별하기 때문에] 들뜸과 결합한 마음을 보여주고 있다.

'첫 번째 아상카리까 마음'

선, 불선에 동조하는 마음부수 13가지, 모든 불선에 공통되는 마음부수인 '어리석음, 부끄럽지 않음, 두려워하지 않음, 들뜸' 4가지, 탐욕과 사견 2가지 등 모두 19가지 마음부수들은 '즐거움을 수반하고 사견과 결합한 자발적 마음'에 결합한다.

tatheva dutiye asaṅkhārike lobhamānena [1/19]

두 번째 자발적 마음에 탐심, 자만과 함께 동조하는 마음부수와 불선에 공통되는 마음부수가 결합한다.

해설

동조하는 마음부수 13가지, 불선에 공통되는 마음부수 4가지, 탐심, 자만 등 모두 19가지 마음부수들은 '즐거움을 수반하고 사견과 결합되지 않은 자발적 마음'에 결합한다. [사견과 결합되지 않은 마음이기에 사견은 제외되고, 자만과 결합된다.]

tathiye tatheva pītivajjitā lobhadiṭṭhīhi saha aṭṭhārasa [2/18]

세 번째 자발적인 마음에서 희열이 제외된 동조하는 마음부수, 모든 불선에 공통되는 마음부수와 함께 탐심, 사견의 18가지가 결합한다. [위의 19가지에서 희열을 제외시킴]

해설

희열이 제외된 동조하는 마음부수 12가지, 모든 불선에 공통되는 마음부수 4가지, 탐심과 사견 등 모두 18가지 마음부수들은 '중립적 느낌을 수반하고 사견과 결합한 자발적 마음'에 결합한다. [이 탐욕에 뿌리한 마음은 중립적 느낌과 함께하기 때문에 희열이 제외된다.]

catutthe tatheva lobhamānena [2/18]

그와 마찬가지로 네 번째 자발적 마음에 희열이 제외된 동조하는 마음부수, 모든 불선에 공통되는 마음부수와 함께 탐심, 자만이 결합한다.

해설

희열이 제외된 동조하는 마음부수 12가지, 모든 불선에 공통되는 마음부수 4가지, 탐심, 자만 등 모두 18가지 마음부수들은 '중립적 느낌을 수반하고 사견과 결합하지 않은 자발적 마음'에 결합한다.

pañcame pana paṭighasampayutte asaṅkhārike doso, issā, macchariyaṁ, kukkuccañcāti catūhi saddhiṁ pītivajjitā te eva vīsati dhammā saṅgayhanti [3/20]
issā, macchariyaṁ, kukkuccāni panettha paccekameva yojetabbāni

다섯 번째 성냄과 결합된(paṭighasampayutta) **자발적 마음에는 진심, 질투, 인색, 후회의 4가지 마음부수와 함께 희열을 제외한 동조하는 마음부수, 모든 불선에 공통되는 마음부수로 모두 20가지를 취한다.**[4+12+4]

이 20가지 마음부수들 중에서 질투, 인색, 후회는 개별적으로 결합한다.

해설

진심, 질투, 인색, 후회 4가지와 희열이 제외된 동조하는 마음부수 12가지, 모든 불선에 공통되는 마음부수 4가지, 모두 20가지의 마음부수들은 '괴로운 느낌을 수반하고 성냄과 결합된 자발적 마음'과 결합한다.

이처럼 20가지 마음부수와 결합할 때, 이 중 질투는 타인의 부귀영화를 대상으로 하고 인색은 자신의 재물과 부귀를 대상으로 한다. 후회는 행한 악행과 행하지 못한 선행을 대상으로 한다. 서로 대상이 다르기 때문에 3가지 마음부수가 동시에 결합하지 못하고 진심뿌리 자발적 마음에서 최대 18가지가 한순간 결합한다. 질투, 인색, 후회들은 항상 결합하는 것이 아니라 가끔 결합하는 마음부수이기 때문에 항상 17가지로만 결합한다.

진심에 뿌리한 마음 2가지

순서	마음	의미	마음부수
1	첫 번째 마음	괴로운 느낌을 수반하고 성냄과 결합된 자발적 마음	20
2	두 번째 마음	괴로운 느낌을 수반하고 성냄과 결합된 자극받은 마음	22

sasaṅkhārika pañcakepi tatheva thinamiddhena visesetvā yojetabbā [4-5-6/22-20-22]

다섯 가지 자극받은 마음에는 위의 자발적 마음에 결합하는 마음부수와 동일하나 여기에 해태와 혼침이 차별을 주어 결합한다.

해설

자발적 마음 5가지에 결합하는 마음부수들 속에 해태와 혼침을 포함시키면 5가지 자극받은 마음에 결합하는 마음부수가 된다. 첫 번째 자발적 마음에 결합하는 마음부수 19가지 속에 해태와 혼침을 포함시키면 21가지가 된다. 이 21가지 마음부수가 첫 번째 자극받은 마음에 결합하는 마음부수가 된다. 이런 식으로 확장하여 헤아릴 수 있다.

chandapītivajjitā pana aññasamānā ekādasa, akusalasā dhāraṇā cattārocāti pannarasa dhammā uddhaccasahaga te sampayujjanti

원함, 희열이 제외된 동조하는 마음부수 11가지, 모든 불선에 공통되는 마음부수 4가지, 이같이 15가지 법은 들뜸 마음에 결합한다.

해설

원함, 희열이 제외된 동조하는 마음부수 11가지, 모든 불선에 공통되는 마음부수 4가지의 모두 15가지 마음부수들은 들뜸 마음에 결합한다.

2가지 어리석음에 뿌리한 마음

순서	마음	의미	마음부수
1	첫 번째 마음	중립적 느낌을 수반하고 의심과 결합된 마음	15
2	두 번째 마음	중립적 느낌을 수반하고 들뜸과 결합된 마음	15

vicikicchāsahagatacitte ca adhimokkha virahitā vicikicchāsahagatā tatheva pannarasa dhammā dhammā samupalabbhantīti [7/15]

의심과 결합한 마음에서는 결심를 제외시키고 의심과 함께한 15가지 동조하는 마음부수, 모든 불선에 공통되는 마음부수만을 얻는다.

해설

위의 들뜸 마음에 결합하는 15가지 마음부수에서 결심을 제외한 의심이 들어간 15가지 마음부수가 의심 마음에 결합한다.

sabbathāpi dvādasākusalacittuppādesu paccekaṁ yojiyamānāpi gaṇanavasena sattadhāva saṅgahitā bhavantīti.

이같이 모든 12가지 불선마음은 개별적으로 결합하지만, 숫자로 보면 7가지로만 결합하였다.

해설

12가지 불선마음에 결합하는 마음부수를 각각 하나로 '마음의 결합방법[saṅgahanaya]'을 만들어 헤아리면 12가지이다. 이처럼 12가지 방법이 있을 수 있지만 숫자로는 7가지다. [7종류는 아래의 '요약'에서 보일 것이다.]

불선마음 12가지 중에서 앞의 불선 마음은 자발적 마음 5가지, 자극받은 마음 5가지로 구분되었지만 어리석음 뿌리 2가지는 자발적 마음, 자극받은 마음으로 구분되지 않았다.

요약

불선마음에서 마음의 결합방법[saṅgahanaya]은 19가지, 18가지, 20가지, 21가지, 20가지, 22가지, 15가지, 이와 같이 7가지로 구분된다.

해설

1. 19가지는 결합방법[saṅgahanaya]은 첫 번째 두 번째 자발적 마음이다. 탐욕에 뿌리한 마음 8가지에서 1번, 3번 마음이다.

2. 18가지는 세 번째 네 번째 자발적 마음이다. 탐욕에 뿌리한 마음 8가지에서 5번, 7번 마음이다.

3. 20가지는 다섯 번째 자발적 마음이다. 진심에 뿌리한 마음 2가지에서 1번 마음이다.

4. 21가지는 첫 번째 두 번째 자극받은 마음이다.

5. 20가지는 세 번째 네 번째 자극받은 마음이다.

6. 22가지는 다섯 번째 자극받은 마음이다.

7. 15가지는 자발적 마음, 자극받은 마음으로 구분되지 않은 어리석음 뿌리 2가지 마음이다. 이와 같이 숫자로 구별한 결합 방법은 7가지이다.

	첫 번째	두 번째	세 번째	네 번째	다섯 번째
자발적 마음	19	19	18	18	20
자극받은마음	21	21	20	20	22

모든 불선에 결합하는 마음부수 14가지

sādhāraṇā ca cattāro
samānā ca dasā pare
cuddasete pavuccanti
sabbākusalayogino.

4가지 모든 불선마음에 공통되는 마음부수와 원함, 희열, 결심을 제외한 10가지 동조하는 마음부수 이 14가지 마음부수들은 '모든 불선에 결합하는 마음부수[sabbākusalayogino]' 라 한다.

해설

'모든 불선에 결합하는 마음부수[sabbākusalayogino]' 란 모든 불선 마음에 항상 결합하는 마음부수들을 말한다. 모든 불선에 공통되는 마음부수 4가지와 원함, 희열, 결심을 제외한 동조하는 마음부수 10가지의 모두 14가지인 마음부수는 모든 불선마음에 항상 결합한다. [원함은 어리석음 뿌리에서 결합하지 않는다. 희열은 중립적 느낌과 진심뿌리마음에 결합하지 않는다. 결심은 의심 마음에 결합하지 않는다]

뿌리 없는 마음의 결합방법

ahetukesu pana hasanacitte tāva chandavajjitā aññ-samānā dvādasa dhammā saṅgahaṁ gacchanti [1/12]

뿌리 없는 마음 중 미소짓는 마음에는 원함을 제외한 동조하는 마음부수 12가지가 결합한다.

해설

뿌리없는 작용만 하는 마음 3가지

순서	마음	의미	함께함	마음 부수
1	빤짜드와라왓자나 (오문五門전향마음)	오근에 나타난 대상으로 주의를 전향시키는 마음	중립적 느낌과 함께	10
2	마노드와라왓자나 (의문意門전향마음)	의문意門에서 드러나는 대상으로 주의를 전향시키는 마음	중립적 느낌과 함께함	11
3	하시뚭빠다 (미소짓는 마음)	미소 짓는 마음	즐거움과 함께함	12

미소 짓는 마음에는 원함을 제외한 동조하는 마음부수 12가지가 결합한다.

tathā voṭṭhabbane chandapītivajjitā [2/11]

결정하는 마음(옷타빠나)에는 원함, 희열을 제외한 동조하는 마음부수들이 결합한다.

해설

의문意門전향마음(마노드와라왓자나)을 '결정하는 마음(옷타빠나)' 라 부른다. 이 결정하는 마음에 원함, 희열을 제외한 동조하는 마음부수 11가지가 결합한다.

sukhasantīraṇe chandavīriyavajjitā [2/22]

행복[수카]을 수반한 조사하는 마음에는 원함, 노력을 제외한 동조하는 마음부수가 결합한다.

해설

행복감을 수반한 조사하는 마음에 원함, 노력을 제외한 동조하는 마음부수 11가지가 결합한다.

뿌리 없는 불선의 과보마음 7가지

순서	마음	의미	결합	마음부수
1	짝쿠윈냐나	눈의 의식	중립적 느낌	7
2	소따윈냐나	귀의 의식	중립적 느낌	
3	가나윈냐나	코의 의식	중립적 느낌	
4	지화윈냐나	혀의 의식	중립적 느낌	
5	까야윈냐나	몸의 의식	괴로움	
6	삼빠띳차나	받아들이는 마음	중립적 느낌	10
7	산띠라나	조사하는마음	중립적 느낌	10

뿌리 없는 선의 과보마음 8가지

순서	마음	의미	결합	마음부수
1	짝쿠윈냐나	눈의 의식	중립적 느낌	7
2	소따윈냐나	귀의 의식	중립적 느낌	
3	가나윈냐나	코의 의식	중립적	10
4	지화윈냐나	혀의 의식	중립적 느낌	
5	까야윈냐나	몸의 의식	행복[수카]	11
6	삼빠띳차나	받아들이는 마음	중립적 느낌	
7	산띠라나	조사하는 마음	즐거운 느낌	10
8	산띠라나	조사하는 마음	중립적 느낌	

manodhātuttikā hetuka paṭisandhiyugaḷe chanda pīti v īriyavajjitā [3/10]

오문전향마음 1가지, 받아들이는 마음 2가지인 의계[意界] 3가지 모임과 '뿌리 없는 재생연결식의 한 쌍'이라 부르는 '중립적 느낌을 수반한 조사하는 마음' 두 가지에는 원함, 희열, 노력을 제외한 동조하는 마음부수들이 결합한다.

해설

오문전향마음 1가지, 받아들이는 마음(삼빠띳차나) 2가지를 '의계意界 3가지[manodhātuttikā]'라 부른다. '중립적 느낌을 수반하고 조사하는 마음(산띠라나)' 2가지를 '뿌리 없는 재생연결식 한 쌍ahetuka paṭisandhiyugaḷa'이라고 부른다. 이렇게 부르는 이유는 뒤에서 자세히 드러내 보일 것이다. 이 마음들에서는 원함, 희열, 노력이 제외된 동조하는 마음부수 10가지가 결합한다.

manodhātuttika(의계意界 3가지 모임) — pañcadvārāvajjana(오문전향마음) 1가지와 sampaṭicchana(받아들이는 마음) 2가지. [manodatu(마노다뚜; 의계意界) + tika(띠까; 3가지 모임)]

ahetuka paṭisandhiyugaḷa — 2가지 중립적 느낌을 수반한 조사하는 마음을 '뿌리 없는 재생연결식 한 쌍'이라 부른다.

dvipañcaviññāṇe pakiṇṇakavajjitā teyeva saṅgayhantīti[4/7]
sabbathāpi aṭṭhārasasu ahetukesu gaṇanavasena catudhāva saṅgaho hotīti

한 쌍의 전오식前五識인 과보마음 10가지에는 혼합되는(빠낀나까) 마음부수를 제외한 동조하는 마음부수만이 결합한다. 이같이 18가지 뿌리 없는 마음에서 숫자의 다양함으로 4가지가 있다.

해설

선, 불선의 과보인 눈, 귀, 코, 혀, 몸의 의식으로 각각 2가지씩 5가지 마음을 한 쌍의 전오식前五識이라 부른다. '2가지로써 곱해지는 5가지 마음' 이라는 의미이다. 한 쌍의 전오식 10가지에 혼합되는 마음부수 6가지를 제외한, 동조하는 마음부수 7가지가 결합한다.[모든 불선에 공통되는 마음부수 7가지만이 결합한다.] 5가지 결합방법[saṅgahanaya]이 적당하지만 결정하는 마음(옷타빠나)와 행복감을 수반한 조사하는 마음의 마음부수가 11가지로 서로 같은 수이기 때문에 4가지 결합방법이 있다고 설한 것이다.

요약

dvādasekādasa dasa satta cāti catubbidho.
aṭṭhārasāhetukesu cittuppādesu saṅgaho.

18가지 뿌리 없는 마음에서 마음의 결합방법은 12가지, 11가지, 10가지, 7가지, 이처럼 4가지 결합이 있다.

해설

12가지 마음부수는 미소짓는 마음, 11가지 마음부수는 결정하는 마음과 조사하는 마음, 10가지 마음부수는 의계[意界] 3가지와 뿌리 없는 재생연결식 한 쌍, 그리고 7가지 마음부수는 한 쌍의 전오식 10가지로써 마음의 결합방법은 4가지이다.

ahetukesu sabbattha satta sesā yathārahaṁ.
iti vitthārato vutto tettiṁsavidha saṅgaho.

모든 뿌리 없는 마음에는 7가지 모든 마음에서 공통되는 마음부수

[삼바찟따사라나]가 결합한다. 나머지 마음부수[혼합되는 마음부수]들은 적절히 결합한다. 이와 같이 상세하게 설하면 마음의 결합방법는 33가지이다.

해설

모든 마음에서 공통되는 마음부수 7가지는 모든 뿌리 없는 마음에 결합하는 마음부수이다. 원함을 제외한 혼합되는 마음부수(빠낀나까) 5가지들은 적합함에 따라 결합하는 차별시키는[visesaka] 마음부수들이다.

'① **출세간마음에서 36가지 법을 얻는다**' 란 글을 서두로 '**이처럼 적합하게 결합하기에 이 마음들은 5가지 결합하는 방법이 있다.**' 라고 간략히 설한 마음의 결합방법 5가지를 확장하면 넓게 33가지가 된다.

1. 출세간마음의 결합방법	5가지
2. 색계, 무색계 마음의 결합방법	5가지
3. 욕계 아름다운 마음의 결합방법	12가지
4. 불선마음의 결합방법	7가지
5. 아헤뚜까 마음의 결합방법	4가지

이처럼 확장한 마음의 결합방법은 33가지다.

itthaṁ cittāviyuttānaṁ
sampayogañca saṅgahaṁ
ñatvā bhedaṁ yathāyogaṁ
cittena sama muddise.

이같이 마음에 반드시 결합해야 하는 마음부수들의 '마음부수들의 결합방법(sampayoganaya)' 과 '마음의 결합방법(saṅgahanaya)' 을 이해했다면, 적절하게 결합하는 마음과 바른 헤아림으로 구분하여 보여야 한다.

해설

이 게송은 결론과 지시를 보인다. 게송 앞 단락의 '이같은 ~ 이해했다면' 은 결론을 보인 것이고 '구분하여 보여야 한다'는 지시의 말이다. 즉 마음부수들의 결합방법과 마음의 결합방법을 배우는 이들이 이상의 방법을 이해했다면, 마음에 결합한 마음부수 하나의 구분 또한 스승이 가르쳐야 한다는 뜻이다.

다시 말해서 접촉은 마음識 89가지에 결합하기에 '탐욕뿌리 첫 번째 마음에 결합한 접촉, 두 번째 마음에 결합한 접촉' 등으로 접촉에는 모두 89가지 다양함이 있다. 느낌受 등도 마찬가지 방법이다. 일으킨 생각은 55가지 마음에서 결합하기 때문에 '탐욕뿌리 첫 번째 마음에서 결합한 일으킨 생각' 등과 같이 일으킨 생각은 모두 55가지 다양함이 있다. 끝으로 지혜는 47가지 마음과 결합하기 때문에 지혜는 모두 47가지이다. 이처럼 결합한 마음識과 동등하게 마음부수 하나의 다양함을 보여라는 뜻이다. 즉, '접촉, 느낌, 지각' 등으로 '접촉 하나, 느낌 하나' 등만을 보여주었지만 '마음부수와 결합한 마음이 많은 만큼 마음에 결합한 마음부수들 또한 많을 수 있다' 이 같은 의미이다.

제2장, 마음부수의 장이 끝났다.

제3장

일반적 항목의 장

빠낀나까상가하 ‖ PakiṇṇakaSaṅgaha

3장 일반적 항목의 장

서약

sampayuttā yathāyogaṁ
tepaññāsa sabhāvato
cittacetasikā dhammā
tesaṁ dṁni yathārahaṁ.

vedanāhetuto
kiccadvārālambaṇa vatthuto
cittuppādavaseneva
saṅgaho nāma nīyate.

함께 일어남 등으로 결합하는 본성품에 따라 53가지 마음과 마음부수법들은 적절하게 설명했다.

지금 이 53가지 법을 적절하게 느낌[vedanā], 뿌리[hetu], 작용[kicca], 문[dvāra], 대상[ārammaṇa], 토대[vatthu] 등으로 구분하여 잡다하게 결집한 일반적 항목의 장을 마음의 능력만으로[마음에 연관시켜] 인도할 것이다.

해설

'빠낀나까(pakiṇṇaka)' 란 단어는 '잡다한' 이란 뜻으로서 '느낌으로 결집함' 등 여섯 종류로써 잡다한 항목을 보여주기 때문에 일반적 항목의 장이라 부른다. 마음識과 마음부수受·想·行를 혼합하여 보인 것이 아니라 느낌, 작용, 문 등으로 일반적 항목으로 보이기 때문에 '빠낀나까' 라 이름한다.

마음과 마음부수의 법들은 자신들 각자의 성품으로서 53가지이다. 이 53가지 성품을 일반적 항목의 장에서 적절하게 마음과 연관시켜 보이겠다.

일반적 항목의 장은 6가지 결집으로 구성된다.

1. 웨다나상가하 = 느낌으로 결집함
2. 헤뚜상가하 = 뿌리로 결집함
3. 낏짜상가하 = 작용으로 결집함
4. 드와라상가하 = 문으로 결집함
5. 아람바나상가하 = 대상으로 결집함
6. 왓투상가하 = 토대로 결집함

느낌 등 여섯 가지 결집을 일반적으로 보여주기에 일반적 항목의 장이라 한다.

각자의 성품으로 53가지란, 마음識이 89가지가 있다고 말하지만 대상을 아는 성품으로는 오직 하나이다. 52가지의 마음부수(受·想·行)는 접촉하는 접촉(phusana), 대상을 체험하는 느낌(anubhavana, 느낌), 대상을 인지하는 지각(sañcānana) 등 자신의 성품에 따라 한 가지씩 일어나기 때문에 52가지이다. 그러므로 마음이 1가지, 마음부수가 52가지로서 모두 53가지이다. 이 53가지를 '정신(nama)' 라고도 한다.

'네 가지 궁극적 실재' 중에서 마음과 마음부수에 관해 1, 2장에서 상세히 설명하였다. 3장에서는 다시 마음에 중점을 두어 마음과 마음부수 둘 모두를 확장하여 설하고자 'sampayuttā yathāyogaṁ[함께 일어남 등으로 결합하는]' 등으로 말씀하셨다. 이 게송에서 'tesaṁ dṁni yathārahaṁ[지금 이 53가지 법을 적절하게]' 구절에서 'tesaṁ[이 53가지 법을]' 를 'saṅgaho[잡다하게 모음]' 에 연결시키면 '이 마음, 마음부수들을 잡다하게 모아 결집하겠다' 는 뜻을 얻기에 '지금 보이게 될 잡다한 결집은 마음과 마음부수 둘 다를 설하는 결집' 이라 할 수 있다. 그러나 마음을 직접적으로 보이면 결합한 마음부수까지 보여주게 되므로 마음에 초점을 맞춰 보일 것이다. 그러므로 '마음의 능력만으로 인도할 것이다' 라고 밝히셨다.

느낌으로 결집함

느낌 3가지 또는 5가지

tattha vedanāsaṅgahetāva tivithā vedanā sukhaṁ, dukkhaṁ, adukkhamasukhā ceti. sukhaṁ, dukkhaṁ, somanassaṁ, domanassaṁ, upekkhāti ca bhedena pana pañcadhā hoti.

여섯 모임 중 '느낌의 모임' 에서 우선 느낌은 행복한 느낌(sukha), 고통의 느낌(dukkha), 괴롭지도 좋지도 않은 느낌(adukkhamasukhā) 3가지로 구분된다. 다시 이것은 몸의 행복(sukha), 몸의 고통(dukkha), 마음의 즐거움(somanassa), 마음의 괴로움(domanassa), 중립적 느낌(upekkhā), 이와 같이 기능根(indriya)으로 5가지이다.

느낌으로 마음을 분석함

tattha sukhasahagataṁ kusalavipākaṁ kāyaviññāṇa mekameva. tathā dukkhasahagataṁ akusalavipākaṁ [2-2-2-2]

저 5가지 느낌들 중에서 행복을 수반한 마음은 선의 과보인 몸의 의식 하나뿐이다.[91] 고통을 수반한 마음은 불선 과보인 몸의 의식 하나뿐이다.[92]

somanassa sahagata cittāni pana lobhamūlāni cattāri, dvādasa kāmāvacarasobhanāni, sukhasantīraṇa hasanāni ca dveti aṭṭhārasa kāmāvacara somanassasahagatacittāni ceva paṭhama dutiya tatiya ca-

---

91. sukhasahagataṁ kusalavipakaṁ kāyaviññāṇaṁ
(행복사하가땅 꾸살라위빠깡 까야윈냐낭)
행복을 수반한 선의 과보인 몸의 의식

92. dukkhasahagataṁ akusalavipakaṁ kāyaviññāṇaṁ
(둑카사하가땅 아꾸살라위빠깡 까야윈냐낭)
고통 느낌을 수반한 불선 과보인 몸의 의식

tutthajjhāna saṅkhātāni catucattālīsa mahaggata lokuttaracittāni ceti dvāsaṭṭhi vidhāni bhavanti. [62]

즐거움을 수반한 마음은 4가지 탐욕에 뿌리한 마음, 12가지 욕계 아름다운 마음, 2가지 행복감을 수반한 조사하는 마음과 미소짓는 마음, 이처럼 18가지 욕계 즐거움을 수반한 마음들과 초선, 제2선, 제3선, 제4선인 44가지 색계 선정마음, 출세간마음으로 모두 62가지 이다.

domanassasahagatacittāni pana dve paṭighasampayuttacittāneva. [2]

괴로운 느낌을 수반한 마음은 2가지 성냄과 결합한 마음[paṭighasampayutta]뿐이다.

sesāni sabbānipi pañcapaññāsa upekkhāsahagatacittānevāti [55]

나머지 55가지는 중립적 느낌과 함께하는 마음이다. 이것이 느낌의 결집이다.

요약

sukhaṁ dukkhamupekkhāti tividhā tattha vedanā.
somanassaṁ domanassamiti bhedena pañcadhā.
sukhamekattha dukkhañca domanassaṁ dvaye ṭhitaṁ.
dvāsaṭṭhīsu somanassaṁ pañcapaññāsaketarā.

느낌으로 결집한 章에서 얻을 수 있는 느낌은 행복, 고통, 중립적 느낌으로[대상을 느끼는 특징으로] 3가지이다. 즐거움, 괴로운 느낌 2가지를 포함시켜[기능根(indriya)의 구분하여] 5가지이다.

행복, 고통은 각각 하나씩 몸의 의식에 결합한다. 괴로운 느낌은 2가지 진심마음에 결합한다. 즐거움은 62가지 마음에 결합한다. 중립적 느낌은 나머지 55가지 마음에 결합한다.

해설

'vedanāto saṅgaho, vedanāsaṅgaho - 느낌으로 마음과 마음부수를 모은다. 그러므로 느낌으로 결집함(웨다나상가하)이라 한다.'

'sukhādivedanānaṁ taṁsahagatacittuppādānañca vibhāgavasena saṅgaho, vedanāsaṅgaho - 행복한 느낌과 저 느낌에 결합한 마음을 분류하여 모은 것이 느낌으로 결집함이다' 라고 『위바위니띠까』에서 설명하고 있다. 이 『아비담맛타상가하』에서는 'tivithā vedanā(3종류의 느낌은) ‖중략‖ pañcadhā hoti(5가지가 있다)' 라고 느낌을 구분하여 숫자로 나타내고, 'tattha sukhasahagataṁ - 이 5가지 느낌들 중에서 행복을 수반한 마음은' 등으로 느낌과 결합하는 마음들 또한 숫자로 보인다. 그러므로 'vedanāto saṅgaho, vedanāsaṅgaho - 느낌으로 마음과 마음부수를 모은다. 그러므로 느낌으로 결집한 장이라 한다' 는 뜻이다. 그러나 'tivithā vedanā(3종류의 느낌은)' 등으로 느낌을 숫자로 구분하는 것이 핵심은 아니다. 느낌을 구분하여 마음을 숫자로 나타내려는 장章인만큼 근본이 되는 느낌을 구분해 보였을 뿐이다. 그러므로 『위바위니띠까』와 『아비담맛타상가하』는 관점의 차이가 있다. 뒤에 나오는 모임(상가하)들도 이와 같이 풀이한다.

느낌의 구분

『웨다나쌍윳따』등 경장에서는 느낌을 구분할 때 하나, 둘로 시작하여 갖가지로 설했다. 『아비담맛타상가하』의 근본경인

『담마상가니』 마띠까에서는 '행복한 느낌과 결합한 법, 괴로운 느낌과 ‖중략‖ 중립적 느낌과 결합한 법'의 세 종류를 설하셨다. 『위방가』 인드리야 장章에서 '행복의 기능(樂根, sukhindriya), 고통의 기능(苦根, dukkhindriya), 즐거움의 기능(喜根, somanassindriya), 괴로움의 기능(憂根, domanassindriya), 중립적 느낌의 기능(捨根, upekkhindriya) 등의 5종류를 설하셨기 때문에 아누룻다 존자께서는 아비담마 설법방법에 근거해 두 가지를 다 보이고 있다. 앞의 방법을 '대상을 느끼는 방법[āramaṇānubhavananaya]'이라 하고, 뒤의 방법을 '기능根으로 구분한 방법[indryabhedanaya]'이라 한다.

견해

'모든 현상계(조건 속에서 생멸하는 물질과 정신의 법)는 고통이다'에 근거하여 일체의 느낌은 '고통' 한 종류뿐이라 설하신 경우도 있다. 불선 과보마음인 중립적 느낌은 '원치 않는 대상[aniṭṭha]'이기에 고통에, 나머지 중립적 느낌은 행복에 포함시킨 후, 행복(sukhavedanā)과 고통(dukkhavedanā) 두 종류로 설하신 경우도 있다. -『위방가』 빠띳짜사뭇빠다 장章 『물라띠까』에서,

다른 식으로 허물없는 선마음[kusala], 무기법無記法[abyākata], 중립적 느낌[upekkhā] 등은 평화롭고 적정한 성질을 지니기에 행복(수카)에 포함시키고, 허물있는 불선의 중립적 느낌은 고통에 포함시켜 행복(sukha)과 고통(dukkha) 두 종류로 설하신 자리도 있다.[이것은 『위바위니띠까』의 주장이다.] 이렇게 느낌을 구분한 것은 경장의 방편적 설법이다. 그러므로 『아비담맛타상가하』에서는 그렇게 구분하지 않았다.

대상을 느끼는 방법[āramaṇānubhavananaya]

sukhavedanā- 행복은 iṭṭhāramaṇānubhavanalakkhṇā - 좋은 원하는 대상을 체험하는 특징이 있다.

dukkhavedanā - 고통은 aniṭṭhāramaṇānubhavanalakkhṇā - 싫은 대상을 체험하는 특징이 있다.

adukkhamasukhāvedanā - 좋지도 싫지도 않은 느낌은 iṭṭhamajjhattāramaṇānubhavanalakkhṇā - 적당히 원하는 대상을 체험하는 특징이 있다.

이처럼 '대상을 느끼는 방법[āramaṇānubhavananaya]' 으로 느낌은 세 종류로 구분된다.

기능根의 구분 방법[indryabhedanaya]

행복이 일어나면 몸을 행복하게 한다. 이 행복을 '몸의 행복[kāyikasukha]' 라 하고 원하는 촉감[iṭṭhaphoṭṭhabbārammaṇa]을 느끼는 자리에서 다스리기에[indriya, 根] '행복의 기능根(sukhindriya, 樂根)' 라고도 부른다.

즐거움이 일어나면 마음을 행복하게 한다. 이 행복을 '마음의 행복(cetasikasukha)' 이라 하고 좋은 마음이 일어나는 원인이 되기에 '좋은 마음의 일어남[sumanassa bhāvo]' 이라한다. 육체적 촉감[phoṭṭhabbārammaṇa]이 아닌 정신의 좋은 대상을[iṭṭhāramaṇā] 느끼는 자리에서 다스리기에[idriya] '즐거움의 기능[somanassindriya, 喜根]' 이라 부른다. [고통(苦根), 괴로움(憂根)은 행복(sukha)과 즐거움(somanassa)에 반대된다.]

중립적 느낌은 몸에서 특별한 자극이나 고통을 줄 수 없는 성품 때문에 '몸의 중립적 느낌[kāyikaupekkhā]' 이란 없다. '마음의 중립적 느낌[cetasikaupekkhā]' 인 중립적 느낌의 기능(upekkhindriya, 捨

根) 한 종류만 있다. 그러므로 기능根[idriya]으로 구분하여 느낌은 5종류이다.

그러므로 과거 스승들께서

행복, 고통은 몸에서 머물고
마음에서도 머문다.
중립적 느낌은 마음에서만 머문다.
이처럼 기능根의 구분으로
5종류가 있다고 말씀하셨다.

즐거움을 수반한 마음은 4가지 탐욕에 뿌리한 마음, 12가지 욕계 아름다운 마음[93], 행복감을 수반한 조사하는 마음, 미소짓는 마음 이와 같이 욕계 즐거운 마음은 18가지이다. 이 18가지와 초선마음 11가지[94], 제2선 마음 11가지, 제3선 마음 11가지, 제4선 마음 11가지의 색계선정마음, 출세간마음으로 44가지, 모두 62가지이다. 괴로운 느낌을 수반한 진심마음 2가지, 중립적 느낌 마음은 55가지 등도 이같이 영역으로 나누어 볼 수 있다.

뿌리로 결집함

뿌리 6가지

hetusaṅgahe hetū nāma lobho, doso, moho, alobho, adoso, a moho cāti chabbidhā bhavanti.

93. 욕계 아름다운 마음 12가지 — 욕계 선마음 4가지, 욕계 과보마음 4가지, 욕계 작용만 하는 마음 4가지

94. 초선마음 11가지란? — 색계 선마음, 색계 과보마음, 색계 작용만 하는 마음으로 3가지, 출세간 수다원에서 아라한까지의 도道 4가지와 과果 4가지, 이와 같이 모두 11가지이다. 제2선, 제3선, 제4선에서도 이와같다.

뿌리로 결집함[hetusaṅgaha]에서 얻을 수 있는 뿌리란 탐욕(lobha), 진심(dosa), 어리석음(moha), 탐욕없음(alobha), 진심없음(adosa), 어리석음 없음(amoha)의 6가지이다.

해설

마음과 마음부수들을 뿌리[hetu]로 결집하여 숫자로 나타낸 것을 '뿌리로 결집한 장[hetusaṅgaha]' 이라 부른다. '뿌리란 ‖중략‖ 6가지이다' 란 말은 먼저 뿌리의 다양함을 보인 말이다. 탐욕 등 6가지 마음부수를 뿌리[hetu]라 부른다. 탐욕없음 뿌리란 지혜[慧根]을 말한다. 뿌리란 자신과 결합한 법들을 확고부동한 상태로 완성시키는 근원을 말한다. 물을 빨아들이는 뿌리와 같기에 헤뚜[hetu]라 부른다. 물을 빨아들이는 뿌리와 같은 모습을 예로 들면 헤뚜빳짜야(여섯 뿌리로 영향을 주는 연기법, hetupaccaya)를 근원으로 하는 물질과 정신의 법은 뿌리로 지탱되는 나무처럼 울창하고 부동하다. 뿌리를 지니지 못한 법들은 물 가장자리의 이끼와 같다. 이처럼 여섯 가지 법들은 나무의 뿌리와 같기에 헤뚜(뿌리)라 부른다.

뿌리로 마음을 분석함

tattha pañadvārāvajjana dvipañcaviññāṇasampaṭicchana santīraṇa voṭṭhabbana hasana vasena aṭṭārasa ahetuka-cittāninsāma. [18]

뿌리로 결집함(헤뚜상가하)에서 '오문전향마음, 한 쌍의 전오식前五識, 받아들이는 마음, 조사하는 마음, 결정하는 마음, 미소짓는 마음' 등 모두 18가지 마음을 '뿌리 없는 마음' 이라 부른다.

해설

이 말은 첫 장에서 언급되었으며, 위의 18가지 뿌리 없는 마음을 인식과정의 순서에 따라 보여준 것이다. 인식과정에서는 오문전향마음 ➡ 눈의 의식 ➡ 받아들이는 마음 ➡ 조사하는 마음 ➡ 결정하는 마음 ➡ 속행 7차례 등의 순서를 얻는다. 이 중 속행을 제외한 앞의 인식과정은 모두 뿌리 없는 마음이다.

sesāni sabbānipi ekasattati cittāni sahetukāneva. [71]

나머지 71가지 마음은 모두 뿌리를 지닌 마음이다.

해설

뿌리 없는 마음(아헤뚜까) 외의 나머지 71가지는 뿌리를 지닌 마음(사헤뚜까)이다. 뿌리가 하나든 둘이든, 결합한 뿌리를 가진 마음들을 '뿌리를 지닌 마음sahetukā' 이라 부른다.

tatthāpi dve momūhacittāni ekahetukāni. [2]

뿌리를 지닌 마음 중에서도 어리석음에 뿌리한 2가지 마음은 '하나의 뿌리 마음' 이다.

해설

결합한 뿌리가 하나만 있는 마음을 '하나의 뿌리를 지닌 마음[ekahetukacitta, 에까헤뚜까찟따]' 라고 부른다. 2가지 어리석음에 뿌리한 마음은 오직 하나의 어리석음 뿌리만 가진다.

sesāni dasa akusalacittāni ceva ñāṇavoppayuttāni dvādasa kāmāvacarasobhanāni ceti dvāvīsati dvihetukacittāni. [22]

나머지 10가지 불선한 마음, 욕계 아름다운 지혜와 결합하지 않는 12가지 마음, 이 22가지는 '두 가지에 뿌리한 마음'이다.

해설

하나의 뿌리를 지닌 2가지 어리석은 마음[ekahetukacitta, 에까헤뚜까찟따]'을 제외한, 나머지 불선 마음과 지혜와 결합하지 않은 마음을 '두 가지에 뿌리한 마음[dvihetukacitta, 두헤뚜까찟따]'이라 부른다.

dvādasa ñāṇasampayutta kāmāvacarasobhanāni ceva pañcattiṁsa mahaggatalokuttaracittāni ceti sattacattālīsa tihetuka cittānīti. [47]

욕계 아름다운 마음인 지혜와 결합한 마음 12가지, 고귀한 마음과 출세간마음 35가지, 이 47가지는 세 가지에 뿌리한 마음[tihetukacitta, 띠헤뚜까찟따]이다. 이는 마음을 뿌리로 구분한 것이다.

해설

탐욕없음, 진심없음, 어리석음 없음인 세 가지 뿌리와 결합한 마음을 '세 가지에 뿌리한 마음[띠헤뚜까찟따]'라 부른다. 어리석음 없음無癡은 지혜의 다른 이름이다. 일부 욕계 마음과 모든 색계, 무색계, 출세간마음은 지혜와 결합하여 일어난다.

요약

lobho doso ca moho ca hetū akusalā tayo.
alobhā dosā moho ca kusalā byākatā tathā.
ahetukāṭṭhārasekahetukā dve dvāvīsati.
dvihetukā matā sattacattālīsa tihetukā.

불선 뿌리는 탐욕, 진심, 어리석음 3가지이다. 선善과 무기법無記法의 뿌리는 탐욕없음, 진심없음, 어리석음 없음 3가지이다.

뿌리 없는 마음(아헤뚜까)은 18가지이고, '하나에 뿌리한 마음[에까헤뚜까]'은 2가지, '두 가지에 뿌리한 마음[두헤뚜까]'은 22가지, '세 가지에 뿌리한 마음[띠헤뚜까]'은 47가지라고 알 수 있다.

해설

불선마음과 결합하여 뿌리한 것을 불선의 뿌리(아꾸살라헤뚜), 선마음에 결합하여 뿌리한 것을 선의 뿌리(꾸살라헤뚜), 무기법無記法에 결합하여 뿌리한 것을 무기법無記法의 뿌리(아브야까따헤뚜)라 한다.

마음부수로 구분한 뿌리(헤뚜)

1) 하나의 뿌리를 가진 마음부수

의심, 탐욕, 진심은 하나의 뿌리를 갖는다.
즉, 탐욕에 뿌리한 마음에만 결합하는 탐욕,
진심에 뿌리한 마음에만 결합하는 진심,
어리석음에 뿌리한 마음에만 결합하는 의심 등은 하나의 뿌리에만 결합한다.

2) 두 가지 뿌리를 가진 마음부수

어리석음은 <탐욕과 진심>
사견과 자만은 <탐욕과 어리석음>
질투, 인색, 후회는 <진심과 어리석음>의 두 가지 뿌리와 결합한다.
3가지 선에 뿌리한 마음에서 탐욕없음은 <진심없음과 어리석음 없음>와 결합하는 등 서로 결합함을 볼 수 있다.

3) 세 가지 뿌리를 가진 마음부수

'부끄러워하지 않음, 두려워하지 않음, 들뜸, 해태, 혼침' 은 <탐욕, 진심, 어리석음>의 세 가지 불선 뿌리와 결합한다.

아름다운 마음부수 25가지 중에서 3가지(탐욕없음, 진심없음, 어리석음 없음)를 제외한 22가지는 아름다운 세 가지 선의 뿌리와 결합한다.

4) 5가지 뿌리와 결합하는 마음부수

희열은 진심을 제외한 5가지 뿌리<탐욕, 어리석음, 탐욕없음, 진심없음, 어리석음 없음>과 결합하는 마음부수이다.

5) 6가지 뿌리와 결합한 마음부수

희열을 제외한 동조하는 마음부수 12가지이다. 이 12가지 중에서 '접촉은 마음 모두에 결합하기에 6가지 뿌리 모두와 결합한다' 등으로 나머지 10가지도 모두 6가지 뿌리임을 알아라.

14가지 작용으로 결집함

마음과 마음부수를 작용으로 결집하면, ① 재생연결식paṭisandhi **② 바왕가**bhavaṅga **③ 전향**āvajjana **④ 봄**dassana **⑤ 들음**savana **⑥ 냄새맡음**ghāyana **⑦ 맛봄**sayāna **⑧ 접촉**phusana **⑨ 받아들임**sanpaṭicchana **⑩ 조사**santīraṇa **⑪ 결정**voṭṭhapana **⑫ 속행**javana **⑬ 등록**tadārammaṇa **⑭ 죽음**cuti**으로 모두 14가지이다.**

존속하는 곳 10가지

paṭisandhi bhavaṅgā vajjana pañcaviññāṇa ṭhānādiva-
sena pana tesaṁ dasadhā ṭhānabhedo veditabbo.

1. 재생연결식 순간
2. 바왕가(생의 연속체) 순간
3. 전향마음 순간

4. 오식(五識, 선, 불선의 과보인 오식) 순간 등으로 작용하는 14가지 마음들은 10가지 순간(ṭhāna)으로 분류된다.

해설

사람들이 일을 한다 해서 'kicca(일)' 라 하고 일터를 'ṭhāna(장소)' 라 부르는 것처럼 그와 같이 마음이라는 궁극적 실재하는 법이 재생연결식[과거생과 새로운 생을 연결시키는 의식] 등의 작용을 하는 것을 'kicca(일, 작용)' 라 부른다.

이 '작용(kicca)' 을 행하기 위하여 앞 마음[죽음]과 뒤의 마음 사이에[새로운 생의 첫 번째 바왕가] 하나의 마음[재생연결식]이 생겨나는 순간의 시간을 'ṭhāna[머무는 순간]' 라 부른다.

또는 세상을 살면서 무역, 장사, 법의 판결, 오가는 모든 일을 '낏짜(일)' 라 부르듯, 재생연결식 등 '바로 전생과 새로운 생을 연결시키는 등의 일도 '작용(kicca)' 이라 부른다.

재생연결식(빠띠산디) 작용

paṭisandhānaṁ(연결시킨다) 그러므로 paṭisandhi(재생연결식)라 한다.

과거 생이 끊어지고 새로운 생에서 최초로 마음이 일어나는 모습은 마치 바로 앞의 생과 새로운 생(현생)을 연결시키듯 일어난다. 이렇게 연결시키는 작용 때문에 중생이라 불리는 오온五蘊의 연속은 소멸된 뒤 다시 새로운 생을 얻어, 한 생에서 다음 생으로 윤회하며 도는 것이다. 이처럼 바로 앞의 생과 새로운 생을 연결시키는 것을 재생연결식 작용이라 부른다.

바왕가(생의 연속체)의 작용

bhavassa[끊이지 않고 일어나는 물질과 정신의 연속의] aṅgaṁ[근원이다] 그러므로 bhavaṅga[바왕가라 한다] = 여기서 bhavassa는 'upapattibhava(인과로 생겨나는 물질과 정신의 연속)' 를 뜻한다고 한다.

bhavassa에서 bhava(생生)란 『다뚜까타』빠띳짜사뭇빳다 장章에 나오는 'upapattibhava(인과로 탄생한 생)' 이다. 'upapattibhava' 란 'kammato upapajjatīti upapatti - 업에 의해 생겨난다. 그러므로 생이라 한다' 로서 업 때문에 생겨나는 세속의 과보마음과 업에 기인한 물질[kaṭattārūpa]이라 부르는 업으로 생긴 물질[kammajarūpa]이다.

업에 의하여 생이 소멸된 직후, 새로운 생을 잇는 재생연결식이 일어난 뒤 바왕가(생의 연속체)가 연속하여 일어나지 못한다면 마음의 연속성은 끊어져 한 생은 끝날 것이다. 그러므로 생이 끝나지 않도록 재생연결식의 뒤에 재생연결식과 동일한 과보마음의 연속인 바왕가가 연속하여 일어나야 한다. 그 뒤 삶의 과정95에서도 새로운 무수한 인식과정들이 일어나 소멸되는 사이사이에 언급한 과보마음[바왕가]들이 생겨나지 않는다면 마음의 연속은 끊어져 마음으로 생긴 물질(찟따자루빠)과 업으로 생긴 물질(깜마자루빠)들 또한 끊어지게 될 것이다. 이렇게 업의 여세가 남아 있는 동안 한 생(삶의 과정)에서 오온의 연속이 끊어지지 않도록 연결시키는 과보마음이 일어나야만 한다. 이 마음은 'upapattibhava(인과로 탄생한 생)' 의 aṅgaṁ - 근원이다' 라는 풀이에 따라 '바왕가(생의 연속체, 존재의 요소)' 라고 부른다.

---

95. pavatti(빠왓띠) - 재생연결식과 죽음을 제외한 일생의 삶의 과정을 통해 생멸하는 모든 물질과 마음의 순간들.

전향마음(아왓자나) 작용

āvajjīyāte āvajjanaṁ - 생각함이 전향의 작용이다.

새로운 대상이 드러날 때에 "헬로우, 이것이 무엇입니까?" 하는 것처럼 새로운 대상을 생각하는 것이 전향마음의 작용이다.

다른 식으로, āvaṭṭīyate - 바왕가의 흐름을 되돌리게 함을 āvajjanaṁ - 전향이라 한다.

바왕가가 연속하여 흐르고 있을 때 새로운 대상이 나타나면 바왕가의 흐름을 멈추고 주의를 대상에게로 돌리는 것이 전향마음의 작용이다. [눈, 코 등의 5문에서 일어나는 전향마음을 '오문전향마음(빤짜드와라왓자나)' 라고 하며 의문意門(마노드와라)에서 일어나는 전향을 '의문전향마음(마노드와라왓자나)' 라 부른다.]

오식五識

'봄[dassana], 들음[bhavana], 냄새 맡음[ghāyana], 맛봄[sayana], 접촉[phusana]' 등은 이름 자체로 작용이 명백하다.

받아들이는 작용(삼빠띳차나)

sampaṭicchīyate - 대상을 받아들이는 것처럼 일어남을 sampaṭicchanaṁ - 받아들임이라 부른다.

전향마음이 새롭게 나타난 대상 쪽으로 생각하듯 전향한 뒤 눈의 의식 등이 취한 대상을 계속해서 받아들이는 것처럼 일어나는 것이 받아들이는 마음의 작용이다.

조사 작용(산띠라나)

sammā - 훌륭하게 tīraṇaṁ tulanaṁ- 비교하고 저울질함은 vīmaṁsanaṁ - 조사하는 것처럼 일어난다. 이것을 santīraṇa - 조사라 부른다.

낯선 손님이 왔을 때 우선 집안에 들인 후 무슨 일로 왔는가 조사하듯, 받아들이는 마음은 받아들인 대상을 '원하는 상태인가, 원치 않는 상태인가'로 조사하고 저울질한다. 이것이 조사의 작용이다.

결정 작용(옷타빠나)

visuṁ visuṁ - 각각으로 avacchinditvā - 지정 결정하여 ṭhapanaṁ - 둔다. 그러므로 voṭṭhapanaṁ - 결정하는 마음이라 부른다.

조사하는 마음이 조사한 뒤 대상을 원하는 상태, 원치 않은 상태라고 각각 분류 결정하는 것이 결정의 작용이다.

voṭṭhapanaṁ - 결정은 yathāsantīrite atthe - 이 결정된 의미를[법을] nicchayākārena - 결정하는 상태로써 pavattitvā - 일어나,,,,,,, 『마하띠까』

견해

후대의 띠까들에서는 '갈색, 붉은색 등으로 결정하는 것이 결정하는 마음의 작용이다'라고 해설하고 있다. 오문五門인식과정(빤짜드와라위티) 순간에는 갈색, 붉은색이라고 아직 결정하지 못한다. '그 뒤[五門]를 따르는 인식과정[tadanuvattakavīthi]'에서만 그처럼 결정할 수 있다. 오문인식과정에서는 속행들이 대상을 체험하도록 원하는 상태, 원치 않는 상태 정도만을 결정할 수 있다. [상세한 결정의 작용을 인식과정의 장章에서 다시 언급할 것이다.]

속행(javana, 자와나) 작용

javatīti - 강한 속력으로 일어나기에 javanaṁ - 속행이라 부른다.

'vego(빠른 속도) javo(속력) rayo(속도)' 등, 사전에서 '속력'이란 의미는 'java(자와)'란 단어에서 유래한다. 그러므로 적은 횟수든 많은 횟수든 강한 속력으로 강력하게 일어나는 마음을 '속행'라고 한다. 도道 마음, 신통지들은 한 차례만 일어나도 강한 힘을 지니지만, 바왕가(생의 연속체)들은 무수히 연속해서 일어나지만 힘이 없다. 속행의 작용은 대상을 체험하는 것이다. 그러므로 'javanabhāva[속행의 상태]'이라 사용해야 하지만 bhāva[상태]란 구절을 제거하여 '속행의 생성은 대상을 체험하는 것이며, 이는 곧 속행의 작용이다'고 해설하고 있다.

등록하는 마음(따다람마나) 작용

tassa āramaṇaṁ - 속행의 대상이라는 yassa āramaṇaṁ - 마음의 대상이 atthi - 있다. iti - 그러므로 tadāramaṇaṁ - 따다라마나라 부른다.

앞의 속행이 가진 대상을 다시 취하는 마음을 등록하는 마음이라 한다. 여기는 작용을 설명한 자리이기에 'tadāramaṇabhāva -등록하는 마음의 상태' 이라 사용해야 하지만 bhāva[상태]란 구절을 제거하여 '속행의 대상을 연속해서 취하는 것이 등록하는 마음 작용이다' 고 해설하고 있다.

죽음(쭈띠) 작용

cavanaṁ - 현재의 생(존재)에서 바꾼다. 그러므로 cuti - 죽음이라 한다.

업의 여세가 있는 동안에는 인식과정의 사이사이에 바왕가[생의 연속체]가 생이 끊어지지 않도록 연결시켜 준다. 그러나 업의 여세가 끝나면 다시 연결시키지 못하고 마지막으로 일어나는 바왕가만이 현생을 종결짓기 때문에 '죽음' 이라 부른다. 그러므로 한 생에 있어 바왕가와 죽음은 동일한 의식이다. 이 죽음의 작용은 현생을 다음 생으로 바꾸는 작용을 한다.

존속하는 순간(ṭhāna, 타나)

ettha - 이 순간에 cittaṁ - 재생연결식 등 마음은 tiṭṭhati - 일어나 머문다. iti - 이처럼 마음이 일어나 존속하는 상태로 인하여 taṁ - 이 순간을 ṭhānaṁ - 존속하는 곳이라 부른다.

이 뜻풀이에 따르면 마음이 3차례 연결되어 일어날 때 앞뒤 사이에 하나의 마음이 일어날 수 있는 시간이 있다. 이 중간에 있는 순간은 궁극적 실재가 아닌 개념이다. 이 순간이란 개념을 '존속하는 곳(ṭhāna)' 라고 한다. 시간(kāla)을 존속하는 곳으로 가정하는 이유는 'kālo hi cttaparicchinnecasabhāvato avijjamānopi ādhārabhāvena saññāto adhikaraṇantivutto - 시간은 궁극적 실재로 명백히 존재하지 않을 지라도, 마음을 구분하는 상태와 존속하는 곳으로써 인식되기에 존속하는 곳(adhikaraṇa)라고 말한다' 는 『앗타살리니』dvārakathā[드와라까타]를 해설한 『물라띠까』에 근거한 것이다.

paṭisandhiyā - 재생연결식 작용이 ṭhānaṁ - 일어나 존속하는 곳이 paṭisandhiṭhānaṁ - 재생연결식 존속순간이다.

작용(낏짜)과 존속하는 곳(타나)의 차이

이 설명에 근거하여 작용(kicca)과 존속하는 순간(ṭhāna)의 차이를 다음과 같이 알아야 한다. 재생연결식 등 궁극적으로 실재하는 법들이 새로운 생을 연결시키고, 대상을 생각하는[아왓자나] 등 일을 작용이라 한다. 죽음, 재생연결식, 바왕가라는 연속된 마음에서 앞의 죽음과 뒤의 바왕가 사이에 하나의 재생연결식이 일어날 수 있는 찰나적 순간을 존속하는 곳(ṭhāna)이라 부른다. 이 시간은 궁극적 실재가 아니라 개념이기에 '사이에 일어나는 개념[antarapaññatti]' 라고 경전에서 말한다. [죽음, 재생연결식, 바왕가는 궁극적 실재의 법이다. 이 의식들이 일어나는 순간의 시간은 개념이다.]

『마하띠까』 - 재생연결식 등의 작용이란 '한 생과 한 생을 연결시킴' 등으로 일어난다. 재생연결식 순간 등에서, 죽음과 바왕가의 사이를 취한 것이 재생연결식이 머무는 곳이다. - 위숫디막가

'재생연결식, 연결시키는 작용, 연결시키는 순간' 세 가지로 구분된다. 이때 '존속하는 곳(ṭhāna)' 이란 실재하지 않는 개념일 뿐이므로 그 '존속하는 곳' 인 '순간' 을 3가지 제로(zero)로 설정하여 '죽음 재생연결식 바왕가 - ∘∘∘ ∘∘∘ ∘∘∘ ' 로 나타내 보인다. 여기서 '∘' 3가지 모임은 '존속하는 곳' 의 모습이다. 죽음, 재생연결식, 바왕가는 그 '존속하는 곳' 을 통해 생을 옮겨가는 일을 수행한다. 그러므로 작용과 존속하는 곳의 차이는 명백하다. 작용은 14가지, 존속하는 곳(ṭhānaṁ)은 10가지이고 작용과 존속하는 곳의 다른 성품을 잘 이해해야 할 것이다.

오식五識 안에 '④봄 ⑤ 들음 ⑥ 냄새 맡음 ⑦ 맛봄 ⑧ 접촉' 라는 5가지 작용을 포함하였기에, 14가지 작용은 10가지의 존속하는 곳(ṭhānaṁ)이 된다.

작용(kicca), 존속하는 곳(ṭhāna)으로 마음을 분석함

tattha dve upekkhāsahagata santīraṇāni ceva aṭṭha mahāvipākāni ca nava rūpārūpavipākāni ceti ekūnavīsati cittāni paṭisandhi bhavaṅga cutikiccāni nāma. [19]

이 중에서 '2가지 중립적 느낌을 수반한 조사하는 마음, 8가지 욕계 선의 과보마음, 9가지 고귀한 마음 과보마음' 인 19가지 마음들은 재생연결식 작용, 바왕가 작용, 죽음 작용을 한다.

āvajjanakiccāni pana dve. [2]

전향마음 작용을 하는 마음은 2가지이다. [오문전향마음과 의문전향마음이다.]

tathā dassana bhavana ghāyana sāyana phusana sampaṭicchana kiccāni ca. [2]

봄, 들음, 냄새 맡음, 맛봄, 접촉, 받아들이는 작용을 하는 마음들 또한 이같이 2가지씩이다. [오식과 받아들이는 마음은 선과 불선마음으로 각각 2가지씩이다.]

tīṇi santīraṇa kiccāni. [3]

조사하는 작용을 하는 마음은 3가지이다. [불선 과보인 조사하는 마음 1가지와 선의 과보인 조사하는 마음 2가지로, 모두 3가지이다.]

manodvārā vajjanameva pañcadvāre voṭṭhabbanakiccaṁ sādheti. [1]

의문전향마음만이 오문五門에서 결정하는 작용을 완성시킨다. [의문

전향마음은 오문인식과정에서 결정하는 마음[옷타빠나]라는 이름으로 작용한다.]

āvajjana dvaya vajjitāni kusalākusalaphalakiriyacittāni pañcapaññāsajavanakiccāni. [55]

전향마음 2가지를 제외한 55가지의 선, 불선, 과果, 작용만 하는 마음들은 속행 작용을 한다. [55가지란, 미소짓는 마음 1가지, 불선 마음 12가지, 선 마음 21가지, 과果마음 4가지, 작용만 하는 마음 17가지, 이와 같이 55가지이다.]

선 마음 21가지 — 욕계 선마음 8가지, 색계 선마음 5가지, 무색계 선마음 4가지, 도道 마음 4가지로 모두 21가지이다.(8 + 5 + 4 + 4 = 21)

작용만 하는 마음 17가지 — 욕계 작용만 하는 마음 8가지, 색계 작용만 하는 마음 5가지, 무색계 작용만 하는 마음 4가지 등으로 모두 17가지이다. (8 + 5 + 4 = 17)

aṭṭha mahāvipākāni ceva santīraṇattayañceti ekādasa tadārammaṇakiccāni. [11]

8가지 욕계 선의 과보마음과 3가지 조사하는 마음, 이 11가지는 등록하는 마음(tadārammaṇa) 작용을 한다.

연관된 마음에 적용되는 작용들

tesu pana dve upekkhāsahagatasantīraṇacittāni paṭisandhi bhavaṅga cuti tadārammaṇa santīraṇa vasena pañcakiccāni nāma. [5/2]

이 연관된 작용을 지닌 마음들 중에서 2가지 중립적 느낌을 수반한 조사하는 마음은 재생연결식, 바왕가(생의 연속체), 죽음, 등록, 조사로 5가지 작용을 한다.

mahāvipākāni aṭṭha paṭisandhi bhavaṅga cuti tadārammaṇavasena catukiccāni nāma. [4/8]

8가지 욕계 선의 과보마음은 재생연결식, 바왕가, 죽음, 등록의 4가지 작용을 한다.

mahaggatavipākāni nava paṭisandhi bhavaṅgacutivasena tikiccāni nāma. [3/9]

9가지 고귀한 과보마음(색계·무색계과보마음)은 재생연결식, 바왕가, 죽음의 3가지 작용을 한다.

somanassasantīraṇaṁ santīraṇatadārammaṇavasena dukiccaṁ. [2/1]
tathā voṭṭhabbanaṁ voṭṭhabbanāvajjanavasna. [2/1]

행복감을 수반한 조사하는 마음은 조사, 등록의 2가지 작용을 한다.

결정하는 마음은 결정과 전향의 2가지 작용을 한다.

[결정하는 마음이란 의문전향마음(manodvarāvajjana)을 말한다]

해설

2가지 중간느낌의 조사하는 마음, 8가지 욕계 선의 과보마음, 9가지 고귀한 과보마음, 이 19가지 마음은 재생연결식, 바왕가, 죽음에 적용된다. '재생연결식 19가지, 바왕가 19가지, 죽음 19가지' 라는 것도 이 마음을 말한 것이다.

12가지 불선마음, 1가지 미소짓는 마음, 8가지 욕계 선善, 8가지 욕계 작용만 하는 마음, 9가지 고귀한 마음 선善, 9가지 고귀한 작용만 하는 마음, 8가지 출세간마음, 모두 55가지 마음은 속행 작용에 적용되는 마음들이다.

그 중에서 불선마음, 미소짓는 마음, 욕계 선, 욕계 작용만 하는 마음으로써 29가지 속행을 '욕계속행 29가지'라 부른다. 고귀한 마음과 출세간 속행 26가지를 '본삼매속행[appanājavana]'이라 부른다.

8가지 욕계과보마음, 3가지 조사하는 마음, 이 11가지 마음들은 등록 작용에 적용되는 마음들이다.

일생을 통하여 마음은 바왕가와 인식과정이라는 두 가지로 나뉜다. 6문을 통해 대상을 취하며 일어나는 인식과정 사이사이에 무수한 바왕가들이 일어난다. 간략하게 오문五門인식과정과 의문意門인식과정을 살펴보자. 이 인식과정의 순서를 통하여 각각의 마음의 작용과 존속하는 곳을 연관지어 대략적으로 이해할 수 있을 것이다. 보다 상세한 내용은 4장 인식과정 장章에서 다룰 것이다.

5문 인식과정(pañcadvāravīthi)

지나간 바왕가(atītabhavaṅga) 1차례 ➠ 진동하는 바왕가(bhavaṅgacalana(바왕가짤라나) 1차례 ➠ 끊어내는 바왕가(bhavaṅgupaccheda) 1차례 ➠ 오문전향마음(pañcadvārāvajjana) 1차례 ➠ 오식 중 하나(pañcaviññāṇa) 1차례 ➠ 받아들임(sampaṭicchana) 1차례 ➠ 조사(santīraṇa) 1차례 ➠ 결정(votthapana) 1차례 ➠ 속행(javana) 7차례 ➠ 등록(tadārammaṇa) 2차례 ➠ 바왕가(bhavaṅga(바왕가) 무수히.

의문意門 인식과정(manodvārāvīthi)

지나간 바왕가(atītabhavaṅga) 1차례 ➠ 진동하는 바왕가(bhavaṅgacalana(바왕가짤라나) 1차례 ➠ 끊어내는 바왕가(bhavaṅgupaccheda) 1차례 ➠ 의문전향마음(monodvārāvajjana) 1차례 ➠ 속행(javana) 7차례 ➠ 등록(tadārammaṇa) 2차례 ➠ 바왕가(bhavaṅga) 무수히.

sesāni pana sabbānipi javana manodhātuttika dvi-pañcaviññāṇāni yathāsambhavamekakiccānīti. [1/68]

나머지 모든 속행, 3가지 의계意界, 10가지 한 쌍의 전오식, 이 마음들은 적절하게 하나의 작용을 한다.

오식五識의 타나(pancaviññāṇa ṭhāna)

전향마음과 받아들이는 마음 사이의 시간은 눈의 의식이 일어나는 '존속하는 곳(ṭhāna)' 이다. 귀의 의식, 코의 의식, 혀의 의식, 몸의 의식이 일어나 존속하는 순간이기도 하다. 그러므로 이 5가지 작용이 일어나는 순간은 '오식이 존속하는 곳(ṭhāna)' 으로써 하나의 장소(ṭhāna)다. 이렇게 오문전향마음, 눈의 의식, 받아들이는 마음 순서로 인식과정이 일어난다.

모든 속행이란, 55가지 마음을 말한다. 이 55가지 마음들은 각기 인식과정 중에서 속행 작용을 수행한다.

55가지란? — 미소짓는 마음 1가지, 불선 마음 12가지, 선 마음 21가지[96], 과果 마음 4가지, 작용만 하는 마음 17가지[97]를 모두 합하면 속행 작용에 적용되어 일어날 수 있는 마음은 55가지이다.

이 55가지 속행과 의계意界[마노다뚜] 3가지, 한 쌍의 전오식前五識 10가지, 이와 같이 68가지는 하나의 작용을 하는 마음이다.

'이 마음들은 적절하게 하나의 작용을 한다' 에 따라 작용하는 모습을 보면 - 속행 55가지는 속행 작용 1가지, 의계意界[마노다뚜] 3가지 중에서 오문전향마음은 전향 작용 1가지, 받아들이는 마음 2가지는 받아들이는 작용 1가지, 눈의 의식[眼識] 2가지는 보는 작

96. 욕계 선 마음 8가지, 색계 선 마음 5가지, 무색계 선 마음 4가지, 도(道)의 마음 4가지를 모두 모으면 선 마음은 21가지이다.
97. 욕계 작용만 하는 마음 8가지, 색계 작용만 하는 마음 5가지, 무색계 작용만 하는 마음 4가지를 모두 모으면 작용만 하는 마음 17가지이다.

용[dassana] 1가지, 귀의 의식[耳識] 2가지는 듣는 작용[savana] 1가지, 코의 의식[鼻識] 2가지는 냄새 맡는 작용[ghāyana] 1가지, 혀의 의식[舌識] 2가지는 맛보는 작용[sāyana] 1가지, 몸의 의식[身識] 2가지는 접촉 작용[phusana] 1가지, 이같이 각자의 작용을 수행한다.

요약

paṭisandhādayo nāma kiccabhedena cuddasa.
dasadhā ṭhānabhedena cittuppādā pakāsitā.
aṭṭhasaṭṭhi tathā dve ca navāṭṭha dve yathākkamaṁ.
eka dvi ti catu pañcakiccaṭhānāni niddise.

재생연결식 등 마음을 작용에 따라 구분하면 14가지, 존속하는 곳(타나, ṭhāna)에 따라 구분하면 10가지가 있다고 보였다.

68가지 마음은 1가지 작용과 존속하는 곳, 2가지 마음은 2가지 작용과 존속하는 곳, 9가지 마음은 3가지 작용과 존속하는 곳, 8가지 마음은 4가지 작용과 존속하는 곳, 2가지 마음은 5가지 작용과 존속하는 곳을 지닌 마음이라고 보인다.

도표로 보면,

	마음	작용
5작용에 붙는 마음 (2가지)	중립적 느낌을 수반한 조사하는 마음 2가지	재생연결식, 바왕가, 죽음, 등록, 조사
4작용에 붙는 마음 (8가지)	욕계 선 과보마음 8가지	재생연결식, 바왕가, 죽음, 등록
3작용에 붙는 마음 (9가지)	색계, 무색계 과보마음 9가지	재생연결식, 바왕가, 죽음
2작용에 붙는 마음 (2가지)	결정하는 마음(옷타빠나 혹은 마노드와라왓자나) 1가지	결정, 전향
	행복감을 수반한 조사하는 마음 1가지	조사, 등록
1작용에 붙는 마음 (68가지)	**속행 55가지** - 속행 작용 **마노다뚜意界 3가지:** 오문전향마음 1가지 - 전향 작용, 받아들이는 마음 2가지-받아들이는 작용 **한 쌍의 전오식 10가지:** 눈의 의식-봄 작용, 귀의 의식-들음 작용, 코의 의식-냄새 맡음 작용, 혀의 의식-맛봄 작용, 몸의 의식-접촉 작용(이와 같이 연관된 하나의 작용을 한다)	

문으로 결집(dvārasaṅgaha)

6가지 문

dvārasaṅgahe dvārāni nāma cakkhudvāraṁ, sotadvāraṁ, ghānadvāraṁ, jivhādvāraṁ, kāyadvāraṁ, manodvārañceti chabbidhāni bhavanti.

문으로 결집한 장에서 문(門, dvāra)은 눈의 문, 귀의 문, 코의 문, 혀의 문, 몸의 문, 의문意門(manodvāra)으로 6가지이다.

문으로 마음을 분석함

tattha cakkhumeva cakkhudvāraṁ.
tathā sotādayo sotadvārādīni.
manodvāraṁ pana bhavaṅganti pavuccati.

여기서 시각물질(cakkhupasāda)만이 바로 눈의 문이다.
그와 같이 청각물질(sotapasāda) 등이 귀의 문 등이다.
바왕가(생의 연속체)를 의문意門(manodvāra)이라고 부른다.

해설

마음識, 마음부수(受·想·行)를 문에 따라 구분하였기에 '문으로 결집한 장[dvārasaṅgaha]'이라 한다. 문[dvāra]이란 단어는 집의 출입구를 말한다. 여기서는 이 출입구와 비슷한 시각물질[짝쿠빠사다] 등을 문에 비유한 것이다. 문이 사람들이 드나드는 출입구인 것처럼 온蘊의 무더기인 시각물질 등은 '눈의 문에서 일어나는 인식과정[cakkhudvārikavīthi]' 등의 근원이다.

눈은 지혜의 눈과 육안 두 종류가 있다. 여기서는 육안肉眼만을 보이기 위하여 '시각물질만이 바로 눈의 문이다'고 언급하고 있다. '만'이라는 보조사로 중생, 자아 등의 의미를 제거하고 있다.

시각물질이란 눈의 안쪽에 있는 투명한 감각물질이다. 청각물질 등도 이와 같다. 바왕가라 불리는 의문意門 또한 'pabhassaram idaṁ bhikkhave cittaṁ - 빅쿠들이여! 마음은 빛을 발한다' 라는 앙굿따라 경의 구절처럼 빛을 발하듯 매우 깨끗하다. 집에 달아놓은 크고 맑은 유리문에 바깥 사물이 비치듯, 몸의 집에도 외부의 갖가지 대상이 비쳐지고 내부의 인식과정들이 어떻게 대상을 취하는가를 알 수 있도록 육신에 여섯 유리문을 달아두었다고 한다. 비유가 다소 극적이었으나 시각물질에는 적당하게 부합된다. 그러나 청각물질 등과 실제 존재하는 것이 아닌 개념[paññtti] 등이 드러날 수 있는 의문意門에는 해당되지 않는 말이다.

의문意門(마노드와라)

의문意門은 눈의 문과 달리 물질이 아닌 정신으로써 바왕가이다. 바왕가에 대상이 드러나면, 이 대상을 취하여 '의문意門인식과정(manodvārikavīthi)' 들이 일어나기에 바왕가를 의문意門이라고 한다.

『위바위니띠까』

『위바위니띠까』에서는 'bhavaṅganti āvajjanānantaraṁ bhavaṅgaṁ - 바왕가란, 전향마음의 바로 앞에 붙어 일어나는 마음만이 바왕가다' 라고 해설하고 있는데 전향마음 바로 앞에 일어나는 끊어내는 바왕가(bhavaṅgupaccheda)만을 '의문意門' 이라 한다. 『위바위니띠까』의 의미는 "지나간 바왕가(아띠따바왕가) ➠ 진동하는 바왕가(바왕가짤라

나) ➠ 끊어내는 바왕가(바왕구빳체다) ➠ 의문전향마음 ➠ 속행" 가 마음의 연속에서 일어날 때 '지나간 바왕가' 와 '진동하는 바왕가' 는 의문전향마음 등 인식과정에 직접적으로 관여하지 못한다. '끊어내는 바왕가' 만이 의문전향마음에 직접 연결되기에 아난따라빳짜야(바로 뒤에서 일어나 영향을 주는 연기법. 無間緣)의 연기법의 영향을 줄 수 있다. 마을 입구는 마을로 가는 길로 연결되듯, 인식과정이 일어나는 문 역시 인식과정과 연결된다. 그러므로 '마음의 인식과정이 일으키는 바왕가는 의문意門이다' 란 정의로 '끊어내는 바왕가' 를 취해야 한다고 주장한 것이다.

오류를 분석함

『위바위니띠까』에서는 문에 대해서 이렇게 설명하고 있다. 인식과정이 일어나는 자리를 '문' 이라고 말한다면 수면 중이나 또는 다른 인식과정이 일어날 때 많은 현재 일어나는 중이 아닌 나머지 감각물질(pasāada)들은 자신들의 인식과정의 차례가 아니기에 눈의 문 등의 이름을 얻지 못할 것이다.[눈 인식과정 차례에서 코 인식과정은 일어나지 못한다] 이에 대해 답하면, 감각물질이 물질이 맞다면 자신들의 대상이 드러나든 아니든 항상 문이라는 이름을 얻게 된다. 'valañjanaṭṭhena dvāraṁ - 출구로 사용한다 하여 문이라 한다.' 에서 드나드는 사람이 있건 없건 상관없이 항상 문이라 하듯 모든 바왕가 또한 기회를 얻으면 인식과정이 일어나는 문이 되기에 모든 바왕가를 문이라 부를 수 있다. 그러므로 아누룻다 존자께서는 그 어떤 바왕가라고 이름을 지정하지 않고, 단지 'manodvāraṁ pana bhavaṅganti pavuccati - 바왕가는 의문意門이다' 라고, 모든 바왕가를 취하였다. 그러므로 『위바위니띠까』의 견해는 재고해 보아야한다.

tattha pañcadvārāvajjana cakkhuviññāṇa sampaṭicchana santīraṇa voṭṭhabbana kāmāvacarajavana tadārammaṇavasena chacattālīsacittāni cakkhudvāre yathārahaṁ uppajjanti.

이 육문六門 중에서 오문전향마음, 눈의 의식, 받아들이는 마음, 조사하는 마음, 결정하는 마음, 29가지 욕계 속행, 등록하는 마음의 46가지 마음은 눈의 문에서 [대상, 영역, 존재, 주의 등에 따라] 적절하게 일어난다.

해설

이 글은 눈의 문에서 일어날 수 있는 마음은 46가지가 있음을 알려준다. 오문전향마음 1가지, 눈의 의식 2가지, 받아들이는 마음 2가지, 조사하는 마음 3가지, 결정하는 마음 1가지, 욕계 속행 29가지, 등록하는 마음 8가지로써[98] 모두 46가지이다.[99]

이처럼 46가지 마음이 눈의 문에서 일어날 때 모두 한꺼번에 일어날 수는 없다. 대상, 영역, 존재, 주의[manasikāra]에 의해 적절하게 일어난다.

대상에 따라 - 대상이 원치 않는 대상이라면 'aniṭṭe ārammaṇe akusala vipākāneva- 원치 않는 대상(aniṭṭha)' 이 나타나는 경우, 오직 불선과보인,,,,,,' 등의 '등록의 법칙' 에 따라, 불선의 과보인 눈의 의식, 받아들이는 마음, 조사하는 마음, 등록하는 마음들이 일어난다. 원하는 대상이라면 'iṭṭe kusalavipākāni - 원하는 대상

98. tadāramaṇa(등록하는 마음) 8가지 — 11가지가 있지만 앞에서 조사하는 마음 3가지를 취하였기 때문에 욕계 과보마음 8가지만을 취함 (11가지란? 조사하는 마음 3가지. 욕계 과보마음 8가지이다.)

99. 오문전향마음, 눈의 의식 등 연속은 인식과정의 순서에 따라 언급하고 있다. **욕계 속행 마음 29가지는,** 미소짓는 마음 1가지, 불선 마음 12가지, 욕계선 마음 8가지, 욕계 작용만 하는 마음 8가지이다. 이 29가지만이 욕계 속행으로써 일어날 수 있다. 속행 뒤를 따라 일어나는 등록 자리에서는 욕계선의 과보 마음 8가지와 조사하는 마음 3가지, 모두 11가지 중에서 하나만 일어날 수 있다.

(iṭṭha)' 일 경우, 오직 선의 과보인,,,,,,,' 에 따라 선의 과보들이 일어난다. 원하는 대상 중에서도 매우 원하는 대상[atiiṭṭha]이라면 행복감을 수반한 조사하는 마음, 등록하는 마음이 일어나고, 중간의 원하는 대상[iṭṭhamajjhatta]라면 중립적 느낌을 수반한 마음들이 일어날 것이다.

영역, 존재에 따라 - 영역으로 욕계라면 46가지 모두 일어날 수 있고, 색계라면 'kāme javanasattālambaṇānaṁ niyame sati - 욕계에서 속행, 중생, 대상으로 정해진,,,,,,,' 라는 등록의 요소에 의거하여 등록이 일어날 수 없다. 존재로써 범부, 유학이라면 선, 불선의 속행들이 일어나고, 아라한이라면 작용만 하는 마음이 속행의 자리에서 일어난다.

주의[manasikāra]에 따라 - 범부, 유학이 마음의 주의를 올바르게 두고(요니소마나시까라) 있다면 선의 속행이 일어나고, 바르지 못하게 마음에 두었다면(아요니소마나시까라) 불선의 속행이 일어날 것이다. 자극이 있나, 없나에 따라 자극받은 마음 등의 구분으로 적절하게 일어날 것이다.

tathā pañcadvārāvajjana sotaviññāṇādivasena sotadvārādīsupi chacattālīseva bhavantīti sabbathāpi pañcadvāre catupaññāsacittāni kāmāvacarāneva.[46]

그와 같이 오문전향마음, 귀의 의식 등으로 귀의 문 등에서도 46가지의 마음이 일어난다. 이처럼 모든 5문에서 일어나는 54가지 마음은 욕계 마음뿐이다.

해설

'귀의 의식 등에서' '등' 이라는 단어로 코, 혀, 몸의 의식을 취한다. 청각물질 등에서 '등' 이란 단어로써, 코, 혀, 몸의 문들을 취한다. 눈의 의식 자리에 귀의 의식 등을 대입시켜 '귀의 문에서 일어나는 마음' 등으로 이해하면 된다.

눈 등 5문에서 일어날 수 있는 모든 마음의 모임은 54가지가 있다. 이 모두는 욕계마음만이다.[눈이라는 문에서 일어날 수 있는 마음 46가지와 코, 귀, 입, 몸의 의식으로 8가지(선의 과보, 불선의 과보로써 코의 의식 2가지 등)를 합치면 54가지가 된다.]

manodvāre pana manodvārāvajjanapañcapaññāsa javana tadārammaṇa vasena sattasaṭṭhi cittāni bhavanti.[67]

의문意門에서는 의문전향마음, 55가지 속행, 11가지 등록하는 마음으로 67가지 마음은 일어난다.

해설

의문意門(마노드와라)이란 바왕가의 흐름을 말한다. 이 의문에 오문을 의지하지 않고 마음만을 의지한 대상이 자극하며 나타난다. 이때 바왕가가 가진 근본 대상에서 심상의 대상으로 주의를 전향하는 의식을 의문전향마음(monodvārāvajjana)이라 한다. 이 의문意門을 의지해서는 의문전향마음과 선, 불선으로 일어나는 속행과 등록하는 마음이 일어날 수 있다.

ekūnavīsati paṭisandhi bhavaṅga cutivasena dvāravimuttāni.[19]

19가지 마음은 재생연결식, 바왕가, 죽음으로 일어나기에 문에서 벗어난다. [재생연결식, 바왕가, 죽음 이 셋을 문에서 벗어난 마음(dvāravimutti)이라 부른다.]

해설

세 가지 재생연결식, 바왕가, 죽음 작용은 그 어떠한 문에서도 일어날 수 없는 '문에서 벗어난 마음' 들이다. [19가지란 중립적 느낌을 수반한 조사하는 마음 2가지, 욕계 선의 과보마음 8가지, 고귀한 과보마음 9가지, 이와 같이 19가지는 재생연결식, 바왕가, 죽음 작용에서 얻게 되는 마음이다.]

마음이 일어날 수 있는 문

tesu pana pañcaviññāṇāni ceva mahaggatalokuttarajavanāni ceti chattiṁsa yathāraha mekadvārika cittāni nāma[1/36]
manodhātuttikaṁ pana pañcadvārikaṁ[5/3]

문을 통해 일어난 마음들 중에서 10가지 한 쌍의 전오식, 고귀한 마음[색계·무색계 마음], 출세간의 속행 등 36가지 마음은 적절하게 하나의 문에서 일어난다. 3가지 의계意界(마노다뚜)100는 5문을 통해 일어난다.

해설

눈의 의식 등의 오식五識이 선과 불선의 과보로 일어나는 마음을 10가지 한 쌍의 전오식이라 한다. 이 오식들은 각자 연관된 감각물질을 통해서만 일어난다. 고귀한 마음(색계·무색계 선정마음), 출세간 마음의 속행들은 의문意門에서만 일어난다. 그러므로 하나의 문에서 일어나는 마음이라 한다. [고귀한 마음, 출세간 마음의 속행이란 색계 선善 5가지, 색계 작용만 하는 마음 5가지, 무색계 선 4가지, 무색계 작용만 하는 마음 4가지, 출세간 도道 마

---

100. manodhātu(마노다뚜) - 알아차리는 것 정도만 있는 성품. 오문전향마음 1가지, 받아들이는 마음 2가지를 말한다.

음 4가지, 과果 마음 4가지, 이 26가지 마음은 고귀한 마음과 출세간 마음의 속행 순간에 일어난다. 위의 26가지와 한 쌍의 전오식 10가지를 합한 36가지가 하나의 문에서 일어날 수 있는 마음이다.]

단지 알아차리는 정도만 있는 성품의 마음을 의계意界(manodhātu)라 하며, 이는 오문전향마음 1가지, 받아들이는 마음 2가지를 말한다.

sukhasantīraṇa voṭṭhabbana kāmāvacarajavanāni chadvārikacittāni[6/31]

행복감을 수반한 조사하는 마음(somanassasantīraṇa), 결정하는 마음, 욕계속행들은 6문에서 일어나는 마음들이다.

해설

욕계 속행으로 일어나는 마음이란 미소짓는 마음 1가지, 불선 마음 12가지, 욕계 선 8가지, 욕계 작용만 하는 마음 8가지이다. 이 29가지 욕계 속행 마음과 행복감을 수반한 조사하는 마음과 결정하는 마음을 합한 31가지 마음은 6문에서 일어나는 마음이다.

upekkhāsahagata santīraṇa mahāvipākāni chadvārikāni ceva dvāravimuttāni ca[6-0/10]

2가지 중립적 느낌을 수반한 조사하는 마음, 8가지 욕계 선의 과보마음은 6문에서 일어나기도 하고 가끔 6문에서 벗어나기도 한다.

해설

'2가지 중립적 느낌을 수반한 조사하는 마음과 욕계 과보마음

8가지' 는 조사, 등록 작용에 적용될 때 6문에서 일어난다. '2가지 중립적 느낌을 수반한 조사하는 마음과 욕계 과보마음 8가지' 는 재생연결식, 바왕가, 죽음에 적용될 때는 6문에서 벗어난다.

mahaggatavipākāni dvāravimuttānevāti.[0-9]

9가지 고귀한 과보마음은 항상 6문에서 벗어나서만 일어난다. 이것이 문으로 마음을 결집한 것이다.

해설

고귀한 과보마음(색계·무색계 과보마음) 9가지는 재생연결식, 바왕가, 죽음 작용에만 적용되며 이를 문에서 벗어난 마음이라 한다.

요약

ekadvārikacittāni pañca chadvārikāni ca.
cha dvārikavimuttāni vimuttāni ca sabbathā.
chattiṁsati tathā tīṇi ekattiṁsa yathākkamaṁ.
dasadhā navadhā ceti pañcadhā paridīpaye.

36가지는 하나의 문을 통해 일어나고, 3가지는 5문에서, 31가지는 6문에서, 10가지는 6문을 통하거나 가끔 6문에서 벗어난 마음으로 일어난다. 모든 문에서 벗어난 마음은 9가지이다. 이와 같이 5가지로 구분한다.

해설

하나의 문에서 일어나는 마음	5문에서 일어나는 마음	6문에서 일어나는 마음	가끔 6문에서 가끔6문에서 벗어나는 마음	모든 문에서 벗어나는 마음
36	3	31	10	9

마음부수로써 헤아려 보면

2가지 무량심은 중생이라는 개념을 대상으로 한다. '안眼, 이耳, 비鼻' 등 오문은 '색色, 성聲, 향香, 미味, 촉觸'이라는 궁극적 실재의 법을 대상으로 한다. 그러므로 무량심 2가지는 눈眼 등 5문에서 일어남이 적절치 않고, 의문意門에서 일어나기에 적합하다. 나머지 마음부수들은 모든 육문六門에서 일어나기 적합하기에 문으로 헤아려 볼 수 있다.

대상으로 결집함

대상 6가지

ālambaṇasaṅgahe ārammaṇāniṁ nāma rūpārammaṇaṁ, sad daramaṇaṁ, gandhārammaṇaṁ, rasārammaṇaṁ, phoṭṭhab bārammaṇaṁ, dhammārammaṇañceti chabbidhāni bhavant i.

대상으로 결집한 장에서 대상이란 형상色, 소리聲, 냄새香, 맛味, 감촉觸, 법法 6가지이다.

해설

마음(識), 마음부수(受·想·行)를 대상에 따라 구분한 것이 대상으로 결집한 장(ārammaṇasaṅgaha)이다. 'ārambaṇasaṅgahe āramaṇāninnāma - 대상으로 결집한 장에서 대상이란' 로써 근원이 되는 대상의 종류를 먼저 보인 뒤 형상 등의 대상을 설명하고 있다.

āramaṇa(대상), ārambaṇa(대상) 두 단어는 '대상' 을 뜻하는 의미에서는 동의어이지만 어근에서는 서로 다르다. āramaṇa[ā + √ramu + yu]란 '즐기는 곳' 이라는 의미를 가진다. 갖가지 과일과 꽃이 있는 정원은 즐기기에 좋은 곳인 것처럼, 형상 등의 대상은 마음, 마음부수들이 즐기는 곳이란 뜻이다. ārambaṇa[ā + √labi + yu]란 '의지한다' 는 의미를 가진다. 힘없고 무력한 사람이 지팡이에 의지하여 일어서듯 마음과 마음부수들도 대상에 의지하는 특성이 있다. 이처럼 마음과 마음부수들이 의지하여 집착하기 때문에 형상 등을 'ārambaṇa(대상)' 라 부른다. 즉 모든 마음과 마음부수는 하나의 대상에 매달려 의지하는 성품이 있기에 ārambaṇa(대상)라 부른다.

대상으로 마음을 분석함

tattha rūpameva rūpārammaṇaṁ, tathā saddādayo saddārammaṇādīni.

여기서 형상만이 형상이란 대상(루빠람마나)이다. 그와 마찬가지로 소리 등만을 소리라는 대상(삿다람마나) 등이다.

해설

이 구절은 여섯 가지 대상의 정의와 뜻을 보인 것이다. 'rūpam eva rūpārammaṇaṁ - 형상만이 형상色이란 대상이다'로써 흰색, 붉은 색 등의 형상을 형상色이란 대상(루빠람마나)라고 정의한다. 형상과 대상에서 'rūpameva ārammaṇaṁ - 형상만이 대상이다'에서 eva를 제거하여 'rūpārammaṇaṁ[형상이란 대상]'란 복합어로 연결하여 보였다. 'saddādayo - 소리 등만을'에서 'ādi[등]'으로 냄새, 맛, 감촉을 취하여야 한다. 법[담마]은 따로 취하여야 한다.

dhammārammaṇaṁ pana pasāda sukhuma rūpacittacetasika nibbāna paññattivasena chadhā saṅgayhati.

법이란 대상(담마람마나)은 감각물질(빠사다), 섬세한 물질(수쿠마루빠), 마음, 마음부수, 열반, 개념[빤냣띠]의 6가지이다.

해설

법이란 대상(dhammārammaṇa)이란 오경五境의 법을 제외한 마음이 대상으로 할 수 있는 모든 법法을 말한다.

6가지 법이란 대상은 ① 빠사다루빠(감각물질), ② 수쿠마루빠(오근五根과 오경五境을 제외한 섬세한 물질) 16가지, ③ 마음識 89가지, ④ 마음부수(受·想·行) 52가지, ⑤ 열반, ⑥ 개념이다.

수쿠마루빠(sukhumarūpa)란 섬세한 물질이란 뜻이다. '안眼, 이耳, 비鼻, 설舌, 신身' 이라는 오근五根과 '색色, 성聲, 향香, 미味, 촉觸' 이라는 오경五境을 제외한 16가지 물질이다.

tattha cakkhudvārikacittānaṁ sabbesampi rūpameva ārammaṇaṁ. tañca paccuppannaṁ. tathā sotadvārika-cittādīnampi, tāni ca paccuppannāniyeva[46]

여섯 대상 중에서 형상色만이 눈의 문에서 일어나는 모든 마음의 대상이다. 또한 형상은 현재의 것만을 대상으로 한다. 그와 같이 소리 등이 귀의 문 등에서 일어나는 마음의 대상이다. 이 소리 등도 현재의 것만을 대상으로 한다.

해설

6문에서 일어나는 마음들 중에서 안식眼識의 대상은 시각물질의 대상인 형상色이다. 이는 현재의 형상만을 말한다. 그와 같이 이식耳識 등 대상도 청각물질의 대상인 소리聲 등일 뿐이다. 이 소리聲 등도 현재의 소리만을 대상으로 한다.

'현재' 등의 세분화

일어난 후 소멸되기까지 '일어남(uppāda), 머묾(ṭhiti), 소멸(bhaṅga)' 로 명백히 존재하는 대상을 현재 대상이라 한다.

[paccuppanna = pati + uppanna] taṁ taṁ kāraṇaṁ - 저 연관된 원인을 paticca - 조건으로 해서 uppannaṁ - 일어나는 중(일어남, 머묾, 소멸의 순간 중에 있는) 대상을 paccuppannaṁ - 현재의 대상이라 부른다.

일어남, 머묾, 소멸의 순간이 완전히 사리진 대상을 '과거(atīta)' 대상이라 부른다.

atīta = ati + ita. atikkamitvā - 넘어 itaṁ gataṁ - 지나갔다. iti - 그러므로 atītaṁ - 과거의 대상이라 부른다.

원인이 조화롭다면 필연적으로 일어날 대상을 'anāgata - 미래' 대상이라 부른다. āgataṁ - 이미 일어났거나 현재 일어나는 중이 na - 아니다.anāgataṁ - 이미 일어난 것이거나 현재에 일어나고 있는 것도 아니다. '일어날 미래' 라는 의미이다.

이 세 종류의 시간과 연관된 법이 마음識, 마음부수, 물질의 법이다.

오문五門에서 일어나는 마음의 능력은 많지 않다. 직접적으로 자신과 연관된 현재의 대상 하나만을 대상으로 할 수 있다. 눈은 현재의 형상만을, 귀는 현재의 소리만을 대상으로 삼는다.

시간에서 벗어난 법[kālavimutta]

현재, 과거, 미래란 시간에서 벗어난 대상을 '깔라위뭇띠[kālavimutta]' 대상이라 부른다. 시간에서 벗어난 대상은 개념과 열반이다. 개념을 요약하면 두 가지가 있다.

namapaññatti(나마빤냣띠; 명칭의 개념) - 대다수의 사람들이 불러 지정된 이름. 알게 하는 명칭.

atthapaññatti(앗타빤냣띠; 사물의 개념) - 내용, 사물에 근거하여 생겨나는 이름, 알게 되는 사물.

대다수가 사용하는 이름은 일어남, 머묾, 소멸이 명백하지 않다. 어떤 사람이 처음 사용한 뒤, 대다수가 따라 사용한 것이다. 집, 사원, 사람, 천인 등 사물이라는 '사물의 개념(사물을 원인으로 생겨난 이름이나 알게 되는 사물)' 은 세속적으로는 명백히 존재한다. 그러나 눈으로 보거나 손으로 만지려면 물질의 미립자만을 보거나 만지게 된다. 즉 집을 찾을 수 없으며 사원은 볼 수 없고 사람을 만날 수도 없으며, 천인, 범천이란 없다. 때문에 일어남, 머묾, 소멸이란 생멸의 진리로서 존재하지 않는 개념을 현재, 과거, 미래라 부를 수 없다.

열반은 궁극의 실재법으로 분명히 존재한다. 세상의 모든 것은 생겨난 뒤 반드시 소멸한다. 그러나 열반은 일어남(uppāda)이 없을 뿐 아니라 소멸(bhaṅga) 또한 없다. 머묾(ṭhiti)조차 없다. santi[적정寂靜]의 성품만이 항상 있을 뿐이다. 이처럼 일어남, 머묾, 소멸이 없기에 현재의 열반이란 없다. 현재가 없다면 과거, 미래는 더욱 없다. 그러므로 개념과 열반을 '시간에서 벗어난 법[kālavimutta]'이라 부른다.

manodvārikacittānaṁ pana chabbidhampi paccuppanna-matītaṁ anāgataṁ kālavimuttañca yathāraha māram-maṇaṁ hoti. [67]

의문意門(마노드와라)에서 일어나는 마음의 대상은 6종류인데 그것은 적절하게 현재의 것이거나, 과거의 것이거나, 미래의 것이거나, 혹은 시간에서 벗어난 법이기도 하다.

해설

마음의 인식과정[마노드와리까위티]은 매우 능력이 있다. '색色, 성聲, 향香, 미味, 촉觸, 법法' 6가지를 적절하게 대상으로 취할 수 있다. '선정인식과정, 도道, 과果, 멸진정, 신통력, 일체지(삽반뉴따냐나)' 등은 모두 의문意門에서 일어나는 인식과정이다. 의문에서 일어나는 인식과정들은 과거, 현재, 미래, 시간에서 벗어난 법 모두를 대상으로 할 수 있다. 이 마음들이 'yathārahaṁ[적절하게]'에 따라 대상을 삼는 모습은 제4장 인식과정의 장章에서 상세히 보일 것이다.

dvāravimuttānañca paṭisandhi bhavaṅga cuti-saṅkhātānaṁ chabbidhampi yathāsambhavaṁ yebhuyyena bhavantare chadvāraggahitaṁ paccuppannamatītaṁ, paññttibhūtaṁ vā kamma kammanimitta gatinimitta-sammataṁ ārammaṇaṁ hoti [19]

재생연결식, 바왕가, 죽음이라 불리는 '문에서 벗어난 마음' 들의 대상도 6가지이다. 그 대상은 일반적으로 생을 받기 직전 6문에서 취한 현재, 과거, 혹은 개념으로 적절하게 일어나는 '인지된 업(깜마), 업의 표상(깜마니밋따), 태어날 곳의 표상(가띠니밋따)' 101이다.

해설

재생연결식, 바왕가, 죽음은 육문六門에서는 일어날 수 없기에 문에서 벗어난 마음(dvāravimutti)이다. 재생연결식은 한 생에서 처음 일어나는 마음이다. 그러므로 여섯 문 중 어떤 문에도 의지할 수 없다. 바왕가 또한 어떤 문에도 연관됨 없이 인식과정들 사이사이에 일어난다. 인식과정의 끝마다 과거 업으로 인해 매순간 자동적으로 일어나는 과보마음이다. 죽음 또한 업이 끝나는 시간이 되면, '죽음 직전 인식과정[maraṇāsaññāvīthi]' 에서 자동적으로 생겨나는 마지막 과보마음이다. 그러므로 재생연결식, 바왕가, 죽음을 '문에서 벗어난 마음' 이라 부른다.

---

101. kamma(깜마; 선·불선의 의도, 인식된 업), kammanimitta(깜마니밋따; 업을 행할 때에 마주쳤던 대상들인 과거의 영상, 업의 표상), gatinimitta(가띠니밋따; 다가올 미래 생에서 마주치게 될 대상들인 미래의 영상, 태어날 곳의 표상)

'생을 받기 직전'

'bhava + antare = bhavantare' 에서 'antare' 란 단어는 '다른 하나' 라는 의미이다. 지금 현생이 아닌 지나간 이전의 생을 'bhavantara(생을 받기 직전)' 이라한다.

'6문에서 취한'

육문이란 여섯 문만을 뜻하겠으나, 여기에서의 문이란 죽음 직전 속행[마라나산나자와나]에 비유한 말이다. 즉 '6문이 취한 → 6문 중 하나에서 죽음 직전 속행[maraṇāsannajavana]가 취한' 이란 뜻이다.

'현재, 과거 혹은 개념으로 일어나는'

여섯 대상은 현재로도 혹은 과거시간으로도 일어난다. 정신과 물질의 법이 아니라면 '시간에서 벗어난 법' 이라고 부르는 개념의 대상으로도 일어난다. 미래는 대상이 될 수 없다. 죽음 직전 속행[마라나산나자와나]의 대상이 미래 생에 마주할 미래의 영상이라면 '미래' 이다. 하지만 재생연결의 순간이 오면 이 미래의 영상조차 미래가 아닌 과거가 되어있다.

'인지된 업, 업의 표상, 태어날 곳의 표상이다'

일반적으로 죽음 직전[마라나산나]이 아니라면, 인식과정의 대상을 '인지된 업(깜마), 업의 표상(깜마니밋따), 태어날 곳의 표상(가띠니밋따)' 이라 칭하지 않는다. 시각의 대상을 형상色이라 하고 ॥중략

ll 정신적 대상을 법法[담마람마나]이라 부른다. 죽음 직전의 인식과정과 재생연결, 임종 때에 나타나는 육문을 통한 대상은 인지된 업, 업의 표상, 태어날 곳의 표상이라 적절하게 부른다. 즉 형상色, 소리聲 등의 이름이 아닌 인지된 업, 업의 표상, 태어날 곳의 표상이란 이름 또한 얻는다는 뜻이다.

재생연결식, 바왕가, 죽음 작용에 적용되는 문에서 벗어난 마음들은 일반적으로 이번 생을 받기 직전인 과거생의 죽음의 직전 속행이 취한 현재, 과거, 개념인 '인지된 업(깜마), 업의 표상(깜마니밋따), 태어날 곳의 표상(가띠니밋따)'라 이름하는 여섯 대상[육경六境]들 중 하나를 대상으로 취하게 된다.

'적절하게'

새로운 생을 받기 직전 6문을 통해 죽음의 직전 속행이 취한 대상을 재생연결식이 대상으로 취한다. 비유하면 천상에서 죽음을 맞아 인간계에 태어난다면, 임종의 순간 죽음의 직전 속행[마라나산나자와나]는 형상色 등 여섯 대상 중 하나를 대상으로 취할 것이다. 이 천상계의 죽음직전 속행이 취한 대상만을 이 인간 생의 재생연결식이 동일하게 대상으로 취한다. 일생을 통해 바왕가, 죽음 또한 재생연결식이 취했던 대상만을 동일하게 대상으로 삼는다.

욕계의 재생연결식, 바왕가의 대상이 형상[色] 등 다섯 가지[五境]라면 바로 다음 생에서 육문을 통해 적절하게 취할 수 있다. 이 형상 등이 소멸되지 않았다면 재생연결식과 바왕가는 최소한의 시간동안 현재의 대상이 된다. 그 뒤 일어나는 바왕가들은 과거 대상만을 대상으로 삼게 된다.

죽음 순간이 과거만을 대상으로 한다면, 저 과거의 형상 등이 소멸한 뒤 재생연결식, 바왕가, 죽음 모두는 과거만을 대상으로 할 것이다. 인지된 업(깜마), 업의 표상(깜마니밋따), 태어날 곳의 표상(가띠니밋따) 중에서 업의 표상에만 해당된다.

이 욕계 재생연결식, 바왕가의 대상이 마음이라면 바로 다음 생에서 의문[마노드와라]에서 일어나는 속행 한 가지만을 취할 것이다. 대상이 의도라면 과거에 일어난 인지된 업(깜마)이 될 것이고, 의도가 아니라면 업의 표상(깜마니밋따)이 될 것이다.

또한 욕계 재생연결식, 바왕가, 죽음은 다음 생에 마음의 문에서 일어난 속행으로 현재 취한 태어날 곳의 표상(가띠니밋따)을 대상으로 삼기도 한다. [모든 태어날 곳의 표상은 형상色만을 대상으로 한다고 주석서에서 언급하고 있다.]

모든 색계와 무색계 초선과 제3선의 재생연결식, 바왕가, 죽음은 바로 다음 생에서 의문에서 일어난 속행으로 취한 까시나 등 업의 표상(깜마니밋따)을 대상으로 한다.

무색계 제2선, 제4선의 재생연결식, 바왕가, 죽음은 의문에서 취한 과거의 고귀한 마음(색계, 무색계 선정의식)의 인지된 업(깜마)을 대상으로 한다. 이것이 '적절하게' 란 구절의 의미이다.

'일반적으로[yebhuyyena]'

'일반적으로' 란 수식어는 '6문에서 취한'을 수식한 것이다. '재생연결식, 바왕가, 죽음의 대상은 생을 받기 직전 6문에서 죽음직전 속행(마라나산나자와나)이 취한 대상이다' 라는 말은 일반적인 말이다. 하지만 죽음직전 속행이 6문에서 취하지 못하는 대상도 있다. 이런 대상은 무상유정無想有情 천에서 임종을 맞은 범천의 재생연결식이다. 그러므로 '일반적으로' 라고 본문에서 언급한 것이다.

무상유정無想有情에 탄생한 이는 욕계에서 선정을 획득한 사람이다. 무상유정 천에서는 본래 마음과 마음부수가 존재하지 않기에 죽음직전 속행이 일어날 기회를 얻지 못한다. 임종을 맞아 욕계에 탄생하는 재생연결식이 대상으로 취하는 것은 무상유정 천의 6문에서 죽음직전 속행이 취한 대상이 아니라, 무상유정 천에 탄생하기 전 과거의 생에서 행했던 '세 번째 생부터 과보를 줄 수 있는 업' 102가 제공하는 인지된 업(깜마), 업의 표상(깜마니밋따), 태어날 곳의 표상(가띠니밋따) 중 하나이다.

무상유정천에 탄생하기 이전의 생에서 행한
업은 과보를 줄 기회를 갖는다.
조건이 성숙되어 욕계에 탄생할
무상유정천 중생의 재생연결식은
과보를 줄 기회를 얻은 업으로 인해 나타난
대상을 새로운 재생연결로 갖는다.

무색계는 물질을 혐오하는 영역이다. 그러므로 무색계에서 임종하여 욕계에 탄생할 때 욕계재생연결의 대상이 인지된 업(깜마)이라면 무색계에서 재생연결식을 취할 수 있다. 무색계에서는 태어날 곳의 표상(가띠니밋따)과 물질을 대상으로 하는 업의 표상(깜마니밋따)를 죽음직전 속행으로 취할 수 없다. 즉 무색계에서는 '과보

---

102. aparāpariyavedanīyakamma(아빠라빠리야웨다니야깜마) - 세 번째 생부터 열반에 들기 전까지 언제든 조건이 조화를 이루면 과보를 줄 수 있는 업.

를 줄 인지된 업(깜마)의 힘으로 나타난 대상만이 일어난다' 고 『빳타나』 아누띠까에서 언급하고 있다.

반드시 혹은 간혹 대상을 행하는 마음들

tesu cakkhuviññāṇādīni yathākkamaṁ rūpādiekekāramma ṇāneva.
manodhātuttikaṁ pana rūpādipañcārammaṇaṁ.

이 마음들 중에서 눈의 의식[眼識] 등은 순서에 따라 형상 등 각자 하나의 대상을 가진다.

3가지 모임인 의계意界(마노다뚜)는 형상色 등 다섯 대상을 가진다.

해설

선, 불선의 과보마음으로 2가지인 안식眼識은 현재의 형상을 대상으로 한다. 2가지 이식耳識은 소리를 대상으로 한다. 2가지 비식鼻識은 냄새를 대상으로 한다. 2가지 설식舌識은 맛을 대상으로 한다. 2가지 신식身識은 감촉을 대상으로 한다.

3가지 의계意界(마노다뚜)는 '형상, 소리, 냄새, 맛, 감촉' 을 대상으로 한다. 3가지 의계意界란 오문전향마음 1가지, 받아들이는 마음 2가지이다.

sesāni kāmāvacara vipākāni hasanacittañceti-sabbathāpikāmāvacarārammaṇāneva. [10+3+12=25]

나머지 욕계 과보마음과 미소짓는 마음 이 12가지 마음들은 모든 다양함으로 욕계의 법만을 대상으로 한다.

해설

‘나머지’ 라는 말로써 앞에서 언급한 한 쌍의 전오식과 2가지 받아들이는 마음을 거부한다. 욕계 과보마음 23가지 중에서 제외된 욕계 과보마음[욕계선의 과보마음 8가지, 조사하는 마음 3가지] 11가지와 미소짓는 마음은 욕계 법만을 대상으로 한다. 그래서 12가지라고 한 것이다.

‘모든 다양함으로’ 란 재생연결식, 바왕가, 죽음 작용의 다양함과 등록, 조사, 속행 작용의 다양함, 형상色 등의 여섯 대상의 다양함 등을 뜻한다. ‘욕계 법만을 대상으로 한다.’ 에서 ‘만’ 으로 ‘고귀한 마음[색계, 무색계] 대상, 무량심 대상, 개념의 대상’ 을 제거하고 있다. 대상이란, 욕계, 고귀한 마음[색계, 무색계], 출세간, 개념의 4종류만 존재한다.

‘pañcavīsa parittami - 25가지 마음은 욕계 대상에서 일어난다’ 등 시문 구절에서 알 수 있듯이 욕계 과보마음 23가지와 오문전향마음 1가지 미소짓는 마음은 욕계의 대상만을 취한다.

akusalāni ceva ñāṇavippayuttakāmāvacarajavanāni ceti lokuttaravajjitasabbārammaṇāni. [20]

불선마음과 지혜와 결합하지 않는 욕계속행, 이 20가지 마음은 출세간법을 제외한 모든 대상을 가진다.

해설

출세간의 법들은 매우 깊고 심오하다. 의문전향마음 외에 지혜와 결합해야만 출세간법을 대상으로 할 수 있다. 그러므로 불선마음 12가지와 지혜와 결합하지 않는 욕계 선마음 4가지, 작용만 하는 마음 4가지는 출세간법을 제외한 나머지만을 대상으로 한다.

ñāṇasampayutta kāmāvacara kusalāni ceva pañcamajjhānasaṅkhātaṁ abhiññā kusalañceti arahattamaggaphalavajjita sabbārammaṇāni [5]

지혜와 결합한 욕계 선마음, 제5선이라 부르는 신통지[abhiññā] 선마음, 이 5가지 마음은 아라한 도道, 아라한 과果를 제외한 모든 대상을 취한다.

해설

선마음이란 범부와 유학의 마음에서 일어나지만 아라한의 마음에서 일어나는 아라한 도道, 과果를 대상으로 할 수는 없다. 무엇 때문인가? 범부와 유학들은 아라한의 도道, 과果를 경험한 적이 없기 때문이다. 즉 아랫단계의 사람이 자신이 경험해 본적 없는 윗단계의 법을 알 수 없기 때문이다. 사다함 사람은 아나함의 도, 과를 알 수 없다. ‖중략‖ 범부는 수다원의 도, 과를 알 수 없다. 자신의 성취와 동일하거나 아랫단계의 법만을 알뿐이다. 그러므로 '지혜와 결합한 욕계善 속행과 신통지善 속행들은 아라한 도, 과를 제외한 모두를 대상으로 할 수 있다' 는 말은 아나함에만 해당된다. 사다함이라면 아나함 도, 과를 제외시켜야 하고 ‖중략‖ 범부의 마음이라면 일체의 도, 과마음이 제외된다.

『앙굿따라』 경에서,

범부가 타심통을 성취하면 범부의 마음은 알 수 있지만 성자의 마음을 알 수는 없다. 성자들도 아랫단계 성인들은 윗단계 성인의 마음을 알 수가 없다. 그러나 윗단계 성인은 아랫단계 성인의 마음을 알 수 있다.

『앙굿따라』 경의 띠까에서는 다음과 같이 해설하고 있다. 범부는 도道, 과果를 성취하지 못하였기에 타심통이 있을지라도 성자의 마음을 알 수 없다. 다른 세속의 마음은 알 수 있다.

『빠라맛타디빠니』 견해

누구도 고귀한 마음[색계·무색계] 선정을 성취해 본 적이 없다면 고귀한 마음 선정을 대상으로 삼을 수 없다. 하위 선정을 성취한 사람은 상위 선정을 얻으려 노력한다. 집필하거나 가르치는 스승들도 선정에 관해 말하고 가르치고 글로 쓸 수 있다. 그러나 선정 등을 직접적이고 실체적인 대상으로 삼을 수는 없이 다만 선정 등의 상태, 상태라는 개념[ākārapaññatti]정도로써 추론하는 지혜[anumānanāṇa]로 대상을 삼을 뿐이라고 『빠라맛타디빠니』에서 언급하고 있다. 한 가지 예외는 '타심통을 지닌 마나천인은 선정을 얻지 못했어도 색계선정을 대상으로 할 수 있다' 라고 『나와까니빠따』 경에서 언급하고 있다. 이에 대해 『빠라맛타디빠니』에서는, 일부의 영민하고 날카로운 이들은 '자신이 얻지 못한 세속의 선정을 대상으로 삼을 수도 있다' 라고 해석하고 있다. 이런 예외 또한 있음을 알 수 있다.

ñāṇasampayutta kāmāvacara kiriyāniceva kiriyābhiññā votṭhabbanañceti sabbathāpi sabbārammaṇāni. [6]

지혜와 결합한 4가지 욕계 작용만 하는 마음, 작용만 하는 마음 신통지, 결정하는 마음, 이 6가지 마음은 모든 다양함으로 모든 대상을 가진다.

해설

'모든 대상을' 에서 '모든' 은 욕계, 고귀한 마음[색계·무색계], 출세간마음, 개념(빤냣띠)의 4종류 대상 모두를 얻는다는 의미이다. 내부(앗잣따), 외부(바힛다) 등의 구분은 이 4종류에서 나온 부차적인 것이므로 『아비담맛타상가하』 에서는 이 4종류만 보인다. '모든' 이란 의미로써 모든 욕계대상, 색계·무색계 대상, 출세간 대상, 개념의 다양함을 얻는다. 이미 언급하였지만 '무색계 제2선, 제4선 마음들은 무색계 마음을 대상으로 한다' 즉 무색계 마음 모두를 대상으로 한 것이 아니라, 자신과 연관된 일부선정만을 대상으로 한다.

지혜와 결합한 속행 4가지, 작용만 하는 마음 4가지, 작용만 하는 마음 신통지[ābhiññā], 결정하는 마음 등은 모든 욕계 ‖중략‖ 개념 일체를 대상으로 취할 수 있다. 다른 마음들처럼 일부분만 취할 수 있는 것이 아니다. 그렇지만 이 6가지 마음이 모든 것을 대상으로 할 수 있다는 것은 실재로는 부처님의 일체지一切智의 자리에서만 가능한 것이다. '일체지' 란 욕계 지혜와 결합한 작용만 하는 마음 4가지에 있는 지혜마음부수이다.

일체지의 인식과정이 일어날 때 결정[옷타빠나]은 의문전향마음에 적용되기 때문에, 결정하는 마음 또한 일체지가 아는 모든 것을 사유할 수 있다. 이처럼 신통지로 과거, 미래를 볼 때 자신과 타인의 연속하는 앞뒤 마음의 생멸 일체를 알 수 있다. 이 6가지 마음이 부처님 아닌 다른 이들에게서 일어난다면 일체를 대상으로 삼을 수는 없을 것이다. 벽지불일지라도 일체의 개념을 남김없이 알 수 있는 것은 아니기 때문이다.

그러므로 '일체지란 아라한 도道의 지혜이다' 라고 잘못 이해해서도 안된다. 또 일체지를 욕계작용만 하는 마음의 '즐거움을 수반한 지혜와 결합한 마음'에 포함된 지혜라 이해하는 것도 충분치 못하다. 그리고 '일체지는 한번의 인식과정으로 모든 대상을 한꺼번에 안다. 일체지는 대상 모두를 항상 알고 있다' 라고 주장 하거나 이해해서도 안 된다. 어떤 대상을 막론하고 아무런 장애 없이 모든 대상을 알 수 있는 것이 일체지(삽반뉴따냐나)의 능력이다.

āruppesu dutiya catutthāni mahaggatārammaṇāni. [6]

무색계 마음들 중에서 두 번째, 네 번째 무색계 마음들은 고귀한 마음 법만을 대상으로 한다.

해설

두 번째 무색계(선, 과보, 작용만 하는 마음 식무변처識無邊處)에서 선善인 식무변처는 현생 혹은 과거 생에서 경험한 선善의 공무변처마음을 대상으로 한다. 재생연결식, 바왕가, 죽음 작용에 적용되는 과보마음은 과거생[직전생]에서 일어난 적이 있는 선善의 공무변처 마음을 대상으로 한다. 작용만 하는 마음은 현생, 앞 생에서 일어나 본 적이 있는 선善, 작용만 하는 마음 공무변처를 대상으로 한다.

범부와 유학들이 선善공무변처를 획득하고, 같은 생에서 식무변처를 연속해서 성취할 때는 이 생에서 성취한 선善공무변처를 대상으로 한다. 임종 후 두 번째 무색계에 도착하여 식무변처에 입정할 때는 앞 생에서 일어나 본 적이 있는 선善공무변처를 대상으로 한다. 식무변처를 성취한 후 두 번째 무색계의 재생연결식, 바왕가, 죽음에 적용되는 식무변처 과보마음은 앞 생에서 경험한 선善공무변처만을 대상으로 한다.

범부와 유학의 상태에서 선善공무변처를 얻은 뒤 그 생에서 아라한이 되어 식무변처 작용만 하는 마음을 얻는다면, 맨 처음 획득한 식무변처 작용만 하는 마음은 이 생에서 얻었던 선善공무변처를 대상으로 한다. 그 뒤 공무변처에 다시 입정하지 않는 이상, 식무변처 작용만 하는 마음이 일어날 때마다 이 생에서 얻어본 선善공무변처만을 대상으로 한다.[이 내용은 욕계 존재, 색계 존재들이 무색계선정을 얻는 과정을 말한 것이다. 그들은 하위 선정에도 입정할 수 있다.]

아라한이 된 뒤 공무변처에 입정하는 것은 작용만 하는 마음 선정이다. 그러므로 뒤에 입정하는 일체의 식무변처는 이 생에서 일어났던 공무변처 작용만 하는 마음을 대상으로 한다. 아라한이 되고서 공무변처를 획득한 뒤 식무변처를 연속해 얻는다면, 그 식무변처는 이 생에서 일어나 본 적이 있는 공무변처 작용만 하는 마음만을 대상으로 한다.

욕계, 색계에서 유학으로 머물 때 식무변처를 획득하여 식무변처천에 탄생한 뒤 아라한이 되었다면, 아라한이 된 뒤 입정한 식무변처는 앞 생에서의 선善공무변처만을 대상으로 한다.[무색계 식무변처천에 탄생한 뒤에는 하위선정인 공무변처 선정에 입정할 수 없기에 작용만 하는 마음 공무변처를 대상으로 할 수가 없다. 상위의 무색계 존재들이 하위 선정에 몰입하는 경우란 없다.]

무색계 제4선非想非非想處은 무색계 제3선 무소유처를 대상으로 한다. 상세한 점은 앞에서 언급한 방법과 같다. 주의할 점은 선善비상비비상처는 금생과 앞생에서 일어난 적이 있는 선善 무소유처를 대상으로 한다. 과보마음은 앞생에서 일어난 적이 있는 선善무소유처만을 대상으로 한다. 작용만 하는 마음은 금생과 앞생에서 일어났던 선善, 작용만 하는 마음 무소유처를 대상으로 한다.

sesāni mahaggatacittāni sabbānipi paññattārammaṇān i. [21]

나머지 모든 고귀한 마음[색계 · 무색계]들은 개념만을 대상으로 한다.

해설

신통지에 적용될 때 색계 선善, 작용만 하는 마음으로써 일어나는 제5선 마음과 무색계 제2선, 제4선 마음을 제외한 나머지 색계, 무색계마음 21가지[103]는 각자 자신들의 개념만을 대상으로 한다. 그 개념 법은 땅 까시나(地觀) 등 까시나, 부정관 등의 개념으로 28가지가 있는데 명상주제의 장章에서 상세히 설명할 것이다.

lokuttaracittāni nibbānarammaṇānīti. [8]

출세간마음들은 열반만을 대상으로 한다.

이것이 대상을 구분하여 마음을 결집한 것이다.

해설

출세간마음이란 도道 마음 4가지, 과果 마음 4가지로써 8가지이다. 이 8가지 마음은 열반만을 대상으로 한다.

103. 색계 제5선의 선善, 작용만 하는 마음은 신통지에 적용되기도 하지만, 신통지에 적용되지 않는 제5선도 있기에 숫자로써 헤아려지지 않는다. — 무색계 제2선, 제4선의 선善, 과보, 작용만 하는 마음으로써 모두 6가지이다. 이 6가지를 고귀한 마음(색계·무색계 선정마음) 27가지에서 제하면 21가지가 된다.

요약

반드시 대상으로 취하는 마음

pañcavīsa parittami
cha cittāni mahaggate
ekavīsati vohāre
aṭṭha nibbānagocare

25가지 마음은 욕계 대상에서만 일어난다. 6가지 마음은 고귀한 마음[색계 · 무색계] 대상에서만 일어난다. 21가지 마음은 개념 대상에서만 일어난다. 8가지 마음은 열반만을 대상으로 한다.

반드시 대상을 취하는 것이 아닌 마음

vīsānuttaramuttami
aggamaggaphalujjhite
pañca sabbattha chacceti
sattadhā tatha saṅgaho

20가지는 출세간 9가지를 제외한 모든 대상에서 일어난다. 5가지는 아라한 도道, 과果를 제외한 일체의 대상에서 일어난다. 6가지는 일체 모든 대상에서 일어난다.

이처럼 대상으로 결집한 장章에서는 7가지로 결집되었다.[필연적 결집 4가지와 필연적이지 않은 결집 3가지를 '7가지 결집' 이라 한다.]

해설

앞의 요약은 반드시 대상으로 삼는 경우를 보인 글이다. 후자는 필연이나 반드시가 아닌 경우들을 설명하고 있다. 이렇게 대상을 욕계마음, 고귀한 마음(색계 · 무색계마음), 출세간, 개념의 네 종류로 구분하여 한 종류만 대상으로 취하는 마음을 '반드시 대상으로 취하는 마음' 이라 이름했다. 그리고 첫 번째 문구에서

'욕계 대상에서만' 의 '만' 이란 보조사를 사용하여 다른 대상은 대상으로 삼지 않음을 밝히고 있다.

'25가지 마음은 욕계 대상에서만 일어난다.'

25가지 마음이란 ➡ 한 쌍의 전오식前五識 10가지, 오문전향마음 1가지, 받아들이는 마음 2가지, 조사하는 마음 3가지, 욕계선善과보마음 8가지, 미소짓는 마음 1가지, 이 25가지 마음은 욕계대상에서만 일어난다.

'6가지 마음은 무색계 대상에서만 일어난다.'

6가지 마음이란 ➡ 무색계 제2선인 식무변처의 선善 · 과보 · 작용만 하는 마음 3가지, 제4선인 비상비비상처의 선善 · 과보 · 작용만 하는 마음 3가지이다. 이 6가지 마음은 무색계 제1선, 제3선을 각각 대상으로 삼는다.

'21가지 마음은 개념 대상에서만 일어난다.'

21가지 마음 ➡ 색계 선善 · 과보 · 작용만 하는 마음으로 모두 15가지와 무색계 제1선 공무변처의 선善 · 과보 · 작용만 하는 마음 3가지, 무색계 제3선 무소유처의 선善 · 과보 · 작용만 하는 마음 3가지이다. 이 21가지 마음은 개념을 대상으로 삼는다.

'8가지 마음은 열반만을 대상으로 한다.'

8가지 마음 ➡ 출세간마음인 8가지의 도道, 과果 마음이다.

반드시 대상을 취하는 것이 아닌 마음

둘 혹은 세 종류를 대상으로 삼는 마음을 '필연적으로 대상을 취하는 것이 아닌 마음' 이라 한다. '출세간을 제외한 모든 대상에서 일어난다' 에서 출세간 외에 욕계마음, 고귀한 마음, 개념 이 세 종류를 대상으로 삼는다는 뜻이다.

'20가지는 출세간 9가지를 제외한 모든 대상에서 일어난다.'

20가지란 불선마음 12가지, 욕계선善에서 지혜와 결합하지 않는 마음 4가지, 욕계 작용만 하는 마음에서 지혜와 결합하지 않는 마음 4가지이다. 이 20가지는 출세간마음을 제외한 과거, 현재, 미래라는 시간 속에서 일어나는 세속의 마음 81가지, 마음부수 52가지, 물질의 법 28가지, 시간에서 벗어난 개념의 법을 대상으로 삼는다. [출세간 법 9가지 ➡ '도道 4가지, 과果 4가지, 열반']

'5가지는 아라한 도道, 과果를 제외한 일체의 대상에서 일어난다.'

5가지란 욕계선善 지혜와 결합한 마음 4가지, 선善 신통지 1가지이다. 이 5가지 마음은 아라한 도道, 과果를 제외한 과거, 현재, 미래라는 시간에서 일어나는 마음 87가지, 마음부수 52가지, 물질 28가지, 열반, 개념을 대상으로 한다.

'6가지 마음은 일체 모든 대상에서 일어난다.'

욕계 작용만 하는 마음에서 지혜와 결합한 마음 4가지, 작용만 하는 마음 신통지 1가지, 결정하는 마음 1가지, 이 6가지 마음은 과거, 현재, 미래라는 시간에서 일어나는 일체의 마음 89가지, 마음부수 52가지, 물질의 법 28가지, 열반, 개념을 대상으로 할 수 있다.

토대로 결집함
토대 6가지

vatthusaṅgahe vatthūni nāma cakkhu, sota, ghāna, jivhā, kāya, hadayavatthu ceti chabbidhāni bhavanti.

토대로 결집한 장章에서 취하는 토대란 안식眼識의 토대인 시각물질, 이식耳識의 토대인 청각물질, 비식鼻識의 토대인 후각물질, 설식舌識의 토대인 미각물질, 신식身識의 토대인 몸의 감각물질, 마음의 토대인 심장, 이같이 6가지이다.

해설

마음과 마음부수들은 눈眼 등에 의지한다. 그러므로 토대(vatthū)라 부른다. 사원이 의지하고 있는 땅을 사원의 장소 혹은 토대라 부르는 것처럼 마음과 마음부수들이 의지하는 물질의 법을 '토대'라 부른다.

토대로 영역을 분석함

tāni kāmaloke sabbānipi labbhanti.

이 6가지 토대는 욕계에서 모두 얻을 수 있다.

해설

vasanti etthāti vatthu. - 이 눈 등에 마음, 마음부수들이 의지한다. 그러므로 토대라 한다.

눈의 기능(眼根, cakkundriya), 귀의 기능(耳根, sotindriya), 코의 기능(鼻根, ghānindrilya) 등의 기능(근根, indriya)을 완전하게 갖춘 이들은 욕계에서만 탄생할 기회를 얻기에 욕계에서도 모든 토대인 물질을 얻을 수 있다. 욕계 선善은 대상을 갈망하는 오욕의 갈애를 그 근원으로 한다. 그러므로 선업이 결과를 줄 때[재생연결식] 근원인 갈애에 부합되도록 형상, 소리 등 다섯 대상을 완전하게 느낄 수 있도록 눈, 귀, 코, 혀, 몸의 '업으로 생긴 물질(깜마자루빠)'의 기능 일체를 완전하게 형성시킨다. 이처럼 기능을 완전히 갖춘 사람들은 오욕의 갈애로써 형성된 욕계에서 탄생할 기회를 얻어 욕계에서 토대인 물질 여섯 가지를 모두 얻는다.

rūpaloke pana ghānādittayaṁ natthi.

무상유정無想有情104 영역을 제외한 색계에서는 코 등의 3가지 토대는 없다.

해설

색계에 탄생시키는 색계 선정은 토대(오근)의 대상인 오욕을 혐오하는 'kāmavirāgabhāvana - 오욕을 혐오하는 명상'을 기반으로 선정을 획득한다. 토대(오근)의 대상은 형상 등이 대상이기에 제거할 수가 없다. 그러나 아름다운 형상을 추하게 할 순 없다. 감미로운 소리, 달콤하고 향기로운 냄새, 훌륭한 맛, 접촉하는 대상들 또한 제거할 수 없는 대상의 특성이다. 이것들은 불선이 많고 혐오스럽지만 '쥐를 이기지 못해 쌀 창고에 불 지른다'라 하듯 대상을 제거할 수는 없기에 대상을 지각하는 자신의 감각물질만을 제거할 수 있다. 그러므로 오욕을 혐오하는 명상을 'kāmavirāgabhāvana - 오욕을 혐오하는 명상'이라 부른다. 이 오욕을 혐오하는 명상의 결과로 제거할 수 있는 5가지 감각물질을 모두 제거하고자 한다. 그렇지만 눈과 귀 두 가지는 부처님 등 성인을 뵙고 법

104. asaññasatta(아산냐삿따) - 지각을 지니지 않은 존재, 무상유정無想有情.
모든 윤회하는31천 존재계 중에서 '지각하는 마음은 고통이다'고 여겨 수행한 이들은 마음에서 벗어난 무상유정에 탄생하여 오직 물질만이 존재하는 생을 보낸다.

을 경청하는 은혜를 주므로 남겨두고 코, 혀, 몸 세 가지 감각물질만을 제거한다. 때문에 '색계에서는 코, 혀, 몸, 이 3가지를 얻지 못한다' 라고 본 주제에서 언급하고 있다.

『위바위니띠까』

범천도 오욕을 혐오하는 명상으로 인해 냄새香, 미味, 느낌觸에 대한 집착이 없고, 감각물질에 대해서도 혐오함이 명백하기에 코 등의 세 가지 감각물질은 없다. 부처님을 뵙거나 법을 듣는 등을 위해 색계 범천은 눈과 귀에 집착하지 않으면서도 이 2가지 감각물질을 얻는다.

ghānādittayaṁnatthi와 ahīnindriya

여기에서 『위바위니띠까』의 'ghānādittayaṁnatthi - 코 등 3가지 토대는 없다와 ahīnindriya - 줄지 않은 기능이 있다' 라고 언급한 말은 서로 상반된 것이 아닌가 하는 의문이 생긴다. 'ahīnindriya - 줄지 않는 기능' 이란 형상을 겨냥한 말이다. '코 등 3가지 토대는 없다' 란 후각물질 등을 겨냥한 말이다. 그러므로 서로 상반된 말이 아니다. 이 구절을 통해 '색계 범천들은 코, 혀, 몸의 감각물질은 없지만 코, 혀, 몸의 형상은 분명히 있다' 라고 알 수 있다.

『지나링깔라띠까』

『지나링깔라띠까』에서 다음과 같이 색계를 묘사하고 있다.

색계 범중천梵衆天에서 시작한 이 영역들을 16곳의 색계라 한다. 이 천상의 색계인들은 모두 남자의 형상을 하고 있다. 여자와 남자의 성기 표식은 없다. 눈과 귀는 있다. 형상 등을 보고 소리를 들을 수 있다. 코 또한 있다. 그러나 코의 후각물질이나 코의 의식은 없다. 그러므로 냄새를 모른다. 능숙하게 굴리는 혀도 있다. 그러므로 웃는다. 그러나 혀의 의식은 없다. 그 어떠한 맛도 모른다. 씹어서 먹지 않는다. 마시지 않는다. 선정의 희열만이 색계인들의 자양분이다. 몸은 있다. 그러나 몸의 감각물질이나 몸의 의식은 없다. 그러므로 색계인들은 그 어떠한 접촉도 모른다. 그렇지만 옷을 입고 걸친다. 색계인들이 머무는 곳인 궁전이 있다. 머리카락, 손톱, 발톱, 치아 또한 있다. 나머지 부분들은 없다. 등불의 불꽃처럼 몸은 생겨난다. 더러운 불순물(대변, 소변)을 버리는 통로는 없다. 여자도 없고 춤추고 노래하는 등의 일도 없다. 일부 색계인들은 성자들이 존재하는 이유인 과果 선정으로 머문다. 일부 색계인들은 사선정四禪定으로, 일부 색계인들은 사무량심四無量心으로 머문다.

arūpaloke pana sabbānipi na saṁvijjanti.

무색계에는 일체의 토대가 없다.

해설

무색계선정은 일체의 물질을 혐오하는[rūpavirāga] 명상이다. 그러므로 무색계선정의 결과를 받는 무색계에서는 6가지 토대가 되는 물질[감각물질]은 일체 없다.

토대로 마음을 분석함

tattha pañcaviññāṇa dhātuyo yathākkamaṁ ekantena pañca pasāda vatthūni nissāyeva pavattanti.

6가지 토대 중에서 오식五識**의 요소는 적절하게 반드시 5가지 감각물질의 토대인 오근**五根**을 의지해서만 일어난다.**

pañcadvārāvajjana sampaṭicchanasaṅkhātā pana manodhātu ca hadayaṁ nissitāyeva pavattanti.

오문전향마음, 2가지 받아들이는 마음인 의계意界**(마노다뚜) 역시 의문**意門**의 토대인 심장(hādayavatthu)을 의지해서만 일어난다.**

해설

'ekantena nissāyeva - 반드시 의지해서만' 란 구절은 간혹 시각물질을 의지하고 가끔 심장을 의지하는 등 반드시 필연적으로 의지해야 함을 나타낸다. '만' 을 써서 일부 무색계의 마음은 의지하지 않는 경우도 있음을 나타내고 있다.

무색계에서도 욕계선善마음 등이 일어나는데, 이때 토대로써의 물질[根]은 없다.

avasesā pana manoviññāṇadhātu saṅkhātāca santīraṇa mahāvipākapaṭighadviya paṭhamamagga hasana rūpāvacaravasena hadayaṁ nissāyeva pavattanti.[10 + 3 +30 = 43]

나머지 의식계意識界**(마노윈냐나다뚜)[105]라 불리는 마음, 조사하는 마음, 욕계선의 과보마음, 진심 마음 2가지, 수다원 도**道 **마음, 미소 짓는 마음, 색계 마음들은 심장에 의지해서만 일어난다.**

105. manoviññāṇadhātu(마노윈냐나다뚜)

해설

조사하는 마음 3가지, 욕계선善의 과보마음 8가지, 진심에 뿌리한 마음 2가지, 수다원 도道 1가지, 미소짓는 마음 1가지, 색계선善 · 과보 · 작용만 하는 마음 15가지 등 이 30가지 마음들은 무색계에서 일어나지 않기에 반드시 심장을 의지한다. 무색계에서 일어나지 못하는 이유는 『위바위니띠까』에서 설명한 대로 이해하면 된다.

『위바위니띠까』

조사하는 마음 3가지와 욕계 선善의 과보마음 8가지 등 11가지 마음은 오문五門과 그 작용이 없는 무색계에서는 일어나지 않는다. 색계 존재로서 머무는 동안은 진심에서 벗어나기 때문에 진심 마음 2가지도 색계에는 없다. 무색계에서는 언급할 필요조차 없다.

무색계에서는 'paratoghosa - 다른 사람의 소리' 같은 법문을 들을 수가 없고, 부처님이나 벽지불 또한 색계나 무색계 영역에서는 탄생하실 수 없기 때문에 수다원 도道는 무색계에서 일어날 수가 없다.

무색계에는 물질이 없기에 미소짓는 마음 또한 일어날 수 없다.

무색계 천인들은 물질을 대상으로 하는 선정[색계선정]에서 벗어났기에 위의 30가지 마음들은 무색계에서 일어날 수 없다. 이 30가지 마음들은 심장을 의지하여서만 일어난다.

위의 『위바위니띠까』를 『바사띠까』에서 다시 풀이하고 있다. 조사하는 마음은 오근五根에서 작용한다. 무색계에는 오근이 없기에 조사 작용 또한 없다. 조사하는 마음 3가지, 욕계 과보마음 8가지 등 11가지 마음들이 등록으로 작용하기 위해서는 욕계 속행, 욕계 중생, 욕계 대상의 세 요소를 완전히 갖추어야 한다. 그러나 이 세 요소를 갖추지 못했기에 등록하는 마음으로 작용할 수 없다. 오근五根과 그 작용이 없으므로 이 마음들은 무색계에서 일어날 수 없다.

탐심에는 선정에 장애(nīvaraṇa)가 되는 탐심과 장애가 되지 않는 탐심 두 종류가 있다. 진심은 선정을 가로막는 분명한 장애이므로 진심에 뿌리한 마음들은 색계에서는 일어날 기회조차 없다. 상위 단계인 무색계는 말할 필요조차 없다.

'성자가 되려면 훌륭한 이들을 의지함, 훌륭한 법을 들음, 이치에 맞게 사유함, 출세간법에 적합한 위빳사나 수행을 행함'의 4가지는 수다원 도道를 얻기 위한 근간이 된다. 즉 '성자들을 가까이 친견하고 주의하여 법을 듣고 청정한 마음으로 올바르게 노력함이 수다원을 이루기 위한 4가지 조건이다' 라고 『마하왁가』, 『소따빳디상윳따웨루드와라왁가』에서 설명한다.

부처님 혹은 경에 부합되게 설할 수 있는 스승으로부터 바른 법을 들어 지녀야만 수다원 도道를 얻을 수 있다. 이처럼 법을 경청하는 것을 'paratoghosapaccaya - 타인의 법문을 경청한 근원' 이라고 말하고 있다. 무색계에는 법을 경청할 수 있는 귀도 없으려니와 몸뚱이조차 없다. 법을 깨달은 부처님 혹은 벽지불도 인간계에서만 탄생하신다. 그러므로 무색계에는 수다원 도道가 있을 수 없다. [수다원 도를 얻고 난 뒤에는 법을 경청하지 않고서도 상위 도道를 성취할 수가 있다.]

미소 짓을 몸이 없는 무색계에서 미소짓는 마음 또한 일어날 수 없다.

물질을 혐오하는 무색계선정은 물질의 법만 혐오하는 것이 아니다. '갈대를 없애려면 뿌리조차 남겨서는 안 된다' 는 것처럼, 물질을 대상으로 하는 색계선정을 역겨워하고 혐오하기에 무색계에서는 색계선정이 일어날 수가 없다. 그러므로 30가지 마음은 물질이 있는 욕계, 색계에서만 얻을 수 있기에 필연적으로 심장토대(하다야왓투)를 의지한다.

avasesā kusalākusala kiriyānuttaravasena pana nissāya vā anissāya vā.[42]

āruppavipākavasena hadayaṁ anissāyevāti.[4]

나머지 선善, 불선, 작용만 하는 마음, 출세간마음은 의지하거나 혹은 의지하지 않고 일어난다.

무색계 과보마음은 심장에 의지하지 않고 일어난다. 이상이 토대의 구분으로 마음을 결집한 것이다.

해설

언급한 30가지 마음 외 나머지 세속의 선善 12가지(색계선善을 제외한 욕계 선업마음 8가지, 무색계 선善마음 4가지), 불선 10가지[106], 작용만 하는 마음 13가지[107] 출세간 7가지(수다원도道 제외) 모두 42가지 마음은 욕계, 색계에서 일어날 때 마음의 토대인 심장을 의지하여 일어난다. 무색계에서는 심장이 존재하지 않기에 심장을 의지하지 않아도 이 마음들이 일어난다.

---

106. 12가지 불선마음 중에서 2가지 진심에 뿌리한 마음을 제외시킨 10가지.
107. 5문전향마음, 미소짓는 마음, 색계 작용만 하는 마음을 제외한 작용만 하는 마음 13가지.

요약

chavatthuṁ nissitā kāme
satta rūpe catubbidhā
tivattuṁ nissitārūpe
dhātvekā nissitā matā

te cattālīsa nissāya
dvecattālīsa jāyare
nissāya ca anissāya
pākāruppā anissitā

욕계 11천에서 6가지 토대에 의지하는 7가지 계(界, 다뚜)를 알아야 한다. 무상유정無想有情을 제외한 색계 15천에서는 3가지 토대에 의지하는 4가지 계界를 알아야 한다. 무색계 4천에서는 의지하지 않는 하나의 의식계意識界[108]가 있다고 알아야 한다.

43가지 마음은 의지하여서만 일어난다. 42가지 마음은 [오온五蘊의 영역에서 일어날 때] 의지하거나 혹은 [4온(受·想·行·識)의 영역에서 일어날 때] 의지하지 않고 일어난다. 무색계 과보마음 4가지는 의지하지 않고 일어난다.

『아비담맛타상가하』에서 일반적 항목의 장(빠낀나까상가하)이 끝났다.

해설

욕계에서 6가지 토대에 의지하는 7가지 계界란 안식, 이식, 비식, 설식, 신식의 5가지 계界와, 의계(意界, 마노다뚜), 의식계(意識界, 마노윈냐나다뚜) 7가지이다. 색계 15천에서 '시각물질, 청각물질, 심장' 이라는 3가지 토대에 의지하는 4가지 계界란 눈의 의식, 귀의

108. manoviññāṇadhātu(마노윈냐나다뚜, 의식계意識界) - 알아차리는 상태로 인하여 mana(마나)라 부른다. saññā(지각) paññā(지혜)가 아는 모습과는 다르게 알기에 viññaāṇa(意識)라는 dhātu(界)로 부른다.

의식, 의계, 의식계이다. 무색계에는 물질에 의지하지 않는 의식계 하나만 있다.

'43가지 마음들은 의지하여서만 일어난다.'

한 쌍의 전오식前五識 10가지, 의계意界 3가지, 조사하는 마음 3가지, 욕계 선의 과보마음 8가지, 진심에 뿌리한 마음 2가지, 수다원 도道 1가지, 미소짓는 마음 1가지, 색계 마음 15가지, 이 43가지 마음은 토대인 물질에 의지하여 일어난다.

위의 토대에 의지하는 43가지 마음이란 오근五根과 연관된 마음, 욕계 과보마음 등으로 무색계에선 절대로 일어날 수 없는 마음들이다.

'42가지 마음은 의지하여'

탐심마음 8가지, 치심마음 2가지, 의문전향마음 1가지, 욕계 선마음 8가지, 욕계 작용만 하는 마음 8가지, 무색계 선마음 4가지, 무색계 작용만 하는 마음 4가지, 수다원 도道를 제외한 출세간마음 7가지 등, 42가지 마음은 토대인 물질에 의지하거나 혹은 의지하지 않고서 일어난다.

이 42가지는 토대에 의지하거나 혹은 의지하지 않은채 욕계 · 색계에서 일어날 수도 있고 무색계에서 일어날 수도 있는 마음들이다.

3가지 계界의 구분

의계意界

의계意界[manodhātu] 세 가지란?

오문전향마음 1가지, 받아들이는 마음 2가지이다. 이 세 가지는 심장토대[하다야왓투]를 의지한다. 심장을 의지하는 오문전향마음은 새로운 대상을 처음 한 차례만 취하기에, 연속적으로 대상을 취하는 다른 마음들처럼 명확하지 못한다. 또한 토대가 다른 시각물질, 후각물질 등 물질을 의지하는 오식五識이 바로 뒤에서 일어나 아난따라빳짜야(바로 뒤에서 일어나 영향을 주는 연기법의 능력. 無間緣)로써 영향을 주기에, 동일한 토대를 지닌 다른 마음들만큼은 영향력이 없다. 2가지 받아들이는 마음 또한 토대가 다른 오식五識에게서 아난따라(無間緣) 연기법의 영향을 입기에, 토대가 동일한 마음에게 힘을 받는 것만큼은 힘이 없다. 그러므로 'mano eva(알아차리는 정도만으로 일어나는) dhātu(성질)이다' 라고 단어의 뜻을 풀이한다.

오식계五識界

오식(五識, pancaviññāṇa)은 토대[시각물질 등]에 나타나는 대상을 쉽게 취하기에 의계意界[manodhātu]보다 알아차림에 힘이 있다. 그러므로 'ñāṇa(냐나)' 란 단어 앞에 'vi(위)' 란 접두사를 두어 'manodhātu(마노다뚜)보다 특별하게 안다. 그러므로 viññāṇa(윈냐나)라 부른다' 에 따라 식계識界(윈냐나다뚜, viññāṇadhātu)라 한다. 그렇지만 토대가 다른 전향마음[109]으로부터 아난따라(無間緣) 연기법의 영향을 입고, 토대

---

109. āvajjana(아왓자나; 전향마음) — 5문전향마음, 의문전향마음 2가지가 있다. 이 두 가지 전향마음은 인식과정에서 생의 연속체의 바로 뒤에서 6문에서 드러

가 다른 받아들이는 마음에게 영향을 미치므로 토대가 같은 마음에게서 영향을 주고받는 것만큼은 힘이 충만치 못하다.

의식계意識界[manoviññāṇadhātu]

'앎' 이라는 의미인 'mano(意)' 와 '특별하게 앎' 이라는 의미인 'viññāṇa(識)' 란 두 단어가 함께하기에 '많이 앎, 매우 잘 앎, 월등하게 앎' 이라는 의미로 이해할 수 있다. 월등하게 안다는 것은 위에서 언급한 오문전향마음은 자신과 다른 토대를 지닌 안식眼識이 아난따라(無間緣) 연기법의 영향에 힘입어 뒤따른다. 이와는 달리 의식계意識界는 새로운 대상을 자신이 우선으로 취하지 않고(의문전향마음을 예로 들 경우 - 앞부분에서 바왕가, 뒷부분에서 속행) 토대가 같은 마음으로부터 아난따라 연기법의 힘을 얻어 자신과 토대가 동일한 뒤따르는 마음에게 아난따라 연기법의 영향을 주기에 대상을 앎에서 명확하게 안다. 그러므로 'mano eva(마노만이) viññāṇa(특별하게 아는 마음이다) manoviññāṇa(마노윈냐나; 意만이 특별하게 아는 마음)' 이같이 마음의 뜻을 풀이하여 '마노(意)' 와 '윈냐나(識)' 란 두 단어를 합쳐 '마노윈냐나(의식계, 意識界)' 라 이름한다.

대상을 취하는 모습에서 보통으로 아는 성품을 mano(마노)라 하고 의계意界보다 넘어서 아는 것은 식識이다. 다시 이 식識보다 월등하게 특별하게 아는 성품을 의식계意識界라 한다.

나는 대상으로 맨 처음 주의를 전향시키는 마음들이다.

제4장
인식과정

위티상가하 ‖ VīthiSaṅgaha

제4장 인식과정

cittuppādāna miccevaṁ katvā saṅgaha muttaraṁ
bhūmi puggala bhedena pubbāpara niyāmitaṁ
pavatti saṅgahaṁ nāma paṭisandhi pavattiyaṁ
pavakkhāmi samāsena yathāsambhavato kathṁ

마음과 마음부수에 대해 잘 분석한 일반적 항목의 장(빠낀나까상가하)을 마치고, 영역과 존재의 분류에 따라, 전후의 마음으로 확정된 재생연결과 삶의 과정(빠왓띠)에서 마음이 일어나는 모습을 적절한 순서에 따라 간략하게 설할 것이다.

해설

마음, 마음부수들을 느낌 등으로 분류한 '일반적 항목의 장章' 을 마치고, 영역과 존재에 따라 분류한다. 이 정도 범위의 마음으로, 이러한 전후 마음들로 일어나 재생연결 순간과 삶의 과정(빠왓띠)에서 '마음이 일어나는 모습' 을 적절하게 설하겠다는 서약이다. 이 서약은 4장 인식과정 장과 5장 인식과정에서 벗어난 마음의 장 전체에 대한 약속이기도 하다.

paṭisandhi(빠띠산디; 재생연결식), pavatti(빠왓띠; 재생연결식과 죽음을 제외한 삶의 전 과정을 통해 생멸하는 물질과 정신, 삶의 과정)

영역으로의 분류란? 4장章 끝에서 '영역에 따른 분류' 로 인식과정을 분석한 곳과 5장章의 '네 영역' 에서 영역의 분류를 설명하고 있다. 존재의 분류는 4장 끝부분의 '존재의 분류' 와 5장의 존재와 연관된 부분에서 설명하고 있다.

마음이 일어나는 과정은 '재생연결' 과 '삶의 과정(빠왓띠)' 을 통해 살펴보고 있다. 삶의 과정에서 마음이 일어나는 모습은 '5문전향마음, 안식眼識, 받아들이는 마음' 등 6문을 통해 연속적으로 일어나기 때문에 인식과정(위티)이라 한다. 인식과정을 결집한 것을 '인식과정의 결집(위티상가하)'이라 한다. '인식과정'란 '일련의 연속되는 잇달음'의 뜻이다.

재생연결식, 바왕가(생의 연속체), 죽음은 육문에서는 일어나지는 않고, 한 가지 마음으로만 일어나기 때문에 인식과정에서 벗어난 마음(위티뭇따)이라 부른다. 인식과정에서 벗어난 마음으로 결집한 장을 '위티뭇따상가하'라 한다.

재생연결식(빠띠산디) 과 삶의 과정(빠왓띠)

'마음부수(受·想·行)나 업으로 인한 물질(깜마자루빠)'의 일어남(웁빠다) 순간만을 '재생연결식(빠띠산디)'이라 한다. 재생연결식과 업으로 인한 물질의 머묾(티띠) 순간부터 죽음 전까지, 즉 재생연결식과 죽음 순간을 제외한 전일생의 물질과 정신의 생멸을 '삶의 과정(빠왓띠)'이라 한다.

6개조 여섯 모임

cha vatthūni, cha dvārāni, cha ārammaṇāni, cha viññāṇāni, cha vīthiyo, chadhā visayappavatti ceti vīthisaṅgahe cha chakkāni veditabbāni

인식과정의 장에서는 6개조 여섯 모임을 알아야 한다. 여섯 토대, 여섯 문, 여섯 대상, 여섯 마음, 여섯 인식과정, 여섯 가지 대상의 나타남이다.

해설

인식과정에서 중요한 법을 간략하게 설명하고 있다. 인식과정을 설명할 때 '이 마음은 어떤 토대물질을 의지한다' 라고 여섯 토대를, '이 마음은 어떤 문을 통해 일어난다' 라고 여섯 문를, '무엇을 대상으로 한다' 고 여섯 대상을, '이 마음은 어떤 인식과정이다' 라고 여섯 인식과정을, '어떠한 대상의 나타남이다' 등으로 정확하게 알아야만 인식과정과 연관된 모든 것들을 이해할 수 있다.

주의

vīthimuttānaṁ pana kamma kammanimitta gatinimitta vasena tividhāhoti visayappavatti.

tattha vatthu dvārārammaṇāni pubbe vuttanayāneva

인식과정에서 벗어난 대상의 나타남은 인지된 업(kamma), 업의 표상(kammanimitta), 태어날 곳의 표상(gatinimitta)의 세 종류로 나타난다.

6개조 여섯 모임 중에서 토대, 문, 대상은 일반적 항목의 장에서 설하였다.

해설

이글은 모든 자리에서 '대상의 나타남' 이 여섯 가지라고 오해할 것을 우려하여 주의를 준 글이다. 앞에서 여섯 가지의 대상의 나타남을 언급했지만 인식과정(위티)에서만 그럴 뿐이다. 인식과정에서 벗어난 마음인 재생연결식, 바왕가, 죽음들의 '대상의 나타남' 은 인지된 업(깜마), 업의 표상(깜마니밋따), 태어날 곳의 표상(가띠니밋따)의 세 가지만 있다.

[이러한 세 가지 대상의 나타남은 4장章에서 언급하지 않고, 5장에서 해설할 것이다.]

마음 6가지

cakkhuviññāṇaṁ, sotaviññāṇaṁ, ghānaviññāṇaṁ, jivhāviññāṇaṁ, kāyaviññāṇaṁ, manoviññāṇañceti cha viññāṇāni.

눈의 의식眼識, 귀의 의식耳識, 코의 의식鼻識, 혀의 의식舌識, 몸의 의식身識, 마음의 의식意識 등 6종류의 마음이 있다.

해설

눈의 의식 등 다섯 가지는 뿌리 없는 마음(아헤뚜까)을 근원으로 한 한 쌍의 전오식前五識(dvipañcaviññāṇa)이다. 오식五識을 제외한 마음을 의식(manoviññāṇa)이라 한다.

인식과정 6가지

cha vīthiyopana cakkhudvāravīthi, sotadvāravīthi, ghānadvāravīthi, jivhādvāravīthi, kāyadvāravīthi, manodvāravīthi, cakkhuviññāṇavīthi, sotaviññāṇavīthi, ghānaviññāṇavīthi, jivhāviññāṇavīthi, kāyaviññāṇavīthi, manoviññāṇavīthi ceti viññāṇavasena vā dvārappavattā cittappavattiyo yojetabbā.

문과 연관시켜

1. 짝쿠드와라위티 - 시각물질의 인식과정
2. 소따드와라위티 - 청각물질의 인식과정
3. 가나드와라위티 - 후각물질의 인식과정
4. 지화드와라위티 - 미각물질의 인식과정
5. 까야드와라위티 - 몸의 감각물질의 인식과정
6. 마노드와라위티 - 의문意門(마노드와라)의 인식과정

혹은 마음과 연관시켜

1. 짝쿠윈냐나위티 - 눈의 의식眼識 인식과정

2. 소따윈냐나위티 - 귀의 의식耳識 인식과정

3. 가나윈냐나위티 - 코의 의식鼻識 인식과정

4. 지화윈냐나위티 - 혀의 의식舌識 인식과정

5. 까야윈냐나위티 - 몸의 의식身識 인식과정

6. 마노윈냐나위티 - 의식意識 인식과정

의식과 연결되어, 문을 통해 일어나는 마음의 일어남은 6가지 인식과정에 적용하여야 한다.

해설

마음의 일어나는 과정(cittappavatti)을 인식과정(위티)이라 하며, 문과 연관되지 않은 재생연결, 바왕가, 죽음을 인식과정이라 할 수 없다. 시각물질이란 문을 통해 일어나는 인식과정을 '문'과 연관시키거나, 혹은 눈의 의식眼識으로 인식되는 인식과정을 '의식(윈냐나)'과 연관시켜 6가지 인식과정을 알아야한다.

대상의 나타남 6가지

atimahantaṁ, mahantaṁ, parittaṁ, atiparittañceti pañcadvāre, manodvāre pana vibhūta mavibhūtañceti chadhā visayappavatti veditabbā.

5문에서 매우 큰 대상(아띠마한땅), 큰 대상(마한땅), 작은 대상(빠릿땅), 매우 작은 대상(아띠빠릿땅).

의문意門에서 선명한 대상(위부땅), 희미한 대상(아위부땅) 두 가지로, 모두 여섯 가지 대상의 나타남을 알아야 한다.

해설

'대상의 나타남' 이란?

visayappavatti(대상의 나타남) = visaya(대상) + pavatti(일어남, 나타남)

1. 아띠마한땅(atimahantaṁ) - 나타남부터 헤아려 매우 많은 마음의 순간을 가진 대상. 매우 큰 대상.
2. 마한땅(mahantaṁ) - 나타남부터 헤아려 많은 마음의 순간을 가진 대상. 큰 대상.
3. 빠릿땅(parittaṁ) - 나타남부터 헤아려 적은 마음의 순간을 가진 대상. 작은 대상.
4. 아띠빠릿땅(atiparittaṁ) - 나타남부터 헤아려 매우 적은 마음의 순간을 가진 대상. 매우 작은 대상.

오문五門에서 4가지와

5. 위부땅(vibhūtaṁ) - 선명한 대상.
6. 아위부땅(avibhūtaṁ) - 희미한 대상.

의문意門에서 2가지로 두 여섯 가지가 있다.

'visayassa(대상의) pavatti(일어남)' 의 일어남이란 일어남(웁빠다)의 일어남이 아니라, 문에 나타나는 것을 말한다. 'visayānaṁ dvāresu pavatti visayappavatti = 대상이 문에 나타남' 이라는 뜻이다.

마한따mahanta란 단어는 '큰, 최대의' 란 뜻이고, 빠릿따paritta란 '작은, 최소의' 란 뜻이다. 대상이 커도 눈의 시각물질과 빛의 힘이 약하다면 큰 대상(마한땅)이 아니다. 대상이 작다고 작은 대상(빠릿땅)이라 할 수 없다. 시각물질과 빛이 강하면 대상이 작아도 큰 대상(마한땅)이 될 수 있다. 대상의 크고 작음이 기준이 아니라, 대상이 나타난 뒤부터 소멸까지 마음의 순간이 많고 적음에 따라 '매우 큰 대상, 큰 대상, 작은 대상, 매우 작은 대상'으로 구분된다.

『마하띠까』에서는 최대 14번 마음 순간을 지닌 대상을 큰 대상(마한땅)이라 한다. 큰 대상은 나타난 뒤 두, 세 번의 바왕가를 거쳐야 드러난다. 매우 큰 대상(아띠마한따)은 16번 마음의 순간을 가진다.

선명한 대상은 위부따람마나, 희미한 대상은 아위부따람마나라 부른다.

마음의 수명과 물질의 수명

kathaṁ?
uppāda ṭhiti bhaṅgavasena khaṇattayaṁ ekacittakkhaṇaṁ nāma.
tāni pana sattarasa cittakkhaṇāni rūpadhammānamāyū.

어떻게 6가지 '대상의 나타남'이 일어나는가?

일어남(웁빠다), 머묾(티띠), 소멸(방가)의 세 순간을 '하나의 마음순간(ekacittakkhaṇa)'이라 한다.

마음순간(ekacittakkhaṇa) 17번은 물질의 법이 존속하는 수명이다.

해설

마음마다 일어남(웁빠다), 머묾(티띠), 소멸(방가) 세 순간이 있다. 실체가 처음 드러난 것이 일어남이다. 일어난 뒤 사라지지 않고 지속하는 것을 머묾이라 한다. 성품이 소멸되는 것이 소멸이다.

마음 하나는 일어나는 순간인 일어남(웁빠다), 머무는 순간인 머묾(티띠), 소멸되는 소멸(방가)의 세 순간이 있다. 한 찰나의 세 가지를 하나의 '마음순간(cittakkhaṇa)' 이라 한다. 하나의 큰 마음순간이라고도 한다. 일어남, 머묾, 소멸하는 마음의 생멸은 너무도 빨라 손가락 한 번 튕기는 순간에만 천억 번의 상카라(조건 속에 생멸하는 물질과 정신의 법)들이 생멸한다고 『칸다상웃따』와 『칸다위방가』 주석서들에서 설명하고 있다.

물질의 수명

마음이 17번 생멸할 때, 물질은 한번 일어나서 사라진다. 사람의 수명이 75세, 100세라면 물질의 수명을 마음순간으로 헤아려 17번이다. 물질도 일어남(웁빠다), 머묾(티띠), 소멸(방가) 세 순간을 지닌다. 물질의 일어남과 소멸 순간은 마음의 일어남과 소멸 순간과 시간적으로 동일하다. 물질의 머묾(티띠) 순간은 마음의 작은 찰나 49번(큰 마음순간 16번과 작은 순간 1번, 17×3-2) 길이이다. 이것이 주석서에서 취하는 설이다.

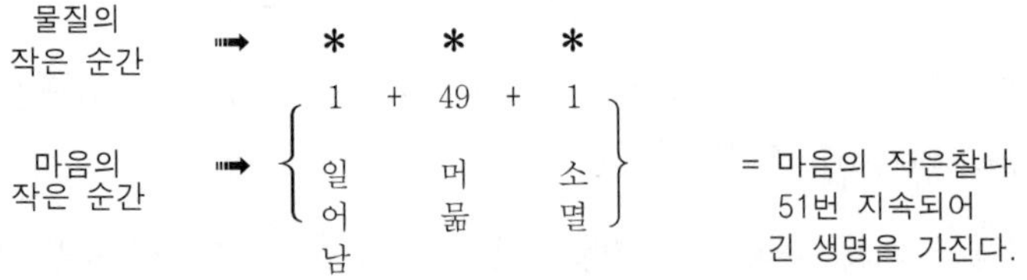

물질의 법(rūpadhammānaṁ)

28가지 물질 모두를 '물질의 법' 이라 취할 수는 없다. 암시물질(viññatti) 2가지와 일반적 특징물질(lakkhaṇarūpa) 4가지를 제외시켜야 한다. 2가지 암시물질은 '마음을 따라 일어나는 법(cittānuparivattino dhammā)' 이라고 『담마상가니』 서문(마띠까)에서 보이고 있듯이, 마음과 함께 일어나서 마음과 함께 소멸한다. 암시[윈냣띠]는 마음의 수명과 같기 때문에 '작은 순간' 으로 3차례 지속된다. 4가지 특징물질(락카나루빠)은 '생성(upacaya), 증가(santati), 성숙(jaratā), 소멸(aniccatā)이다. 4가지 특징물질 중에서 생성과 증가는 물질의 일어남(웁빠다) 순간과 같다. 성숙은 물질의 머묾(티띠)과 같다. 소멸은 물질의 소멸(방가)과 같다. 생성(upacaya), 증가(santati) 2가지는 마음의 일어남 순간 정도만 지속된다. 성숙(jaratā)은 머묾 정도만 지속된다. 소멸(aniccatā)은 마음의 소멸 동안만 지속된다. 이처럼 2가지 암시와 4가지 특징물질은 마음의 17번 순간 동안 지속되지 못하기에 '물질의 법' 자리에서 제외시켜야 한다.

마음과 물질의 수명에 대한 비유

어떤 남자가 과일을 떨어뜨리려고 막대기를 던지면 과일과 잎사귀들이 꼭지에서 동시에 떨어진다. 이때 과일 무거우니 더 빨리 떨어지고, 잎사귀는 가벼워서 느리게 떨어진다. 과일과 잎사귀가 함께 떨어지는 것처럼 재생연결 순간 물질과 마음이 동시에 일어난다. 무게 때문에 과일이 먼저 땅에 떨어지는 것처럼 물질의 법이 한번 생성, 소멸하는 동안 마음의 법은 16번 생멸을 거듭한다. 잎사귀가 가벼워서 나중에 떨어지듯 물질은 17번째의 마음과 함께 소멸된다.

왜 물질의 수명은 17번인가?

마음은 대상을 취하고 한번의 마음은 일어남(웁빠다), 머묾(티띠), 소멸(방가)라는 세 번의 작은 순간동안 대상을 취한다. 한 번의 마음은 '생성, 머묾, 소멸'의 찰나동안 지속된다. 17번 마음이 지속되는 동안 물질은 뿌레자따빳짜야(먼저 일어나 뒤에 일어난 법에 영향을 주는 연기법, 前生緣)110 연기법의 작용, 물질의 변화 및 전도되는 성품을 드러낸다.

물질과 마음의 법 모두는 무상無常, 상카따(조건 지어지는 물질과 마음)111의 법칙에 같이 적용되는데, 왜 마음의 생명은 짧고 물질은 긴가? 정신의 법[受, 想, 行, 識] 중 마음識이 핵심이다. 마음은 대상을 취하는 성품이 있고, 대상을 취함과 동시에 마음은 소멸한다. 마음이 소멸하면 마음부수들도 뒤따라 소멸하므로 마음의 법은 빠르게 생멸한다. 물질의 법에서는 마하부따(4대, 地·水·火·風)가 핵심이다. 4대(地·水·火·風)는 느리고 무거운 성질이기에 결합한 물질들 또한 4대처럼 생명이 길다. - 『칸다위방가아누띠까』

주의

허공(아까사다뚜), 가벼움(라후따) 등은 궁극적 실재의 법이 아니다. 그러나 궁극적 실재인 물질의 입자들이 존재하는 동안은 그들 또한 존재할 수 있기 때문에 17번의 수명이 지속되는 것처럼 일어

---

110. purejātapaccaya(뿌레자따빳짜야) - 앞에서 일어나 명백히 존재할 때 뒤에 일어날 마음識, 마음부수들에 영향을 주는 연기법. 즉 연관된 결과의 법에 토대의 상태든, 대상의 상태로든 결과의 법들이 일어나기 전 먼저 존재하여 영향을 미치는 연기법.

111. saṅkhata(상카따) - 업 · 마음 · 기온 · 자양분 등의 원인의 법들에 의해 조건 지워지는 물질과 마음의 법.

난다. 물질의 입자 2개가 모여 허공이 생겨나, 물질의 수명 17번이 지속되는 동안 허공은 존재한다. 가벼움 등도 이와 같다. 그러므로 허공과 가벼움 등은 '물질의 법(rūpadhammānaṁ)' 에서 제외될 수 없다. 그렇지만 구체적 물질(nipphannarūpa, 원인의 법들로 인해 일어난 물질), 추상적 물질(anipphannarūpa, 원인의 법들로 인하여 일어난 것이 아닌 물질)에서 추상적 물질은 개념이므로 실재하는 일어남, 머묾, 소멸은 없다. 그러므로 '물질의 법(rūpadhammānaṁ)' 에 모든 추상적 물질을 넣는 것은 적당치 않을 것이다.— 『바사띠까』의 견해

오문五門 인식과정

ekacittakkhaṇātītāni vā bahucittakkhaṇātītāni vā ṭhitippa ttāneva pañcārammaṇāni pañcadvāre āpātham āgacchanti.

다섯 대상[五境]은 하나의 마음순간을 지나거나 혹은 많은 마음순간을 지나서 머묾(티띠)순간에만 5문에 나타난다.

해설

'오문五門 인식과정(pañcadvāravīthi)' 이란 눈 등 다섯 문에 나타난 대상을 인식하는 과정을 '오문五門 인식과정' 이라 부른다.

바왕가(생의 연속체)

물질과 마음의 연속을 보면, 하나의 마음 뒤에 다른 마음이 연속해서 일어난다. 일어난 마음은 인식과정으로 진행되거나 아니면, 바왕가(생의 연속체)로 존재한다. 꿈 없는 깊은 수면이나 마음을 잃은 순간 등은 바왕가만이 일어난다. 바왕가의 순간에는 그 무엇도 분명히 인식할 수 없다. 바왕가는 바로 전생의 '죽음직전의 속행(마라나산나자와나)' 이 취한 인지된 업(깜마), 업의 표상(깜마

니밋따), 태어날 곳의 표상(가띠니밋따) 중 하나를 대상으로 한다. 바왕가들 사이에 나타나는 새로운 대상을 취하여 마음의 연속이 이어진다. 이처럼 일어나는 모습을 '인식과정에 들었다' 고 하며, 인식과정이 끊기면 바왕가에 다시 빠진다.

'하나의 마음순간을 지나거나 ‖중략‖ 머묾(티띠) 순간에만'

형상色 등 다섯 대상五境이 시각물질 등 5문에 나타날 때 처음 일어남하는 순간에는 대상이 미약하여 아직 드러내지 못한다. 물질은 머묾(티띠)의 순간에 힘이 있다. 강력한 형상이 깨끗한(완전한) 시각물질에 나타났더라도 적어도 한 차례 지난 머묾에 도달해야 드러날 수 있다. 감각물질[pasāda], 대상, 빛, 공간, 바람, 물 등 어느 것이건 약하거나 결함이 있다면, 마음순간이 2번째 이후에 혹은 15번째의 긴 시간이 지난 어느 머묾(티띠)순간, 비로소 대상이 나타날 수 있다.

'나타난다'

'나타난다' 란 이 자리에서 의문意門(마노윈냐나)과 오문五門(빤짜윈냐나)들이 대상으로 삼을 수 있는 만큼 분명히 나타나는 것을 뜻한다.

매우 큰 대상 인식과정

tasmā yadi ekacitthakkhaṇātītakaṁ rūpārammaṇaṁ cakkhussa āpātha māgacchati.
tato dvikkhattuṁ bhavaṅge calite bhavaṅgasotaṁ vocchindi

tvā tameva rūpārammaṇaṁ āvajjantaṁ pañcadvārāvajjanacittaṁ uppajjitvā nirujjhati.

그러므로 형상色이 하나의 마음순간이 지난 뒤 눈의 영역에 나타나면, 두 마음 순간동안 바왕가가 진동한 뒤 바왕가의 흐름이 끊어지고, 그 형상만을 숙고하는 것처럼[형상으로 전향하는] 오문전향마음이 일어난 뒤 소멸한다.

해설

눈의 문에서 매우 큰 대상(아띠마한따람마나)을 대상으로 한 인식과정을 설명하고 있다. 형상 등 오경五經은 일어남한 뒤 마음순간 한번쯤 지나거나 무수한 마음순간이 지난 뒤 나타난다. 여기서는 마음순간 한번이 지나 나타난 것을 가정하고 있다. '형상이 눈의 영역에 나타날 때 마음순간 한번을 지나 나타난다'에서 마음순간 한번이란 바왕가를 뜻하며, 지나간 바왕가[아띠따바왕가]라고 한다.

'두 마음 순간동안 바왕가(생의 연속체)가 진동한 뒤'

시각물질에 형상色이 드러나면 바왕가가 2번 진동한다. '진동한다'를 '전율하여 떨고 있다'로 알아서는 안된다. 바왕가는 근본적으로 인지된 업(깜마), 업의 표상(깜마니밋따), 태어날 곳의 표상(가띠니밋따) 중 하나를 대상으로 하다가 새 대상을 취하려 할 때는 원래의 대상이 불안정해진다. 원래의 대상을 버리지 못하고 근본에서 변화하여 흔들리는 것을 '바왕가의 진동'이라 한다.

‘바왕가의 진동에 대한 논쟁’

시각물질에 형상이 부딪히는데 왜 심장토대(하다야왓투)를 의지하는 바왕가가 흔들리는가? 시각물질은 눈동자에 머물고, 심장토대는 움푹한 가슴 안에 머문다. 시각물질과 심장은 생명체의 크기에 따라 두 장기의 간격 또한 달라질 수 있다. 큰 천인의 몸을 기준으로 하면 간격이 꽤 멀다. 바왕가의 진동은 형상이 나타남과 동시에 일어나야 한다. 즉 시각물질에 형상이 나타날 때 심장을 의지하는 바왕가가 진동하기는 매우 어려운 일이 아닌가? 시각물질에 형상이 부딪칠 때 의문意門(마노드와라)이라 이름하는 바왕가 또한 한순간에 나타난다. 비유하면 새 한 마리가 나무 끝에 앉으려 할 때 나무 가지와 새가 닿음과 동시에 땅바닥에 새의 그림자가 생겨남과 같다. 이처럼 성품의 접촉이 바왕가에 한순간 일어날 때 바왕가는 진동한다.

『앗타살리니』의 해설은 다음과 같다. ‘한 대상은 두 문에 나타난다. 형상이 눈의 문에 부딪히는 순간 의문意門에도 드러나며, 바왕가 또한 진동하는 원인이 된다.’

의문意門은 모든 대상과 연관되기 때문에 형상 등 다섯 대상이 두 가지 문에 나타나도 ‘의문意門에 나타난다’ 라고 특별히 말하지 않았다. 대신 연관이 없는 문으로 구분하여 ‘형상은 눈의 문에 나타난다’ 라고 설명한다.

장구의 한 쪽에 설탕 두 덩이를 붙여 놓았다. 설탕 한 덩이에 파리가 앉았는데, 파리가 앉지 않은 설탕 덩이를 손으로 쳤는데 파리가 흔들려 날아갔다. 파리가 앉아있던 설탕을 접촉한 것은 아닌데, 파리는 왜 흔들렸는가? 나란히 놓인 설탕 한 덩이를 건드리자, 같은 면으로 연결된 장구의 표면이 진동하니 다른 쪽의

파리에게까지 힘이 전달되어 흔들렸다. 그와 같이 감각물질과 바왕가의 토대인 심장토대 사이의 거리가 가깝지 않아도 성질로 연관되어 함께 일어나기에 감각물질에 대상이 부딪히면 심장토대를 의지하는 바왕가 역시 흔들리게 된다.

다른 곳인 오근五根에 접촉했는데
다른 곳을 의지하는[112] 바왕가가 진동하는 것은
하나로 결합되어 있기 때문이다.
이 연유를 설탕덩이에 비유할 수 있다.

'하나로 결합' 되어 있다는 것은 눈과 심장의 거리가 멀더라도 성품의 본질에서는(자연적 성향) 하나로 연결되어 있기 때문이다.

두 차례의 진동

의문意門(마노드와라)에 대상이 나타나 바왕가가 진동할 때, 왜 두 차례에 걸쳐 진동한 다음 바왕가의 연속이 끊기는가? 새 대상이 나타남과 동시에 바로 멈추지 못하기 때문에, 두 번에 걸쳐 진동한 뒤 끊어지게 된다. 비유하면 달리기 경주에서 온 힘을 다해 달리던 선수는 결승점에 도착하고도 멈추지 못하고 두어 걸음 더 넘어선 뒤에야 멈출 수 있는 것과 같다.

빠르게 달리던 사람이
멈추고 싶어도 멈추지 못하는 것처럼

---

112. 오근은 각각의 감각물질인 물질을 의지하고, 바왕가는 심장토대를 의지하므로, 서로 다른 토대를 가진다.

바왕가가 두 차례 일어난 뒤에야 끊어진다.

진동하는 두 번의 바왕가를 진동하는 바왕가(bhavaṅgacalana)라고 이름한다. 하지만 두 번째 바왕가는 근본 바왕가의 연속된 흐름을 끊어내기 때문에 끊어내는 바왕가(bhavaṅgupaccheda)라고 스승들께서 이름 붙였다.

'바왕가의 흐름을 끊어지고 ‖중략‖ 오문전향마음이 일어난 뒤 소멸한다.'

바왕가의 연속을 끊어내고서 새로운 대상으로 마음을 전향시키는 것처럼 오문전향마음이 일어난 뒤 소멸한다.

tato tassānantaraṁ tameva rūpaṁ passantaṁ cakkhuviññāṇaṁ, sampaṭicchantaṁ sampaṭicchanacittaṁ, santīrayamānaṁ santīraṇacitaṁ, vavatthapentaṁ voṭṭhabbanacittañceti yathākkamaṁ uppajjitvā nirujjhanti.

이같이 오문전향마음이 소멸되고 바로 뒤에 형상色만을 보는 눈의 의식眼識, 받아들이는 것처럼 일어나는 받아들이는 마음[삼빠띳차나], 조사하는 것처럼 일어나는 조사하는 마음[산띠라나], 결정하는 것처럼 일어나는 결정하는 마음[옷타빠나] 이런 순서로 일어난 뒤 소멸된다.

<현재의 대상이 눈, 코 등 5문 중 하나의 문에 나타난 인식과정>

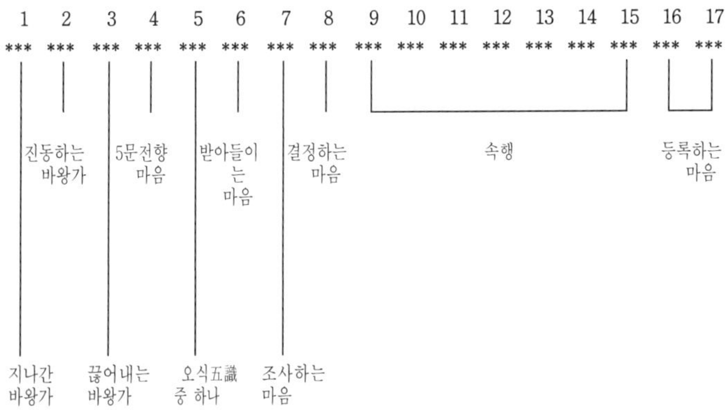

해설

형상色을 보는 눈의 의식 ➠ 형상을 받아들이는 마음 ➠ 형상을 조사하는 마음 ➠ 형상을 '형상의 전부다' 고 결정하는 마음들이 연속하여 생멸하며 마음이 진행된다.

이에 따라 '형상이 생겨나 8번의 마음이 지났다' 고 알 수 있다. 마음의 연속은 [지나간 바왕가 ➠ 진동하는 바왕가 ➠ 끊어내는 바왕가 ➠ 5문전향마음 ➠ 눈의 의식眼識 ➠ 받아들이는 마음 ➠ 조사하는 마음 ➠ 결정하는 마음]으로 8차례가 지나갔다.

tato paraṁ ekūnattiṁsa kāmāvacara javanesu yaṁkiñci laddhapaccayaṁ yebhuyyena sattakkhattuṁ javati.

그 뒤 29가지 욕계 속행(속행) 중 어떤 속행은 바른 이치로 마음에 둠이나 바르지 못한 이치로 마음에 둠[113] 등의 조건을 얻어 보통 7번

113. yaṁkiñci - 어떤 하나의 속행은
laddhapaccayaṁ - yonisomanasikāra(올바른 마음가짐) 혹은 ayonisomana-

의 강한 기세로 일어난다.

해설

결정하는 마음이 소멸한 뒤 속행이 일어날 차례에 형상은 욕계 대상이기에 욕계의 속행이 일어난다. 색계, 무색계 선정마음, 출세간마음의 속행들이 욕계의 법을 대상으로 할 수 없음은 '대상으로 결집한 장(ārammaṇasaṅgaha)' 에서 설명했었다. 욕계 속행이 강한 기세로 일어날 때 숱한 속행이 일어나는 것은 아니다. 29가지 욕계 속행 중 하나만 강한 기세로 일어날 기회를 얻는다. 설명하면 'yoniso bhikkhave manasikaroto anuppannāceva kusalādhammā uppajjanti, uppannā ca kusalādhammā bhāvanāya pāripūriṁ gacchanti - 빅쿠들이여! 올바른 이치를 마음에 두는 이에게 일어나지 않은 선법善法은 일어난다. 일어난 선법은 더욱 증가하여 충만해진다.' 바른 이치로 마음에 두었다면 선善의 속행, 바르지 못한 이치로 마음에 두었다면 불선不善의 속행, 그리고 바른 이치로 마음에 둠[요니소마나시까라]이 잠재된 번뇌가 소멸된 아라한에게 일어난다면, 작용만 하는 마음 속행이 일어난다.

[마나시까라(마음에 둠)란 세 종류가 있고, 그 중 하나인 전향마음(아왓자나)에는 오문전향마음과 의문전향마음 두 가지가 있으며, 결정하는 마음[옷타빠나]은 의문전향마음의 다른 이름이다. 이는 제2장 '주의[마나시까라]' 마음부수에 관한 설명으로 보였다. 선善, 불선不善을 결정짓는 바른 이치로 마음에 둠[요니소마나시까라] 등은 결정하는 마음[옷타빠나]순간에 결정되며, 이 결정된 선善, 불선不善 혹은 작용만 하는 마음은 인식과정 중 속행으로 강한 여세로 6번 혹은 7번 연속해서 일어난다]

바른 이치로 마음에 둠[요니소마나시까라]이 일어나고 혹은 일어나지 못하는 이유는 '자신을 바르게 두고 훌륭한 법을 듣고 훌륭한 이를 의지하며 적합한 장소에 머무는 것이다. 또한 과거에 행했던 선업善業의 결과로 얻은 훌륭한 재생연결식' 등이다. 이러한

---

sikāra(올바르지 못한 마음가짐) 등의 원인을 얻어,,,,,,,

조건을 갖춘 사람은 훌륭한 선지식이 있는 적합한 장소에 태어나 좋은 부모, 친척, 스승이라는 훌륭한 이들을 의지하고 가까이함으로써 좋은 말씀을 들을 수 있게 된다. 좋은 법을 듣는 이는 자신의 육체와 정신을 지키고 돌보아 자신을 훌륭하게 만든다. 대상에 대하여 바른 이치로 마음에 둠의 상태가 많아서 선善의 속행이 강한 기세로 일어나게 된다. 선善이 결핍된 사람에게는 바르지 못한 이치로 마음에 둠의 상태가 많이 일어나 불선不善의 속행이 일어날 기회가 많아진다.

현생에 선善의 속행이 일어나는 것의 가까운 원인은 바른 이치로 마음에 둠이고, '자신을 바르게 둠' 등은 먼 원인이다. 속행들의 즐거움을 수반한 자발적 마음, 자극받은 마음과 중립적 느낌의 자발적 마음, 자극받은 마음이 일어나려면 연관된 원인이 있다. 이러한 원인은 제1장에서 설명했다. 이같이 욕계 속행 29가지[114] 중 타당한 원인으로 인해 속행은 강한 기세로 일어날 기회를 얻기 때문에 '어떤 속행은 바른 이치로 마음에 둠 등 원인을 얻어'라 언급하고 있다.

'보통 7번의 강한 기세로 일어난다'

기회를 얻은 속행은 동일한 마음으로 7번에 걸쳐 반복적으로 일어난다. '7번'이란 최대로 일어나는 일반적 숫자이다. 보통의 경우 6번 강한 기세로 일어날 때도 있다. '욕계 속행이 일어날 때 6번 혹은 7번 강한 기세로 일어난다'고 말한다. 『청정도론』, 『주석서』 등에서도 '형상 등 대상이 크고 선명하게 나타

---

114. 욕계 속행 29가지 — 미소짓는 마음(미소 짓는 마음) 1가지, 불선업 마음 12가지, 욕계 선업마음 8가지, 욕계 작용만 하는 마음 8가지

난다면 ‖중략‖ 속행은 6번 혹은 7번 강한 기세로 일어난다' 고 일반적 경우에도 6번 일어날 수 있음을 언급하고 있다.

'5번 강한 여세로 일어날 때'

임종이 임박하거나 나무에서 떨어지거나 물에 빠져 정신을 잃고 약한 속행으로 혼수상태에 빠져 있을 때 혹은 비몽사몽 꿈을 꾸고 있을 때 속행은 5번 일어날 수 있기에 '죽음 순간 등에서 5번' 으로 언급하고 있다.

javanānubandhāni ca dve tadarammaṇapākāni yathārahaṁ pavattanti. tato paraṁ bhavaṅgapāto.

속행을 뒤따르는 2차례의 과보마음인 등록 또한 존재에 따라 적합하게 일어난다. 2차례 등록하는 마음이 일어난 뒤 바왕가로 떨어진다.

해설

속행이 대상을 체험한 뒤이기에 과보마음은 바왕가 작용에 적용되어 일어나야겠지만 흐르는 물이 가로질러 가는 배의 뒤를 조금 따르는 것처럼, 강한 기세를 지닌 속행의 뒤를 등록하는 마음[속행이 취한 대상을 대상으로 하는 마음] 작용에 적용된 과보마음이 2차례 정도 뒤따른다. 과보마음들이 자신들이 평소 취했던 인지된 업(깜마), 업의 표상(깜마니밋따), 태어날 곳의 표상(가띠니밋따)의 대상을 취하지 못하고, 속행의 뒤를 따라 속행이 취한 대상을 가지기에 'tassa āramaṇaṁ āramaṇaṁ yassa - 속행의 대상을 대상으로 하는 마음' 으로 풀이하여 등록이라 이름하였다. '속행의 끝에서 바왕가의 대상을 취하지 않고, 속행의 대상을 대상으로 하여 일어나기에 등록하는 마음이라 한다.' 라고 『청정도론』에 언급되어 있다. 속행의 끝에서 일어나기에 바왕가에 빠짐이 적합한데도 바왕가에 빠지지 않고, 등록 작용에 적용되는 과보마음 11가지(욕계 과보마음 8가지, 조사하는 마음 3가지) 중 하나가 2번 반복해서 속행을 뒤따른다. 2번의 등록이 소멸된 뒤 인식과정이 끝나 다시 바왕가의 흐름에 빠진다.

'존재에 따라 적합하게 일어난다.'

등록하는 마음이란? '

1. 욕계 속행
2. 욕계 중생

그리고 욕계 대상 중에도

3. 아띠마한따(atimahanta) - 대상이 나타나는 순간부터 소멸하는 순간까지 헤아려 매우 많은 마음의 순간을 가진 대상. 매우 큰 대상

혹은,

위부따(vibhūta) -선명한 대상

이 3가지 조건이 갖추어져야 등록하는 마음이 일어날 수 있다. 'kāme javanasattā, lambanānaṁ niyame sati - 욕계에서 속행, 욕계중생, 대상이 확실할 때' 등으로 언급한다. 29가지 욕계 속행들 중에서 '형상色이 하나의 마음순간이 지난 뒤' 란 구절을 통해 욕계의 매우 큰 대상(아띠마한따)임을 명백히 보이고 있다. 존재에 따라 적합하고 적합하지 않음을 검토하기 위하여 'yathārahaṁ - 존재에 따라 적합하게' 라고 언급했다. '욕계 존재만이 등록에 빠진다. 욕계 존재가 아니면 빠지지 않는다' 는 의미이다.

'이 2차례의 등록하는 마음이 일어난 뒤에 바왕가에 빠진다.'

바왕가가 연속되다가 새로운 대상이 나타나 인식과정이 일어나는 것을 'bhavaṅgato uttaraṇaṁ - 새로운 대상을 취하여 바왕가에서 빠져나옴' 라고 주석서에 언급되어 있다. 인식과정이 끊어진 뒤 다시 바왕가에 빠지는 것을 'bhavaṅgottaraṇaṁ - 바왕가에 들어섬, bhavaṅgapāta -바왕가 쪽으로 마음의 연속이 빠짐, bhavaṅgappavesana - 바왕가 쪽으로 마음의 연속이 들어섬' 이라고 언급하였다. 즉 인식과정이 일어나는 것은 마음이 활동적으로 되는 것이고, 바왕가의 연속에 빠지는 것은 마음의 연속이 고요하게 가라앉는 것과 같다. 그러므로 'bhavaṅgapāta - 바왕가에 빠졌다' 라 말한다. 『빠라맛타디빠니』에서 마음의 연속은 전향마음에서 시작하여 4번째 속행에 이르기까지 활동적으로 일어났다가 5번째 속행부터 서서히 힘을 잃어가고 두 차례의 등록이 끝나면, 완전히 소멸되기에 'bhavaṅgapāta - 바왕가에 빠졌다' 라고 설명하고 있다.

마음이 일어나는 모습

마음들은 일어날 기회를 얻기 위해 내부에 축적되어 있는 것이 아니고, 바깥 어떤 곳에 쌓아 둔 것도 아니다. 마음들은 눈 등의 토대, 대상, 주의 등 연관된 조건들이 갖추어지는 즉시 일어난다. 시각물질과 외부의 대상, 적당한 빛, 주의를 기울임 등이 갖춰지면 하나의 안식眼識이 일어날 수 있는 것과 같다.

ettāvatā cuddasa vīthicittuppādā dve bhavaṅgacalānāni pubbeva atītakaṁ ekacittakkhaṇanti katvā sattarasacittakkhaṇāni paripūrenti. tato paraṁ nirujjhati. ārammaṇa metaṁ

atimahantaṁ nāma gocaraṁ.

이러한 순서로 14차례의 인식과정이 일어나고 2차례 바왕가의 흔들림, 이전에 이미 지나갔던 하나의 마음순간[아띠따바왕가], 이렇게 17차례의 마음순간은 완성되고 소멸된다. 이 대상을 매우 큰 대상(아띠마한따람마나)이라 부른다.

해설

1	2	3	4	5	6	7	8	9	10	11	12	13	14	15	16	17
***	***	***	***	***	***	***	***	***	***	***	***	***	***	***	***	***
tī	na	da	āva	viñ	sam	san	vo	ja	ja	ja	ja	ja	ja	ja	tad	tad

tī = atītabhavaṅga(아띠따바왕가) - 지나간 바왕가
na = bhavaṅgacalana(바왕가짤라나) - 진동하는 바왕가
da = bhavaṅgupaccheda(바왕구빳체다) - 끊어내는 바왕가
āva = pañcadvārāvajjana(빤짜드와라왓자나) - 오문전향
viñ = pañcaviññāṇa(빤짜윈냐나) - 오식五識 중 하나
sam = sampaṭicchana(삼빠띳차나) - 받아들임
san = santīraṇa(산띠라나) - 조사
ja = javana(자와나) - 속행
tad = tadārammaṇa(따뜨라마나) - 등록

* * * = 하나의 마음 순간인 일어남(웁빠다), 머묾(티띠), 소멸(방가)인 작은 순간을 표시한 것이다.

이같이 14차례의 인식과정과 2차례 진동하는 바왕가, 이전에 이미 지나간 하나의 마음순간인 지나간 바왕가 한 차례로 '마음의 순간' 17번이 완성된다. 그리고 눈의 대상이었던 형상 또한 소멸된다. 이런 대상을 매우 큰 대상(아띠마한땅)이라 부른다.

형상이 나타난 뒤부터 헤아리면 지나간 바왕가 ➠ 진동하는 바왕가➠ 끊어내는 바왕가 ➠ 오문전향 ➠ 눈의 의식 ➠ 받아들임 ➠ 조사 ➠ 결정 ➠ 7차례 속행 ➠ 2차례 등록의 17번이다. 시각의 대상이던 물질도 수명이 17번 채워져 소멸된다. 시각의 대상

은 마음순간 1차례가 지나 나타나므로, 총 16번이다. 이 대상보다 긴 수명을 지닌 대상은 없다. 그러므로 매우 큰 대상이라 이름한다.

오문五門인식과정(pañcadvāravīthi)

지나간 바왕가 1차례 ➠ 진동하는 바왕가 1차례 ➠ 끊어내는 바왕가 1차례 ➠ 5문전향마음 1차례 ➠ 오식五識 중 하나 1차례 ➠ 받아들임 1차례 ➠ 조사 1차례 ➠ 결정 1차례 ➠ 속행 7차례 ➠ 등록 2차례 ➠ 무수한 바왕가

의문意門인식과정(manodvārāvīthi)

지나간 바왕가 1차례 ➠ 진동하는 바왕가 1차례 ➠ 끊어내는 바왕가 1차례 ➠ 의문意門전향 1차례 ➠ 속행 7차례 ➠ 등록 2차례 ➠ 무수한 바왕가

큰 대상 인식과정

yāva tadārammaṇuppādā pana appahontā tītaka māpātha māgataṁ ārammaṇaṁ mahantaṁ nāma. tattha javanāvasāne bhavaṅgapātova hoti. natthi tadārammaṇuppādo.

등록이 일어날 수 없게 지나가버린 대상을 큰 대상(마한따람마나)이라 부른다. 이 큰 대상은 속행을 끝으로 바왕가에 빠진다. 등록은 일어나지 않는다.

해설

'등록이 일어날 수 없게 지나가버린 대상'

나타난 대상은 등록까지 존속되지 못한다. 등록이 일어나기 전

에 소멸되어야 한다는 뜻이다. 문에 나타나지 못하고 지나가는 대상을 '지나가버린 대상[atītaka]'라 부른다. '지나가버린 대상'이란 '가능한 넘어섬[pahontātītaka]'과 '가능하지 않은 넘어섬[appahontātītaka]' 두 종류가 있다. 매우 큰 대상(아띠마한따람마나)도 대상이 처음 일어나는 순간 일어나지 못하고 한 번을 넘겨버렸다.[지나간 바왕가가 일어났다.] 그런 종류의 지나감은, 등록이 일어날 때까지 존속 가능한 '가능한 넘어섬'이다. 큰 대상(마한따람마나)은 2차례 혹은 3차례의 마음순간이 지난 뒤라서 등록이 일어날 때까지 존속할 수 없다.[지나간 바왕가가 2차례 혹은 3차례 일어난다.]

왜 큰 대상(마한따람마나)은 일어남한 뒤 두 세 차례의 마음순간을 지나서야 나타나는가? 형상, 시각물질, 빛 이 세 가지 원인들 중 하나가 매우 큰 대상(아띠마한따람마나) 때만큼 강하지 못하기에 큰 대상(마한따람마나)은 일어난 뒤 두 세 차례의 지나간 바왕가가 지난 후에 나타날 수 있다.

2차례 혹은 3차례의 차이

큰 대상(마한따람마나)에서 왜 어떤 것은 2차례 일부는 3차례 지난 후 나타나는가? 대상, 감각물질, 빛의 요인 중, 힘이 있다면 2차례 넘어선 뒤 나타나고, 힘이 없으면 3차례 넘어선 뒤 나타나기 때문이다.[2차례, 3차례 넘어간 마음은 지나간 바왕가를 말한다.]

'1차례 등록하는 마음은 없다'

3차례 마음순간을 지난 뒤 대상이 나타나 7번째 속행을 끝으로 물질의 수명이 다하기에, 등록이 전혀 일어나지 못한다면 그럴 수도 있다. 2차례 마음순간이 지난 뒤 나타난 대상은 7번째 속행 뒤에는 마음순간 1차례 정도 남기에 등록 1차례 정도는 일어날 수 있지 않은가? "충분히 먹지 못할 거면 아예 먹지 않겠다. 먹는다면 진수성찬을 먹겠다"는 속담처럼 등록은 일어날 수 없다면 아예 일어나지 않는다. 일어난다면 2차례 일어날 수 있기에, 속행의 대상을 대상으로 삼는 1차례의 등록은 아예 일어나지 않는다.

큰 대상(마한따람마나)의 인식과정

지나간 바왕가 2차례 혹은 3차례 ➠ 진동하는 바왕가 ➠ 끊어내는 바왕가 ➠ 오문전향마음 ➠ 눈이 의식 ➠ 받아들임 ➠ 조사 ➠ 결정 ➠ 속행 7차례 ➠ 바왕가(생의 연속체) ➠…➠…➠…]

작은 대상의 인식과정

yāva javanuppādāpi appahontā tītaka māpātha māgataṁ ārammaṇaṁ parittaṁ nāma. tattha javanampi anuppajjitvā dvattikkhattuṁ voṭṭhabbana meva pavattati. tato paraṁ bhavaṅgapātova hoti.

속행이 7차례 일어나는 것조차 불가능하게 넘어서 버린 대상을 작은 대상(빠릿따람마나)이라 부른다. 작은 대상의 인식과정에서는 속행이 일어나지 못하므로 2번, 3번의 결정(옷타빠나)만 일어난다. 결정하는 마음 뒤에 바왕가에만 빠진다.

해설

'등록이 일어나지 못할 뿐 아니라 속행조차 일어나기 힘들

다.'

속행이 일어나지 못한 횟수만큼 지나간 바왕가가 일어난 뒤 나타나는 대상을 작은 대상(빠릿따람마나)이라 부른다. 작은 대상의 인식과정에서는 속행이 일어나지 못하므로 결정하는 마음이 2차례 혹은 3차례 일어나게 된다. 결정하는 마음 뒤에 바왕가에 빠진다.

'속행이 일어나지 못한 횟수만큼 지나간 바왕가가 일어난 뒤 나타나는 대상' 이란 말처럼, 적게는 4차례 마음순간을 넘어선 뒤[4차례 아띠따바왕가가 일어난 뒤] 대상이 나타난다. 결정이 최소 2차례는 일어나야 하므로 지나간 바왕가 또한 9번을 넘지 않아야한다.

작은 대상(빠릿따람마나)의 인식과정

지나간 바왕가 4차례 ➠ 진동하는 바왕가 ➠ 끊어내는 바왕가 ➠ 오문전향마음 ➠ 눈의 의식 ➠ 받아들임➠ 조사 ➠ 결정 3차례➠ 바왕가 4차례

『물라띠까』

『물라띠까』에서 '7차례의 속행이 일어나지 못하는 경우인 정신이 혼미할 때나 꿈꿀 때 결정하는 마음 뒤에 네다섯 번의 속행이 일어날 법도하다. 그만큼 일어날 수 없는 대상이라면 아예 오문전향마음, 눈의 의식[眼識]도 일으킬 수 없을 것이다. 결정이 두세 번 속행 자리에서 일어날지라도, 속행처럼 연속해서 일어나는 아세와나빳짜야(연속성의 연기법, 數數修習緣)115가 아니기에 이 작은

대상(빠릿따람마나) 설을 재숙고할 필요가 있을 것이다.

작은 대상의 인식과정은 6종류가 있을 수 있다. 6번을 제외한 1번에서 5번까지의 인식과정에서 결정하는 마음은 2차례 혹은 3차례 원하는 대로 일어날 수 있다. 결정이 2차례 일어난다면 뒤의 바왕가는 한 번 증가하여야 할 것이고, 결정이 3차례 일어난다면 바왕가는 한 번 감소하여야 할 것이다.

1. 4차례 마음순간을 넘어선 뒤[지나간 바왕가] 나타나 2번의 결정하는 마음 뒤에 5번의 바왕가로써 소멸하는 인식과정.
2. 5차례 마음순간을 넘어선 뒤 나타나 2번의 결정하는 마음 뒤에 4번의 바왕가로써 소멸하는 인식과정.
3. 6차례 마음순간을 넘어선 뒤 나타나 2번의 결정하는 마음 뒤에 3번의 바왕가로써 소멸하는 인식과정.
4. 7차례 마음순간을 넘어선 뒤 나타나 2번의 결정하는 마음 뒤에 2번의 바왕가로써 소멸하는 인식과정.
5. 8차례 마음순간을 넘어선 뒤 나타나 2번의 결정하는 마음 뒤에 1번의 바왕가로써 소멸하는 인식과정.
6. 9차례 마음순간을 넘어선 뒤 나타나 2번의 결정하는 마음으로써 소멸하는 인식과정.

첫 번째 작은 대상(빠릿따람마나)의 인식과정

형상과 시각물질이 함께 일어나고 4차례 지나간 바왕가가 지나 시각물질에 형상이 나타나기에 '진동하는 바왕가 ➠ ‖중략‖ 2번의 결정이 일어난 뒤 5번의 바왕가가 일어나는 동안 형상과 시각물질은 물질의 수명이 다해 5번째 바왕가와 동시에 소멸하는 인식과정이 첫 번째 작은 대상 인식과정이다. 두 번째, 세 번째,

115. āsevanapaccaya(아세와나빳짜야)- 반복, 연속성의 연기법, 자신의 바로 뒤에서 일어나는 법을 자신과 같은 성질의 상태에 이르도록 영향을 주는 것을 아세와나빳짜야라 부른다.

네 번째, 다섯 번째, 여섯 번째 인식과정도 이와 같다. 이 작은 대상 인식과정은 보이듯 들리듯 부딪치듯 희미하게 감지되는 대상을 통한 인식과정이다.

매우 작은 대상의 인식과정

yāva voṭṭhabbanubbādā ca pana appahontātītakaṁ āpātha māg ataṁ nirodhāsanna mārammaṇaṁ atiparittaṁ nāma. tattha b havaṅgacalanameva hoti. natthi vīthicittuppādo.

결정하는 마음이 2차례 일어나는 것조차 불가능 하게 지나가버린, 소멸 직전의 대상을 매우 작은 대상(아띠빠릿따람마나)이라 부른다. 매우 작은 대상의 인식과정에서는 진동하는 바왕가만 일어난다. 인식과정의 진행은 일어나지 않는다.

해설

결정하는 마음조차 일어나지 못할 정도로 많은 지나간 바왕가가 일어난 뒤 나타나 물질의 소멸직전에 드러나는 대상을 매우 작은 대상(아띠빠릿따람마나)이라 부른다. 매우 적은 마음순간을 가진 대상은, 인식과정에서 진동하는 바왕가만으로 진동할 뿐 인식과정의 진행은 일어나지 못한다. 대상, 토대, 빛 등의 조건이 매우 작은 대상 때만큼도 힘이 없고 매우 약하여 소멸 직전 나타난다. 나타난 뒤부터 헤아려 매우 적은 마음순간을 가지기에 이 대상을 '매우 작은 대상' 이라 부른다. 이러한 마음의 일어남을 쓸모없는 차례[116]라 하기도 한다.

'결정하는 마음조차 일어나지 못할 정도로 많은 지나간 바왕가가 일어난

116. moghavāra(모가와라) - 인식과정이 불충분하여 바왕가가 흔들리는 정도로만 일어나는 마음의 차례. 이를 쓸모없는 차례라 이름 한다.

뒤' 란 마음순간이 최소 10차례[지나간 바왕가 10차례] 지나간 뒤에 나타남을 알 수 있다. 진동하는 바왕가, 끊어내는 바왕가 2차례가 진동해야 하기에 지나간 바왕가가 최대 15번 넘게 일어날 수도 없다. 이처럼 지나간 바왕가 10번에서 최대 15번까지의 마음을 매우 작은 대상(아띠빠릿따람마나)이라 이름한다. 매우 작은 대상은 6가지가 있을 수 있다.

지나간 바왕가 순간이 15번 일어난 뒤에 나타나는 대상에는 전향마음(아왓자나) 등이 일어나지 못한다. 지나간 바왕가가 최대 10번, 11번으로 나타나는 대상에 2차례의 결정하는 마음이 일어날 수는 없지만, 전향마음부터 조사하는 마음까지는 일어날 수 있지 않은가! 왜 전향마음은 일어나지 못하고 바왕가만 진동하고 끝나는가? 마음의 법칙(niyāmadhammatā)은 부처님만이 완전하게 아시고, 그 뜻을 주석서에서 드러내어 해설하고 있다. 그러므로 바왕가에서 외부의 나타난 대상으로 전향시킬 수 있는 오문전향마음이 일어난다면, 결정하는 마음에 도달하기 전 눈의 의식, 받아들이는 마음, 조사하는 마음에서 멈추어 마음의 연속이 끊어지는 경우란 없다' 는 『앗타살리니』 해설대로 이해해야 할 것이다.

『앗타살리니』

오문전향마음이 바왕가를 돌려[바왕가 마음에서 인식과정으로 전향시켜 눈의 의식, 받아들이는 마음, 조사하는 마음 등이 뒤따라 일어나도록 함으로써] 결정하는 마음에 도달하지 못하고 중간에 눈의 의식, 받아들이는 마음, 조사하는 마음에서 멈추어 인식과정을 멈추는 법이 없다.

이같이 '눈의 문을 통해 일어나는 인식과정' 이 외부대상에 의해 진행되는 모습을 매우 큰 대상(아띠마한따람마나), 큰 대상(마한따람

마나) 등으로 해설하여 보였다. 다시 도표로써 정리하여 보면,

15가지 눈의 인식과정

대상	인식과정의 연속																	빠지는 차례
	1	2	3	4	5	6	7	8	9	10	11	12	13	14	15	16	17	
매우 큰 대상	tī ooo	na ooo	da ooo	nañ ooo	cak ooo	saṁ ooo	san ooo	vo ooo	ja ooo	ja ooo	ja ooo	ja ooo	ja ooo	ja ooo	ja ooo	tad ooo	tad ooo	등록을 끝으로
큰 대상	tī	tī	na	da	nañ	cak	saṁ	san	vo	ja	ja	ja	ja	ja	ja	ja	bha	속행을 끝으로 하는
	tī	tī	tī	na	da	nañ	cak	saṁ	san	vo	ja	ja	ja	ja	ja	ja	ja	
작은 대상	tī	tī	tī	tī	na	da	nañ	cak	saṁ	san	vo	vo	bha	bha	bha	bha	bha	결정을 끝으로 하는 인식과정
	tī	tī	tī	tī	tī	na	da	nañ	cak	saṁ	san	vo	vo	bha	bha	bha	bha	
	tī	tī	tī	tī	tī	tī	na	da	nañ	cak	saṁ	san	vo	vo	bha	bha	bha	
	tī	tī	tī	tī	tī	tī	tī	na	da	nañ	cak	saṁ	san	vo	vo	bha	bha	
	tī	tī	tī	tī	tī	tī	tī	tī	na	da	nañ	cak	saṁ	san	vo	vo	bha	
	tī	tī	tī	tī	tī	tī	tī	tī	tī	na	da	nañ	cak	saṁ	san	vo	vo	
매우 작은 대상	tī	tī	tī	tī	tī	tī	tī	tī	tī	tī	na	na	bha	bha	bha	bha	bha	쓸모없는 인식과정
	tī	tī	tī	tī	tī	tī	tī	tī	tī	tī	tī	na	na	bha	bha	bha	bha	
	tī	tī	tī	tī	tī	tī	tī	tī	tī	tī	tī	tī	na	na	bha	bha	bha	
	tī	tī	tī	tī	tī	tī	tī	tī	tī	tī	tī	tī	tī	na	na	bha	bha	
	tī	tī	tī	tī	tī	tī	tī	tī	tī	tī	tī	tī	tī	tī	na	na	bha	
	tī	tī	tī	tī	tī	tī	tī	tī	tī	tī	tī	tī	tī	tī	tī	na	na	

 * 매우 큰 대상(아띠마한땅) ― 대상이 나타나 소멸까지 헤아리면 매우 많은 마음순간을 가진 대상
 * 큰 대상(마한땅) ― 대상이 나타나 소멸까지 헤아리면 많은 마음순간을 가진 대상
 * 작은 대상(빠릿땅) ― 대상이 나타나 소멸까지 헤아리면 작은 마음순간을 가진 대상
 * 매우 작은 대상(아띠빠릿땅) ― 대상이 나타나 소멸까지 헤아리면 매우 작은 마음순간을 가진 대상

tī = 지나간 바왕가
na = 진동하는 바왕가
da = 끊어내는 바왕가
nañ = 오문전향마음
cak = 눈의 의식
saṁ = 받아들이는 마음
san = 조사하는 마음
vo = 결정하는 마음
ja = 속행
tad = 등록하는 마음
bha = 바왕가

귀의 문 등

iccevaṁ cakkhudvāre thatā sotadvārādīsu ceti, sabbathāpi pañcadvāre tadārammaṇajavanavoṭṭhapanamoghavārasaṅkhātānaṁ catunnaṁ vārānaṁ yathākkamaṁ ārammaṇabhūtā catudhā visayappavatti veditabbā.

눈의 문에서와 같이 귀의 문 등에서도 언급한 방법과 같다. 이처럼 모든 5문에서 등록을 끝으로 하는 차례(tadārammaṇavāra), 속행을 끝으로 하는 차례(javanavāra), 결정을 끝으로 하는 차례(voṭṭhapanavāra), 쓸모없는 차례(moghavāra) 등 네 가지 마음의 차례로 대상이 일어남을 '4종류 대상의 일어남(visayappavatti)' 이라 한다.

해설

이 구절은 끝맺음의 말이다. '눈의 문에서와 같이 귀의 문 등에서도' 라는 말로 귀, 코, 혀, 몸의 문에서도 '대상의 일어남(visayappavatti)' 을 가리키는 글이다. 『상가하』에서는 마지막 차례만을 쓸모없는 차례라 부르지만 『앗타살리니』에서는 등록이 일어나지 못하는 '속행을 끝으로 하는 차례' 와 속행이 일어나지 못하는 '결정을 끝으로 하는 차례' 또한 쓸모없는 차례라 부른다.

요약

vīthicittāni satteva cittuppādā catuddasa, catuppaññāsa vitthārā, pañcadvāre yathārahaṁ. ayamettha pañcadvāre vīthicittappavattinayo.

5문에 따라 적합하게 일어나는 인식과정은 7종류이다. 마음은 일어남으로써 14차례이고 넓게는 54가지 마음이 있다. 여기서 언급한 이 말들은 5문에서 일어나는 마음의 인식과정이다.

해설

눈의 문에서 1종류 매우 큰 대상(아띠마한따람마나), 2종류 큰 대상(마한따람마나), 6종류 작은 대상(빠릿따람마나), 6종류 매우 작은 대상(아띠빠릿따람마나)으로 모두 15종류의 대상이 있는 것처럼, 귀의 문 등에서도 15종류의 대상이 있다. 그러므로 5문들과 대상 15종류를 곱하면 5문을 통해 일어나는 인식과정은 '대상을 취함' 에 따라 모두 75가지라고 헤아려 볼 수 있다. 눈의 문에 형상이 나타나면 '오문전향마음, 눈의 의식' 등이 일어난다. 귀의 문에 소리가 들리면 '오문전향마음, 귀의 의식' 등이 일어난다. 이와 같이 '문에 따라, 대상에 따라 적합한 인식과정은 일어난다' 는 의미이다.

인식과정을 종류로 헤아리면 '5문전향, 눈의 의식, 받아들임, 조사, 결정, 속행, 등록' 등으로 7종류가 있다. 일어나는 마음의 차례로 헤아리면 '속행 7차례, 등록 2차례' 가 일어나기 때문에 5문전향마음에서 시작하여 14차례가 일어난다. 5문에서 일어나는 마음은 넓게 54가지가 있다[욕계마음 54가지만이다]. 그러므로 '5문에서 일어나는 54가지 마음들은 욕계마음뿐이다' 라는 문으로 결집한 장의 글과 일치한다.

의문意門을 통해 일어나는 욕계 속행차례

선명한 대상의 인식과정

manodvāre pana yadi vibhūtamāramaṇaṁ āpātamāgacchati. tat o [paraṁ] bhavaṅgacalanamanodvārāvajjanajavanāvasāne tadā ramaṇapākāni pavattanti. tato paraṁbhavaṅgapāto.

만약 의문意門[마노드와라]에 선명한 대상이 나타나면 그로인해[그때] 진동하는 바왕가, 5문전향마음, 속행의 끝에 등록이라는 과보마음들이 일어난다. 그 마음 뒤에 바왕가에 빠진다.

희미한 대상의 인식과정

avibhūte panārammaṇe javanāvasāne bhavaṅgapātova hoti. na tthi tadārammaṇuppādoti.

대상이 희미할 때 속행을 끝으로 바왕가에 빠진다. 등록하는 마음의 일어남은 없다.

이같이 '대상의 일어남(visayappavatti)' 은 6종류이다.

해설

'형상色은 눈의 문과 의문意門 두 곳에서 동시에 드러난다' 고 언급했던 것처럼, 의문은 눈의 문과 결합되어 나타나는 '결합한 문[missakamanodvāra]' 이다. 여기서의 의문은 그러한 동반자 없이 의문意門(마노드와라) 하나로만 일어난다.

상가하 경 본문에서는 'tato <paraṁ> bhavaṅgacalana - 그렇게 대상이 나타난 <뒤에> 진동하는 바왕가,,,,,,,'라는 구절이 있다. 나타난 뒤 바왕가가 진동하는 것이 아니라 나타나는 것과 동시에 진동하기에 'tato(그렇게 대상이 나타난)' 뒤에 'paraṁ(뒤에)' 을 넣어서는 안된다. 'tato bhavaṅgacalana – 그로인해[그때] 진동하는 바왕가'라고 해석하여야할 것이다.

'대상의 일어남(visayappavatti)'을 명칭할 때 오문五門에서는 '매우 큰 대상(아띠마한따람마나)' 등으로 불렀다. 그런데 왜 의문意門에 와서는 '선명한 대상(위부따람마나), 희미한 대상(아위부따람마나)'라 이름 하는가? 5문에 대상이 나타나는 것은 마음의 능력이 아니라 대상의 능력이다. 그러므로 자신의 능력에 근거하여 '매우 큰 대상' 등으로 이름 붙였다. 반면 의문意門에 대상이 나타나는 것은 대상의 능력이 아니라 마음의 능력일 뿐이다.[업의 능력, 신통의 능력 또한 있다.] 그러므로 마음의 능력에 따라 '선명한 대상', '희미한 대상'이라 이름 하였다.

오문五門에서는 형상, 소리 등이 면전에 나타나면 원치 않아도 보지 않을 수 없고 듣지 않을 수 없다. 대상의 능력으로 인하여 보아야 하고 들어야만 한다. 나타날 때도 대상의 힘이 좋고 나쁨에 따라 느리고 빠름으로 나뉜다. 그러므로 매우 많은 마음순간을 가진 대상을 매우 큰 대상이라 이름하고, 이런 식으로 각자의 능력에 근거하여 이름을 붙여야 한다. 그러나 의문意門에서는 마음의 능력에 따라 대상이 선명하고 선명하지 못한 구별이 있다. 거울을 볼 때 거울이 맑으면 사람의 영상이 선명하고 거울이 맑지 못하면 사람의 영상이 선명하지 못한 것처럼, 마음의 성질은 집중의 힘이 강하면 대상이 명백히 나타난다. 그러므로 마음의 능력에 따라 '선명한 대상', '희미한 대상'이라 부른다.

『위바위니띠까』에서는 '의문意門'에 나타나는 대상에는 과거와 미래의 대상이 많다. 그러므로 매우 큰 대상 등의 이름으로 구분하는 것은 적당하지 않기에, 선명한 대상, 희미한 대상 등으로 지정하여 이름 하였다고 설명하고 있다.

그렇다면 왜 오문五門에서 '대상의 일어남'을 4종류로 구분하는데 의문意門에서는 2종류로 구분하는가? 마음의 연속(차례)에 근거하여 구분한 것이다. 즉 오문에서 마음이 일어나는 차례는 등록을 끝으로 하는 것, 속행을 끝으로 하는 것, 결정을 끝으로 하는 것, 쓸모없는 마음차례이다. 이 4종류에 따라 '대상의 일어남' 또한 4종류[117]로 구분하였다. 한편 의문意門은 등록을 끝으로 하는 것, 속행을 끝으로 하는 것 두 종류만 있다. 그러므로 이 차례에 따라 대상이 일어남도 선명한 대상, 희미한 대상의 두 가지로 구분된다. - 『아비담맛타상가하』의 견해에 따른 해설이다.

『빠라맛타디빠니』 견해

『빠라맛타디빠니』에서는 의문意門을 매우 선명한 대상[ativibhūtārammaṇa], 선명한 대상[vibhūtārammaṇa], 희미한 대상[avibhūtārammaṇa], 매우 희미한 대상[atiavibhūtārammaṇa]의 4가지 대상으로 구분한다. 마음의 차례 또한 등록을 끝으로 하는 차례, 속행을 끝으로 하는 차례, 결정을 끝으로 하는 차례, 쓸모없는 차례로 오문五門에서와 같은 4종류로 구분한다. 『빠라맛타디빠니』에서 대상을 '매우 선명한 대상' 등으로 구분한 것이 경전에 근거한 것은 아니지만, 그렇게 부를 근거가 충분하다. 의문전향마음으로 끝나는 인식과정을 '결정을 끝으로 하는 차례'라 부르려한다. 상가하에서는 이

---

117. 오문 중 하나의 대상이 나타나 지나간 바왕가에서 시작하여 대상의 힘이 있고 없음에 따라 등록에서 끝나는 매우 큰 대상 등, 마음이 일어나는 4가지 차례에 따라 대상이 일어난다.

1) 등록하는 마음와라	대상	-	매우 큰 대상
2) 속행와라	대상	-	큰 대상
3) 결정하는 마음와라	대상	-	작은 대상
4) 모가와라	대상	-	매우 작은 대상

결정을 끝으로 하는 차례를 다루지 않았지만, 냐나위방가[ñāṇavibhaṅga] 주석서에는 언급되어있다.

숙고할 점

인식과정의 진행 없이 바왕가만 흔들리는 쓸모없는 차례와 매우 선명한 대상[atiavibhūtārammaṇa]은 숙고해 볼만 하다. 『디빠니』에서 수면 중에는 인지된 업(깜마), 업의 표상(깜마니밋따), 태어날 곳의 표상(가띠니밋따)의 대상 외에 다른 대상들도 늘 이어져 나타난다고 한다. 그같은 견해에 따라 바왕가의 진동 정도로만 일어났다 사라지는 대상들 또한 무수하다고 추정할 수 있다. 즉 『디빠니』의 견해로는 의문에 대상이 나타나는 것은 마음 등으로 인해서이고, 그로 인해 나타난 대상들이 [최소, 사대四大의 부조화한 흔들림 때문에 나타나는 대상일망정]118 전향마음(아왓자나)에 도달하기 전 바왕가의 진동 정도로 이미 소멸해버린다면, 의문에 대상이 나타났다고 할 수 없다. 깊은 수면 중에는 인지된 업, 업의 표상, 태어날 곳의 표상 외의 다른 대상이 나타날 수는 없다. 그러므로 디빠니에 언급된 쓸모없는 차례와 매우 선명한 대상은 숙고해 볼 면이 많다.

'의문意門[마노드와라]에 나타날 수 있는 대상들'

의문에는 과거, 현재, 미래의 물질과 정신[오문五門에 나타나는 형상色 등의 다섯 대상도 포함된다], 개념, 심오한 열반의 법 등이 대상으로 나타날 수 있다.

---

118. 꿈을 꾸는 것은 여러 이유가 있지만 그 중 사대四大 -가래, 쓸개즙, 피, 바람- 등이 불균형하여 흔들려 꿈을 꾼다고 한다.

스스로의 체험을 바탕으로 의문意門에 대상이 나타난다. 체험이란 자신이 직접 보고, 듣고, 냄새 맡고, 먹어보고, 접촉하고, 생각한 것 등의 모든 것이 대상이 될 수 있다. 체험을 바탕으로 대상을 추론함으로써 대상이 바왕가라는 의문에 나타난다.

다른 사람들의 말과 설명을 바탕으로 해서도 나타난다. 전해들은 것은 형상, 소리, 냄새, 맛, 접촉, 그 외 갖가지 생각들이다. 이렇게 전해들은 사물이나 일들을 돌이켜 생각할 때 직접 보지 못했지만 바왕가에 나타날 수 있다.

체험과 전해들은 것이 함께 하여 대상으로 나타날 수도 있다. 대상을 직접 경험하거나 전해 듣고서도 나타나며, 전혀 경험하지 못한 대상 또한 나타날 수 있다.

틀리건 맞건, 믿음으로 인식한 대상들도 의문에 나타난다.[믿음이란 바른 믿음이든, 잘못된 믿음이든 모두 해당된다.]

빨리로 'rci'라 표기되는 자신의 취향에 맞는 좋아하는 대상들 또한 보고 들음에 상관없이 바왕가에 나타난다.

궁극적 법의 상태를 숙고함을 'ākāraparivitakka'라 한다. 이러한 법의 숙고로 인해 궁극적 실재 성품이나 혹은 다양한 상태 또한 대상으로 나타날 수 있다. [특징(락카나), 작용(라사), 지혜에 드러나는 모습(빳쭈빳타나) 중에서 지혜에 드러나는 모습을 말한다.]

지혜로 사색하여 만족함을 'diṭṭhinijjhānanakkhanti' 라 부른다. 이처럼 지혜로 숙고하여 만족한 대상들 또한 바왕가에 대상으로 나타날 수 있다.

죽음 직전 업의 힘으로 또는 신통을 지닌 이들에 의해 창조된 것도 대상으로 나타날 수 있다.

가래, 쓸개, 파, 바람 등의 사대四大의 흔들림을 'dhātukkhobha'라 한다. 이로 인해 겨울에 자다가 가위눌리거나, 미치거나, 갖가지로 망상 및 'devatopasaṁhāratā'라 하는 천인에 접신되는 것 등, 갖가지 대상 또한 나타날 수 있다.

사성제의 법을 실제 체득한 것은 아니지만, 그림자 정도로 대충 아는 것을 'anubodha'라 하고, 사성제의 법을 바르게 체득하여 아는 것을 'paṭivedha' 라 한다. 이 두 가지로도 사성제의 법이 대상으로 나타난다. 초전법륜 경에 '과거에 보고 듣지 못했던 사성제의 법도 지혜의 눈에 나타난다' 라고 설하셨듯 부처님께 사성제의 법이 명확히 나타난 것도 이 'paṭivedha' 의 앎 때문이다.

이와같이 의문에 나타나는 것은 무수히 많다. 이것은 앗타살리니 물라띠까에서 언급한 내용들이다.

신통, 천인의 부추김[접신], 사대의 불균형 등 나타날 때 마음의 힘은 인식할 수 없지만, 다른 원인에 의해 나타나는 것에서는 마음의 능력을 알 수 있다. 마음은 대상 없이는 결코 일어날 수 없다. 'āramanti etthāti āramaṇaṁ - 여기서 즐기기에 대상이라 한다.' 라듯 대상은 마음이 즐기는 곳임을 알 수 있다. 마음은 적절한 대상을 얻지 못하면 대상을 물색한다. 이같은 추구과정에서 '일으킨 생각, 의도, 주의' 마음부수 등은 영향을 주는 동반자들이다.

마음부수들과 결합하여 대상을 찾으면 연관이 없는 대상, 비슷한 대상들 또한 부딪치게 된다. 비유하면, 경전의 깊은 뜻을 찾고자 할 때 잘못된 뜻, 비슷한 의미 등을 알게 되고, 명상을 통해 갖가지 대상들을 보고 알게 되는 것과 같다. 더러 연관이 없는 대상들과 마주하더라도 마음이 찾던 무언가를 만난 것이기에 그것 또한 마음의 일이다. 대상을 찾을 때 마음이 대상에게로 가는 것이 아니며, 대상 또한 마음을 끌어당길 수 없다. 그러나 의문意門에 다양한 대상들이 나타날 수 있는 것은 일으킨 생각(위딱까), 지속적 고찰(위짜라), 주의(마나시까라) 등 훌륭한 동반자들이 있기 때문이다.

'지나간 바왕가에 빠지는 것이 적합한가, 적합하지 않은가?'

'ekacittakkhaṇātītakaṁ - 하나의 마음순간[지나간 바왕가]을 지나서' 라고 하지 않고 'yadi vibhūtamāramaṇaṁ āpātamāgacchati - 만약 의문[마노드와라]에 선명한 대상이 나타난다면' 라고 하였기에 의문意門에 지나간 바왕가가 일어남이 적합한가, 적합하지 않은가를 검토하여 보자.

마음識, 마음부수受·想·行들은 근본적으로 한번의 순간정도만 지속된다. 그러므로 마음, 마음부수의 대상이 나타날 때 지나간 바왕가가 일어나는 것은 적합하지 않다. 과거의 물질은 소멸되었고 미래의 물질은 아직 일어나지 않았고 개념의 일어남, 머묾, 소멸 또한 선명치 않다. 열반의 법은 일어남[웁빠다]하는 성품을 지닌 법이 아니다. 그러므로 과거, 미래의 물질, 개념 및 열반이 나타나는 곳에서 일어남하여 어느 정도 뒤에 나타난다 할 수 없기에 지나간 바왕가를 거론할 필요조차 없다.

현재의 물질(빳쭙빠나루빠)

일어남, 머묾, 소멸이 선명한 현재의 물질을 조사하면, '2가지 암시(윈냣띠)과 4가지 특징물질(락칸나루빠)' 등은 17번의 마음순간을 지속하지 못한다. 허공계(아까사다뚜)는 일어남, 머묾, 소멸이 분명한 궁극적 실재의 법이 아니고, 가벼움(라후따), 부드러움(무두따), 순응성(깜만냐따) 또한 물질의 특별한 상태 정도로만 존재하는 것들이다. 정확히 말해 여태까지의 열 가지는 실재하는 법이 아니라, 개념일 뿐이다. 그러므로 이 열 가지 추상적 물질119 은 일어나, 마음순간을 어느 정도 넘어선 뒤 나타난다 할 수 없기에 지나간 바왕가를 거론할 필요가 없다. 현재의 구체적 물질120들이 나타날 때 일부 물질들은 일어남하자마자 나타나야 한다. 마음의 능력으로 머묾(티띠)에 이르도록 머물 수 있는 것은 아니다. 일부 물질들은 일어남한 뒤 얼마동안 지나간 바왕가(아띠따바왕가)가 지난 뒤 나타날 수 있을 것이다. 이런 물질을 위하여 지나간 바왕가가 일어나야 하는 의문意門인식과정도 있을 법하다. 이러한 의미로 『칸다위방가 물라띠까』에서도 "manodvāre pana uppādakkhaṇepi āpātamāgacchti - 의문意門에서는 일어남(웁빠다) 순간에도 나타난다" 라고 'pi(도)'란 보조사로 머묾 순간도 취합하고 있다.

현재 마음을 대상으로 하는 모습

타심통[他心通, paracittavidū]을 지닌 사람이 타인의 현재마음을 대상으로 삼는 경우, 대상의 의식이 "의문전향➡ 속행➡ 속행➡ 속행➡ 속행➡ 속행" 로 일어나고 있다면, 타심통을 지닌 사람의 마음도 "의문전향➡ 기초작업➡ 근접➡ 수순➡ 종성➡ 신통

---

119. anipphannarūpa(아닙판나루빠) - 업, 마음, 기온, 자양분이라는 조건에 의해 일어나는 것이 아닌 물질. 추상적 물질

120. nipphannarūpa(닙파나루빠) - 업, 마음, 기온, 자양분이라는 조건에 의해 일어나는 물질. 물질 28가지에서 아닙파나루빠 10가지를 제외한 18가지이다. 구체적 물질

지" 121로 일어난다. 타심통을 지닌 사람의 의문전향마음은 대상인 의문전향마음을 생각하고, "기초작업➠ 근접➠ 수순➠ 종성➠ 신통지" 또한 대상인 의문전향마음만을 연속하여 본다면 의문전향마음은 현재마음을 대상으로 하고, 기초작업 등은 과거마음을 대상으로 하게 된다. 하나의 인식과정에서 그처럼 현재대상과 과거대상으로 구분하는 것은 적당하지 않다. 아니면 '의문전향마음이 타인의 의문전향마음을 생각하고, 기초작업, 근접 등도 자신과 직접적으로 연관되는 타인의 속행 마음을 대상으로 한다' 고 한다면 전향마음의 대상도 하나이고, 기초작업 등의 대상도 각각 하나씩 일어나야 할 것이다. 도道, 과果의 인식과정이 아닌 보통의 인식과정 안에서 그처럼 대상을 구분하는 것은 적당하지 않다. 그러므로 '어떤 형태로 타인의 현재마음을 대상으로 할 것인가?' 는 생각해 볼 점이다.

주석서의 견해

『닉케빠깐따앗타살리니』 주석서에 의하면 "기초작업, 근접 등 뒤 마음들은, 의문전향이 생각하는 마음만을 연속해서 대상으로 한다. 그러나 '의문전향은 현재마음을 대상으로 하고, 기초작업 등은 과거마음을 대상으로 한다' 고 할 수는 없다. 무엇 때

121. manodvārāvajjana(의문전향마음) - 생의 연속체의 흐름이라 불리는 의문意門(manodvāra)으로부터 나타나는 대상으로 주의를 전향시키는 마음.
parikamma(기초작업) - 선정, 도道, 과果인 본삼매에 도달하도록 하는 기초 작업이 되는 욕계 명상작업.
upacāra(근접) - 선정, 도道, 과果인 본삼매에 근접한 욕계 집중마음.
anuloma(수순) - 선정, 도道, 과果인 본삼매에 순응시켜 적합하게 하는 마음.
gotrabhu(종성) - 도道마음 혹은 선정마음 바로 직전, 욕계 종성을 끊어내고 열반 혹은 선정을 대상으로 하는 마음.
abhiññā(신통지) - 제4선, 제5선 마음으로 신통력을 행하는 신통지.

문인가? 의문전향마음이 기초작업 순간 소멸되었더라도 연속선상의 시간, 일생의 시간으로 현재라 할 수 있기 때문이다" 라고 한다. 현재는 '찰나의 시간(khaṇapaccuppana),' '연속선상의 시간(santatipaccuppana)' '일생의 시간(addhāpaccuppana)' 세 종류가 있다. 그 중 일어남, 머묾, 소멸의 세 순간을 찰나의 시간(카나빳쭙빠나)이라 한다. 어떤 하나의 대상을 통해 속행 인식과정이 순차적으로 일어난 마음의 진행과정을 연속선상의 시간이라 한다. 비유하면 형상色을 대상으로 '눈의 인식과정[cakkhudvāravīthi]', '이 지나간 눈의 의식을 따라 일어나는 의문意門인식과정[tadanuvattikamanodvāravīthi]' 등 형상色을 구체적으로 인식할 때까지 마음의 진행과정이 일어나는데, 이를 연속선상의 시간이라 한다. 현재 생, 과거의 생 등 한 생 전체의 시간을 일생의 시간이라 한다. 이러한 세 종류의 현재가 있기에 전향(아왓자나)으로 인해 전향된 마음은 기초작업 등의 순간 소멸되었기에 찰나의 시간을 현재라 할 순 없지만 연속선상의 시간, 일생의 시간 등은 현재라 할 수 있다. 전향으로 전향된 마음을 기초작업 등이 연속해서 대상으로 취할 때 '하나의 인식과정에서 각각 시간으로써 구별된다' 고 알아서는 안된다.

『물라띠까』의 견해

『물라띠까』에서 '과거의 법, 미래의 법, 현재의 법들이 있다.' 등으로 아비담마에서는 찰나의 시간만을 채택한다. '연속선상의 시간' '일생의 시간' 은 경장 표현이라며 주석서의 견해에 옹호하지 않고서, 주석서에서 부정한 견해를 채택하고 있다. 타심통을 지닌 사람은 타인의 현재마음을 전향마음으로 가늠한다. 기초작업 등 속행들도 자신과 직접 연관된 타인의 현재 마음만을 대상으로 취한다.

대상을 취할 때 전향마음은 마음을 생각하는데(주의를 전향시키고), 뒤의 속행들은 물질을 대상으로 취한다면 대상이 다르다고 할 수 있다. 대상은 마음만을 취하기에 구별될 수 없다. 전향이 현재마음을 취하는데, 속행들은 과거마음을 대상으로 한다면 시간으로써 구별된다고 할 수 있다. 그러나 둘 다 연관된 각각의 현재마음만을 대상으로 하기에 시간으로도 구별이 없다. 다음은 『물라띠까』의 비유이다.

줄지어 가는 개미떼를 보며 앞의 마음은 자신과 직접 연관된 개미를 보고 뒤 마음 또한 자신과 직접 연관된 개미만을 보기에 '대상' 은 다를 수 없다. 연관된 개미만이 대상이기에 '시간' 또한 다르지 않다고 한다.

의문에서 일어나는 욕계 속행의 차례

선명한 대상(위부따람마나)

마음의 문에 대상이 선명하게 나타나면,

진동하는 바왕가 ➠ 끊어내는 바왕가 ➠ 의문전향 ➠ 속행 7차례 ➠ 등록 2차례 ➠ 무수한 바왕가(생의 연속체)

희미한 대상(아위부따람마나)

의문意門에 희미한 대상이 나타나면,

진동하는 바왕가 ➠ 끊어내는 바왕가 ➠ 의문전향 ➠ 속행 7차례 끝에 무수한 바왕가에 빠진다. 등록이 일어날 기회는 없다.

의문意門에서 일어나는 인식과정 두 종류

1. 까마자와나와라(kāmajavanavāra) - 욕계의 속행이 일어나는 차례.
2. 압빠나자와나와라(appanājavanavāra) - 본삼매 속행이 일어나는 차례.

의문에서 일어나는 인식과정은 두 종류이다.

인식과정의 요약

vīthicittāni tīṇeva cittuppādā daseritā.
vitthārena panettheka cattālīsa vibhāvaye.
ayamettha paritajavanavāro.

욕계 속행 의문意門인식과정은 세 가지, 마음의 일어남은 10가지라고 언급하였다. 넓게는 41가지라고 명백히 보여야 한다.

이것은 인식과정의 장章에서 욕계 속행차례이다.

해설

'인식과정은 세 가지' 등의 글은 욕계 속행 의문意門에서 일어나는 인식과정들을 요약한 것이다.

욕계 속행 의문인식과정의 종류는 3가지, 인식과정이 일어나는 차례는 10가지, 일어날 수 있는 모든 마음의 종류가 41가지이다.

인식과정의 3가지 종류란 - 의문전향 1가지, 욕계속행 1가지, 등록 1가지이다.

인식과정에 마음이 일어나는 차례[횟수] 10가지란 - 의문전향 1차례, 욕계 속행 7차례, 등록 2차례이다.

일어날 수 있는 마음 41가지란 - 의문전향마음 1가지, 욕계 속행 29가지, 등록하는 마음 11가지이다.